Thilo Scheu, Roland Hanewald

Nordseeküste Dänemark

W0172543

 Zu leben ist zu reisen

(Hans Christian Andersen)

Impressum

Thilo Scheu, Roland Hanewald
REISE KNOW-HOW Nordseeküste Dänemark

erschienen im
REISE KNOW-HOW Verlag Peter Rump GmbH
Osnabrücker Str. 79, 33649 Bielefeld

© REISE KNOW-HOW Verlag Peter Rump GmbH
1997, 1999, 2002, 2004, 2006, 2008, 2010,
2012, 2015, 2018
11., neu bearbeitete und aktualisierte Auflage 2021
Alle Rechte vorbehalten.

ISBN 978-3-8317-3455-9

Gestaltung und Bearbeitung
Umschlag: Peter Rump, der Verlag (Layout)
Inhalt: Günter Pawlak, Wayan Rump, der Verlag
Fotonachweis: Th. Scheu (ths), R. Hanewald (rh),
    Adobe Stock (Autor am Foto)
Karten: C. Raisin
Lektorat (Aktualisierung): A. Pentzien

Druck und Bindung:
mediaprint solutions GmbH, Paderborn

Bibliografische Information
der Deutschen Nationalbibliothek
Die Deutsche Nationalbibliothek verzeichnet
diese Publikation in der Deutschen Nationalbibliografie;
detaillierte bibliografische Daten sind im Internet über
http://dnb.dnb.de abrufbar.

Anzeigenvertrieb
KV Kommunalverlag GmbH & Co. KG, Alte Landstraße 23,
85521 Ottobrunn,
Tel. 089 928096-0, info@kommunal-verlag.de

REISE KNOW-HOW-Bücher finden Sie in allen gut sortierten
Buchhandlungen. Falls nicht, kann Ihre Buchhandlung
unsere Bücher hier bestellen:
D: Prolit, prolit.de und alle Barsortimente
CH: AVA Verlagsauslieferung AG, ava.ch
A: Freytag-Berndt und Artaria KG, freytagberndt.com
B, LUX, NL: Willems Adventerum willemsadventure.nl
oder direkt über den Verlag: **www.reise-know-how.de**

Bildlegende Umschlag und Vorspann
Titelfoto: Eine typische Szenerie an Nordseestränden:
    parkende Boote (stock.adobe.com © Nordreisender)
Vordere Umschlagklappe (innen): Hestholm-See
    bei Skjern (ths)
Kleines Foto: Idylle in Varde (ths)
S. 1: Staatswappen des Königreichs Dänemark
S. 2/3: Grenen, die Landspitze nördlich von Skagen
Hintere Umschlagklappe (innen): Am Strand
    von Blåvand (ths)

Thilo Scheu
Roland Hanewald

NORDSEEKÜSTE
DÄNEMARK

Liebe Leser und Leserinnen,
die Inhalte aus diesem Reiseführer wurden
detailliert recherchiert und gewissenhaft
kontrolliert. Allerdings bringt die Corona-
Pandemie manche Unwägbarkeiten mit
sich – auch an der dänischen Nordseeküste.

Da bis zum Redaktionsschluss noch nicht
im Detail absehbar war, wie sich diese Krise
auf das wirtschaftliche, kulturelle und soziale Leben in der Region auswirken wird,
kann es unter Umständen passieren, dass
einzelne im Buch aufgeführte Angebote,
insbesondere im gastronomischen Bereich,
nur noch eingeschränkt oder gar nicht mehr
existieren. Trotz dieser Unwägbarkeiten soll
der Reiseführer stets auf dem aktuellsten
Stand sein.

Deshalb bitten wir Sie, den Verlag über
mögliche Veränderungen zu informieren,
damit wir sie über die Update-Funktion
zum Buch (s. S. 9) allen Nutzern bereit-
stellen können.

Vielen Dank!

Vorwort

Wer die Weite des Meeres, intakte Natur und entspannte Gemütlichkeit schätzt, der wird Dänemark und die dänische Nordseeküste lieben. Gepaart mit aufrichtiger Gastfreundschaft und warmherzigen Menschen ergibt sich ein **Reiseziel, das rundum glücklich macht.**

Platz ist mehr als genug vorhanden: Die **Nordseeküste** erstreckt sich über **500 Kilometer** von der deutschen Grenze bis ins nördliche Skagen. Hier findet jeder seinen persönlichen Lieblingsfleck und fühlt sich wohl. Nicht umsonst hat Dänemark im Weltglücksbericht 2020 nach Finnland den zweiten Platz erklommen.

Manche entscheiden sich für die endlosen Strände auf Rømø oder begeistern sich für eine Seehundsafari vor Südwestjütland. Andere genießen einen Bummel durch die historische Altstadt von Ribe und schlendern durch die attraktiven Museen von Esbjerg, Struer oder Skagen, dem charmanten, beliebten Künstlerdorf ganz im Norden. Wer trotz fehlender Berge hoch hinaus und die schöne Landschaft mit ihren Dünen und Wäldern überblicken möchte, erklimmt einen der zahlreichen Leuchttürme, die sich entlang der Küste aufreihen.

Bei unseren zahlreichen Reisen und Urlauben konnten wir auch unzählige Attraktionen für Familien aufspüren und kennenlernen. Dänemark und die Nordseeküste sind ein wahres **Eldorado für Kinder und ihre Eltern.** Neben den fürs Sandburgenbauen geradezu prädestinierten Stränden locken Nordeuropas größtes Aquarium in Hirtshals, das Teddybärenmuseum in Skagen oder das „wasserlastige" Kyst- und Erlebniscenter in Thyborøn. Nicht zu vergessen die kleine, süße Bonbon-Manufaktur in Løkken oder das Wikingerdorf in Bork

> Kunst und Idylle in Ribe

Havn mit vielen spaßigen Mitmachaktionen im Sommer.

Dieser Reiseführer zeigt Sehenswertes auf, macht Bekanntes und weniger Bekanntes sichtbar und gibt Tipps für ein selbstbestimmtes Reisen vor Ort mit Auto, Bus, Schiff oder Bahn. Ausführlich und anschaulich werden die Orte, ihre Attraktionen, besuchenswerte Restaurants, Hotels und Geschäfte dargestellt, angereichert mit Infos über Märkte, Feste und Events. Viele Stadtpläne und regionale Übersichtskarten helfen bei der Orientierung. Dazu erfährt man einiges zu den sportlichen Möglichkeiten unter freiem Himmel: Radfahren, Angeln, Reiten, Surfen usw.

Machen Sie es wie die dänischen Einwohner und genießen sie die „hyggelige" (entspannte) Atmosphäre auf Ihrer Tour entlang der dänischen Nordseeküste.

God rejse – gute Reise!

Thilo Scheu

Inhalt

1 Von der deutschen Grenze bis Esbjerg 25

2 Von Skallingen bis Ringkøbing 81

3 Mittleres Westjütland bis Thyborøn 123

4 Die westliche Limfjord-Region 167

5 Nordjütland bis Skagen 205

6 Praktische Reisetipps A–Z 247

7 Land und Leute 295

8 Anhang 327

⌄ Die versandete Kirche von Skagen

dnsk-142-ths

Exkurse

Karten

Hinweise zur Benutzung

Dieser Reiseführer beginnt mit der Beschreibung der einzelnen **Regionen,** und zwar von Süden nach Norden. Die **Kapitel** haben folgenden Aufbau: Einem einleitenden Überblick über die Gesamtregion und einer Übersichtskarte folgt die Vorstellung der jeweiligen Orte und Gebiete. Die einzelnen Städte (teils mit Stadtplan), Dörfer und Sehenswürdigkeiten werden detailliert beschrieben, einschließlich der Möglichkeiten zu sportlicher Betätigung und der touristischen Infrastruktur (Hotels, Gastronomie, Einkaufen etc.).

Im Kapitel „**Praktische Reisetipps A–Z**" findet man alle Informationen für die Reisevorbereitung und die Reise selbst.

Das Kapitel „**Land und Leute**" gibt einen kurzen Überblick zu Geschichte und Gegenwart Dänemarks, zur Architektur und zur dänischen Kunstszene sowie hilfreiche Informationen zu Themen wie Wetter, Gezeiten und Umwelt.

Hintergrundinformationen und interessante Anekdoten finden sich in den **Exkursen.** Eine Literaturliste, ein kleiner Sprachführer und das Register im **Anhang** beschließen das Buch.

Alle Informationen sind sorgfältig und vor Ort recherchiert worden. Über Leserpost freuen wir uns immer, gerne auch per E-Mail an info@reise-know-how.de.

■ **Nicht verpassen!** Diese Tipps erkennt man an der **gelben Hinterlegung.**

(*MEIN TIPP:*) steht für **spezielle Empfehlungen** des Autors *Thilo Scheu* nach persönlichem Geschmack.

🦋 Der **Schmetterling** kennzeichnet Tipps mit einer ökologischen Ausrichtung, z.B. (Natur-)Genuss, der besonders nachhaltig oder umweltverträglich ist.

🧍 Der **Kinder-Tipp** steht für Angebote, bei denen vor allem kleine Gäste und ihre Familien auf ihre Kosten kommen.

4 Die **Ziffern** in den farbigen Kästchen bei den „**Praktischen Infos**" zu den Orten verweisen auf den jeweiligen Legendeneintrag im entsprechenden Stadtplan.

■ **Updates nach Redaktionsschluss:** Auf der Produktseite dieses Reiseführers im Internetshop des Verlages finden sich zusätzliche Informationen und wichtige Änderungen.

Preiskategorien der Unterkünfte im Buch
Die Preiskategorien in diesem Reiseführer gelten **für Hotels, Pensionen und Bed & Breakfast,** und zwar jeweils für ein Doppelzimmer (meist mit Frühstück).

① untere Preisklasse: bis 50 €
② mittlere Preisklasse: 50–100 €
③ obere Preisklasse: 100–160 €
④ gehobene Preisklasse: über 160 €

Die Regionen im Überblick

1 Von der deutschen Grenze bis Esbjerg | 25

Auch wenn die Grenze noch nicht weit zurückliegt, ist man unverkennbar in Dänemark angekommen: Der Verkehr lässt nach, die Landschaft scheint weiter, der Himmel höher. Die südlichste Nordseeinsel Dänemarks, **Rømø (S. 39)**, ist gleich einen Abstecher wert. Wer sofort weiter nach Norden will, sollte sich zumindest für das schöne Städtchen **Ribe (S. 47)** etwas Zeit nehmen. Die größte Stadt des in diesem Buch beschriebenen Gebietes ist **Esbjerg (S. 57)**.

2 Von Skallingen bis Ringkøbing | 81

Viel Natur erwartet den Besucher schon kurz hinter der Großstadt Esbjerg. Der Küstenabschnitt ist beliebt bei Touristen, zieht sich der Sandstrand doch die gesamte Küste entlang, von der **Halbinsel Skallingen (S. 83)** bis über den eigenartigen Dünendamm **Holmsland Klit (S. 101)**, der den **Ringkøbing Fjord (S. 102)** abtrennt. Im Norden des Gebietes ist das nette Städtchen **Ringkøbing (S. 115)** einen Besuch wert.

3 Mittleres Westjütland bis Thyborøn | 123

Weiter nach Norden wird es etwas ruhiger, doch an Ferienhäusern und touristischen Orten herrscht weiterhin kein Mangel. Manche Strandabschnitte sind von Kieselsteinen geprägt. Im Hinterland finden sich Wälder und Naturschutzflächen sowie das Zentrum der Gegend, **Ulfborg (S. 126)**. Aus touristischer Sicht lohnender ist ein Abstecher ins hübsche **Lemvig (S. 148)**. Eine Besonderheit sind die zahlreichen **Schiffswracks (S. 128)** in diesem Küstenbereich.

4 Die westliche Limfjord-Region | 167

Windumtost liegt das Thyland an der nordwestlichen Spitze Dänemarks, teils urtümlich, teils lieblich, zerschnitten vom Limfjord und seinen Ausläufern. Geologisch Interessierte erkunden die **Insel Morsø (S. 192)**. Kleine städtische Zentren wie **Nykøbing (S. 197)** und **Thisted (S. 187)** laden zum Bummel ein. Die Küstenorte, z.B. **Vorupør (S. 178)** und **Stenbjerg (S. 177)**, haben sich noch viel von ihrem ursprünglichen Charme bewahrt.

5 Nordjütland bis Skagen | 205

Weite, Einsamkeit und Dünen erwarten hier den Reisenden sowie ein Küstenabschnitt, der im Laufe der Zeit zahllosen Schiffen zum Verhängnis geworden ist. In **Hirtshals (S. 226)** ist der Fähr- und Fischereihafen ein Anziehungspunkt, an der sich ständig verändernden **Landspitze Skagens Odde (S. 231)** kann man die Leuchttürme besuchen, in **Skagen (S. 232)** gibt es einiges zu entdecken. Zu guter Letzt kommt man an die Nordspitze Kontinentaleuropas, nach **Grenen (S. 245)**, wo Nord- und Ostsee strömungsreich zusammenfließen.

SKAGERRAK

GRENEN
Skagen
Skagens Odde

Hirtshals
40

NORDSEE

Hjørring
55   35
Frederikshavn

Løkken
E39   E45

Blokhus   Hune   Brønderslev

Åbybro
5

Hanstholm   Fjerritslev   11   55

Klitmøller   26   29   Løgstør   Nibe   Ålborg   Hals

Vorupør   Thisted   Limfjord   Egense

Stenbjerg   11   29   E45   KATTEGAT

Agger   Hurup   Morsø   Nykøbing   Års

Thyborøn   Hvalpsund   Hobro

Thyholm   26

Lemvig   Struer   Skive   Randers   16   Grenå

Thorsminde   Holstebro   Viborg   16   15

Nissum   34   21   Rønde

Fjord   16   26   21

Ulfborg   DÄNEMARK   Hammel   Ebeltoft

11   Ikast   Silkeborg   15   Århus

Ringkøbing   Herning   13   52   Skanderborg   OSTSEE

Ringkøbing   15   Nr. Snede   Odder

Fjord   12   Brande   Brædstrup   E45   Hov

Hvide   Skjern   Horsens

Sande   28   18   Juelsminde

Tarm   Vejle

Henne   Grindsted   Billund   28

Strand   Egtved   Fredericia

Blåvand   Varde   30

12   E20   Kolding   Ejby

Skallingen   Esbjerg   Vejen

Fanø   Rødding

Ribe   25   Haderslev

Mandø   11   Vojens

Rømø   Skærbæk

Løgumkloster   Åbenrå   Fynshav

Højer   Tinglev   Als

Tønder   E45   Sønderborg

Schleswig

DEUTSCHLAND

Standorte und Ausflüge

Viele der Menschen, die Dänemark als Urlaubsziel wählen, buchen für die schönste Zeit des Jahres vor allem ein **Ferienhaus** oder eine **Ferienwohnung.** Die Auswahl ist riesengroß, und für jeden Gast ist eine nahezu perfekte Unterkunft zu finden. Ferner sind **Campingplätze** ebenfalls sehr beliebt. Aufgrund dieser Tatsache sollen hier einige empfehlenswerte **Reisestandorte** genannt werden, die sich als guter Ausgangspunkt für ein entspanntes Herumreisen in der nahen Umgebung eignen. Damit soll vermieden werden, dass man mehr Zeit im Auto oder in Bus und Bahn verbringt als beim Genießen der Landschaft und Ortschaften.

Wer länger als 2 Wochen unterwegs ist, für den kann es interessant sein, eine weitere Region mit einem weiteren festen Urlaubsstandort ins Auge zu fassen. Doch Achtung: Gerade wer die ein oder andere **Insel** auf seiner Agenda stehen hat, sollte dafür ausreichend **Extrazeit für die Hin- und Rückreise** einplanen. Denn schnell ist ein ganzer Tag für die Erkundung eines noch so kleinen Eilandes vorbei. Die **beste Reisezeit** sind die Monate **Mai bis September,** wobei im Juli und August **Hochsaison** ist, mit höheren Preisen, aber auch zahlreichen spannenden Festen und Veranstaltungen. Die empfohlenen Reisestandorte sind von Süd nach Nord aufgezählt, in Anlehnung an die Gliederung des Reiseführers. Selbstverständlich gibt es unzählige weitere Orte, die sich ganz nach individuellem Gusto als wunderbare Ausgangspunkte bzw. Domizile eignen.

☑ Blick vom „Grauen Leuchtturm"
über die Landzunge Grenen

dnsk-105ths

Grenen ❶
Startpunkt Skagen ○ ★
Grå Fyr
❷
Hirtshals ○
Frederikshavn ○
Blokhus ○
Løkken ○
N O R D S E E
Hanstholm ○
Ålborg ○
Thisted ○
Morsø ○ Nykøbing
Agger ○
Thyborøn ○
Thyholm
Skive ○
Thorsminde ○
Nissum Fjord
○ Ulfborg
D Ä N E M A R K

— Ausflüge mit Standort Ribe
— Ausflüge mit Standort Hvide Sande
— Ausflüge mit Standort Skagen

0 ▬ 20 km © REISE KNOW-HOW
DwelNSK29 12/21

Ringkøbing ○
❸
Startpunkt
Hvide Sande ○ ❶ Stauning ○ **Whiskey-Brennerei Stauning**
Ringkøbing Fjord ★ ○ Skjern
Tarm ○ ❸
Ⓜ
Museumsdorf Bork Vikinger Havn
Henne Strand ❷
Tirpitz Museum ○ Varde
★ Ⓜ Sædding ○
Leuchtturm Blåvandshuk Esbjerg ○
Fanø
❷
Mandø **Startpunkt** Ribe
❶
Rømø ★ **Naturcenter Tønnisgård**
○ Havneby

D E U T S C H L A N D

Ribe – für Freunde von Inseln und des Wattenmeeres

Eine der sehr sehenswerten Städte im südlichen Bereich der Nordseeküste ist Ribe. Die **älteste Stadt Dänemarks** liegt rund 50 km nördlich von Tønder bzw. der deutsch-dänischen Grenze. Wer hier sein Quartier aufschlägt, hat im Umkreis von ein paar Dutzend Kilometern eine tolle und abwechslungsreiche Auswahl an Ausflugszielen.

So eignet sich zum Beispiel eine Reise auf die über einen Damm mit dem Festland verbundene ❶ **Insel Rømø** perfekt für einen Tagesausflug. Das gut 30 km von Ribe entfernt liegende größte Eiland an der dänischen Nordseeküste begeistert vor allem durch seinen **riesigen Strand** der sich kilometerlang an der Westküste erstreckt. Nach einigen Stunden Sonnenbaden, Surfen oder Baden lohnt sich ein Abstecher in das hübsche Örtchen ❶ **Havneby** an der Ostküste mit angenehmer Atmosphäre und ein paar Restaurants und Cafés. Sofern man noch Zeit hat und sich für Natur interessiert, dem sei ein Besuch des ❶ **Naturcenters Tønnisgård** empfohlen. Ein unvergessliches Erlebnis kann man im September auf Rømø erleben, wenn dort das **Internationale Drachenfestival** mit seinen tausenden farbenprächtigen Fluggeräten stattfindet.

⌃ Mitten durch Ribes historische Innenstadt fließt der gleichnamige Fluss

⌵ Ein prächtihes Wikingerboot in Bork Vikinger Havn darf natürlich nicht fehlen

Ebenfalls an einem Tag lässt sich die rund 30 km von Ribe gelegene Stadt ❷ **Esbjerg** erkunden. Man sollte jedoch etliche Stunden einplanen, um die größte Stadt an der dänischen Nordsee richtig kennenzulernen. Bei einem Rundgang durch den lebendigen Ort stößt man auf das sehenswerte **Museum für moderne und zeitgenössische Kunst** oder auf den 36 m hohen **Wasserturm,** das Wahrzeichen Esbjergs. Kombinieren sollte man den Ausflug unbedingt mit einem Abstecher in den beliebten ❷ **Vorort Sædding** an der Küste. Vor allem die 9 m hohe **Skulptur** „Der Mensch am Meer" und das dortige **Fischerei- und Seefahrtsmuseum** muss man gesehen haben. Und sollte man einmal keine Lust haben, einen Ganztagesausflug zu unternehmen, bietet Ribe als Stadt selbst genug Attraktionen, um eine entspannte und kurzweilige Zeit zu verbringen.

Hvide Sande – für Freunde von Strand, Meer, Fisch und gutem Whisky

In schöner Lage direkt zwischen Nordsee und Ringkøbing Fjord lässt es sich in ❶ Hvide Sande sehr gut ein bis zwei Wochen Urlaub machen. Von hier aus ist man rasch am **kilometerlangen Strand,** in den Nachbarorten und in reizvoller Naturlandschaft. Bei einer Tagestour Richtung Süden erreicht man nach rund 60 km den westlichsten Punkt Dänemarks mit dem dortigen direkt am feinsandigen Strand sich gen Himmel reckenden ❷ **Leuchtturm Blåvandshuk.** Es lohnt sich, hier einen Strandspaziergang zu unternehmen, steinerne Kunstwerke am Strand aufzuspüren oder einfach die grandiose Dünenlandschaft auf sich wirken zu lassen. Ganz in der Nähe sollte man auf jeden Fall das ❷ **Tirpitz**

dnsk-107ths

Museum aufsuchen, um später einen Stopp im hübschen Städtchen ❷ **Varde** einzulegen.

Für eine weitere interessante Tagestour, die man allerdings auch gut auf zwei Tage strecken kann, begibt man sich am besten auf eine Fahrt rund um den **Ringkøbing Fjord.** In nördlicher Richtung erreicht man nach fast 25 km die Stadt ❸ **Ringkøbing.** Ein Ort voller Historie und schönem Stadtkern mit kopfsteingepflasterten Gassen und feinen Giebelhäusern. Sehenswert ist außerdem das **Stadtmuseum.** Geruhsam

und idyllisch ist das rund 17 km weiter südlich liegende Dorf ❸ **Stauning** samt kleinem charmanten Hafen mit Holzfischerhütten, bunten Booten und einem Fischlokal. Liebhaber hochprozentiger Köstlichkeiten können in der nahe gelegenen ❸ **Whiskey-Brennerei** eine Pause machen und dort die köstlichen Tropfen probieren.

Das nächste Ziel am Ufer des Ringkøbing Fjord heißt ❸ **Bork Vikinger Havn** und ist ein Museumsdorf, in dem die Besucher die Welt der Wikinger vor rund 1000 Jahren eintauchen können. Von

dnsk-108ths

hier sind es zurück nach Hvide Sande etwa 30 km.

Skagen – für Freunde von Kunst und Natur

Zunächst einmal ist ❶ **Skagen** selbst ein Ort, den es lohnt, mehrere Tage zu erkunden. Ein Ort mit kunstvoller Vergangenheit und Gegenwart und eine Landschaft, die bezaubert. Wer sich hier für vier bis fünf Tage einquartiert, für den wird Langeweile ein Fremdwort bleiben.

Nicht verpassen sollte man eine **Traktorfahrt** mit dem „Sandormen" **zur** ❶ **Landzunge Grenen,** wo Ost- und Nordsee aufeinandertreffen. Bestens kombinierbar mit dem Besuch des ❶ **Grå Fyr,** des „Grauen Leuchtturms", der eine zeitgemäße multimediale und wissenschaftlich fundierte Ausstellung über Zugvögel für Besucher bereithält. Im Ort Skagen kann man auf einem Rundgang nahezu alle Sehenswürdigkeiten fußläufig erreichen. Vorbeischauen sollte man im **Skagen Kunstmuseum** mit zahlreichen Meisterwerken von Künstlern aus Skagen, im vornehmlich im 19. Jahrhundert als Künstlertreff genutzten **Anchers Hus** und im **Skagen Oddee Naturcenter,** das in einem einzigartigen vom bekannten dänischen Architekten *Jørn Utzon* kreierten Gebäude untergebracht ist. Bewegt man sich von Skagen Richtung Süden erreicht man die Badeorte ❷ **Blokhus** und **Løkken.** Die Hauptattraktion sind die kilometerlangen **Strände** und das in Blokhus alljährlich für mehrere Monate stattfindende **Internationale Skulpturenfestival,** das tierische Wesen und Figuren aller Art, hauptsächlich aus Sand, für die Zuschauer präsentiert.

◁ Das Galgenleuchtfeuer (Vippefyret) steht in Skagen

LEGENDE

- Winter
- Übergangszeit
- Sommer

Sommersonnenwende
Der 23. Juni wird im ganzen Land mit Veranstaltungen, Lagerfeuern an den Stränden u.v.m. begangen.

North Sea Beach Marathon
Jedes Jahr im Juni starten sportbegeisterte Menschen in Hvide Sande zu einem Laufwettbewerb entlang des Strandes der Nordseeküste.

Wollfest
Am zweiten Wochenende im Mai strömen jährlich tausende Besucher zum Wollfest nach Saltum.

Heringsfestival
Das Festival in Hvide Sande am letzten Wochenende im April ist stets ein Riesenspektakel und zieht zahlreiche Besucher in die Region.

Kälteste Zeit
Im Januar und Februar hat es kaum mehr als 0 °C.

JAN	FEB	MÄR	APR	MAI	JUN

Internationaler Wikingermarkt
Auf dem Event Ende April/Anfang Mai in Ribe wird die Wikingerzeit mit Veranstaltungen und Kulinarischem lebendig.

Verfassungstag
Der 5. Juni ist ein gesetzlicher Feiertag.

Winterschwimmfestival
Alljährlich Ende Januar lockt dieses mehrtägige Event mutige und kälteresistente Schwimmer nach Skagen.

Kite Flyers Meeting
Auf Fanø findet jährlich Mitte Juni ein mehrtägiges internationales Drachenfestival statt – eines der größten seiner Art weltweit.

Sandskulpturen-Festival
Das beliebte Festival in Søndervig steht jedes Jahr von Mai bis Oktober unter einem anderen Motto.

Hauptsaison
Im Juli und August gibt es viele Veranstaltungen und Feste.

Austern-Festival
Die mehrtägige Veranstaltung auf Fanø läutet Mitte Oktober mit Wattenmeerführungen und einem Kochwettbewerb die Austernsaison ein.

Sansefestival
Auf dem Festival in Struer am zweiten Samstag im August werden landwirtschaftliche Produkte aus der Region verkauft.

Musikfestival
Anfang Juli findet ein mehrtägiges Festival mit Blues, Folk und Rock in Skagen statt.

Internationales Folk-, Jazz- und Indiefestival
An mehreren Tagen Ende August feiern insgesamt rund 10.000 Besucher in Tønder.

Sommerferien
Die Ferien gehen in ganz Dänemark von Ende Juni bis Mitte August.

Internationales Drachenfestival
Das Festival ist eine mehrtägige Veranstaltung auf Rømø Anfang September.

JUL	AUG	SEP	OKT	NOV	DEZ

Tag des Fischers
Am 4. August feiert man in Thyborøn das älteste Fischfest Dänemarks.

Bernsteinfestival
Am letzten Wochenende im September dreht sich in Vejers alles um den Bernstein, vom Schmuck bis hin zu bernsteinhaltigen Speisen.

Weihnachtsmarkt
Ab Ende November und im Dezember in Tønder mit toller Stimmung und einer Eisbahn am Torvet.

Oldtimerrennen
Rund um Ringkøbing findet am letzten Wochenende im Juli Dänemarks ältestes und berühmtestes Oldtimerrennen statt.

Beste Badezeit
Mitte Juli bis Anfang September

Fünf faszinierende Naturerlebnisse

Insel Rømø | 39

Die größte Insel an der dänischen Nordseeküste besitzt einen imposanten Strand, der sich für Spaziergänge und sportliche Aktivitäten bestens eignet. Lohnenswert ist ein Besuch des Nationalmuseets Kommandøgården in Toftum. Bei einem Rundgang durch den stattlichen Hof eines Walfangflottenkommandeurs von 1748 wird der Reichtum spürbar, der einst mit dem Walfang erzielt werden konnte.

Bovbjerg-Steilküste bei Lemvig | 152

Malerisch und gleichzeitig schroff und imposant zeigt sich die Bovbjerg-Steilküste. Steht man oben an der Klippe breitet sich einige Dutzend Meter weiter unten der herrliche Strand aus. Der weite Blick über die Küstenlinie und das Meer bis zum Horizont kann als fantastisch bezeichnet werden. Natur von ihrer schönsten Seite.

Das Hanklit auf Morsø | 193

Ein fast 60 Meter hoher, teilweise fast senkrechter Steilhang begrüßt den Besucher mit dem sogenannten Hanklit im Nordwesten der Insel Morsø. Das jähe Ende des Eilandes und nicht nur für Wissenschaftler ein fantastisches geologisches Schaufenster für 50 Millionen Jahre Erdgeschichte. Fossiliensammler und Naturliebhaber werden ihre Freude haben.

Grenen-Landzunge bei Skagen | 245

Dänemarks „Nordpol" liegt an der Stelle, wo Ost- und Nordsee, bzw. die Seegebiete Kattegat und Skagerrak aufeinandertreffen. Hier auf an der Landzunge Grenen geht Dänemark zu Ende. Ein Strandspaziergang oder eine Traktorfahrt mit dem „Sandormen" (Wattwurm) führt zu diesem einzigartigen Naturerlebnis. Baden ist in diesem Bereich auf das Strengste verboten.

Halbinsel Skallingen | 83

Südlich des winzigen Ortes Ho erstreckt sich die kilometerlange Halbinsel Skallingen, deren wunderbare Strände und Dünen man am besten zu Fuß entdeckt. Eine vor allem in der Nebensaison ruhige naturbelassene Ecke mit viel Platz für einsame Spaziergänge und meditative Momente. Die Region gehört zum Nationalpark Dänisches Wattenmeer.

Fünf Mal Kultur im Freien

Skulptur „Der Mensch am Meer" in Sædding | 62

Kultur und Kunstgenuss an der frischen Luft. Ein Erlebnis der seltenen Art. Man kommt sich winzig vor neben den 9 Meter hohen, aus kaltem Weißbeton gegossen, Skulpturen, die an die Riesenfiguren der Osterinsel erinnern. Sie hocken am Ufer von Esbjergs Vorort Sædding. Erbaut wurden sie von *Svend Wiig Hansen.*

Maultiere und ein roter Affe am Blåvand-Strand | 91

Am Strand von Blåvand begegnet man tierischen Kunstwerken. An einer Bunkerwand am Strand fällt dem Betrachter das Kunstwerk „Affe als Künstler" des 2007 verstorbenen Künstlers *Jörg Immendorf* ins Auge. Unübersehbar sind die steinernen „Maultiere" des britische Künstler *Bill Woodrow,* entstanden 1995 anlässlich des 50. Jahrestags der Befreiung Dänemarks am 4. Mai 1945.

Bork Vikingehavn in Bork Havn | 109

Das Museumsdorf, in dem die Besucher in die Welt der Wikinger vor rund 1000 Jahren eintauchen können, darf auf eigene Faust erkundet werden. Auf einem Rundgang über das Areal trifft man beispielsweise auf eine Schmiede, einen Opferplatz mit zahlreichen Gottheiten, auf das Wohnhaus des Häuptlings und seiner Familie und auf die Nachbildung eines Wikingerschiffes.

Urbane Kunst in Holstebro | 131

Dutzende Kunstwerke machen den urbanen Raum in Holstebro zu einem spannenden Freilichtmuseum. Hinter dem Projekt „Traum eines Tabakarbeiters" verstecken sich beispielsweise 36 Bronzeskulpturen, die u.a. auf dem Dach des Hotels Royal residieren. Andere Skulpturen tragen Namen wie „Das Feuer-Monument" oder „Sankt Georg und der Drache".

Skulpturen in Struer | 141

Bei einem Rundgang durch den Ort trifft man auf kunstvolle Skulpturen unterschiedlichster Künstler. An der Hafenpromenade zeigt sich die im September 1948 eingeweihte, von *Kåre Orud* erschaffene Skulptur „Sarpsborgpigen". Mitten im Zentrum geht das 1981 von *Erik Poulsen* kreierte Kunstwerk „Omfavnelse" den Betrachtern ans Herz. Es zeigt eine Mutter, die ihr Kind umarmt und beschützt.

Fünf erhabene Leuchttürme

Fyr Bovbjerg | 152

Schon allein die grandiose Landschaft mit ihren steil zum Strand hin abfallenden Klippen lohnt die Anreise. Als architektonische Zugabe erfreut der 26 m hohe Bovbjerg-Leuchtturm die Besucher. Erbaut wurde er 1877 und kann fast das ganze Jahr besichtigt werden. Ein zugehöriges Café stillt den kleinen Hunger und Durst und das winzige Jens Søndergaards Museum den kulturellen Appetit.

Fyr Lodbjerg | 173

Wer den schönen Ausblick vom 35 m hohen Leuchtturm Lodbjerg genießen möchte, muss zuvor 133 Stufen erklimmen. Das 1883 errichtete Gebäude, dessen Architektur der des Bovbjerg-Leuchtturms gleicht, unterstütze erstmals im November 1884 vorbeifahrende Schiffe bei der Navigation und der Orientierung. In den angrenzenden Bauten waren das Personal und der Wärter untergebracht.

Grå Fyr in Skagen | 233

Stolze 46 Meter Höhe kann der 1858 erbaute „Graue Leuchtturm" für sich verbuchen. Selbstredend gibt es dazu von oben eine herrliche Aussicht über den nördlichsten Zipfel Dänemarks. Seit Mai 2017 beherbergt das mausgraue Bauwerk und seine Nebengebäude seine zeitgemäße multimediale und wissenschaftlich fundierte Ausstellung über Zugvögel.

Fyr Hirtshals | 227

Erbaut wurde der weithin sichtbare Leuchtturm während der Regentschaft von *König Frederik VII.* im Jahr 1862. Sein Leuchtfeuer ist bei klarer Sicht über 25 Seemeilen zu erkennen. Von morgens bis zum Sonnenuntergang darf man die 144 Stufen erklimmen und einen Blick über das Skagerrak wagen. Zeitweise werden Kunstausstellungen veranstaltet und im Sommer ist ein Café geöffnet.

Fyr Blåvandshuk | 91

Nach 170 Stufen und 39 Metern oben angekommen, ergibt sich von dem Leuchtturm ein traumhafter Blick über die Küste, das Meer und die Dünen. In dem 1899 erbauten Bauwerk ist in der ehemaligen Leuchtturmwärterwohnung eine Ausstellung über den Offshore-Windenergiepark Horns Rev untergebracht, dessen weit vor der Küste aufragenden Windräder bei sehr gutem Wetter erkennbar sind.

Fünf interessante Orte und Städte

Stenbjerg Strand | 177

Der zu Stenbjerg zählende idyllische Ort am Meer erfreut durch weiß gekalkte Gerätehäuschen mit farbigen Türen. Erbaut wurden diese Gebäude um 1900 als sich damals die moderne Fischerei mit größeren Netzen und Motorbooten entwickelte. Heute sind darin z.B. ein Museum zum Thema Rettungswesen, andernorts eine Ausstellung über die örtliche Fischereigeschichte untergebracht.

Ribe | 47

Besonders im 12. Jh. konnte die wohl älteste Stadt Dänemarks eine Blütezeit als wichtiger Handelsplatz für sich verbuchen. Noch heute gibt es im malerischen Stadtzentrum über 100 geschützte Baudenkmäler. Ein historisch bedingter Umstand, der nur von Kopenhagen übertroffen wird. Sehenswert ist der einzigartige Dom, das Kunstmuseum oder das Wikingerdorf vor den Toren der Stadt.

Esbjerg | 57

Esbjerg, die größte Stadt an der dänischen Nordsee, gilt als quirliges Kulturzentrum und führender Fischereihafen Dänemarks. Unbedingt einen Besuch verdient das vom Stararchitekten *Jørn Utzon* designte Musikhaus und das international geschätzte Kunstmuseum mit Werken von *Joan Miró* oder *Robert Jacobson*. Auch lohnt sich ein Spaziergang durch den Park Heerups Have mit vielen Granitskulpturen.

Thisted | 187

Schön gelegen am Limfjord kann Thisted, die Hauptstadt des Thylandes mit nostalgischen Gassen und einem eindrucksvollen Dom aus dem 16. Jahrhundert aufwarten. Hübsch anzusehen ist ferner der aus dem Jahr 1853 stammende Rathauskomplex am Torvet mit der angrenzenden belebten Fußgängerzone.

Skagen | 232

Mitte des 19. Jhs. waren es vor allem Künstler wie der Maler *Michael Ancher,* die sich in Skagen niederließen, um die facettenreiche Landschaft auf Leinwand zu bannen. Faszinierende Werke dieser Zeit findet man im Skagens Museum. Über die Natur der Region informiert das Skagen Oddee Naturcenter. Ein hervorragendes Nachtlager findet man im historischen Brøndums Hotel.

1

Von der deutschen Grenze bis Esbjerg

SKAGERRAK · Skagen
Frederikshavn
Hjørring
NORDSEE
Hanstholm · Fjerritslev · Ålborg
Thisted · Løgstør · Hals
Mørsø · KATTEGAT
Hurup · Nykøbing · Års
Thyholm
Lemvig · Skive · Hobro
Viborg · Randers
Holstebro · Århus · Rønde
Ringkøbing · Silkeborg
Herning · Nr. Snede
Tarm · Brande · Horsens
Henne Strand · Grindsted · Vejle · Juelsminde
Varde
Esbjerg · Vejen · OSTSEE
Fanø · Kolding
Mandø · Ribe · Haderslev
Rømø · Skærbæk
Højer Tinglev · Åbenrå
Als · Sønderborg

D

◁ In den Dünen von Fanø

ÜBERBLICK

Tønder

Geschichte

Die Küste zwischen Højer unmittelbar oberhalb der Grenze und Esbjerg, rund 60 km weiter, ist landschaftlich wenig anziehend. Östlich des Deichs dehnt sich die platte Marsch aus, seeseitig das größtenteils naturgeschützte Watt, noch platter. Einen Strand, 4 km lang und 150 m breit, mit grobem Sand und seichtem Wasser gibt es bei Emmerlev Klev/Hjerpsted. Wegen der Lage am Nationalpark ist Windsurfen dort verboten.

Geschichtsträchtiges Land: Lange wurden hier Grenzen hin- und hergeschoben. Davon merkt man heute nicht mehr viel. An den Heerstraßen von einst reihen sich Dörfchen, in denen der agrarische Alltag Dänemarks seinen Lauf nimmt; sauber gefegte, aber auch, um ehrlich zu sein, nicht sonderlich aufregende Nester. Hier und da gibt es eine Kirche zu inspizieren, deren Turm man sich zum Ziel setzt, womöglich auch ein Schloss, Schackenborg bei Møgeltønder zum Beispiel, wo einst Prinz *Joachim* und seine *Alexandra* glücklich waren (und jetzt geschieden sind), ist sehenswert, der Garten öffentlich zugänglich. Dann wieder steht vielleicht ein Karton mit Äpfeln am Straßenrand: *Ta' og spis* – nimm und iss. Man muss derlei Charme en miniature lieben – oder lieben lernen –, um sich schon mal auf den Rest Jütlands einzustimmen. Denn weiter oben auf der Halbinsel sieht's jenseits der quirligen Touristik überall so aus: ländlich-sittlich.

Die dänische Aussprache ist „Tönner", und auf deutsch hieß die Stadt, eine solche seit 1243, früher mal *Tondern*. Tønder wird „die Hauptstadt der Marsch", auch „Dänemarks ältester Marktflecken" genannt und erlebte zwischen Mittelalter und Renaissance als **Verschiffungsort landwirtschaftlicher Produkte** eine ausgesprochene Blütezeit. Doch die **Überschwemmung der Marsch** stellte den Ort immer wieder vor Probleme. Durch Eindeichungen konnte dieser Pferdefuß zwar beseitigt werden, doch in der Folge versandete der Hafen Tønders allmählich, und aus war es mit dem Handel. Die strebsamen Bürger der Stadt mussten andere Wege gehen. Sie schufen mit der schleswigschen **Klöppelindustrie** eine Alternative und brachten den

NICHT VERPASSEN!

- ⮑ Der schier endlose **Strand von Rømø** | 39
- ⮑ Internationales Drachenfestival auf **Rømø** | 43
- ⮑ Der mächtige **Dom von Ribe** | 49
- ⮑ Auf in die Vergangenheit im **Ribe VikingeCenter** | 52
- ⮑ Die riesige Skulptur „Der Mensch am Meer" in **Esbjerg** | 62

Diese Tipps erkennt man an der <mark>gelben Markierung.</mark>

Tønder

0 ——— 400 m © REISE KNOW-HOW

DanNSK 12 12/21

A Schloss Schackenborg, Møgeltønder

M Zeppelin- & und Garnisonsmuseum

Busstation

Polizei

Kristkirke

Pranger ★

Drøhses Hus

Tønder Sport & Fritidscenter

Zahnarzt

Skibbroen

Bahnhof

Museum Sønderjylland Tønder mit Wasserturm ★ **M**

★ Visemøllen

Tønder Golfklub

★ Festplatz

Fußgängerzone

🟥 Übernachtung	🟦 Essen und Trinken	🟩 Einkaufen/
1 Møgeltønder Camping	7 Central Halle	Sonstiges
5 Hotel Tønderhus	8 Café Engel	2 Sort Safari
17 Filsø Hotel	9 Restaurant Ros	3 Vidå Kanoudlejning
18 Hostrups Hotel	12 Restaurant und Café Victoria	4 Fri Bike Shop
19 Jugendherberge Tønder Danhostel	13 Ristorante Pavarotti	6 Møbelhuset 2
20 Tønder Camping	15 Kloster Caféen	10 Apotheke
		14 Det Gamle Apotek
		16 Høstkassen

Ort zu neuem Wohlstand. Im 18. Jahrhundert waren an die 12.000 Frauen in und um Tønder mit der Herstellung von Klöppelspitzen beschäftigt.

Der lang anhaltende **deutsch-dänische Streit** um das Herzogtum Schleswig endete 1920 mit dessen Teilung. Zwar fiel die nördliche Hälfte mit Tønder an Dänemark zurück, doch die unmittelbare Nähe der Grenze und eine deutsche Minderheit prägen weiterhin das Bild und das Leben der Stadt.

▷ Café am Torvet (Marktplatz)

Sehenswertes

Aus der Anfangszeit Tønders ist der **gut erhaltene Ortskern** mit vielen malerischen Winkeln und Gassen geblieben. Die kopfsteingepflasterte **Uldgade** sticht heraus mit ihren Giebelhäusern, urigen Erkern und fein geschnitzten Türen, und nicht minder spektakulär ist die **Spikergade** gleich nebenan. Kaum jemand wird sich den **Pranger** entgehen lassen (Kleiner Markt), auf dem noch 1865 eine Diebin öffentlich ausgepeitscht wurde.

Museum Sønderjylland Tønder mit Wasserturm

Das **sehr sehenswerte, in mehrere Abteilungen untergliederte Museum** zeigt expressionistische, meist skandinavische Kunst von *Per Kirkeby* bis *Svend Wiig Hansen*, historische Silberarbeiten, Möbel des 16. bis 19. Jahrhunderts und Stühle des Möbelarchitekten *Hans J. Wegner*, der in Tønder das Licht der Welt erblickte. Seine 37 Werke sind im 1902 erbauten und einen tollen Rundblick über Südjütland bietenden Wasserturm untergebracht. Der Gebäudekomplex mit dem kunst- und kulturhistorischen Museum liegt im Süden der Stadt am ehemaligen Standort des bis 1750 existierenden **Schlosses Tønderhus.** Durch das alte Torhaus des Schlosses gelangt man zum Museumseingang. Es gibt einen Museumsshop und ein Café.

■ **Info:** geöffnet Juni bis August tägl. 10–17 Uhr, September bis Mai Di bis So 10–17 Uhr. Erw. 70 Dkr., unter 18 Jahren frei. Kongevej 51, Tel. 7472 8989, www.museum-sonderjylland.dk.

Von der deutschen Grenze bis Esbjerg

dnsk-001 ths

Drøhses Hus

Das denkmalgeschützte Gebäude, **eines der schönsten und ältesten Häuser im Bereich der Fußgängerzone,** ließ der Amtsschreiber *Friedrich Jürgensen* 1672 im typisch westschleswigschen Stil erbauen. Der Name „Drøhses Hus" geht auf den Buchhändler *Drøhse* zurück, der dort 1859 als neuer Eigentümer einzog. Heute ist im Haus ein Teil des Museum Sønderjylland untergebracht, der sich hauptsächlich der **Geschichte der Klöppelindustrie** in Westschleswig widmet, aber auch Möbel, alte Öfen und Gemälde sind zu sehen. Angegliedert ist ein großer Museumsladen (Eintritt frei), in dem man sich mit feiner Klöppelspitze eindecken kann. In der warmen Jahreszeit lädt der charmante **Klöppelspitzengarten,** dessen Gestalt einem alten Klöppelspitzenmuster nachempfunden wurde, zu einer Pause mit Kaffee und Kuchen ein.

■ **Info:** Museum geöffnet Juni–August Mo bis Fr 11–17 Uhr, September–Mai Di bis Fr 11–17 und Sa 10–14 Uhr. Erw. 50 Dkr., unter 18 Jahren frei. Museum Sønderjylland, Storegade 14, Tel. 7472 4990, www.museum-sonderjylland.dk.

Kristkirke

Die „Christkirche" am Kirkepladsen wurde **im Juli 1592 fertiggestellt,** nachdem die dort zuvor stehende Nicolaikirke, die wohl schon um 1350 existierte, abgerissen worden war. Nur den Anfang des 16. Jahrhunderts erbauten, weithin sichtbaren und rund 50 m hohen mittelalterlichen Turm ließ man stehen. Eine

dnsk-002 ths

Besonderheit ist die mit christlichen Motiven verzierte und den Altarraum vom Kirchenschiff trennende **hölzerne Chorschranke** aus dem 17. Jahrhundert. Die vor dem Gotteshaus stehende Büste ehrt den in ganz Skandinavien bekannten Psalmdichter *(Salmedigteren) Hans Adolph Brorson*, der von 1729 bis 1737 das Priesteramt in Tønder bekleidete. Die Kirche ist für Besucher Mo–Sa 10–16 Uhr geöffnet.

Zeppelin- und Garnisonsmuseum

Verlässt man das Zentrum von Tønder auf der Durchgangsstraße Ribe Landevej Richtung Norden, trifft man nach wenigen hundert Metern auf der linken Seite auf dieses ungewöhnliche Museum rund um das Thema **Luftschiffe im Ersten Weltkrieg.** Hier in Tønder befand sich von 1914 bis 1918 einer der größten Marine-Luftschiffhäfen Deutschlands. Im Erdgeschoss des mit unzähligen Fotos, Infotafeln und originalen Ausstellungsobjekten bestückten Museums zeigt ein Modell die drei ehemaligen Luftschiffhallen „TOBIAS", „TONI" und „TOSKA". Wobei die Buchstaben „TO" jeweils das interne Kennzeichen für das damals noch Tondern genannte Städtchen waren. Die **Doppelhalle „TOSKA"** konnte zwei Luftschiffe nebeneinander beherbergen und hatte die gigantischen Ausmaße von 242 m Länge, 73 m Breite und 42 m Höhe. Sie bestand nach Kriegsende bis 1922. Heute kann man auf dem riesigen, öffentlich zugänglichen und hauptsächlich bewaldeten Außengelände nur noch wenige Spuren der einstigen Luftschiffhallen ausfindig machen. Infotafeln vor Ort illustrieren die Geschichte der Hallen und erläutern die auf dem Areal noch befindlichen Relikte wie das Heizwerk und das Badehaus der Soldaten oder den „Offizierstein".

■ **Info:** geöffnet Mai bis Oktober Sa/So 11–16 Uhr, wochentags geschlossen. Erw. 60 Dkr. Führungen nach Anmeldung. Gasværkvej 1, Tel. 7472 7254, www.zeppelin-museum.dk.

Sport und Aktivitäten

Schwimmen, Squash, Klettern

■ **Tønder Sport & Fritidscenter,** der gesamte Komplex besteht aus mehreren Sporthallen und einer Schwimmhalle mit Wasserrutsche. Es sind eine Kletterwand, ein Fitnesscenter und ein Wellnessbereich vorhanden, ferner zwei Squash Courts. Eintritt Schwimmhalle: Pers. über 16 Jahre 7,10 €, Kinder 3–15 Jahre 3,50 €, Studenten/Rentner 5,20 €. Zum Center gehören auch ein Campingplatz und das Danhostel. Sønderlandevej 4–6, Tel. 7492 8830, http://tsfc.dk/de/center.

Angeln

■ **In der Vidå** (Wiedau) und ihren Nebenläufen, einem von Dänemarks wasserreichsten Flusssystemen. Saison ist Mitte Januar bis September. Infos beim Fremdenverkehrsamt.

◁ Spaziergang rund um den Wasserturm

Von der deutschen Grenze bis Esbjerg

1

Golf

■ **Tønder Golfklub,** 18-Loch-Platz, Driving Range und Klubhaus. Greenfee für Gäste erfordert die Mitgliedschaft in einem zugelassenen Golfklub und Platzreife. Es werden auch zwei Zimmer vermietet. Greenfee 20–40 €. Tidsholmvej 6, Tel. 7473 4313, www.tondergolfklub.dk.

Kanu

3 **Vidå Kanoudlejning,** Kanuverleih, Trailerverleih. Zahlreiche Tourvorschläge von Tønder in die Umgebung und auf der Vidå. Kanu pro Tag 300 Dkr. Ulriksallé 5 und Grænsevej 16, Tel. 4031 9514 und 2330 4250, www.vidaa-kano.dk.

Radfahren

4 **Fri Bike Shop,** in der Innenstadt liegendes Fahrradgeschäft mit Verleih, Verkauf und Reparaturservice. Auch Mopeds und Scooter werden verkauft. Vestergade 42, Tel. 7472 3672, www.fribike shop.dk.

■ Eine tolle **Fahrradtour** kann man von Tønder aus unternehmen. Vom Tønder Kunstmuseum startet die Panorama-Route 401 mit Namen „Die königliche Marsch-Radtour". Die Rundtour ist 41 km lang, gut ausgeschildert über führt über meist flaches Terrain. Weitere Infos unter www.nordsee radweg.dk.

Tier- und Naturtouren

2 **Sort Safari,** der Anbieter hat zahlreiche Touren im Nationalpark Wattenmeer in seinem Portfolio. Beispielsweise die Ganztagestour „Wattenmeer Express" mit Wanderung und Museumsbesuch. Erw. 245 Dkr., jeden Mittwoch von Juli bis Oktober, u.a. ab Tønder. Slotsgaden 19, Tel. 7372 6400, https://de.sortsafari.dk.

Wandern

■ **Im Umfeld der Stadt** lassen sich schöne Naturwanderungen unternehmen. Infos über Arrangements beim Fremdenverkehrsamt. Begehbar ist auch der **Nordseedeich,** der sich für eine ausge-dehnte Fußtour bis Esbjerg oder kleinere Etappen anbietet.

Feste und Events

Tønder Festival

Seit 1975 zelebriertes **internationales Folk-, Jazz- und Indiefestival** über mehrere Tage am letzten langen Wochenende (Do bis So) im **August.** Rund 10.000 Musikfans finden sich alljährlich ein. Ein **Campingplatz** ist an das Festivalgelände angegliedert.

■ **Info:** Eintritt (4 Tage) Erw. 1590 Dkr., Camping ab 400 Dkr., www.tf.dk.

Weihnachtsmarkt

Von Mitte November bis zum 23. Dezember zeigt sich die Altstadt weihnachtlich geschmückt. Der Umzug der Weihnachtsmänner ist schön anzusehen. Um den Marktplatz mit dem Weihnachtsbaum offerieren zahlreiche Hütten leckere Spezialitäten, und es lässt sich so manches Geschenk für die Liebsten erstehen. Tønder wird auch als Dänemarks „Weihnachtsstadt Nr. 1" bezeichnet. Reizvoll ist das **Geschäft „Det gamle Apotek":** In einem Gebäude aus dem Jahre 1595 befindet sich zur Adventszeit die angeblich größte Weihnachtsausstellung Dänemarks.

Klöppelfestival

Alle drei Jahre findet diese Veranstaltung statt (Verkaufsmesse, Vorträge, Workshops, Ausflüge). 2019 fand das Festival vom 31. Mai bis zum 2. Juni zum elften Mal statt.

■ **Info:** www.kniplings-festival.dk.

Praktische Infos

Touristeninformation

■ **Storegade 2–4,** Tel. 7370 9650, www.romo-tonder.dk. Geöffnet Mo bis Fr 10–17.30 Uhr, Sa 10–14 Uhr. Beliebt in Tønder: unbürokratisches Heiraten!

Verkehr und Transport

■ **Busse** von und nach Niebüll (D), ca. 1½ Std. Bus 266 ab Busstation nach Højer ca. 25 Min.
■ **Bahn** von und nach Niebüll (D) (ca. ½ Std.) und Esbjerg. www.rejseplanen.dk.

Übernachtung

17 **Filsø Hotel**③, nur einige Minuten zu Fuß vom Zentrum entfernt, freundliche, helle und modern eingerichtete Zimmer. Freundliche und aufmerksame Mitarbeiter. Das Hotel bietet eine große Bowlingbahn (Preisbeispiel: Fr ab 21 Uhr 180 Dkr./55 Min.), ein Restaurant und einen Pub. Ribelandevej 56, Tel. 7472 0011, www.filsohotel.dk.

18 **Hostrups Hotel**③, gemütliches, kleines Hotel mit Restaurant und Außenterrasse. Søndergade 30, Tel. 7472 2129, www.hostrups-hotel.dk.

5 **Hotel Tønderhus**③, zentral gelegenes, mehrmals erweitertes und modernisiertes Traditionshaus mit rund 60 stilvollen Zimmern und Suiten. Auch ein behindertengerechtes Zimmer steht zur Verfügung. Hilfsbereites Personal. Restaurant mit Terrasse. Regionale Speisen. Großer Saal für Veranstaltungen wie Hochzeiten. Mitglied der „Small Danish Hotels". Jomfrustien 1, Tel. 7472 2222, www.hoteltoenderhus.dk.

Jugendherberge

19 **Tønder Danhostel,** unweit des Zentrums, alle Zimmer mit Bad/WC, aber auch Betten in Gemeinschaftsräumen vorhanden. Bettwäsche/Handtücher können ausgeliehen oder mitgebracht werden. Frühstück, Mittag- und Abendessen möglich. Freier Eintritt ins Schwimmbad. Sønderport 4, Tel. 7472 3500, www.tsfc.dk.

Camping

20 **Tønder Camping,** beim Fritidscenter und der Jugendherberge, wenige Minuten zu Fuß ins Zentrum, 80 Stellplätze (2 Pers. inkl. Stellpatz 25,50 €) und 5 Hütten (max. 4 Pers., pro Nacht 62 €). Campingpass obligatorisch, ist an der Rezeption erhältlich. Wohnmobilplatz mit 40 Stellplätzen nebenan. Sønderport 4, Tel. 7492 8000, www.tsfc.dk.

1 **Møgeltønder Camping,** knapp 8 km von Tønder und 10 km von der Küste entfernt. Ländlich gelegen, Baumbestand. Hütten mit 15 m² oder 30 m² Fläche (ab 425 Dkr. pro Nacht/4 Pers.). Poolbereich mit Rutschbahnen. Direkt am Platz befindet sich ein Put & Take-Angelsee. Ganzjährig geöffnet. Sønderstrengvej 2, Møgeltønder, Tel. 7473 8460, www.mogeltondercamping.dk.

Essen und Trinken

8 **Café Engel,** etwas abseits des Trubels der Fußgängerzone schmeckt hier auf den wenigen Holzstühlen vor der Tür oder im liebevoll eingerichteten Innenbereich der Kaffee, der Kuchen oder ein Sandwich besonders gut. Charmant und individuell. Frigrunden 3, Tel. 7472 7080.

12 **Restaurant und Café Victoria,** das in der Fußgängerzone etablierte, beliebte und einladende Lokal mit rustikalen Holzmöbeln und Regalen voller Bücher, mit historischen Fotografien und Gemälden an den Wänden offeriert leckere Burger (99 Dkr.), Steaks (300 g Ribeye 259 Dkr.), aber auch eine kleine Auswahl an Kuchen und Torten. Mo bis Do, So 11–22 Uhr, Fr/Sa 11–2 Uhr. Storegade 9, Tel. 7472 0089, www.victoriatoender.dk.

13 **Ristorante Pavarotti,** serviert werden hauptsächlich Pizzen und Nudelgerichte, es gibt aber auch Salate, Fisch und Fleisch, nettes Ambiente, einige Tische vor dem Lokal. Di–Sa 12–15 und 17–22 Uhr, So 17–22 Uhr. Vestergade 11, Tel. 7472 0768.

15 **Kloster Caféen,** in einem wunderschönen historischen, wohl 1520 erbauten Haus lässt es sich im mit blauen Kacheln und alten Bildern des Torvet dekorierten Innenbereich ein bisschen wie zu „Omas Zeiten" speisen und Kaffee trinken. Leckere Frokost-

Spezialitäten, aber auch Burger mit Pommes (114 Dkr.). Tagessuppe (35 Dkr). Einige Tische stehen direkt auf dem Torvet. Mo bis Fr 10–17 Uhr, Sa 10–16 Uhr, So 11–15 Uhr. Torvet 11, Tel. 7372 4104, www.klostercafeen-toender.dk.

9 **Restaurant Ros,** 3-Gänge-Menü z.B. mit Sommerkohl, Kalbsfilet mit neuen Kartoffeln und Kuchen (295 Dkr.). Mi bis Fr 17.30–23 Uhr, Sa 12–15 und 17.30–23 Uhr, So bis Di geschlossen. Spikergade 21, Tel. 2719 1193, www.restaurantros.dk.

7 **Central Halle,** die Bar im hinteren Teil des Hauses mit Billardtisch ist urig, hauptsächlich von Einheimischen besucht und die richtige Adresse für einen klassischen Abend mit einem Deckel voller Bier. Tägl. 10–24 Uhr, Fr/Sa bis 5 Uhr morgens. Vestergade 11, Tel. 7472 2027.

Einkaufen

16 **Høstkassen,** etwas außerhalb von Tønder kann man beispielsweise selbst produzierten ökologischen Apfelmost erwerben. Es liegen auch Gemüsesorten aus, und man findet Honig aus der Region Bredebro. Geöffnet Do/Fr, 10–17.30 Uhr, Sa 10–14 Uhr.

14 **Det gamle Apotek (Die alte Apotheke),** von 1671 bis 1989 war in diesem schönen Gebäude wirklich eine Apotheke untergebracht. Heute werden in den unzähligen Räumen u.a. Geschenkartikel, dänische Spezialitäten, Schreibutensilien, Modellautos, Wichtelfiguren und das gesamte Jahr über Weihnachtsartikel verkauft. Außerdem befindet sich hier von Mitte November bis zum 23. Dezember das Postamt des Weihnachtsmannes. Wer bis Mitte Dezember einen Brief samt Rückporto an den Weihnachtsmann sendet, bekommt einen Antwortgruß von Santa Claus. Mo bis Fr 10–17.30 Uhr, Sa/So 10–16 Uhr. Østergade 1, Tel. 7472 5111, www.det-gamle-apotek.dk.

6 **Møbelhuset 2,** riesiger Laden in der Innenstadt mit einer umfangreichen Auswahl an wunderbaren Design-Möbeln aus Dänemark und der ganzen Welt. Auch Stücke von *Hans J. Wegner* sind käuflich zu erwerben. Im Portfolio finden sich auch Wohnaccessoires und Leuchten. Lieferung und Montage deutschlandweit. Vestergade 35–39, Tel. 7472 2081, www.mobelhuset2.dk.

Nützliches

10 **Apotheke,** Storegade 28, Tel. 7472 1115.

■ **Zahnarzt,** Mo bis Do 8–17 Uhr, Fr 8–15 Uhr. Kogade 4, Tel. 7472 1022, www.dentist.dk.

Die Umgebung von Tønder

Neben dem Wasserturm in Tønder gibt es einen weiteren Aussichtspunkt, die **Vongshøj** (62 Meter hoch) bei **Løgumkloster** nordöstlich von Tønder. Auf dem Weg dorthin passiert man den **Draved Skov,** einen richtigen **Urwald,** den einzigen in ganz Dänemark mit sehr reichem Vogelleben.

Im unweit gelegenen **Møgeltønder** gibt es außer dem **Schloss Schackenborg** (www.schackenborg.de) mit „Dänemarks schönster Dorfstraße" und „Dänemarks ältester Dorfkirchenorgel" aus dem Jahr 1679 zwei lokale Superlative, die man nicht verpassen sollte. Und auch mal nach der schleswigschen **Mettwurst** fragen bzw. probieren, denn es ist die absolute Spezialität der Region.

▷ Idylle bei Højer

1

(MEIN TIPP) **Restaurant Schackenborg Slots-kro,** vornehmes Ambiente, man wird mit köstlichen und handwerklich erstklassigen Speisen mittags und abends verwöhnt. Wer zur traditionellen Kaffeezeit kommt, sollte unbedingt die Brødtorte mit schwarzen Johannisbeeren kosten. Es kann auch übernachtet werden. Wird bis voraussichtlich Sommer 2021 renoviert. Slotsgaden 42, Møgeltønder, Tel. 7473 8383, www.slotskro.dk.

Højer

Nach Højer (deutsch: Hoyer) kann man **per Ausflugsschiff** von List auf Sylt fahren, wobei man vielleicht den einen oder anderen Seehund erspäht, denn die Reise führt dicht am Naturschutzgebiet vorbei. Das Städtchen erfreut mit reetgedeckten Häusern aus dem 18. und 19. Jahrhundert und gepflegten Gärten. Sehenswert, auch für Familien, ist „Nordeuropas höchste (22 Meter) **Holzwindmühle**" samt interessantem **Mühlenmuseum** und kleiner Gartenanlage.

■ **Museum:** geöffnet vom 1.4. bis 30.6. und vom 1.10. bis 31.10. Di bis So 11–17 Uhr und vom 1.7. bis 30.9. Mo bis So 11–17 Uhr. Eintritt: Erw. 100 Dkr., Kinder gratis. Møllegade 13, Tel. 7478 2911.

Ebenfalls im Zentrum erhebt sich der 20 Meter hohe, 1934 erbaute **Wasserturm** von Højer. Über eine Wendeltreppe gelangt man durch das Innere auf einen rund um das Gebäude führenden Balkon, der bei schönem Wetter eine herrliche Aussicht auf das Marschland, das Wattenmeer und sogar die Insel Rømø bietet.

■ **Wasserturm:** geöffnet Ende Juni bis Mitte August tägl. 11–16 Uhr, Mitte August bis Anfang Ok-

dnsk-004 ths

tober nur am Wochenende 11–16 Uhr, im Winter geschlossen. Eintritt: Erw. 20 Dkr., Kinder unter 12 Jahren gratis. Tel. 5030 9145, www.fhvt.dk.

Wer schon einmal in Højer ist, sollte den rund 3 Kilometer langen Weg an die Nordseeküste mit der imposanten **Vidå-Deichschleuse** und angrenzender multimedialer **Ausstellung über den Nationalpark Wattenmeer** (geöffnet tägl. 10–18 Uhr, gratis) nicht scheuen. Das dortige Restaurant Slusen Højer mit Außenbereich sorgt für das leibliche Wohl.

Zur Gemeinde Højer gehört das Städtchen **Rudbøl**, hübsch an einem See gelegen und insofern von bescheidenem Ruhm, als hier eine der merkwürdigsten Grenzziehungen Europas stattgefunden hat. Das sagen zumindest die Dänen. Für Deutsche war es ja lange nichts Ungewöhnliches, dass eine Grenze zwischen zwei Staatsgebilden mitten durch einen Ort ging.

Praktische Infos

Übernachtung

■ **Åndehullet**②, zentral gelegene moderne Unterkunft mit 6 einfachen Doppelzimmern mit eigenem Bad/WC. Bettwäsche und Handtücher sind mitzubringen oder können vor Ort geliehen werden. Ein Familienzimmer. Die Zimmer sind freundlich und hell. Frühstück möglich. Nørrevej 32, Tel. 5040 1030, 5040 3060, https://aandehullet.dk.

■ **Hostel Rudbøl**②, direkt am See in Rudbøl. Sehr schöne Lage, Zimmer teils mit Seeblick, fast alle mit Gemeinschaftsbad. Küche für alle vorhanden. Frühstück inklusive. Rudbølvej 19–21, Tel. 7473 8298, www.booking.com.

(MEIN TIPP:) **Hohenwarte Højer**②, nur 2 km vom Meer und gut 1 km von Højer entfernt wohnt man hier in idyllischer und ruhiger Lage direkt im Nationalpark und mitten in der Tønder Marsch. Sehr freundliche, familiäre Atmosphäre. Kinder sind herzlich willkommen. Die „Paulsens" erwarben diesen Hof 1991, bauten ihn um und empfingen ein Jahr später ihre ersten Gäste. Die 31 einfach und funktionell eingerichteten Zimmer verfügen teils über ein eigenes Bad/WC, Teeküche und Kühlschrank. Leckeres, deftiges Essen von Fleisch bis Fisch. Auf dem weitläufigen Gelände leben Ziegen, Lamas, Esel und andere „kuschelige" Gesellen. Kutschfahrten und Ausritte werden organisiert. Siltoftvej 2, Tel. 7478 9383, www.hohenwarte.dk.

Camping

■ **Daler Camping**, ganzjährig geöffnet. Seit 2016 bestehender kleiner Platz zum Zelten und für Wohnwagen und -mobile. Strom vorhanden. Mit Blick auf die Daler Kirche, nach Højer sind es gut 3 km. Erw./Nacht 75 Dkr. Hvidstrengvej 4, Daler, Tel. 5326 3547, www.dalercamping.eu.

Essen und Trinken, Einkaufen

🦋 **Højer Pølser**, seit 1897 bestehender Traditionsbetrieb, Wurstwaren aller Art, viele davon mit Preisen ausgezeichnet, auch ökologische Produkte. Besondere Spezialitäten, z.B. mit Cognac oder Whisky verfeinerte Salami. Mo bis Fr 9–17 Uhr, Sa 9–12 Uhr. Sondergade 1, Tel. 7478 2231, www.hoejerpoelser.dk.

◁ Im Ortszentrum steht die Holzwindmühle samt interessantem Mühlenmuseum

1

NORDSEE

*Militärisches
Übungsgebiet*

Juvre ★ *Walkieferzaun*

*Nationalmuseets
Kommandørgården,
Zwergschule* ★ M Toftum

M ·Rømø Fuglemuseum

NØRRELAND **1** Bolilmark

Bunkeranlage ●

2 Lakolk

3

Tvismark·

Wald

Bunkeranlage ●

4

M

*Naturcenter Tønnisgård,
Mini-Museum*

Polizei ●

*Autofreie
Zone*

5 Kongsmark ○

Windsurfstrand

St. Clemens ⓘ

Kapitänsgräber ★ ○ Kirkeby

SØNDERLAND

Rømø-Damm ★

Skærbæk
ca. 10 km

7 Mølby

Vesterhede **8** ★

6 *Rømø Sommer-
und Badeland*

Buggy-Strand *Fähr- und
Jachthafen*
ⓘ ⚓

9

*Rømø
Golfklub* Havneby **10**

SØNDER-
STRAND *Strandsegelgebiet*

FKK-Strand

List/Sylt

■ **Übernachtung**
1 Rømø Familiecamping
2 Lakolk Strand Camping
5 Bed & Breakfast
Hos Else og Keld
7 Ferienzentrum
Kommandørgården,
Camping
8 Jugendherberge
Danhostel Rømø
9 Enjoy Resorts Rømø
10 Havneby Kro

■ **Essen und Trinken**
3 Café Fru Dax,
Café Midtpunkt
4 Café Hattesgaard
10 Holms Røgeri
og Restaurant,
Otto & Ani's Fisk,
Frankel 5,
Rømø Bagerie

■ **Sonstiges**
6 Reiterhof Thomsen
7 Kommandørgården
Islændercenter
10 Rømø Cykler

Rømø

Geschichte

Die **größte Insel an der dänischen Nordseeküste** (dt.: Röm) ist recht jungen geologischen Alters. Wahrscheinlich erst um das Jahr Null nahm die aus den Eiszeiten hervorgegangene Sandbank Inselgestalt an und bildete allmählich Dünenketten und Marschland. Eine zögerliche **Besiedlung** setzte im frühen **13. Jahrhundert** ein. Lange ernährten sich die Insulaner mühsam von der Fischerei und bescheidener Viehzucht, stark erschwert durch immer wieder auftretendes **Sandtreiben**, ein Naturphänomen, das die Insel stets mehr bedrohte als die See und dessen Gefahren auch heute noch nicht völlig gebannt sind. Rømø ist notorisch unfruchtbar, „eine Wüste", sagen die Dänen.

Dann kam, mit dem **18. und 19. Jahrhundert**, das goldene Zeitalter. Die männliche Bevölkerung verdingte sich auf überwiegend deutschen Schiffen als Seeleute, viele wurden auch Walfänger, und einige brachten es bis zum Kommandeur, wie man die Kapitäne dieses Gewerbes nannte. Die **Grönlandfahrer**, deren pittoreske Grabdenkmäler auf dem Kirchhof von Kirkeby erhalten sind, bereicherten das Inselleben mit friesischem Kulturgut und, versteht sich, ihren wohlgefüllten Geldkatzen. Schöne alte Häuser aus jener Zeit sind heute in Juvre, Toftum und Vesterhede zu bewundern. Besonders interessant ist der sogenannte Kommandørgården in Toftum (s.u.) mit einer Sammlung des dänischen Nationalmuseums.

Strand

Rømøs ganzer Stolz ist indes der gewaltige Strand, **der zu den größten der Nordsee zählt** und bis 1850 noch überwiegend ein separates Sandeiland war. Heute zieht sich dieser Strand bis zu 4 km breit die ganze Westküste der Insel entlang und steht an beiden Enden sogar noch weit darüber hinaus. Leider ist das prächtige Terrain mit zwei kleinen Handikaps behaftet: Der (äußerste) Nordteil ist **militärisches Übungsgebiet** (Betreten ganzjährig verboten), und auf ungefähr der Hälfte des Strandareals sind **Autos** zugelassen. Trotzdem findet man auf der Riesenfläche (die bei Hochwasser manchmal überflutet wird) stets ein Plätzchen, auf dem man sich allein fühlen kann.

Vor **Lakolk** findet die meiste Badetätigkeit statt. Im Sommer sind dort Rettungsschwimmer stationiert. **FKK** ist speziell am Sønderstrand zugelassen.

Hunde müssen am Strand (1. April bis 30. Sept.) und auf ganz Rømø angeleint werden. Ausnahmen bestehen an ausgewiesenen Bereichen in Lakolk und bei der Kirkeby-Plantage.

Sehenswertes

Ankunftshafen auf Rømø ist **Havneby**, ein kleiner Ort mit Restaurants, Cafés und einer netten Atmosphäre. Die anderen Inseldörfer sind auch ganz ansprechend, verschwinden aber vielfach hinter Dünen und in Wäldchen; kaum erkennt man, wo eines beginnt und aufhört. Der gesamte **Inselkern** steht unter Naturschutz. Rømø ist rustikal und ein angenehmer Gegenpol zum eiligen Sylt

dnsk-005 ths

im Süden, dessen Hauptort Westerland in einem dänischen Rømø-Büchlein sogar als „mahnendes Beispiel für die Touristenchefs, die behaupten, daß der Tourismus nicht die Landschaft in Mitleidenschaft zieht", sehr negative Erwähnung findet.

Bunkeranlagen

52 Bunker bauten die Deutschen im Krieg auf Rømø. Die wichtigsten standen bzw. stehen immer noch getarnt **im Tvismark-Wald,** darunter Blegs Bunker, Tobruk Nord und Süd, Freyafundament, Der gesprengte Bunker, Tropfsteinbunker, Sonnenfleck, Notausgang, Zum Kronenjäger, Heidemarie, Gut Versteckt, Düne, Sandflügel, Mammut und Achteck. Im Bereich der befestigten Anlage erhob sich im Krieg das „Mammut- und See-Elefant-Frühwarnsystem", ein Funkmessgerät mit über 100 m hohen Antennenmasten, mittels derer u.a. der Einschlagsort von V2-Raketen in England kontrolliert werden konnte.

Das Betreten der Bunker ist nur im Rahmen **geführter Touren** (über das Naturzentrum Tønnisgård, s.u.) erlaubt.

⌂ Strandsegler in Aktion

Hoftüren

Ein **Bauernhof** ist an und für sich ein recht profanes Objekt, doch die an Rømøs Ostküste muss man gesehen haben, allein schon wegen der Türen, die in stilistischem Aufwand miteinander wetteifern und in einem **lokalen Klassizismus** gipfeln, der sich um die Mitte des 19. Jahrhunderts herausbildete. Für Hobbyfotografen sind diese Türen ein lohnendes Motiv.

Im Nordosten von Juvre kann man auch eine **Hofumzäunung aus Walknochen** aus dem Jahr 1722 bestaunen. Holz war früher Mangelware auf der Insel.

Nationalmuseets Kommandørgården

Der Hof von *Harcke Thadens* aus dem Jahre 1748 zeugt von dem Wohlstand, den der **Walfang** damals mit sich brachte. Im Jahr 1770 sollen rund 450 Walfänger auf Rømø gelebt haben. Einige waren Kommandeure und besaßen stattliche Höfe. Dieser hier in **Toftum** zeigt die vornehmen Stuben, die mit ihren holländischen Kacheln wie möblierte Badezimmer aussehen, aber gefliester Wände schätzte man damals nun mal. In der Scheune kann man ein **Walskelett** bestaunen. Ein Café mit Sitzgelegenheiten drinnen und draußen offeriert selbst gebackenen Kuchen und Mittagessen. Gleich neben dem Museum steht Dänemarks kleinste **Zwergschule** von 1784.

■ **Info:** geöffnet Ostern und Oktober Di bis So 10–15 Uhr, Mai bis Ende September Di bis So 10–17 Uhr. Eintritt frei. Juvrevej 60, Toftum, Tel. 7475 5276, www.natmus.dk/museerne/kommandoergaarden.

Naturcenter Tønnisgård

⚡ In der **familienfreundlichen Ausstellung** wird über das Wattenmeer, den Walfang und die Region auf kurzweilige und oft spielerische Art und Weise informiert. Besonders geschätzt werden die vom Center durchgeführten **Touren:** u.a. Wattwanderungen, Bunkertouren, Austernsafaris (Touren: Erw. 13,10 €, Kinder 6,20 €).

■ **Info:** geöffnet März bis Ende Okt. Mo bis Fr 10–16 Uhr, Juli/August zusätzlich So 10–16 Uhr, im Winter Mo bis Mi 10–15 Uhr. Eintritt: Erw. 22 Dkr., Kinder 4–13 Jahre 11 Dkr., unter 4 Jahren frei. Havnebyvej 30, Tel. 7475 5257, www.tonnisgaard.dk.
■ Im **Mini-Museum** hinter dem Naturcenter lässt sich die Entstehungsgeschichte der Insel verfolgen, allerdings nur im Sommer (Mo bis Fr 10–16 Uhr).

Kirche St. Clemens

Die St.-Clemens-Kirche Kirkeby stammt ungefähr aus dem Jahr 1200, wurde im 17. und 18. Jahrhundert ausgebaut und weist einige schöne **Schiffsmodelle** aus der Zeit des Walfangs auf – „hübsche Kirchenschiffe", sagt die dänische Broschüre. Sehenswert auch der **Kirchhof** mit den alten **Kapitänsgräbern** und denen von deutschen und englischen Pilo ten, die im Krieg fielen. Die Besichtigung der Kirche (Mo bis So 8–16 Uhr) ist kostenlos. Am Abend finden des Öfteren klassische Konzerte statt.

Sport und Aktivitäten

7 **Kommandørgården Islændercenter,** großer Reiterhof mit Reithalle und 100 Islandpferden. An-

Gestrandete Wale

Im **März 1996** kam es auf Rømø zu einem ungewöhnlichen Ereignis. 16 riesige **Pottwale** trieben im nördlichen Bereich des Strandes an. Die Tiere, allesamt jung und männlichen Geschlechts, maßen zwischen 12 und 13 Metern und wogen bis zu 25 Tonnen pro Exemplar. Sie waren schon mehrere Tage tot.

Es war die größte Walstrandung in der Geschichte Dänemarks und die zweitgrößte in Europa, nur übertroffen von 18 Pottwalen, die 1723 in der deutschen Elbmündung aufs Trockene gerieten. (Es handelt sich jedoch keineswegs um die größte der Welt. Diese fand 1946 im argentinischen Mar del Plata statt, als 835 Tiere strandeten.)

Auf Rømø fanden sich Scharen von Schaulustigen ein, zum Teil von weither. Die meisten fuhren mit dem Auto vor, auf Rømø darf man's ja, und begutachteten das Spektakulum vom Spontanparkplatz am Strand aus. Auch wurden viele Safaribilder gefertigt – Fuß auf dem zerfließenden 25-Tonnentier, dahinter kühn der Geländewagen –, bevor man die Kadaver zerlegte und einer Verbrennungsanlage zuführte. Ein Skelett und ein Schädel verblieben auf der Insel; sie sind heute im Kommandørsgård bzw. im Naturzentrum Tønnisgård zu besichtigen.

Weshalb genau **Wale stranden,** ist nicht bekannt. Schon *Aristoteles* zerbrach sich den Kopf darüber, kam aber zu keinem rechten Schluss. Bei den Rømø-Walen vermutete man, dass sie „höchstwahrscheinlich die Orientierung im flachen Gewässer nordwestlich der Insel verloren und starben". Aber so einfach machen es sich rechte Walforscher nicht.

Unklar ist, warum Wale immer an Stränden anlanden und nie an anderen Küsten. Sollte Absicht dahinterstecken? Der amerikanische Wissenschaftsautor *Richard Ellis* hält es für einleuchtend, dass kranke Tiere flache Strände aufsuchen, um dort ohne die Qual des Ertrinkens zu verenden. Die Herde folgt dem sterbenden Tier, entweder um es zu „trösten" oder zu beschützen, und geht dabei, gewollt oder ungewollt, selbst zugrunde.

Und noch ein Erklärungsansatz sei genannt, der eine ausschließliche Anlandung an Stränden plausibel macht. Das „Verlieren der Orientierung" spielt dabei in der Tat eine Rolle. Bei manchen Meerestieren hat man nämlich beobachtet, dass das Eindringen von Sandkörnern in gewisse Kopforgane unter bestimmten Bedingungen zu Beeinträchtigungen der Navigationssysteme führt. Nicht durch mechanisches Versperren à la „Sand im Ohr", sondern durch die Bewegungen der Körner im System. Vielleicht ist es bei Walen ebenso, aber auch das ist nur eine Hypothese.

geboten werden Reitferien oder auch geführte Reittouren, z.B. Halbtagestour (5 Std. Reiten) inkl. Picknick/Getränke über Rømø ab 93 €. Spezielle Kurztouren für Kinder. Reiten auch im Winter. Kutschfahrten. Urlaub mit dem eigenen Pferd möglich. Das dazugehörige Ferienzentrum Kommandørgården bietet Hotel, Camping, Hütten, Ferienwohnungen und ein Wellnesscenter (siehe „Übernachtung"). Borrebjergvej 15, Tel. 7475 5122, www. kommandoergaarden.dk.

6 Reiterhof Thomsen, Reiten am Strand oder durch Wald und Heide, alles ist möglich. Gruppengröße max. 7 Pers. Wer etwas Reiterfahrung mitbringt, kann auch mit einem Islandpferd ausreiten. Strandausritt (1½–2 Std.) ab 250 Dkr. Pferdepension vorhanden. Es werden auch Unterkünfte in der Nähe des Stalls vermietet. Vråbyvej 9, Tel. 7475 6880, www.sigurd-thomsen.com.

10 Rømø Cykler, Fahrrad- und Strandsegler-Verleih in Havneby, ab einer Fahrradleihdauer von 5 Tagen kostenloser Bring- und Holservice. Pannenservice. Verkauf und Werkstatt. 3-/7-Gang-Fahrräder, Mountainbikes, E-Bikes, Tandem-Räder, Kinderfahrräder. Preis ab 75 Dkr./Tag. Online-Buchung möglich. Nørre Frankel 1B, Tel. 8893 5040, www.romo cykler.dk.

■ **Rømø Golfklub,** 18-Loch-Golfplatz in Havneby beim Enjoy Resorts (Greenfee Erw. 350 Dkr.). Golfer, die in keinem Club Mitglied sind, können auf einem 9-Loch-Platz ihrem Sport nachgehen (Pay & Play Erw. 200 Dkr./Tag). Gäste des Enjoy Resorts erhalten Rabatt. Vestergade 31, Tel. 2425 3901, www.romo-golfklub.dk.

■ **Strandsegeln,** nur erlaubt auf dem Südstrand, rund 2 km² freie Fläche, die vor Ort ausgewiesen ist. Strandsegler-Verleih siehe Rømø Cykler. Kursangebot z.B. unter www.sylt-eventshop.de.

■ Besonders beliebt ist auf Rømø auch das Fahren mit **Drachen- bzw. Kitebuggys.** Manche Sportfreunde reisen mit schwerem Gerät an, um auf dem Strandsegelgelände schirmgetrieben loszubrettern. Reserviertes Areal am Südstrand. Keine Lizenz notwendig.

■ Mögliche Plätze zum **Angeln** sind der Fischereihafen von Havneby oder der Angelteich bei Juvre im Norden der Insel (Rømø Fiskesø, Vestervej 46; Forellen, Aale und Karpfen). Weitere Infos zu diesem Thema und zum notwendigen Angelschein im Tourismusbüro in Havneby.

Feste und Events

Internationales Drachenfestival

Alljährlich **am ersten Wochenende im September** füllt sich der Himmel über Rømø mit Tausenden farbenprächtigen Drachen. Die spektakuläre Veranstaltung zieht Zehntausende Besucher an und ist eines der größten Events seiner Art in Nordeuropa.

Praktische Infos

Touristeninformation
■ Nørre Frankel 1, **Havneby,** Tel. 7475 5130, www. romo.dk, geöffnet Mo–So 7–22 Uhr, Juvrevej 6, Tel. 7370 9650.

Verkehr und Transport
■ Man erreicht Rømø entweder per Auto oder Bus über den 1948 fertiggestellten, 9 km langen **Festlandsdamm.** Kundige Automobilisten nutzen diese Route, um nach Sylt zu fahren, denn sie ist billiger und unkomplizierter als der Autozug nach Westerland.

■ Ausgangspunkt für Rømø-Fahrer im **Bus** ist der Ort **Skærbæk,** und von dort gibt es wiederum Verbindungen nach Åbenrå/Rødekro sowie eine Eisenbahnstrecke nach Esbjerg.

■ Eine andere Alternative, zumindest für Urlauber ohne Auto, ist die Anreise per **Fähre von Sylt;** in der Hauptsaison gibt es bis zu neun tägliche Abfahrten von List. Infos dort unter Tel. 0461/864 601 oder www.syltfaehre.de.

Fortbewegung auf Rømø

🔴 **Busse** verkehren auf der Längsachse der Insel und nach Skærbæk, dort gibt es eine Bahn nach Esbjerg oder Tønder.

🔴 Sehr zu empfehlen sind **Leihräder.**

🔴 Die weitgehend im Naturzustand belassenen **Wanderwege** auf Rømø sind sowohl für Rollstuhlfahrer wie auch für Kinderwagenschieber nicht geeignet.

Übernachtung

🔟 **Havneby Kro**③, das Gasthaus nahe am Meer (mit Restaurant) bietet behagliche Zimmer, die mit Nr. 6 und 7 haben die schönste Aussicht. Preis inklusive Frühstück. Außerdem werden zwei behindertengerechte Wohnungen (65 m^2) im Erdgeschoss vermietet. Skansen 3, Havneby, Tel. 7475 7535, www.havneby-kro.dk.

7️⃣ **Ferienzentrum Kommandørgården**②-④, Urlauber können in Hotelzimmern mit Terrasse oder Balkon übernachten, Preise inklusive Frühstücksbüfett. Selbstversorger entscheiden sich für die voll ausgestatteten Wohnungen (25–70 m^2) oder die Hütten (16–32 m^2); die kleinste Hütte besitzt kein eigenes Bad. Gemeinschaftsdusche vorhanden. Wellnesscenter mit Pool, Sauna, Dampfbad. Havnebyvej 201, Tel. 7475 5122, www.kommandoergaarden.dk.

9️⃣ **Enjoy Resorts Rømø**③, in Havneby liegt diese gepflegte Anlage mit 200 modern und wohnlich eingerichteten Ferienwohnungen für 4, 6 oder 8 Personen. Alle Unterkünfte auf zwei Etagen mit Terrasse und Balkon. Großer Wellnessbereich, außerdem Pool, Kinderpool und Whirlpool. Bowlingbahn. In unmittelbarer Nähe findet sich ein 18-Loch-Golfplatz (www.romo-golfklub.dk). Vestergade 31, Havneby, Tel. 7475 5655, www.enjoyresorts.dk.

5️⃣ **Bed & Breakfast Hos Else og Keld**②, sieben zweckmäßig eingerichtete Zimmer, teils mit Gemeinschaftsbad. Gemeinschaftsküche mit Kühlschränken. Havnebyvej 110, Tel. 7475 5106, www.hoselseogkeld.dk.

Ferienhäuser/-wohnungen (Vermittlung)

Informationen bekommt man im Tourismusbüro. Außerdem vermieten u.a. folgende Anbieter Häuser und Wohnungen unterschiedlichster Größe und Ausstattung:

🔴 **Feriepartner Rømø,** kostenlose Buchungs- und Info-Hotline in Deutschland 0800 358 75 28. Nørre Frankel 1, Havneby, Tel. vor Ort 7475 5130, www.feriepartner.dk/roemoe.

🔴 **DanCenter,** Vesterhavsvej 17, Tel. vor Ort 7375 5050, Tel. in Deutschland/Hamburg 040 309 70 30, www.dancenter.de.

🔴 **Dansk Familieferie,** Søvej 2, Tel. in Deutschland/Hamburg 040 688 71 50 50, www.novasol.com.

Jugendherberge

8️⃣ **Danhostel Rømø**①-②, urige, kleine gemütliche Herberge mit 22 Zimmern (2, 3 und 4 Betten, teils ohne eigenes Bad/WC) in einem ehemaligen Kommandanten-Hof aus dem 18. Jh. bei Havneby. Geöffnet 1.4. bis 10.10. Lyngvejen 7, Tel. 7475 5188, www.danhostelromo.dk.

Camping

7️⃣ **Kommandørgårdens Camping,** Stellplätze für Wohnwagen, Hütten, Zeltplatz. Zwei Außenpools, Spielplätze, Wasserrutschen. Restaurants. Zum Ferienpark gehören ein Wellness- und ein Reitcenter. An der Wattenmeerseite gelegen. Havnebyvej 201, Tel. 7475 5122, www.kommandoergaarden.dk.

2️⃣ **Lakolk Strand Camping,** Stellplätze und Hüttenvermietung unmittelbar am schönen Strand. Kinder- und hundefreundlich. Spielplätze. Supermarkt, Restaurant. Geöffnet April bis Oktober. Lakolk 2, Tel. 7475 5228, https://firstcamp.dk.

1️⃣ **Rømø Familiecamping,** knapp 400 Stellplätze, ca. 30 Classic- und Luxus-Hütten (max. 5 Pers.). Eigenes Areal nur für Zelte. Mehrere Spielplätze, Hundebad. Naturschönes Gebiet im Norden der Insel 3 km vom Strand. Geöffnet April bis Oktober. Rezeption 8–13 und 15–21 Uhr. Vestervej 13 (Toftum), Tel. 7475 5154, www.romocamping.dk.

Essen und Trinken

3 **Café Fru Dax,** in Lakolk gelegenes Restaurant, eines von vielen Geschäften im dortigen großen Shopping-Areal. Burger (ab 122 Dkr.), Salat, Tapas, Sandwiches. Man kann auch draußen sitzen. Lakolk Butikscenter 7, Tel. 7475 7509, www.frudax.dk.

3 **Café Midtpunkt,** ebendort nebenan. Hausgemachtes Eis und hausgemachte Pizza. Softeis ab 22 Dkr., Kugel 25 Dkr., Pizza ab 74 Dkr., geöffnet Mo–Do 10–19.30 Uhr, Fr–Sa 10–20 Uhr, So 10–18.30 Uhr. Lakolk Butikscenter 6, Tel. 7475 5368, www.cafemidtpunkt.dk.

10 **Rømø Bagerie,** Bäckerei in Havneby in der Nähe des Hafens, die Backwaren werden in Eigenregie hergestellt. Große Auswahl an leckeren Kuchen und Brot. Im Café gibt es Frühstück und andere Kleinigkeiten für den Hunger zwischendurch. Geöffnet täglich 6.30–17 Uhr. Havnebyvej 214, Tel. 7475 5244, www.romobageri.dk.

(MEIN TIPP:) **10** **Otto & Ani's Fisk,** Havneby, am Hafen. Gut besuchtes, seit vielen Jahren existierendes Fischrestaurant mit Außenbereich. *Susan* und *Ronald* servieren frischen Fisch, u.a. gebratene Scholle, Seezunge oder Rotbarschfilet. Krabben, Heringsplatte. Im angrenzenden Fischgeschäft kauft man Köstlichkeiten aus dem Meer. Eigene Räucherei. Geöffnet Mi–So 10–15.30 Uhr. Havnepladsen, Tel. 7475 5306.

10 **Holms Røgeri og Restaurant,** wenige Schritte vom Hafen in Havneby entfernt. Frischer Fisch aus dem Meer oder aus der Räucherkammer. Draußen laden Strandkörbe zum Verweilen ein. In der Hauptsaison Fr–So riesiges Büfett 18–21 Uhr, Erw. 228 Dkr., Kinder (8–12 Jahre) 126 Dkr., Kinder (3–7 Jahre) 63 Dkr. Nordre Havnevej 1, Tel. 7475 5066, www.holmsrogeri.dk.

4 **Café Hattesgaard,** urgemütliches Café und Antiquitätenladen auf einem ansehnlichen, sehr schön renovierten Kapitäns-Hof aus alten Zeiten. Bei trockenem Wetter sitzt man in ruhiger Atmosphäre an der frischen Luft und genießt selbst gemachten Kuchen und kleine Snacks. Vorher oder nachher stöbert man nach Antiquitäten. Geöffnet Do–So 11–16.30 Uhr. Hattesvej 17, Tvismark, Tel. 7375 5211, www.hattesgaard.dk.

(MEIN TIPP:) **10** **Frankel 5,** in der Nähe des Hafens von Havneby betreiben *Helle* und *Villy* seit 2017 dieses angenehm und freundlich eingerichtete Restaurant mit großer Außenterrasse. Sehr netter Service. Dänisches Hacksteak 125 Dkr., großer Club-Burger 125 Dkr. Abends Barbetrieb. Geöffnet Mo–Mi, Fr ab 17 Uhr, Sa/So 12–20 Uhr. Sønder Frankel 5, Tel. 7475 5136, www.frankel5.dk.

dnsk-006 ths

■ **Übernachtung**
2 B&B Mandø
  Hotel Vadehavet
5 Mandø Camping

NORDSEE

Rettungs-
station

„Mandø-Bus"
nach Ribe

Rybe

Läningsvej

Annelbankevej

Mandø Byvej
Nytoftevej
Nørrevej
Sdr. Strandvej
Søndervej

Koresand

■ **Essen und Trinken**
1 Café Mandøpigen
  Klithus Vadehavet

■ **Einkaufen**
3 Mandø Brugs

Mandø

Knapp 10 km nördlich von Rømø liegt dieses **Robinson-Inselchen** einsam im Wattenmeer. Mandø (Manö auf deutschen Karten) ist 7,5 km² groß und wird nur von 40 Einwohnern besiedelt. Ein Damm von 6 km Länge führt hin; dieser **Läningsvej** ist jedoch so niedrig, dass er bei Hochwasser überflutet wird. Ein Stückchen südlich verläuft parallel dazu der **Mandø Ebbevej,** nur eine Trasse im Sand. Auf dem Läningsvej bei Niedrigwasser mit dem Auto hinüberzufahren, ist zwar möglich, wird aber weder empfohlen noch gern gesehen. Außerdem

hat das winzige, von einem 8 km langen Seedeich umgebene Eiland kaum Platz für Kraftwagen. Man kann zu Fuß hinüberwandern oder sich dem „Mandø-Bus" anvertrauen, einem bedächtigen Traktor mit hochbeinigem Anhänger.

Trotz dieser eher schwierigen Bedingungen ist auf Mandø so ziemlich alles vertreten, was das Herz begehrt.

Praktische Infos

Touristeninformation

■ Auf Mandø gibt es kein Tourismusbüro, dafür **in Ribe:** Torvet 3, Tel. 7542 1500, www.vadehavskysten.de.

Verkehr und Transport

🔴 Auf die Insel gelangt man von Ribe aus mit dem **„Mandø-Bus";** er verbindet vom 1.4. bis 31.10. gezeitenabhängig über den Ebbevej die Insel mit dem Festland, ansonsten nach Absprache. Startpunkt: Okholmvej 5, 6760 Ribe. Kosten: Erw. 60 Dkr., Kinder bis 14 Jahre 40 Dkr., Fahrräder 40 Dkr., behindertengerecht, jeweils für Hin- und Rückfahrt. Tel. 7544 5107, Mobil 4076 7679, www.mandoebussen.dk.

Übernachtung

4 **Hotel Vadehavet**③, herrlich am Wattenmeer gelegene Unterkunft, alle 12 Zimmer mit eigenem Bad (Dusche oder Badewanne), viele davon mit Terrasse zu den Dünen. Restaurant (gutbürgerliche Küche) und Café. Für Genießer: Wellnesscenter unter freiem Himmel mit Spa und Sauna sowie herrlicher Aussicht. Vestervej 1, Tel. 7544 5107, www.klithusmandoe.dk.

2 **B&B Mandø**②, *Karin* und *Poul Erik* vermieten 6 moderne, helle Ferienwohnungen (ca. 45 m², max. 4 Pers.), teilweise im Erdgeschoss. Schöne und ruhige Lage mit Garten. Möblierte Terrassen und Grill. Frühstück möglich (85 Dkr.). Mandø Byvej 7, Tel. 7544 6434, Mobil 2346 9408, www.bb-mandoe.dk.

Camping

5 **Mandø Camping,** kleiner, übersichtlicher Platz mit Stellplätzen und zwei Hütten mitten im Nationalpark Wattenmeer. Grillplatz, Spielplatz. Lebensmittel und frische Brötchen im angrenzenden Inselladen. Geöffnet April bis Okt. Mandø Byvej 1, Tel. 7544 5102, www.mandoebrugs.dk.

Essen und Trinken

4 Im **Hotel Vadehavet** werden gutbürgerliche Speisen serviert (zu Unterkunft siehe oben).

1 Das **Café Mandøpigen** beim B&B Mandø tischt leckere belegte Brötchen und andere Gerichte mit aus der Region stammenden Zutaten auf. Mandø Byvej 7, Tel. 7544 6434 und 2346 9408.

Einkaufen

3 **Mandø Brugs,** der „Tante-Emma-Laden" beim Campingplatz versorgt Gäste und Einheimische mit allerlei Lebensmitteln und Backwaren sowie dem neuesten Klatsch und Tratsch. Süßigkeiten und Eis dürfen natürlich auch nicht fehlen. Mandø Byvej 1, Tel. 7544 5102, www.mandoebrugs.dk.

Ribe

Geschichte

Lange galt Ribe als Dänemarks älteste Stadt. Dann fand man bei Bauarbeiten Münzen aus dem Jahre **705 n. Chr.** – und flugs wurde die Stadt zur ältesten ganz Skandinaviens ausgerufen! Ob das auch seine Richtigkeit hat, sei dahingestellt, aber auf jeden Fall war Ribe bereits vor der ersten Jahrtausendwende der **wichtigste Handelsplatz im südjütländischen Küstenbereich,** dessen Wert sogar die Wikinger zu schätzen wussten, denn sie verhielten sich dort artig. Im **12. Jahrhundert** blühte Ribe mächtig auf und entwickelte sich, so die Annalen, zu „Dänemarks Tor nach Westeuropa". Nach der Reformation verblich der Glanz zwar, aber erst gegen **Mitte des 17. Jahrhunderts** fanden Handel und Wandel andere Routen. Der Fluss, der Ribe bis dahin mit der Nordsee verbunden hatte, begann zu versanden, und es war vorbei mit der Pracht. Aus dem Mittelalter sind nur noch wenige Bauten erhalten, darunter die beiden Kathedralen. Die meisten Gebäude Alt-Ribes stammen aus dem 17. Jahrhundert; sie wurden neu gebaut, nachdem ein **Großfeuer 1580** die Stadt eingeäschert hatte. Der Grundriss Ribes blieb jedoch der alte, und auch das **Rathaus** von 1496, Dänemarks ältestes, steht noch. Heute ist das im 16. Jahrhundert renovierte Gebäude ein **Museum** über Gesetz und Recht (Von Støckens Plads, geöffnet Juni bis Ende Oktober tägl. 13–15.30 Uhr, Mitte bis Ende Mai und Anfang bis Mitte September Mo bis Fr 13–15.30 Uhr bzw. Mi 11–15.30 Uhr, Eintritt Erw. 20 Dkr., unter 18 Jahren frei, Tel. 7616 8810).

Ribe heute

Schon 1899 begann man in Hinblick auf den aufkeimenden Tourismus mit der Pflege des Stadtbildes – die Rechnung ging auf. Als eine der mit Abstand schönsten Städte ganz Nordeuropas mit **über einhundert denkmalgeschützten Baulichkeiten** (nur Kopenhagen hat mehr) zieht Ribe heute große Besucherscharen an. Auch wer nur nach Jütland reist, um am Strand zu relaxen, sollte einen Abstecher in die idyllischen Gassen und Fachwerkhäuser Ribes unbedingt ins Programm aufnehmen.

dnsk-007 ths

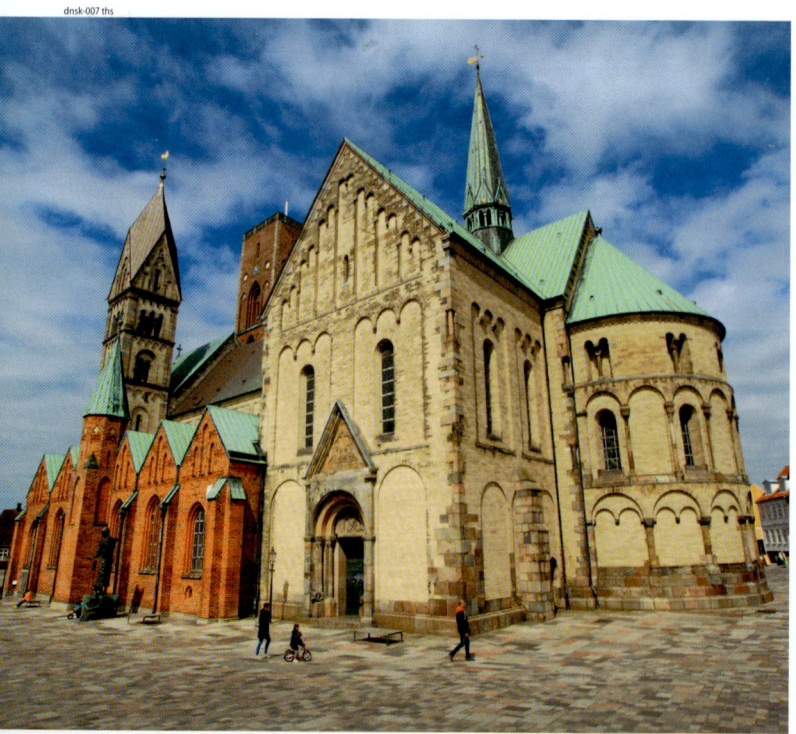

1

Sehenswertes

Innenstadt

In weniger als einer Stunde hat man den **malerischen Stadtkern** erkundet: Man wird Fisker-, Kloster- und Skolegade sowie auch die Kølholt Slippe besonders hübsch gefunden und sich vielleicht ein wenig in die Skibbroen verliebt haben, eine Kaianlage aus alter Zeit. Dort, bei der Nr. 19, steht übrigens die **Sturmflutsäule** und dokumentiert eindrucksvoll die Wasserstände früherer Landunter. Das **Haus der „Hexe" Maren Spliid** darf man natürlich auch nicht verpassen. Aber trotz großen touristischen Andrangs in den Sommermonaten findet man am **Fluss Vesterå**, der Ribe durchzieht und dann zur **Østerå** wird, immer ein Plätzchen, wo man sich von der Kulturtour ausruhen und mit der mittelalterlichen Szenerie vor Augen ein wenig ins Tagträumen versinken kann.

Kirchen

Der gewaltige ==Dom von Ribe== beherrscht das Stadtbild. Schon aus der Ferne auffallend ist der eigentümliche, flache, 1311 fertiggestellte „Bürgerturm", 52 Meter hoch und besteigbar. Dort ist ein **Museum** untergebracht, das die Baugeschichte der Kathedrale thematisiert. Der „Zwilling" dieses Turms kollabierte im Dezember 1283. Zahlreiche Teilnehmer der Weihnachtsmesse starben unter den Trümmern; man baute den Turm danach nicht wieder auf. Mit der Konstruktion des fünfschiffigen Doms, des einzigen dieser Art in Dänemark, wurde gegen die Mitte des 12. Jahrhunderts begonnen; Material dafür schaffte man vor allem aus der Vulkaneifel herbei. In der Kirche befinden sich die Grabmale von einigen der wichtigsten Persönlichkeiten des dänischen Reiches und der älteste Nachruf Skandinaviens aus dem Jahre 1231. Jeden Sonntag um 10 Uhr ist Gottesdienst. Der Eintritt zur Kirche ist frei, der Zutritt zum Bürgerturm mit Museum kostet 20 Dkr. für Erw., Kinder zahlen 10 Dkr. (www.ribedomkirke.dk).

Auf dem Kathedralenplatz, der 2012 restauriert wurde, steht die mächtige **Statue von Ansgar**, einem Missionar und Bischof. Er ließ im Jahr 860 in der Umgebung die erste dänische Kirche erbauen. Die Figur des Kirchenmannes aus dem Jahr 2015 stammt von dem Künstler *Hein Heinsen*.

Im Jahre 1228 entstand das wuchtige Bauwerk der **Kirche Sct. Catharinæ**, stürzte jedoch einige Zeit später ein – der Untergrund stellte sich als zu weich heraus. Das heutige Kirchengebäude stammt aus dem 15. Jahrhundert. Angegliedert ist ein **Kloster,** das 1228 von den Dominikanern gegründet wurde. Die Kirche ist ganzjährig geöffnet: Di bis So 10–16 Uhr, www.sct-catharinae.dk.

Von der deutschen Grenze bis Esbjerg

◁ Unübersehbar – der Dom von Ribe

1

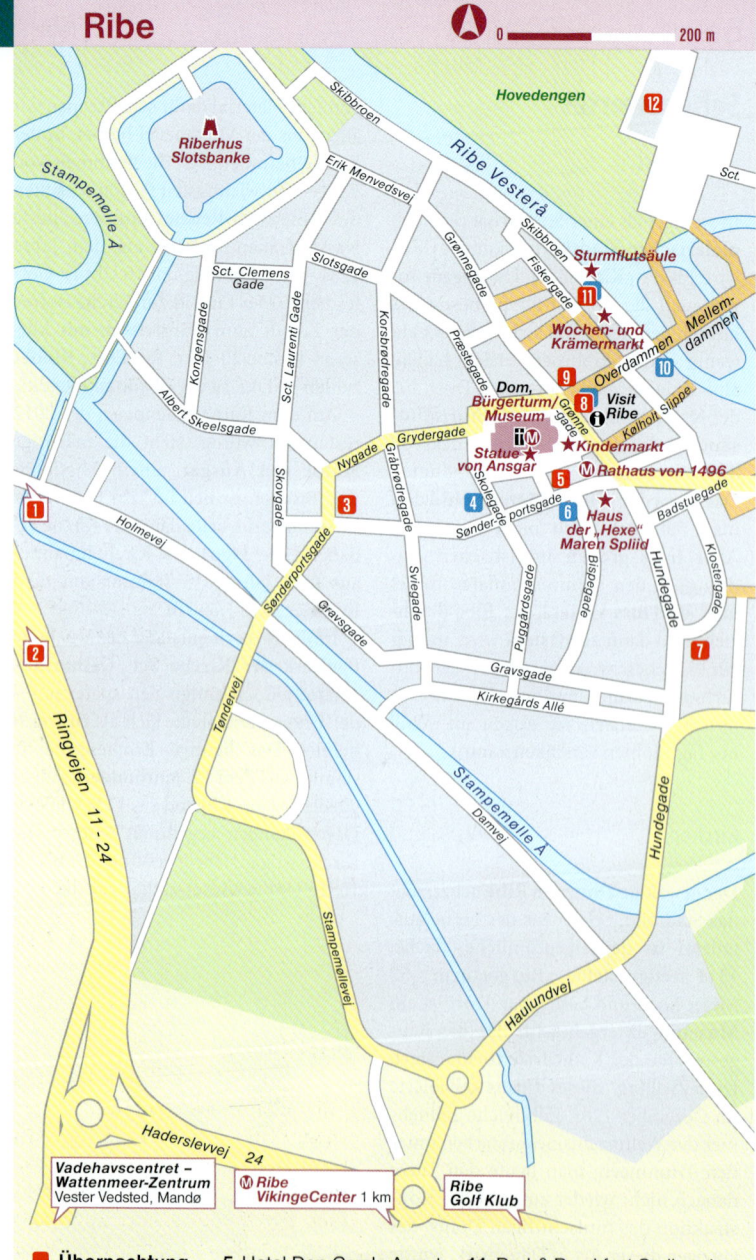

0 — 200 m

Hovedengen

Riberhus Slotsbanke

Stampemølle Å

Skibbroen

Erik Menvedsvej

Ribe Vesterå

Skibbroen

Fiskergade

Sturmflutsäule

Sct. Clemens Gade

Slotsgade

Grønnegade

Præstegade

Wochen- und Krämermarkt

Kongensgade

Sct. Laurenti Gade

Korsbrødregade

Overdammen

Mellem-dammen

Albert Skeelsgade

Nygade

Grydegade

Dom, Bürgerturm/ Museum

Grønne gade

Visit Ribe

Kelholt Slippe

Statue von Ansgar

Kindermarkt

Rathaus von 1496

Skovgade

Gråbrødregade

Sønder-portsgade

Slotsgade

Haus der „Hexe" Maren Spliid

Badstuegade

Sønderportsgade

Sviegade

Gravsgade

Puggårdsgade

Bispegade

Klostergade

Hundegade

Ringvejen 11 - 24

Tøndervej

Gravsgade

Kirkegårds Allé

Stampemølle Å

Damvej

Stampemøllevej

Haulundvej

Hundegade

Haderslevvej   24

Vadehavscentret – Wattenmeer-Zentrum Vester Vedsted, Mandø

Ⓜ **Ribe VikingeCenter** 1 km

Ribe Golf Klub

■ **Übernachtung**

1 Bed & Breakfast Bjerrumgaard

2 Ribe Camping

3 Hotel Ribe

5 Hotel Den Gamle Arrest

7 Bed & Breakfast Den Gamle Købmandsgaard

8 Hotel Dagmar

9 Hotel Weis Stue

11 Bed & Breakfast Sælhunden

12 Jugendherberge Danhostel Ribe

14 Bed & Breakfast Postgarden

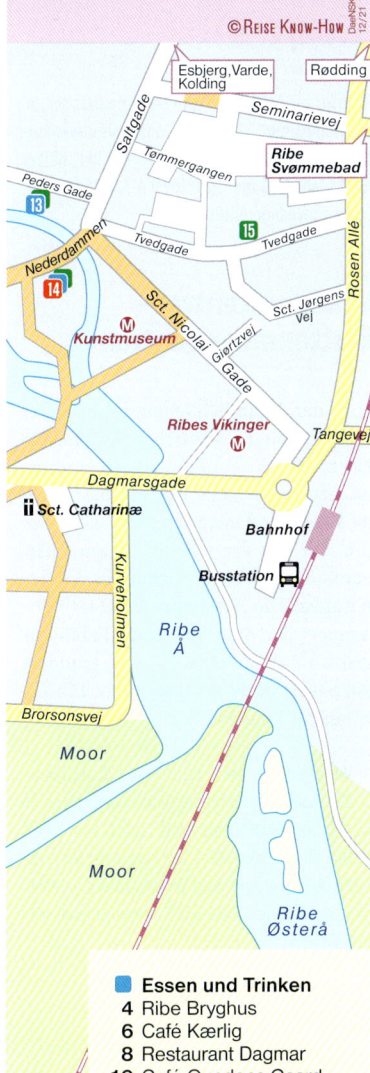

Riberhus Slotsbanke

Die **königliche Burg** stammt aus dem 16. Jahrhundert, wurde jedoch im 17. Jahrhundert geschleift. Erst Anfang der 1940er Jahre ließ man die beeindruckende Anlage, die nordwestlich vom Dom, am Rande der Altstadt liegt, archäologisch aufarbeiten und restaurieren. Dabei wurde Ribes mittelalterliche Geschichte besonders hervorgehoben.

Kunstmuseum

Ribes Kunstmuseum gilt als Perle unter den vielen Museen dieser Kategorie in Dänemark. Die Exponate umfassen **Werke aus zwei Jahrhunderten** (1750–1950), wobei bedingt durch die damalige politische Situation auch deutsche und französische Einflüsse spürbar sind. Gut vertreten ist der als „Goldenes Zeitalter" der dänischen Kunst bezeichnete Biedermeier aus der ersten Hälfte des 19. Jahrhunderts. Museumscafé mit Terrasse und Zugang zum Garten.

■ **Info:** geöffnet Di bis So 11–16 Uhr, Anfang Juli bis Ende August tägl. 11–17 Uhr, Eintritt: Erw. 75 Dkr., unter 18 Jahren frei. Sct. Nicolai Gade 10, Tel. 7542 0362, www.ribekunstmuseum.dk.

Ribes Vikinger

⚲ Hier erfährt man **alles über das Leben zu Zeiten der Wikinger,** auch ein **komplettes Langboot** ist zu sehen. Im „Spielzimmer" können sich Kinder als Ritter, Prinzessinnen oder Hofnarren verkleiden. Filme vertiefen das Wissen über die Wikinger in Ribe, und in der

Essen und Trinken
4 Ribe Bryghus
6 Café Kærlig
8 Restaurant Dagmar
10 Café Quedens Gaard
11 Restaurant Sælhunden
13 Sct. Peter Café und Butik
14 Café Postgaarden, Temper Chokolade

Einkaufen/Sonstiges
13 Sct. Peter Café und Butik
14 Temper Chokolade, Specialbutik Postgaarden
15 Ribe Apotek

Fußgängerzone

1

„Erlebnishalle" trifft man auf nachgestellte Szenen aus den Jahren 800 und 1500. Kurz: ein „Mitmachmuseum" für die ganze Familie. Geführte Touren sind möglich. Großer Museumsshop.

■ **Info:** geöffnet März bis Ende Oktober 10–17 Uhr, November bis Ende Februar 10–16 Uhr. Eintritt 85 Dkr. (unter 18 Jahren frei). Odins Plads 1, Tel. 7616 3960, www.ribesvikinger.dk.

Ribe VikingeCenter

Dieses **sehenswerte Wikingerdorf** namens Ripa mit allem Drum und Dran ist 2 Kilometer südlich der Stadt entstanden. 2017 feierte das Museum 25-jähriges Jubiläum. Auf dem Marktplatz, dem Jahre 720 nachempfunden, trifft man auf Handwerker und im Gutshof daneben sogar auf „richtige" Sklaven. Im Hafen von Ripa aus dem Jahr 750 lassen Baumeister Boote entstehen, in der „Stadt" lohnt sich der Besuch von Wikingerhäusern. Auf dem Gelände werden Falknershows und Kriegertraining veranstaltet. Man trifft auf Pferde, Kühe, Schafe und ein paar Hühner. Kurz gesagt: Es ist viel los in Ripa. Restaurant und Spielplatz. Besonders spannend ist der **mehrtägige „Internationale Wikingermarkt"** jedes Jahr Ende April/Anfang Mai.

■ **Info:** geöffnet Ende April bis Ende Oktober, im Juli/August tägl. 11–17 Uhr, sonst teils etwas kürzere Öffnungszeiten. Eintritt: Erw. 130 Dkr., Kinder (3–13 Jahre) 65 Dkr. Lustrupvej 4, Tel. 7541 1611, www.ribevikingecenter.dk.

Vadehavscentret – Wattenmeer-Zentrum

In den Räumlichkeiten des faszinierenden, von der dänischen Architektin *Dorte Mandrup* umgestalteten und erweiterten Gebäudes, das sich bestens in die Landschaft integriert, dreht sich alles um den von der UNESCO zum Weltnaturerbe geadelten **Nationalpark Wattenmeer**. Die Ausstellungen „Das Wattenmeer der Zugvögel" und „Erzählungen vom Wattenmeer" sind grandios konzipiert und sehr informativ. Ein Erlebnis für Jung und Alt.

■ **Vadehavscentret:** Eintritt: Erw. 120 Dkr. Kinder 50 Dkr. Geöffnet Mai bis September täglich von 10 bis 17 Uhr, Oktober bis April täglich von 10 bis 16 Uhr. 10 km südwestlich von Ribe in der Nähe der Küste beim winzigen Dorf Vester Vedsted gelegen. Okholmvej 5, Tel. 7544 6161, www.vadehavscentret.dk.

Sport und Aktivitäten

■ **Ribe Golf Klub,** 8 km südöstlich liegt ein 18-Loch-Platz in leicht hügeligem Gelände. Gäste sind willkommen. Driving Range und 9-Loch-Putting-Range. Greenfee Erw. 300 Dkr., unter 19 Jahren 150 Dkr. Geöffnet April bis Ende September Mo bis Do 9–15 Uhr, Fr 12–14 Uhr. Oktober bis Ende März Mo bis Do 11–15 Uhr. Snepsgaardevej 14, 6760 Ribe, Tel. 7544 1454, www.ribegolfklub.dk.

▷ Hotel Weis Stue am Domplatz

🏊 **Ribe Svømmebad,** ganzjährig geöffnetes Familien-Freizeitbad mit lange Wasserrutsche und Sprungturm. Erw. zahlen 45 Dkr., Kinder 3–15 Jahre 25 Dkr. Morgenschwimmen: Mo bis Fr 6–8 Uhr, Sa/So 7–10 Uhr. Ansonsten: Mo/Mi 14.30–17.30 Uhr, Di/Do/Fr 14.30–17 Uhr, Sa/So 12–16 Uhr; Mo/Mi 19–21 Uhr nur für über 18-Jährige. Seminarievej 25, Tel. 7616 8535, www.ribefritidscenter.dk.

Praktische Tipps

Touristeninformation
■ **Visit Ribe,** schön untergebracht in einem 1582 erbauten Gebäude. Geöffnet Juli bis August Mo bis Fr 9–18 Uhr, Sa 10–16 Uhr, So 9–18 Uhr, sonst Mo bis Fr 9–16 Uhr, Sa 10–13 Uhr. Selbstbedienungsbüro: ganzjährig Mo bis So 9–22 Uhr. Torvet 3, Tel. 7542 1500, www.vadehavskysten.de.

Verkehr und Transport
■ **Busse und Züge** nach Esbjerg und Tønder.
■ **Bahnhof und Busstation** in der Dagmarsgade.

Märkte/Einkaufen
■ **Wochen- und Krämermarkt,** von Mai bis Anfang September jeden Mi 8–15 Uhr an der Skibbroen am Fluss Ribe Å. Viele regionale Produkte.
■ **Kindermarkt,** wer Spielsachen und andere schöne Dinge für Kids liebt bzw. sucht, wird am Marktplatz am Dom fündig. Jeden Mi von Ende Juni bis Anfang August 8–15 Uhr.
14 **Specialbutik Postgaarden,** im hinteren Bereich des gleichnamigen Cafés lassen sich wunderbare Köstlichkeiten aus der Region, aus dem restlichen Dänemark und der ganzen Welt erstehen, u.a. Spirituosen, Biere, Weine, Kaffee, Schokolade. Mo bis Fr 10–17.30 Uhr, Sa 10–16 Uhr. Nederdammen 36, Tel. 7541 0112, www.postgaarden-ribe.dk.

Übernachtung
MEIN TIPP: **8** **Hotel Dagmar**③-④, traumhaft zentrale Lage direkt am Dom. Im ältesten Hotel Dänemarks lässt es sich geruhsam nächtigen. Rund 50 individuell und stilvoll eingerichtete Zimmer, teils mit Blick auf den Dom. Ausgezeichnete Restaurants im Haus. Große Terrasse zum Marktplatz. Torvet 1, Tel. 7542 0033, www.hoteldagmar.dk.

3 **Hotel Ribe**②-③, überschaubare, familiengeführte Herberge mit hauptsächlich im klassischen Stil eingerichteten Zimmern, teils mit Balkon/Terrasse, meist mit eigenem Bad. Gutes Frühstück. In dem Haus aus dem 19. Jh. befindet sich auch eine Gaststätte. Unweit des Doms, Sønderportsgade 22, Tel. 7542 0466, www.hotelribe.dk.

9 **Hotel Weis Stue**②, man schläft in einem der ältesten Gasthöfe Dänemarks. In dem Fachwerkhaus (erbaut um 1600) am Domplatz sind im 1. und 2. Stock 7 DZ und ein EZ untergebracht. Stilvoll-rustikales Ambiente. Im Erdgeschoss lockt ein beliebtes und charmantes Restaurant. Torvet 2, Tel. 7542 0700, www.weis-stue.dk.

7 **Bed & Breakfast Den Gamle Købmandsgaard**②, sehr gepflegte und mit hellen Holzböden und moderner Ausstattung versehene Zimmer, alle mit eigenem Bad/WC. Selbstversorgung in der Gemeinschaftsküche möglich. Garten und Terrasse. Im Zentrum. Reichhaltiges Frühstücksbüfett. Hundegade 25, Tel. 3020 6706 und 2147 3951, www.bedandbreakfast-ribe.dk.

1 **Bed & Breakfast Bjerrumgaard**②, wenige Minuten zu Fuß von der Innenstadt entfernt. Alle fünf gut ausgestatteten und hellen Zimmer haben eine separate Terrasse und ein eigenes Bad/WC. Gemeinschaftsräume, Tischtennis, Grillplatz. Bjerrumvej 2, Tel. 2241 3813, www.bjerrumgaard.com.

5 **Hotel Den Gamle Arrest**③, das 1546 erbaute Gebäude diente viele Jahrzehnte als Gefängnis. Direkt am Dom vermietet _Annitha Faurholt_ 11 Zimmer bzw. Zellen auf mehreren Etagen, besonders einladend ist die Hochzeitssuite, die ehemals dem Gefängnisdirektor als Büro diente. Nicht alle Zimmer haben ein eigenes Bad. Torvet 11, Tel. 7542 3700 oder Mobil 5237 3703, www.dengamlearrest.dk.

MEIN TIPP: **14** **Bed & Breakfast Postgaarden**②-③, in einem 1668 erbauten Haus mit einem

Café im Erdgeschoss vermieten die freundlichen Besitzer rund ein halbes Dutzend liebevoll eingerichtete Zimmer, teils mit Himmelbett und Holzbalkendecke und Blick auf die Fußgängerzone. Einige auch mit eigenem Bad/WC. Nederdammen 36, Tel. 7541 0112, www.postgaarden-ribe.dk.

11 Bed & Breakfast Sælhunden②, schnuckelige, komfortable Zimmer mit privatem Bad in einem historischen Fachwerkhaus direkt am Fluss Ribe Å. Frühstück kann auf dem Zimmer oder im gleichnamigen Restaurant (s.u.) eingenommen werden. Skibbroen 13, Tel. 7542 0946, www.saelhunden.dk.

Jugendherberge

12 Danhostel Ribe, innenstadtnah, ruhig gelegen, 40 zweckmäßig eingerichtete Zimmer, alle mit eigenem Bad/WC, teils mit Blick auf den Dom von Ribe. 1- bis 5-Bett-Zimmer. Gästeküche für Selbstversorger. 10 % Rabatt für Gäste mit Mitgliedsausweis (in Deutschland: DJH). DZ 525–780 Dkr., Bettwäsche 53 Dkr., üppiges Frühstücksbüfett 85 Dkr. (u.a. hausgemachtes Brot, Bio-Müsli). Sct. Peders Gade 16, Tel. 7542 0620, www.danhostel-ribe.dk.

Camping

2 Ribe Camping, ganzjährig betriebener moderner und sehr gut ausgestatteter Platz, die Komfortstellplätze haben eine Größe von 160 m². Eine Besonderheit ist die mit einer Fernbedienung steuerbare Drehscheibe, so kann das Zelt/der Wohnwagen bei Bedarf immer Richtung Sonne ausgerichtet werden. Extra Zeltbereich und Hüttenvermietung. Außenschwimmbecken, Restaurant/Café. Gemeinschaftsküche. Knapp 2 km bis Ribe-Zentrum. Farupvej 2, Tel. 7541 0777, www.ribecamping.dk.

Essen und Trinken, Einkaufen

14 Café Postgaarden, zentral in der Fußgängerzone. Zwischen Kaffeeröstmaschine, zahlreichen Kunstwerken an den Wänden und rustikalen Holzmöbeln empfangen die herzlichen Betreiber ihre Gäste. Serviert werden Fischhappen, Käseplatten, Sandwiches. Geöffnet Mo–Fr 10–17.30 Uhr, Sa

10–17 Uhr. Nederdammen 36, Tel. 7541 0112, www.postgaarden-ribe.dk.

8 Restaurant Dagmar, im gleichnamigen Hotel untergebrachtes Restaurant. In stilvollem Ambiente speist man vorzüglich. Aufmerksames Personal. Gute Weinkarte, aber es wird auch in Ribe gebrautes Bier ausgeschenkt. Mo bis So 12–16 und 18–22 Uhr. Torvet 1, Tel. 7542 0033, www.hoteldagmar.dk.

6 Café Kærlig, mit viel Herzblut von *Lone Kathrin Hansen* geführtes Café im Schatten des Doms. Heller, geräumiger, mit großen Fenstern bestückter Innenbereich, geschmückt mit Bildern lokaler Künstler. Es wird besonderer Wert auf Nachhaltigkeit und gute Zutaten gelegt. Leckere vegane Burger (90 Dkr.) u.a. mit *Rødbedebøf* (Rote Beete) oder *Kikætebøf* (Kichererbse). Viele weitere vegane, vegetarische und glutenfreie Speisen. Soja-Joghurt mit Nüssen und Früchten, Smoothies. Geöffnet Mi–So 10.30–15.30 Uhr. Sønderportsgade 5, Tel. 7199 2119, www.cafekærlig.dk.

11 Restaurant Sælhunden, kleines Lokal in einem urigen, Jahrhunderte alten Fachwerkhaus direkt im charmanten Binnenhafen am Ufer der Ribe Å. Bei schönem Wetter lässt es sich vorzüglich direkt auf der Skibbroen am Fluss speisen. Leckere Gerichte wie die *Sælhundens Planke* (gemischte Platte) 398 DKr. oder verschiedene „Luksus smørrebrød", beispielsweise „Gammel Ole" mit „altem" Käse, Zwiebeln und 23 Jahre gereiftem Rum (69 Dkr.). Geöffnet Mo–Sa 11–22 Uhr. Skibbroen 13, Tel. 7542 0946, www.saelhunden.dk.

(MEIN TIPP.) **10 Café Quedens Gaard,** herrliches Ambiente, das Café ist in einem Vierkanthof untergebracht, der älteste Teil ist ein Fachwerksbau von 1583; der Anbau ist 200 Jahre jünger. Einst gehörte das Anwesen einem gut situierten Kaufmann. Auch heute können noch verschiedenste Dinge, z.B. Geschirr, erstanden werden. Sehr freundliche Inhaberin. Wunderschöner Innenhof mit charmantem Rosengarten. Brunch 169 Dkr. Es gibt u.a. Burger, Pfannkuchen und selbst gebackenen Kuchen. Täglich geöffnet 9.30–18 Uhr. Overdammen 10, Tel. 7541 1050, www.quedensgaard.dk.

Von der deutschen Grenze bis Esbjerg

1

Was ist mit Ribe und Königin Dagmar?

Valdemar II., „der Siegreiche", war von 1202 bis 1241 König von Dänemark. Er unterwarf die Slawen an den Ostseeküsten und eroberte per Kreuzzug sogar das heidnische Estland. Anno 1205 ehelichte er *Dagmar,* die **Tochter König Ottokars I. von Böhmen.** Doch bereits drei Jahre später starb diese noble Buhle, womöglich im Wochenbett. Der Tod *Dagmars* beschäftigt die Ribenser bis auf den heutigen Tag, evtl. mit besonderem Niederschlag in der Volkshymne „Hvad er det med Ribe og Dronning Dagmar". Das Lied zieht sich über 22 Strophen dahin. Hier nur die erste und die letzte in der Übersetzung von *Roland Hanewald:*

Dronning Dagmar ligger udi Ribe syg,
Til Ringsted lader hun sig vente;
Alle de fruer i Danmark er,
Dem lader hun til sig hente.

Krank liegt Königin Dagmar von Ribe,
Zu Ringsted tut sie verweilen;
Ruft alle Frauen in Dänemark,
Nach dort an ihr Lager zu eilen.

Auch die hohen Frauen können die Königin nicht retten. Der König wird gerufen; von fern hetzt er heran, seinem Gefolge weit voraus. Die schon totgesagte Dagmar erhebt sich noch einmal und erbittet die Begnadigung gewisser Gefangener. Doch dann kommt das Ende. Ihre letzten Worte sind:

Nu er det tid, jeg farer herfra,
Jeg må ikke længer lide;
nu ganger himmerigs klokker for mig,
Guds engle efter mig bide.

Jetzt ist es Zeit, ich fahre dahin,
Nicht länger muss ich leiden;
Jetzt läuten die Glocken
des Himmels für mich,
Gottes Engel heißen mich scheiden.

⌄ Engelsgleiche Schönheit am Dom von Ribe

dnsk-009 ths

1

(MEIN TIPP) **4 Ribe Bryghus,** von *Lars Niel-sen, Mark Vind* und *Steen Sahl* seit 2006 neben ihren Hauptjobs geführte Brauerei in einem Hinterhof in der Nähe des Doms. Die Brauanlage stammt aus einer englischen Pub-Brauerei. Gebraut werden milde Biere wie das *Blond Ale*. Kräftiger sind das *Black Ale* oder das *Vikingebryg*. Unbedingt probieren! Samstags kann die Mini-Brauerei von 10 bis 14 Uhr besucht werden, Verkauf vor Ort. Bei schönem Wetter lässt man sich im Innenhof den kühlen Gerstensaft am rustikalen Biertisch schmecken. Viele Restaurants (u.a. Restaurant im Hotel Dagmar) und Läden verkaufen dieses schmackhafte Gebräu. Skolegade 4B, www.ribebryghus.dk.

(MEIN TIPP) **14 Temper Chokolade,** schon beim Eintreten in das Geschäft läuft einem das Wasser im Munde zusammen. In der Glasvitrine finden sich unzählige schokoladige Gaumenfreuden, köstlich und von bester Qualität. *Tim,* aus Kanada stammend, stellt diese Köstlichkeiten mit Liebe und Können her. Erfahrung sammelte er als Koch und Bäcker rund um den Globus. Probieren sollte man die *Flødeboller* – dänische Schokoküsse – in verschiedenen Varianten. Außerdem Pralinen aller Art. Im **14 Laden** werden auch Kaffee, Kakao und kalte Getränke serviert. Eine Oase für Naschkatzen. Mo bis Fr 11–17.30 Uhr, Sa 10–15 Uhr. Nederdammen 32, Tel. 4230 5658, www.temperchokolade.com.

13 Sct. Peter Café und Butik, nahe der Jugendherberge gelegenes Café der Kommune Esbjerg, das einen Besuch lohnt. Hier arbeiten Behinderte und Nicht-Behinderte unter einem Dach, die Atmosphäre ist freundlich und locker. Auf den Tisch kommen vegetarische Gerichte aber auch Fisch und Fleisch. Natürlich gibt es auch Kaffee und Kuchen. Vor oder nach dem Essen stöbert man im integrierten **13 Shop,** der viel Handgemachtes zu bieten hat. Mo bis Fr 9.30–16 Uhr. Sct. Peders Gade 5, Tel. 7616 8324, www.sct-peder.esbjergkommune.dk.

Apotheke

15 Ribe Apotek, Mo bis Fr 9–17.30 Uhr, Sa 9–13 Uhr. Tvedgade 19 A, Tel. 7542 0755.

Esbjerg

Man mag versucht sein, den Namen dieser schönen Stadt mit „Eisberg" zu übersetzen. „Berg" ist schon richtig. Er bezieht sich auf eine 40 Meter hohe Düne, die sich früher an der Küste erhob und später den Hafenanlagen weichen musste. Aber die Vorsilbe hat etwas anderes zu bedeuten: An der bewussten Düne bestückten die Frauen damals Fischhaken mit Würmern – *ese* nennt sich dieser Vorgang auf Jütländisch.

Esbjerg ist mit 72.000 Einwohnern die **größte Stadt an der dänischen Nordsee** und Nummer fünf in Dänemark. Sie ist aber eher eine große Klein- als eine kleine Großstadt. Vor rund 150 Jahren war das jetzt so quirlige Küstenzentrum noch ein Dorf, in dem, eben, Fischhaken bewurmt wurden. Die wichtigsten Ausfuhrhäfen an der Westküste waren Fanø und das 700 Jahre alte Hjerting in der Ho-Bucht; in Esbjerg rührte sich nicht viel. Doch das sollte sich bald ändern.

Ab **1868** entstanden immer mehr **Hafenanlagen,** und nachdem vor der Jahrhundertwende ein urbanes Gemeinwesen in eckigem viktorianischen und Jugendstil erblüht war, ging es rapide bergauf mit dem einstigen öden Kaff. Der Fisch spielte weiterhin eine Rolle, jetzt aber nicht mehr im mickrigen Stil von einst, sondern als gewichtiges Fangprodukt einer zuletzt 2200 Trawler umfassenden Flotte. Heute ist Esbjerg der **führende Fischereihafen Dänemarks** und – nach Grimsby und Bremerhaven – der drittgrößte Europas mit jährlichen Anlandungen von über 60.000 Tonnen Fisch. Ein paar Pfund davon sollen auch die Touristen abhaben. Jeden Sommer

1

arrangiert die Fremdenverkehrsvereinigung Esbjerg spezielle Mini-Auktionen für sie. Mindestens eine weitere halbe Million Tonnen Seegetier werden jährlich zu Industrieprodukten wie Fischmehl verarbeitet – Anlass zu teilweise

⌃ Entspannt essen und trinken am zentralen Platz von Esbjerg

bitteren Kontroversen mit anderen Nordseeanrainern, die gefährliche Überfischungstrends ausmachen, bestimmt nicht zu Unrecht. Involvierte Organisationen wie *Greenpeace* werden von dänischen Fischern heiß und innig geliebt.

Außer der Fischerei siedelte sich in Esbjerg vor allem die **Schiffbauindustrie** an, und die ausgedehnten Hafenanlagen riefen Firmen auf den Plan, die den Container- und RoRo-Umschlag alsbald zu wichtigen Rädern im städti-

Niedergang von traditionellen Industrien wie Schiffswerften offenbar nicht mehr aufzuhalten ist, so kann man sich immerhin an diese Rettungsanker klammern. Und da Esbjerg sozusagen an der Quelle sitzt, hat das einstige Wurmdorf eigentlich nur beste Zukunftsaussichten.

Die über die Weltkriege hinweg intakt gebliebenen und gepflegten Baulichkeiten Esbjergs nehmen den Besucher für die Stadt ein. An echten architektonischen Höhepunkten mangelt es indes; man muss sich mit dem Vorhandenen begnügen. Auf der mit 1047 und einem halben Meter penibel vermessenen **Kongensgade**, „der zweitlängsten Fußgängerstraße Dänemarks", lassen sich die meisten Einkäufe erledigen. Anschließend kann man sich auf dem **Torvet (Marktplatz),** während man das Reiterstandbild König *Christians IX.* und ansprechende Architektur in der Runde bewundert, vom Shoppen erholen.

Sehenswertes

Musikhuset Esbjerg

Ein **architektonischer Hingucker** ist das 1997 fertiggestellte **Musikhaus.** Der Entwurf stammt von *Jørn Utzon,* dem wohl bedeutendsten Architekten Dänemarks, aus dessen kreativer Feder auch die unverwechselbare Form des Opernhauses in Sydney floss. Die Kacheln an der Fassade des Musikhuset sind die gleichen wie die am australischen Pendant. Kulturell wird einiges geboten: Konzerte, Ballett, Musicals, Theater, Comedy.

■ **Info:** Havnegade 18, Tel. 7610 9000, www.mhe.dk.

schen Getriebe machten. Zur Verschönerung des Hafens trugen sie allerdings nicht bei.

Der ganz große Boom kam jedoch in den 1960er Jahren mit der **Entdeckung von Erdöl und** später **Erdgas** vor der jütländischen Küste. Esbjerg wurde zur Versorgungsbasis für das ständig expandierende Offshore-Gewerbe und ist seither nicht schlecht dabei gefahren. Heute hat Dänemark in Bezug auf Öl und Gas Autarkie erlangt, und wenn auch der

Esbjerg Kunstmuseum

Das Museum direkt neben dem Musikhuset ist ein **Forum für moderne und zeitgenössische Kunst.** Es ist international bekannt dafür, auch außergewöhnliche und provokante Ausstellungsstücke zu präsentieren. Zu sehen sind Kunstwerke beispielsweise von *Joan Miró, Harald Giersing, Robert Jacobsen* (unter anderem eine Eisenskulptur vor dem Museum) und *Miriam Bäckström.* Der Besucher betritt z.B. im „Ästhetischen Laboratorium" im Rahmen eigener kleiner Kunstexperimente optisches Neuland oder testet den eigenen Geruchssinn. Museumsladen.

■ **Info:** geöffnet Di bis So 10–16 Uhr, im Juli und August täglich von 10 bis 16 Uhr. 23., 24., 25. und 31.12. sowie 1.1. geschlossen. Eintritt: Erw. 80 Dkr., unter 18 Jahren frei. Angegliedert ist das Restaurant Kunstpavillonen. Havnegade 20, Tel. 7513 0211, www.eskum.dk.

Wasserturm

Das eigenwillige Bauwerk entstand im Jahr 1897 nach Plänen von *C.H. Clausen.* **Ein Wahrzeichen der Stadt,** streckt es sich an der Havnegade beim Dockhafen 36 Meter in die Höhe – von oben hat man einen **erhabenen Ausblick** über die Stadt und die Küste. Im Inneren zeigt eine Ausstellung alles rund um das Thema „Wassertürme".

■ **Info:** Juni bis Mitte September Di bis So 10–16 Uhr, April bis Ende Mai und Mitte September bis Ende Oktober nur an Wochenenden von 10 bis 16 Uhr zugänglich. Eintritt: Erw. 20 Dkr., unter 18 Jahren frei.

Esbjerg

1 2 3
Ⓜ *Fischerei- und Seefahrtsmuseum,*
★ *Salzwasseraquarium,*
★ *Robbarium,*
★ *Skulptur „Der Mensch am Meer",*
Esbjerg Golfklub,
Oksbøl

Fiskerihavnsgade

Fiskerihavn

Fischereihafen
★
Museumsfeuerschiff Ⓜ
Horns Rev
Pier 1

■ **Übernachtung**
1 Hjerting Badehotel
2 Sjelborg Camping
3 Esbjerg Camping
6 Jugendherberge
   Danhostel Esbjerg
9 Hotel Ansgar
11 Hotel Britannia
14 Bed & Breakfast Sweet Home
15 Cabinn Esbjerg Hotel
19 Hotel Scandic Olympic Esbjerg

■ **Essen und Trinken**
8 Restaurant Rankin Park
10 Posthuset
13 Det Arabiske Køkken
16 Mamma's Pizzeria
17 Eisdiele Gelato di Natura

1

© REISE KNOW-HOW

0 ▬▬▬▬ 2 km

Ausschnitt

Den Gamle Kirkegård

Kunst im Park „Heerups Have"

Vognsbøl-Park
Idrætspark

Deponie
Strandskoven

Torvet (Marktplatz)

Grådybet

Tarp, Varde

Flughafen, Kolding

Strandby Kirkevej

Polizei ● Rathaus ●

Frodesgade

Skjoldsgade

Esbjerg Museum, Historische Sammlung aus der Besatzungszeit

Veldtofte Idrætspark

Bibliothek ● Huset Esbjerg

Ausschnitt

Bahnhof

Busterminal

Trafikhavn

Søsport

Stadtpark
Wasserturm ★ Kunstmuseum
Musikhuset Esbjerg

Musikzentrum Tobakken

Ribe, Tønder

Færgehavn   Sønderhavn

Fanø

■ **Sonstiges**
4 Sport & Eventpark Esbjerg
5 Esbjerg Spa & Wellness
18 Krone Apotek

■ **Nachtleben**
12 Industrien Rock Gastro Bar

▨ Fußgängerzone

Kunst im Park

Im **Park Heerups Have** ganz in der Nähe des zentralen Marktplatzes sind gut ein Dutzend **Granitskulpturen** des Künstlers *Henry Heerup* aufgestellt. *Heerup* gehörte zur COBRA-Gruppe, einer von 1948 bis 1951 bestehenden internationalen Künstlergruppe mit Mitgliedern aus den Niederlanden, Belgien, Dänemark und Frankreich. Sie standen vor allem dem Expressionismus und dem Informel nahe.

> Am Strand von Esbjergs Vorort Hjerting

⌄ Der Wasserturm stammt aus dem Jahr 1897

dnsk-011 ths

Esbjerg Museum

Im Januar 2018 nach einem Umbau wiedereröffnet, zeigt die Ausstellung **Esbjerg**, wie es **zwischen 1900 und 1950** aussah, ferner wird über die **Stadtgeschichte** und die Widerstandsbewegung im 2. Weltkrieg informiert.

■ **Info:** geöffnet Juni bis Ende August täglich 10–17 Uhr, September bis Ende Mai Mo–Fr 13–17 und Sa/So 10–16 Uhr täglich. Eintritt: Erw. 65 Dkr., unter 18 Jahren frei. Torvegade 45, Tel. 7616 3939, www.esbjergmuseum.dk.

Historische Sammlung
aus der Besatzungszeit

Archivstücke illegaler dänischer Schriften und Bücher aus der **Zeit des 2. Weltkriegs** sowie Informationen zur Untergrundpresse im besetzten Dänemark werden hier präsentiert, außerdem eine kleine Fotoausstellung über Esbjerg in der Zeit von 1940 bis 1945.

■ **Info:** geöffnet Di/Mi 10–16 Uhr, Eintritt frei. Torvegade 45, Tel. 7616 3939.

Skulptur „Der Mensch am Meer"

9 Meter hoch, aus kaltem Weißbeton gegossen und den Riesenfiguren der Osterinsel nicht unähnlich, hocken sie am Ufer von Esbjergs Vorort Sædding, unmittelbar nördlich des Fischereihafens. Was wollen die **vier weißen Männer** sagen? Sie symbolisieren, führt ihr Erbauer *Svend Wiig Hansen* aus, die Begegnung des Menschen mit der Natur. Es macht nichts. Die Esbjerger lieben – nach einiger Eingewöhnung – ihre Kaventsmänner. Sie sind auch wirklich sehenswert,

und unübersehbar allemal. Zu erreichen sind sie mit der Buslinie A ab Bahnhof Esbjerg und Markt/Skolegade sowie mit den Buslinien 12 und 13 ab Fanøfähre und Bahnhof.

Fischerei- und Seefahrtsmuseum

Informationen zur **Geschichte der dänischen Fischerei,** zur Meeresbiologie und Offshore-Ölförderung, Freiluftausstellung mit Seefahrzeugen und Schiffswracks. Großer Kinderspielplatz. Original deutscher Bunker aus dem 2. Weltkrieg. **Salzwasseraquarium** und renoviertes **Robbarium** (Fütterung 11 und 14.30 Uhr).

■ **Fiskeri- og Søfartsmuseet,** ganzjährig ab 10 Uhr geöffnet, in der Hauptsaison bis 18 Uhr, sonst wird um 16 bzw. 17 Uhr geschlossen. Eintritt (je nach Saison) ab 125 Dkr., für Besucher unter 18 Jahren gratis. Tarphagevej 2, Tel. 7612 2000, www.fimus.dk.

Museumsfeuerschiff Horns Rev

Das Schiff, 1914 ausgeliefert und 1984 stillgelegt, ist **das weltweit einzige seiner Art** (hölzerner Rumpf, Ausstellung über das Leben an Bord).

■ **Info:** von April bis Oktober Besichtigungen Mo, Di und Do 10–12 Uhr, Eintritt: Erw. 25 Dkr., Kinder 8–15 Jahre 10 Dkr. Rødspættekaj, Esbjerg Fiskerihavn, www.horns-rev.dk.

Von der deutschen Grenze bis Esbjerg

dnsk-012 ths

dnsk-013 ths

Sport und Aktivitäten

Golf

🔴 **Esbjerg Golfklub,** ca. 16 km außerhalb. Zu dem Golfclub gehören zwei Plätze: der 1975 eröffnete 18-Loch-Meisterschaftsplatz Marbæk von Architekt *Frederik Dreyer* und der 2007 zum 18-Loch-Platz erweiterte Myrtue-Platz der Architekten *Frederik Dreyer* und *Henrik Jacobsen.* Außerdem vorhanden: Driving Range, Chip- und Pitchanlagen, Par-3-Platz, Kids-Platz und Klubhaus mit Restaurant. Sønderhedevej 11, Tel. 7526 9219, www.egk.dk.

⌂ Einfach gigantisch,
die Skulptur „Der Mensch am Meer" in Sædding

Wasserpark

4 **Sport & Eventpark Esbjerg,** riesiger Wasserpark auf 10.000 m², ein Erlebnis für die ganze Familie! Eintritt: Erw. 79 Dkr., Kinder 3–15 Jahre 45 Dkr., geöffnet Mo bis Do 6–21 Uhr, Fr 6–18 Uhr, Sa und So 9–18 Uhr. Gl. Vardevej 60, Tel. 7545 9499, www.svdk.dk.

Wellness

5 **Esbjerg Spa & Wellness,** beim Sport & Eventpark. U.a. Finnische Sauna, Soft-Sauna, Infrarot-Sauna, Dampfbad. Behandlungen wie z.B. Massage. Wellness-Café, Spa-Shop. Eintritt 199 Dkr. inkl. Zugang zum Schwimmbad im Sport & Eventpark. Gl. Vardevej 60, Tel. 7611 4230, www.esbjergwellness.dk.

Fischkutter-Tour
🔴 Spannende **2-stündige Fahrt durch das Wattenmeer,** es wird mit dem Baumschleppnetz gefischt, vielleicht sieht man auch ein paar Seehunde. Buchbar im Fischerei- und Seefahrtsmuseum. Pro Pers. 95 Dkr. Abfahrt Di und Do von Ende Juni bis Ende August um 11, 13.30 und 15.30 Uhr. www.fimus.dk.

Feste und Events

Esbjerg Festwoche
Jährlich seit 1997 **im Sommer** stattfindendes Event. Eine Woche lang ist die Stadt außer Rand und Band. Weit über 100 Veranstaltungen, viele kostenlose Open-Air-Konzerte am Markt, Kunst am Hafen und einiges mehr.

🔴 **Info:** www.esbjergfestuge.dk.

Tobakken
In diesem spektakulären **Musiktempel** werden fast täglich Konzerte gegeben.

🔴 **Info:** Gasværksgade 2, Tel. 7518 0000, www.tobakken.dk.

Praktische Infos

Touristeninformation

■ **Skolegade 33 (Torvet),** Tel. 7512 5599, geöffnet So bis Mi 10–20 Uhr, Do bis Sa 10–18 Uhr.

Verkehr und Transport

■ **Bus/Bahn:** aktuelle Busfahrpläne unter www. sydtrafik.dk, Bahnverbindungen unter www.rejseplanen.dk.

■ **Autofähre** von Esbjerg zur Insel Fanø, ganzjährig etwa alle 20 Min., Abfahrt vom Dokvej, 12 Min. Fahrt. Preise Hin- und Rückfahrt (je nach Saison): Erw. ab 35 Dkr., Kinder 4–17 Jahre ab 20 Dkr., Auto und Caravan (bis zu 9 Insassen) 195–415 Dkr., größere Einheiten über 6 m Länge (Caravan) kosten 195–795 Dkr., ein Motorrad (2 Pers.) 70–110 Dkr., Fahrräder frei. Tickets gibt es auch online. Servicecenter Dampskibskajen 3, Tel. 7023 1515, www. faergen.de.

Übernachtung

15 **Cabinn Esbjerg Hotel**②, gutes Business-Hotel in der Nähe des Hauptbahnhofs und des Marktplatzes. Funktionelles Design, 209 Zimmer. Frühstück. Gutes Preis-Leistungs-Verhältnis. Die Hotelkette Cabinn betreibt neun Herbergen in Dänemark. Skolegade 14, Tel. 7518 1600, www.cabinn.com.

9 **Hotel Ansgar**②, schon seit über 100 Jahren übernachten hier Menschen aus aller Welt. Renovierung im Jahr 2017. Sehr zentral, gemütliche Atmosphäre. Keines der 51 Zimmer gleicht dem anderen. Familienzimmer vorhanden. Frühstück. Mitglied bei Small Danish Hotels. Skolegade 36, Tel. 7512 8244, www.hotelansgar.dk.

11 **Hotel Britannia**④, schönes Innendesign im skandinavischen Stil, elegant und modern eingerichtet, mitten im Zentrum. 108 Zimmer. Das gesamte Hotel ist rollstuhlgerecht. Im Restaurant Brasserie B wird man mit sehr guten Speisen verwöhnt. Frühstück und Sonntagsbrunch. Lounge & Cocktailbar Underground, ab und an Live-Musik. Torvegade 24, Tel. 7513 0111, www.britannia.dk.

19 **Hotel Scandic Olympic Esbjerg**③-④, zentral gelegen. Modern ausgestattete Zimmer, 148 insgesamt, teils mit Blick auf den Hafen. Besonders tolle Aussicht im 7. Stock. Reichhaltiges Frühstück. Restaurant und Bar. Fitnessraum. Strandbygade 3, Tel. 7518 1188, www.scandichotels.com.

(MEIN TIPP!) **1** **Hjerting Badehotel**③-④, sehr charmantes Traditionshotel direkt am Strand von Hjerting 9 km von der Innenstadt von Esbjerg entfernt. Unbedingt ein Zimmer mit Blick aufs Meer buchen – einfach herrlich! Familiäres Ambiente. Insgesamt 54 Zimmer. Tolles Frühstück. Man kann auch sehr gut im Restaurant zu Abend essen. Fahrradverleih. Strandpromenaden 1 (Hjerting), Tel. 7511 5244, www.hjertingbadehotel.dk.

14 **Bed & Breakfast Sweet Home**②, mitten im Zentrum gelegen. Sehr schönes Haus mit angenehmen 6 EZ und 2 DZ, drei Gemeinschaftsbäder, Gemeinschaftsküche. Garten. Danmarksgade 13, Tel. 2625 8139, www.bricksite.com/sweethome13.

Jugendherberge

6 **Danhostel Esbjerg**, rund 2,5 km vom zentralen Marktplatz entfernt. Die 53 Zimmer (192 Betten), 20 davon mit Bad/WC, sind in einem historischen Gebäude aus dem Jahr 1916 untergebracht. DZ mit Bad 720 Dkr. Frühstück mit selbst gemachten Brot und Marmelade. Gästeküche zum Selberkochen mit Kühlschrank, Herd und Ofen. Gl. Vardevej 80, Tel. 7512 4258, www.danhostel.dk.

Camping

2 **Sjelborg Camping,** herrliche Lage, großer Spielplatz, Minigolf. Rund 500 Stellplätze und 14 Hütten für 5–7 Pers. 600 m vom Strand entfernt. Geöffnet Anfang April bis Mitte September. Sjelborg Strandvej 11, Hjerting (an der Ho-Bucht), 10 km nördlich von Esbjerg, Tel. 7511 5432, www.sjelborg camping.dk.

3 **Esbjerg Camping,** rund 7 km von Esbjerg-Zentrum entfernt. Bestens für Familien geeignet, großer Spielplatz mit Trampolin, Rutsche etc. Streichelzoo, Schwimmbad, wenige Minuten vom Strand

1

von Sædding entfernt. Stellplätze für Wohnwagen, Wohnmobil oder Zelt. Hütten für bis zu 6 Pers., sehr gute Ausstattung. Ganzjährig geöffnet. Gudenåvej 20, Tel. 7515 8822, www.esbjergcamping.dk.

Essen und Trinken

8 Restaurant Rankin Park, *Ea* und *André* aus Südafrika haben im März 2017 eine wunderbare „urbane Oase" geschaffen. Gesunde, ökologische Speisen stehen hier an oberster Stelle. Zahlreiche vegetarische, vegane und glutenfreie Gerichte kommen frisch auf den Tisch. Sehr zu empfehlen. Wechselndes Tages-Menü. Weine aus Südafrika. Mo bis Do 10–22 Uhr, Fr/Sa 10–24 Uhr, 1. Sonntag des Monats 10–15 Uhr. Skolegade 43, Tel. 7510 1070, www.rankinpark.dk.

13 Det Arabiske Køkken, im Zentrum gelegen. Wer gut arabisch essen möchte, ist bei *Christina* und *Mostapha* bestens aufgehoben. Sehr freundlicher Empfang und Service. Abendbüfett Mi bis Sa 169 Dkr. Vegetarische Gerichte, Grillplatten. Zum Beispiel Wein aus Palästina *(Taybeh Winery)*. Mo–Sa 17–22 Uhr. So geschlossen. Skolegade 21, Tel. 6065 1788, www.detarabiskekokken.dk.

16 Mamma's Pizzeria, in einem Hinterhof an der Fußgängerzone. Sehr heller, offener, auf mehreren Ebenen angeordneter Restaurantbereich. Leckere Pizzen und Pasta-Gerichte seit über 40 Jahren. Wohlfühlatmosphäre. In der Hauptsaison (Juni bis August) Mo bis Do 11.30–21 Uhr, Fr/Sa 11.30–21.30 Uhr, So 12–21 Uhr. Kongensgade 9, Tel. 8844 5540, www.mammas.dk.

17 Eisdiele Gelato di Natura, beliebter und meist voller Laden in der Fußgängerzone. Sehr schmackhaftes, qualitativ gutes Eis nach italienischer Tradition. Dazu serviert man die typischen Kaffeespezialitäten, drinnen und draußen. Großzügige Räumlichkeiten. Man kann auch frühstücken, und Snacks gibt es den ganzen Tag. Mo bis Do 9–20 Uhr, Fr/Sa 9–21 Uhr, So 10–18 Uhr. Kongensgade 9, Tel. 4133 0141, www.gelatodinatura.dk.

10 Posthuset, in dem 1908 fertiggestellten und von dem Architekten *Ulrik Plesner* entworfenen Gebäude sind verschiedene Bars und Restaurants untergebracht. Das Restaurant *Loftet* hat sich auf mit

dnisk-014-ths

▷ Der historische Bahnhof

1

lokalen, regionalen und ökologischen Zutaten hergestellte Speisen spezialisiert. Im Restaurant *Posten* kommen deftige Burger, Steaks, Pulled Pork und Butcher Ribs auf den Teller. Zu später Stunde kann man im Nachtclub *(Natklub)* bzw. in der Gin-Bar eine oder mehrere der rund 50 Gin-Sorten testen, auf der Dachterrasse die Sommernacht genießen oder einem Live-Musik-Gig beiwohnen. Die unterschiedlichen Öffnungszeiten der Lokale und Bars findet man auf der Website des Posthuset. Torvet 20, www.posthuset.dk.

Nachtleben

(MEIN TIPP:) **12 Industrien Rock Gastro Bar,** rockiges, rustikales Ambiente. Tolle Bar mit freundlichem Personal. Riesige Gin-Auswahl. Cocktails kosten 85 Dkr. Eigene Biersorte. Außerdem u.a. *Little Bastard Ale, Svaneke* und *Stone.* Musikbeschallung von der Vinyl-Schallplatte. Auf dem Plattenteller drehen sich neben Scheiben internationaler Musiker beispielsweise Alben der dänischen Rockband *Little Johnny Walker,* der 2006 in Esbjerg gegründeten Gruppe *Kellermensch* oder des Dänen *Johnny Madsen.* Den Hunger bekämpfen zahlreiche Snacks. Ein interessanter und kommunikativer Ort, um den Abend und/oder die Nacht in Esbjerg zu verbringen. Mo/Di 17.30–21 Uhr, Mi 16–23 Uhr, Do 16–2 Uhr, Fr/Sa 14–6 Uhr. Skolegade 27, Tel. 7513 6166, www.facebook.com/industrienbar.

Nützliches

18 Krone Apotek, Kongensgade 36, Tel. 7512 9211.
■ **Bibliothek,** Nørregade 19, Tel. 7616 2000.

Gold des Nordens

Bernstein, das Millionen Jahre alte, „versteinerte" Harz fossiler Nadelhölzer, war schon den pharaonischen Ägyptern ein Begriff. Besondere Beliebtheit genoss das „Gold des Nordens" bei den Phöniziern, Griechen und Römern, die gefahrvolle Expeditionen bis in den Nordseeraum nicht scheuten, um in den Besitz der begehrten Kostbarkeit zu gelangen. Die Germanen an den Küsten der Nordmeere trieben ein schwunghaftes Geschäft damit.

Einige Menschenalter später indes erlosch die Begeisterung mit der Erkenntnis, dass es sich bei den goldfarbenen, roten, weißen und schwarzen Brocken nicht um „Steine", und schon gar nicht um edle Steine handelte. Im Mittelalter machte man aus Bernstein zwar noch Perlen, vornehmlich für Rosenkränze. Das 17. Jh. sah seine Verwendung als populären Zimmerschmuck höfischer Kreise, doch hundert Jahre danach diente das Gold des Nordens allenfalls noch als Werkstoff für Pfeifenmundstücke. Fischer an Nord- und Ostsee benutzten es sogar als Feuermaterial für ihre Krabbenkochtöpfe – es war eben nichts anderes als ein Harz, wenn auch ein uraltes, und es brannte ausgezeichnet.

Erst in jüngerer Zeit hat man die Schönheit des Bernsteins wiederentdeckt. Kaum ein Badeort an Dänemarks Westküste ohne eine Bernsteinschleiferei und eine oder mehrere Boutiquen, in denen das verarbeitete Produkt feilgeboten wird. Man kann auch Selbstentdecktes schleifen lassen.

Vielfach wird geglaubt, dass Bernstein aus dem Nordseeraum von Wäldern stamme, die dort einst rauschten. Die Brocken, bis zu brikettgroß, sind jedoch fast ausschließlich **nordosteuropäischer Herkunft.** Sie tropften im Eozän vor 35 bis 55 Millionen Jahren von Baumriesen im heutigen Finnland und Russland; die eiszeitlichen Gletscher transportierten sie südwestwärts. In manchen wurden Insekten und Spinnen eingekapselt, Skorpione, Blätter, Frösche und Eidechsen gar. Solche Stücke können, je nach sogenanntem **Inklusen,** von erheblichem Wert sein. Allein der Gedanke, einen 50 Millionen Jahre alten, perfekt erhaltenen Organismus sein eigen zu wissen, ist bestimmt reizvoll.

Man falle aber nicht auf täuschend echt aussehende **Imitate** aus Plastik herein, die vornehmlich osteuropäische Händler auf den Markt bringen. Bernstein erzeugt eine zarte, aber tiefe Vibration, wenn man ihn leicht gegen die Zähne stößt, und in der Hand fühlt er sich warm an.

Bernstein wird an der gesamten jütländischen Küste gefunden. Am Strand der Insel Fanø scheint er besonders häufig zu sein. Das Gold des Nordens ist ein spezifisch leichter Stoff, die üblichen Strandsteine sind dreimal so schwer. Man **sucht** es am besten im Tangstreifen, der die tägliche Hochwassergrenze markiert, nicht unten an der Ebbelinie. Besonders günstig ist ein Zeitpunkt bei ablandigem Wind, weil eine Unterströmung die Brocken dann eher freilegt. Kleine, schwarze, wasserdurchtränkte Holzstücke – sogenannte Bernsteinstäbchen – sind ein verheißungsvoller Indikator, denn sie haben die gleiche Dichte wie das gesuchte Urharz. Im Winter sind die Fundaussichten größer, weil kaltes Wasser schwerer ist und einen besseren Auftrieb bewirkt. Auf Dänisch heißt Bernstein übrigens *rav,* gesprochen „rau".

Es gibt mehrere **„Bernsteinstädte"** in Dänemark. Zu finden sind sie unter www.visitdenmark.de.

139dk rh

Fanø

Die Insel Fanø, **56 km² groß,** ist wie Rømø ein **Watteneiland.** Im Osten dehnt sich trockenfallendes Schlickwatt gegen Esbjerg, und die Marschküste wird mit einem Deich geschützt. Der Westen ist ein einziger Strand, ein 14 km langes Ablagerungsdepot westjütländischer Sände, von Sturmfluten und Gezeiten hierhertransportiert, und zum Inselinnern hin von einer Dünenkette umgürtet. Dahinter wiederum erstrecken sich Heidegebiete und Kiefernwäldchen, großenteils naturgeschützt.

⌄ Ankunft auf Fanø

Geschichte

Anno **1231** wurde Fanø **erstmalig erwähnt.** Bis 1741 waren die Insulaner von Fanø dem König von Dänemark zur Pacht verpflichtet. In diesem Jahr bot König *Christian VI.,* chronisch knapp bei Kasse, das Eiland auf einer **öffentlichen Auktion** in Ribe zum Verkauf an. Im Gegensatz zu ihrem Chef besaßen die Riber Kaufleute dicke Konten, und die Fanøer sorgten sich deshalb, dass die Insel in die Hände dieser Pfeffersäcke geraten würde. Man wäre dann vom Regen in die Traufe geraten und hätte womöglich noch mehr Steuern zahlen müssen als zuvor. Am Vorabend der Auktion ließen die Insulaner deshalb ihre schönsten Maiden auf die potenziellen Käufer los, um sie zu umgarnen und zum Trinken zu animieren. Das funktionierte reibungslos, und die beduselten Riber wur-

den eingeschlossen. Am nächsten Morgen begab sich eine rein aus Fanøern bestehende Delegation zum Rathaus und bestach die Stadtdiener, die Rathausuhr eine Stunde vorzustellen. Die Auktion begann, und die Jütländer ersteigerten ihre eigene Insel für die lächerlich geringe Summe von 70.000 Reichstalern oder 140.000 Kronen.

Als Bonus gab's das Recht, **Schiffe** zu bauen, zu besitzen und damit freien Handel zu treiben. Die Fanøer machten von dem Privileg ausgiebig Gebrauch. Von 1741 bis 1898 liefen auf den vier **Werften** der Insel gut eintausend Segelschiffe vom Stapel, deren vorzügliche Eigenschaften in ganz Dänemark und darüber hinaus bekannt waren. Der Schiffbau und der Betrieb von Reedereien – Fanø besaß die zweitgrößte Flotte des Landes – zogen erheblichen Wohlstand nach sich, der noch heute in den vielen

reich ausgestatteten Häusern seinen Widerschein findet. Sønderho im Süden der Insel ist insofern besonders spektakulär; nicht weniger als siebzig denkmalgeschützte Gebäude gibt es hier.

Mit dem Ende der Ära der Segelschiffe lief auch die Zeit der dicken Kartoffeln auf Fanø ab. Um die Wende zum 20. Jahrhundert begann das nahe Esbjerg aufzublühen, und viele Fanøer fanden dort neue Beschäftigung.

Fanø heute

Man darf Fanø wohl „**Esbjergs Hausinsel**" nennen, denn sie liegt ja sozusagen vor der Tür der Stadt. Zahlreiche Fanøer arbeiten heute in Esbjerg und pendeln täglich hinüber; viele Esbjerger haben andererseits ihr ständiges Domizil auf der Insel.

dnsk-015 ths

0 _____ 2 km © REISE KNOW-HOW DanHSK17 12/21

Esbjerg

Grønningen

Kikkebjerg

Søren Jessens Sand

Hamborgerdyb

Medizinisches Zentrum, Lægehuset Fanø

GEFAHR !

Fanø Schifffahrts- und Trachtensammlung
Fanø Museum

Nordby

Tierarzt, Fanø Dyreklinik

Nordby Kirke

Golfplatz

Fanø Bad

Nyby

Rindby

Rindby Strand

Næs Søjord

Halen

Vesebanke

N O R D S E E

Windsurf-Strand

Pælebjerg

Albue Bugt

Sønderho Vogelkojen

■ Übernachtung
3 Bed & Breakfast
   Det Blå Gæste Hus
   Bed & Breakfast
   Vestergaarden
7 Nørby Kro
8 Tempo Camping
9 Kellers Badehotel & Spisehus
11 Feldberg Strand Camping
12 Feldberg Familie Camping
19 Sønderho Kro

■ Einkaufen/Sonstiges
1 Fanø Rundridning
2 Goldschmidt Art Galleri
3 Fri BikeShop Fanø,
   Strandskaden Natur- og Kulturformidling
6 Fanø Fiskesø
13 Club Fanø
14 Buggyfahren
15 Waldspielplatz Fanø
16 Sønderho Gårdbutik

■ Essen und Trinken
3 Ambassaden, Rudbecks Ost & Deli
   Hans & Grethe Crêperie, Pandekagehuset
5 Bryghus Fanø
10 Café Løven & Nymfen
17 Eis- und Saftladen Tre Søstre
18 Sønderho IsCafé, Restaurant und Café Fajancen
19 Sønderho Kro, Café Nanas Stue

■ Wassersport
14 Windsurfen, Strandsegeln

Farmen

Havside Bjerge

Trinden

Fanø Kunstmuseum

(Kein Zutritt)

Sønderho Mühle
Sønderho Kirke
Rettungsmuseum
Fanø Fliesensammlung
Galgerev Sønderho
GEFAHR !

Hannes Hus

Keldsand

Honen

Die meisten Menschen, die man auf Fanø sieht, sind indes Besucher von außerhalb. Das Eiland mit seinen erstklassigen Stränden, den schönen Waldgebieten und Esbjerg im Hinterland genoss schon zu Kaisers Zeiten bei den Deutschen **Popularität.** Heute zählt Fanø bis zu 1,5 Millionen Besucher jährlich. Denn wer „reif für die Insel" ist, findet hier die letzte Möglichkeit entlang der Jütlandküste – nördlich von Fanø dehnt sich nur noch Festlandsstrand aus.

Sehenswertes

Fanø Kunstmuseum

Die Lichtverhältnisse in diesem Bereich der Nordseeküste und die eigenwilligen Motive auf der Insel lockten schon zu Anfang des 20. Jahrhunderts zahlreiche Kunstmaler nach Fanø. In Sønderho entstand eine richtiggehende **Künstlerkolonie.** Was in jenen Tagen und bis in die Neuzeit hinein die Leinwände füllte, ist in diesem hübschen Museum zum Teil ausgestellt.

■ **Info:** geöffnet Ende März bis Ende Oktober Di bis So 13–17 Uhr, Eintritt: Erw. 50 Dkr., Jugendliche 20 Dkr. Nordland 5, Sønderho, Tel. 7516 4044, www. fanoekunstmuseum.dk.

Fanø Museum

Einblicke in das Inselleben im 18. und 19. Jahrhundert werden in diesem um 1801 erbauten Haus dargeboten, dessen anspruchsloses Äußeres nicht über das liebevoll und stilsicher aufgemachte Innere hinwegtäuschen darf.

■ **Info:** Anfang Mai bis Mitte Oktober So–Fr 11–15 Uhr. Eintritt: Erw. 30 Dkr., Kinder 5 Dkr. Skolevej 2, Nordby, Tel. 3070 0575, www.fano museum.dk.

Fanø Schifffahrts- und Trachtensammlung

Gezeigt werden ein **Querschnitt** durch die große Zeit der Fanøer Seefahrt und Schiffsmodelle. Die Trachten setzen sich vor allem aus der damaligen Kleidung der insularen „Strohwitwen" zusammen, deren Männer den größten Teil ihres Lebens auf See verbrachten. Gemütliches Museumscafé.

☐ Skulptur von Erik Heide am Insel-Raadhus in Nordby

dnsk-016 ths

🔴 **Info:** geöffnet Anfang April bis Ende Oktober Mo bis Fr von 10.30 bis spätestens 17 Uhr (je nach Saison), Sa 10–14 Uhr, Eintritt: Erw. 30 Dkr., Kinder 10 Dkr. Hovedgaden 28, Nordby, www.fanoskibs-dragt.dk.

Fanø Fliesensammlung

Untergebracht im **19** **Café Nanas Stue** in Sønderho, werden hier **holländische Delfter Wandfliesen** aus vergangenen Jahrhunderten gezeigt, als auf Fanø eine der größten Segelflotten Dänemarks beheimatet war. Während die Kapitäne wertvolle Kacheln mit Segelschiffmotiven nach Hause brachten, fand man in den Häusern der „normalen" Bürger vor allem Fliesen mit Vasen-Motiven.

🔴 **Info:** Eintritt frei, geöffnet Di bis Do 13–17 Uhr, Fr 13–22 Uhr, Sa 12–17 Uhr, So 13–22 Uhr. Sønder Land 1, Tel. 7516 4025, www.cafenanasstue.dk.

Hannes Hus

Hannes Hus ist ein **Schifferhaus** aus der letzten Hälfte des 18. Jhs. Einst lebte hier *Hanne Sørensen,* die Witwe des Seefahrers *Poul Thomsen Sørensen,* der von einer Reise nach Island nicht zurückkehrte.

🔴 **Info:** geöffnet Juli/August Di bis So 14–16 Uhr, Juni und September Mi bis Sa 14–16 Uhr, Eintritt 30 Dkr., Kinder bis 14 Jahre frei. Øster Land 7, Sønderho, Tel. 5150 1850, www.hanneshus.dk.

Rettungsmuseum

Gezeigt werden in dieser unbesetzten Rettungsstation aus dem Jahr 1889 ein **Pferderettungsboot** und Schaubilder damaliger Einsätze.

🔴 **Info:** Ostern bis Oktober geöffnet, Eintritt: Erw. 20 Dkr., Kinder 5 Dkr. (das Eintrittsgeld in die aufgehängte Kasse werfen). Sønderho Strandvej 15, www.fondengamlesonderho.dk.

Sønderho Mühle

Die **alte Bockmühle** aus dem Jahr 1895 war bis 1923 in Betrieb und kann heute besichtigt werden.

🔴 **Info:** Ostern bis Oktober geöffnet, Eintritt: Erw. 20 Dkr., Kinder 5 Dkr. Vester Land 44, www.fonden gamlesonderho.dk.

Nordby Kirke

Die **Kirche Baujahr 1622** enthält ein Taufbecken aus Erz, das wahrscheinlich ca. 150 Jahre älter ist. Die Marcussen-Orgel stammt aus dem Jahr 1845. Mehrere schöne Schiffsmodelle sind zu sehen, draußen die „schiefe Mauer" von Nordby. Im Juli und August gibt es jeden Dienstag Kirchenkonzerte.

Sønderho Kirke

Das Gotteshaus stammt **wohl aus dem Mittelalter,** genau Aufzeichnungen existieren aber nicht. 1782 wurde die baufällige Kirche abgerissen und an Ort und Stelle im gleichen Stil neu errichtet. Die Kanzel von 1661 ist mit Reliefs des gekreuzigten Christus versehen. Das Barockaltarbild von 1717 zeigt das letzte Abendmahl. Das älteste Stück in der Kirche ist der Taufstein von 1200. Eine Besonderheit sind die vielen Schiffsmodelle, 15 an der Zahl – in keiner Kirche Dänemarks findet man solch eine beträchtliche Anzahl. Das größte Schiff ist eine Fregatte, die vermutlich aus den Niederlanden stammt.

Vogelkojen

Fuglekøjer nennt man auf Dänisch in Teichen ausgebrachte **Fanganlagen für Wildenten.** Zur Beringung und Aufzucht, also strikt im Rahmen des Naturschutzes, sind die Vogelkojen in Albue und Sønderho noch in Betrieb und lassen sich auch besichtigen. Die sehenswerte und große Sønderho Vogelkoje erreicht man am besten zu Fuß. Ausgangspunkt ist ein Parkplatz an der von Süd nach Nord verlaufenden Durchgangsstraße Landevejen etwa 4 km nördlich von Sønderho; es halten dort auch Busse der Linie 431.

Sport und Aktivitäten

3 **Fri BikeShop Fanø,** Fahrradvermietung mit allem Zubehör. Servicezentrum. Mo bis Fr 10–17.30 Uhr, Sa 10–12 Uhr. Mellemgaden 12, Tel. 7516 2460, www.fribikeshop.dk.

Panoramaroute 404 „Luft unter den Flügeln", gut ausgeschilderte, 26 km lange Fahrradroute über die Insel. Familienfreundlich. Startpunkt ist der Fähranleger Fanø. Man schnuppert ordentlich Meerluft, sieht den Strand und durchquert die Orte Sønderho und Nordby. Karte, Routenbeschreibung und GPS-Daten unter www.nordseeradweg.dk (Radtouren/Panoramarouten).

3 **Strandskaden Natur- og Kulturformidling,** *Klaus Louring* und seine Kollegen bieten u.a. Touren

Vorsicht bitte!

Im äußersten Nordwesten Fanøs erstreckt sich der **Søren Jessens Sand,** ein herrliches Strandgebiet, das zu stundenlangem Umherstreifen oder zu Wanderungen an die Nordspitze des Geländes am Grådyb einlädt. Von der Insel selbst wird die riesige Sandbank – denn um eine solche handelt es sich im Grunde – zum Teil durch das **Hamborgerdyb** getrennt, einen tiefen, keilförmigen Einschnitt.

An der Nordsee kann urplötzlich **Nebel** aufkommen, und dann ist es aus mit der Orientierung. Nicht den Kopf verlieren! Der Søren Jessens Sand wird auch bei Hochwasser nicht von der Flut überspült, sodass man risikolos den Weg zurück ertasten kann. Auf keinen Fall versuchen, das Hamborgerdyb zu durchqueren! Bei Ebbe setzt hier eine reißende Strömung seewärts ein.

Anders ist die Situation am **Galgerev** an der Südspitze der Insel. Dieses Sandgebiet gerät bei Flut bis zu 1,50 Meter unter Wasser. Dabei wird das der Küste nächstgelegene Gelände zuerst überschwemmt, sodass der Rückweg abgeschnitten ist. Zudem bricht der Strand nach Süden hin rasch in das über 3 Meter tiefe, strömungsreiche **Galge Dyb** ab. Wer sich auf dem „Galgenriff" bei Nebel verläuft, ist in ernster Gefahr! Also gar nicht erst darauf ankommen lassen.

Das Betreten der Sønderho vorgelagerten **Sandbänke Keldsand und Trinden** empfiehlt sich aus den gleichen Gründen nicht; vom 1. April bis 16. September ist der Zugang sowieso untersagt.

dnsk-017 ths

in Nordby, Wattwanderungen für Kinder, eine Austerntour und eine Kräutertour an. Eine der Hauptattraktionen auf Fanø sind geführte Robbenwanderungen. Dagmarsvej 10, Tel. 3020 2543 (gerne auch SMS), www.strandskaden.dk.

14 Strandsegeln, südlich von Rindby. Separates Strandareal für **Kitebuggy**- und Blokart-Fans. Informationen über Unterricht und Verleih von Strandseglern im Touristenbüro Fanø oder z.B. von Blokart Team, Schule und Verleih (Einsitzer 375 Dkr./Std.). Buchung unter Tel. 2878 5599; www.blokart.info.

6 Angeln: Fanø Fiskesø, zwei Angelseen mit insgesamt fast 10.000 m² Fläche. Kiosk. Angelrutenvermietung (30 Dkr.) und auch zum Kauf. 2 Std. kosten 90 Dkr., 3 Std. 120 Dkr. Geöffnet März bis Ende September 6–21 Uhr, Oktober bis Ende Februar von Sonnenaufgang bis Sonnenuntergang. Storetoft 30, Tel. 2916 2115, www.fanofiskeso.dk.

13 Club Fanø, im Angebot sind allerlei Aktivitäten für fast jedes Begehren: Bubble-Fußball, Kerzenziehen, Krabbenjagd, Drachenbauen, Bernstein-Safari, Robbensafari, Strandsegeln (Blokart). Kirkevejen 13, Ringby, Tel. 4241 2565, www.clubfanoe.dk.

1 Reiten: Fanø Rundridning, hier kommen Anfänger und Geübte auf ihre Kosten, auch Kinder. Geführte Touren durch Wald und am Strand. Anfänger 1 Std. 320 Dkr., 2 Std. 420 Dkr., Fortgeschrittene 1 Std. 280 Dkr., 2 Std. 380 Dkr. Midtbjergevej 14, Tel. 6065 2221, www.fanoridning.dk.

15 Waldspielplatz Fanø, in herrlicher Lage können Kinder ausgiebig herumtollen. Für die Spielgeräte mitten in der Fanøer Dünenheide wurde fast ausschließlich Holz verwendet, ebenso für die mystischen Fabelwesen, die als Skulpturen das Areal schmücken. Picknick-Bereich. In der Nähe kann man den höchsten Berg der Insel, den 22 m hohen Pælebjerg, erklimmen und die Aussicht genießen. Erreichbar mit dem Auto über einen Weg, der von der Landstraße zwischen Nordby und Sønderho abzweigt. Landevejen 107.

⌂ Freie Fahrt nur mit Genehmigung

Feste und Events

Internationales Kite Flyers Meeting

2019 fand dieses bunte, mehrtägige Spektakel zum 35. Mal statt. 2020 fiel es aus. Das **wohl größte Drachenfestival der Welt** findet alljährlich **Mitte Juni** auf Fanø statt. Tausende farbenfrohe Drachen steigen dann am Rindby Strand in die Luft, und die Besucher sind begeistert.

🟥 **Info:** www.kitefliersmeetingfanoe.de.

Fanø Strikkefestival

Das etablierte und sehr geschätzte, alljährlich an einem verlängerten Wochenende im September über die Bühne gehende **internationale Strickfestival** zieht seit über zehn Jahren Heerscharen von Besuchern an. Verkaufs- und Infostände, Ausstellungen und Workshops, zudem eine tolles Rahmenprogramm mit Musik und vielem mehr werden geboten.

🟥 **Info:** Eintritt fürs gesamte Wochenende 185 Dkr., www.strikkefestival.dk.

Fanø Østersfestival

Das **Austern-Festival** läutet alljährlich **Mitte Oktober** die Austernsaison ein. Während der mehrtägigen Veranstaltung können Besucher im Rahmen von Führungen durch das Wattenmeer Austernbänke besuchen und diese Meeresfrüchte vor Ort probieren. Beliebt ist auch der **Kochwettbewerb,** bei dem die besten Köche Dänemarks Austern zubereiten und ihre Rezepte mit Interessierten teilen. 2017 prämierte der nordische Restaurantführer „White Guide" das Event auf Fanø als „Fisch- und Muschelerlebnis des Jahres".

Praktische Infos

Touristeninformation

🟥 **Skolevej 5–7, Nordby,** Tel. 7026 4200, www.visitfanoe.dk. Juli/August Mo bis Fr 10–16 Uhr, Sa/So 11–15 Uhr, September bis Juni Mo bis Fr 10–12 und 13–16 Uhr.

Verkehr und Transport

🟥 **Auto/Fähre:** Autofähre zur Insel Fanø ganzjährig etwa alle 20 Min., Abfahrt vom Dokvej in Esbjerg, 12 Min. Fahrt. Preise Hin- und Rückfahrt (je nach Saison): Erw. ab 35 Dkr., Kinder 4–17 Jahre ab 20 Dkr., Auto (bis zu 9 Insassen) ab 220 Dkr. Motorrad (2 Pers.) ab 70 Dkr., Fahrrad frei. Tickets gibt es auch online. Tel. 7023 1515, www.fanoelinjen.de.

🟥 **Busse** verkehren (im Sommer halbstündlich, im Winter stündlich) zwischen Nordby und Sønderho. Weitere Routen nach Fanø Bad und Rindby.

Übernachtung

(MEIN TIPP:) **⑨ Kellers Badehotel & Spisehus**③, beste Lage am Meer. Im attraktiven Haupthaus ist neben einigen adretten Zimmern auch das gute Restaurant untergebracht. Spezialität an der Bar: selbst aromatisierte Schnäpse. Weitere nette Zimmer im Anbau jeweils mit eigener Terrasse. Entspannte Atmosphäre. Strandvejen 48, Tel. 7516 3088, www.kellersbadehotel.dk.

❸ Bed & Breakfast Det Blå Gæste Hus②, wie der Name schon sagt, schlafen die Gäste in einem wunderschönen blauen Haus mit weiß gestrichenem Holzzaun drum herum. 120-Quadratmeter-Wohnung mit einem Familienzimmer und mehreren Zimmern für bis zu 7 Pers. Die Zimmer können gegebenenfalls auch einzeln vermietet werden. Große Küche, Hof/Terrasse. Hovedgaden 56, Nordby, Tel. 2611 0696, www.detblaagaestehus.dk.

❹ Bed & Breakfast Vestergaarden②, *Kaja* und *Nils* vermieten drei einfache, angenehme Zimmer in einem alten reetgedeckten Bauernhaus. Großer Gemeinschaftsraum/Wohnzimmer/Essraum. Sehr familiärer und freundlicher Empfang und Bewirtung. Gemeinschaftsbad. Vestervejen 47, Nordby, Tel. 7516 1147, 2684 1147, www.vestergaarden.com.

19 Sønderho Kro②, charmantes Gasthaus mit Zimmervermietung, siehe „Essen und Trinken". Kropladsen 11, Sønderho, Tel. 7516 4009, www.fa cebook.com/SonderhoKro

7 Nørby Kro②, in einem mit Liebe renovierten historischen Haus können Gäste sich eines der 10 hübschen Zimmer aussuchen. Alle mit Bad/WC. Die Junior-Suiten mit Wohn- und Schlafzimmer verfügen über eine eigene Terrasse. Strandvejen 12–14, Tel. 7516 3589, www.noerbykro.dk.

Ferienhäuser (Vermittlung)

■ **Novasol,** Vestertoft 2a, Rindby, Tel. 3914 3034, www.novasol.dk.

■ **Danibo Fanø Sommerhusudlejning,** Langelinie 9B, Nordby, Tel. 7516 3699, www.danibo.dk.

■ **Feriehuse Admiralstrand,** Hovedgaden 105, 6720 Fanø, Tel. 7516 4400, www.admiralstrand.com.

■ **FønoHus Feriehusudlejning,** Hovedgaden 12, 6720 Fanø, Tel. 7516 2600, www.fanohus.dk.

Camping

12 Feldberg Familie Camping, nicht weit vom Strand zwischen Nordby und Rindby Strand. Sehr komfortabel ausgestatteter Platz, familienfreundlich. Vermietung von Campinghütten, Wohnwagen und Ferienwohnungen. Gemeinschaftsküchen. Piraten-Minigolfanlage mit 18 Kunstrasenbahnen. Sportplatz zum Fußball- und Handballspielen. Tischtennis. Fahrradverleih. Animationsprogramme von Mitte Juli bis Anfang August. Kirkevejen 3–5, Rindby Strand, Tel. 7516 3680, www.feldbergfami liecamping.dk.

11 Feldberg Strand Camping, überschaubarer familienbetriebener Platz in Strandnähe, 2017 mit neuen Sanitäreinrichtungen versehen. Spielplatz. Gemeinschaftsküche. Vermietung auch von Hütten und Ferienhäusern. Supermarkt ganz in der Nähe. Kirkevejen 39, Rindby Strand, Tel. 7516 2490, www. feldbergstrandcamping.dk.

8 Tempo Camping, Strand und Dünen in Sichtweite, kinderfreundlicher Platz. Neben den üblichen Stellplätzen für Wohnwagen und Zelte werden auch drei verschiedene Hüttentypen vermietet. Strandvejen 34, Fanø Bad, Tel. 7516 2251, www.fa noe-ferienhaus.com/fanoe-camping.

Essen und Trinken

19 Sønderho Kro, edles Ambiente, köstliche Speisen. Serviert wird im Garten oder im Innenraum eines charmanten Hauses von 1722. Aus der Küche kommt z.B. Rote Bete mit Ziegenkäse und Salbei oder Rinderfilet mit schwarzem Knoblauch und Zitronenthymian. 2 Gänge für 459 Dkr. Außerdem warten 14 „hyggelige" (gemütliche) Zimmer, teils mit Blick auf das Wattenmeer, auf Gäste. In der Hauptsaison ist das Restaurant von Mai bis Ende September jeden Tag geöffnet, mittags 12–14.30 Uhr, nachmittags (Kaffee und Kuchen) 15–16.30 Uhr, abends 18–20.30 Uhr, in der Nebensaison nur Fr, Sa, So. Kropladsen 11, Sønderho, Tel. 7516 4009, www.facebook.com/SonderhoKro.

18 Restaurant und Café Fajancen, man sitzt gemütlich und stilvoll zwischen Antiquitäten und Kunstwerken – hier isst das Auge mit. Es gibt u.a. Lamm mit gebackener Rote Bete und Fisch (Fang des Tages). Hin und wieder Live-Musik: Jazz und Blues. Sønder Land 5, Sønderho, Tel. 7516 4172, www.fajancen.dk.

5 Bryghus Fanø, in der Bar oder im Biergarten probiert man das selbst gebraute Bier. Je nach Gusto kommt Pils, Weizenbier, *Brown Ale* oder *Indian Pale Ale* ins Glas. Seit 2009. Geöffnet Mo–Do 12–18 Uhr, Fr/Sa 10–22 Uhr. Strandvej 5, Nordby, Tel. 7666 0112, www.fanoebryghus.dk.

3 Restaurant Ambassaden, *Pia* und *Mads* kümmern sich zuvorkommend um die Gäste, das Essen ist fein, und bei entsprechendem Wetter sitzt man schön draußen. Wechselnde Speisen, z.B. Fisch des Tages, Cognacbonbons mit Vanilleeis und Schokoladencreme. Catering-Service für Hochzeiten, Geburtstage etc. Hovedgaden 57, Nordby, Tel. 7516 2211, www.ambassadenfanoe.dk.

MEIN TIPP: **19 Café Nanas Stue,** bei Sonnenschein ist auf der großen Terrasse mit dem beeindruckenden Baum in der Mitte kaum ein Plätzchen zu erhaschen. Wer drinnen sitzt, kann beim Essen und Trinken die sehenswerten holländischen Wandfliesen betrachten, denn hier befindet sich auch das Fliesenmuseum (siehe „Sehenswertes"). An manchen Tagen Live-Musik. Di bis Do 13–17 Uhr, Fr 13–22 Uhr, Sa 12–17 Uhr, So 13–22 Uhr. Sønder Land 1, Sønderho, Tel. 7516 4025, www.cafenanasstue.dk.

MEIN TIPP: **17 Eis- und Saftladen Tre Søstre** (Drei Schwestern), seit Ostern 2017 betreibt *Birthe* diesen winzigen Laden, verkauft werden selbst gemachtes Eis, Smoothies, Sandwiches, Säfte. Sehr nette Stimmung, mundende Produkte. Bänke vor der Tür. Täglich 11 bis 16 Uhr. Landevejen 11, Sønderho, Tel. 2088 5151.

18 Sønderho IsCafé, Belgische Waffeln, tolle Auswahl an Softeis, aber auch „normales" Eis, gut besucht, direkt neben dem Café Nanas Stue. Sønder Land 5, Sønderho, Tel. 75164172, www.lscafeen.dk.

4 Hans & Grethe Crêperie, Pandekagehuset, wer Crêpes liebt, sollte unbedingt vorbeischauen. Freundliche Bewirtung. Die *Pandekage* gibt es in vielen Variationen, u.a. mit Apfelmus, Grand Marnier, Ahornsirup oder Vanilleeis bzw. herzhaft mit Tsatsiki, Fanø-Schinken, Krabben oder Hühnchen. Lindevej 2, Nordby, Tel. 2617 7575.

3 Rudbecks Ost & Deli, sehr gute Adresse für ein gemütliches Frühstück, zu späterer Stunde schmeckt der Sønderho Burger mit Öko-Fleisch, geöffnet Mo–Sa 10–16 Uhr. Hovedgaden 90, 6720 Fanø, Tel. 3044 6611.

10 Café Løven & Nymfen, fast direkt am Strand in Fanø Bad, untergebracht in einem schönen Haus mit Reetdach. Heller, angenehmer Innenbereich, windgeschützte Außenterrasse. Burger, günstiges Tagesgericht, Sandwiches, Tapas, Steak. Sa/So 11–14 Uhr Brunch. Strandvejen 58, Tel. 3012 7000.

Einkaufen

🌱 **16 Sønderho Gårdbutik,** der Hofladen verkauft bestes ökologisches Fleisch von Schottischen Hochlandrindern, die auf den Weiden nördlich von Sønderho grasen. Außerdem im Shop typische Spezialitäten und Kunsthandwerksprodukte der Insel. Vester Storetoft 67, Tel. 5093 2362, www.sonderhogaardbutik.dk.

2 Goldschmidt Art Galleri, auf jeden Fall einen Besuch wert. *Ole Goldschmidt,* Künstler seit weit über 20 Jahren, präsentiert in seiner Galerie viele seiner interessanten Kunstwerke, u.a. Skulpturen aus Eisen und Kupfer. Sein Atelier befindet sich ebenfalls im Gebäude. Geöffnet 11–18 Uhr, April bis Oktober. Hovedgaden 15a, Nordby, Tel. 5049 0327.

Nützliches

🔴 **Medizinisches Zentrum: Lægehuset Fanø,** Mo bis Mi und Fr 8–16 Uhr, Do 8–17 Uhr, Vestervejen 1c, Tel. 7516 3222 bzw. 7011 0707 (zwischen 16 und 6 Uhr), www.lægehusetfanø.dk.

🔴 **Tierarzt: Fanø Dyreklinik,** Termin nur nach Vereinbarung, Hovedgaden 126, Tel. 2924 7663.

Von der deutschen Grenze bis Esbjerg

1

FREDERIK DEN

2

Von Skallingen bis Ringkøbing

SKAGERRAK
Skagen
Frederikshavn
Hjørring
NORDSEE
Hanstholm
Fjerritslev
Ålborg
Hals
Thisted
Løgstør
KATTEGAT
Mørsø
Hurup
Nykøbing
Ars
Thybøl
Hobro
Lemvig
Skive
Viborg
Randers
Holstebro
Århus
Rønde
Ringkøbing
Silkeborg
Herning
Nr. Snede
Tarm
Brande
Horsens
Henne Strand
Grindsted
Vejle
Juelsminde
Varde
Esbjerg
Vejen
OSTSEE
Fanø
Kolding
Mandø
Ribe
Haderslev
Rømø
Skærbæk
Åbenrå
Højer Tinglev
Als
Sønderborg
D

◁ König Friedrich VII. von Dänemark im Zentrum von Varde

Skallingen bis Ringkøbing

0 ——— 10 km   © REISE KNOW-HOW

DannNSK02 12/21

Anschlusskarte Seite 124

Brunbjerg   Mejlby   Tim   Torsted   Ørnhøj   Rødding   Krøghøj
Stadil   Najbjerg Vildbjerg Nyby
Vest Stadil Fjord   Stadil Fjord
Kryle   Grønbjerg   Timring   Skibbild
Houvig Strand   Agersbæk   Hee   Hover   Vester Barde   Alle   Snejbjerg
106   Bandsby   Heager   Spjald   Havnstrup
Søndervig   Kloster   No   Ølstrup   Barde
Tyvmose   Nørhede   Røgind   Videbæk   Tanderupkær
115   Ringkøbing   Fårborg   114   Fiskbæk   Egeris   Fjelstervang
Leuchtturm von Nørre Lyngvig   Velling   WOW-Park   Kibæk
103   Sønder Lyngvig   Tændpibe   Lem   Midtjylland
101   Hvide Sande   Velling Mærsk   Dejbjerg   Hanning   Astrup   Troldhede
Holmsland Klit   113   Halby   113   Whisky Distillery   Skarrild
Årgab   Danmarks Flymuseum   112   Kjelstrup   Sønder Felding
Stauning Havn   Stauning   Skjern
Nørre Havrvig   Strandby   Kødbøl   Sandet
102   Sønder Havrvig   Ringkøbing Fjord   109   Bundsgård   Torsbæk
Bjerregård   Skaven   Lønborg   Vostrup   Aadum   Knaplund
109   Skuldbøl   Sønder Omme
Bork Havn   Bork Vikingehavn   Hemmet   Foersum   Hoven
Falen   Nørre Bork   Sønder Vium   Påbøl
97   Lyne   Strellev   Ølgod   Urup
Nymindegab   Sønder Bork   Krusbjerg   Grindsted
Lønnestak   97   Nørre Nebel   Kvong   Gårde   Eg
Houstrup   Blåbjerg   Lunde   Asp   Skovlund   Horsbøl
97   Blåbjerg Klitplantage   Danemarks höchste Düne   Snittrup   Ansager
Henne Strand   Henne   Hørne   Tistrup   Hodde   Stenderup
Over Fidde   Outrup   Vittarp   Blaksmark   Haltrup   Vesterhede
Kærgård   Søvig Márk   Tinghøj   Tofterup
Børsmose   Kærup   Hølme Å
Vejers Strand   Grærup   88   Billum   84   Agervig   Øster Vrenderup
Øster Nordby   Vejers   Oksbøl   Varde   Nørre Gunderup   Agerbæk   Kærbjerg
Mosevrå   Bordrup   Kravnsø   Alslev   Rousthøje   Aastrup
93   Oksby   Ho Bugt   Forum   Roust   Bolding
Blåvandshuk Leuchtturm   Blåvand   91   Ho   Kravnø   Tarp   Schæfergården   Rebelsig
Langli   Grimstrup   191   Holsted
Esperance Bugt   83   Skallingen   57   Andrup   191   Aalbæk   Gørding
Grådyb   Esbjerg   72   Bramming
70   Fanø   Nordby   Tjæreborg   Bøbøl
Fanø   Sejstrup

Anschlusskarte Seite 26

2

ÜBERBLICK

Die Küste nördlich von Esbjerg geht zunächst in das weite Rund der Ho-Bucht über. Zwischen Hjerting und Marbæk, einem schönen, 1300 ha großen Wandergebiet am Ostufer der Bai, findet sich auf 6 Kilometern Länge der erste Strand, großenteils steinig und grobsandig. Das Wasser ist sauber, es darf gesurft werden. Von den urigen Landschaftsformen im Nordteil der Bucht und dem Gebiet Langli wird noch im Kapitel „Land und Leute/Das Wattenmeer" die Rede sein.

Die **Halbinsel Skallingen,** die das Gebiet zur Nordsee hin abgrenzt, zieht sich **bis Blåvandshuk,** Dänemarks westlichstem Punkt, mit eindrucksvollen Dünen und dem feinsandigen Strand Høje Knolde 8 Kilometer lang dahin. Bis zu einigen Parkplätzen darf man mit dem Auto fahren, darüber hinaus nicht. Vom 1.3. bis 31.10. ist das Rauchen in den Heiden und Wäldern der Region verboten. Gleichfalls darf man vom 1.5. bis 1.9. keine Hunde mit nach Skallingen nehmen, nicht an der Leine und auch nicht im Auto.

An der Huk geht's im rechten Winkel um die Ecke, und jetzt kommt nur noch **Strand, Strand, Strand.** Bei Vejers, 10 Kilometer die Dünenküste hoch, dürfen erstmalig wieder Autos ans Meer, wenn auch nur auf einem 1,4 Kilometer langen Sektor. Außerdem kann das Gebiet im Rahmen von Militärübungen gesperrt werden, allerdings kaum in der Hauptsaison. Die Strände von Grærup, Børsmose und Kærgård schließen sich an.

Auch hier darf das Auto auf 1,4 Kilometern mitgenommen werden. Henne, Houstrup und Nymindegab gehören zu den beliebtesten Badestränden dieses Küstenstrichs. Bei Nymindegab ist es offiziell erlaubt, frei von Textilien zu baden. Gleichzeitig gibt es hier ein militärisches Übungsgebiet – vielleicht zum Schutz der FKKler …?

Nördlich von Nymindegab setzt sich die Küste mit feinem bis grobem Sand fort und bildet das fast 40 Kilometer lange **Holmsland Klit,** einen Dünendamm, der die riesige Lagune des **Ringkøbing Fjords** (außer dem Loch bei Hvide Sande) zur See hin abschließt.

NICHT VERPASSEN!

- ⮕ Die trutzige und fotogene **Aal-Kirche** in Oksbøl | 88
- ⮕ **Leuchtturm (Fyr) Blåvandshuk** mit grandioser Fernsicht | 91
- ⮕ **Bunkeranlagen und „tierische" Kunst** am Strand von Blåvand | 91
- ⮕ Erlebnismuseum für die ganze Familie: das **Tirpitz Museum** in Blåvand | 92
- ⮕ **Sandskulpturen-Festival** in Søndervig | 107
- ⮕ Die Welt der Wikinger in **Bork Vikingehavn** | 109
- ⮕ Die sehenswerte **Altstadt von Ringkøbing** | 116

Diese Tipps erkennt man an der gelben Markierung.

Varde

Varde ist ein **hübsches, ruhiges Städtchen** mit rund 13.000 Einwohnern. Ein kurzer Spaziergang auf eigene Faust durch den Stadtkern führt vorbei an allen Sehenswürdigkeiten der um 1100 gegründeten Siedlung. Schon im Mittelalter florierte in der Region der Handel, und auch die Verwaltung von Landwirtschaft und Fischerei füllte die Kasse des Ortes und der Gemeinde. Der Verlauf der Straßen und Gassen hat sich im Laufe der Jahrhunderte kaum verändert. Viele Häuser fielen Feuersbrünsten zum Opfer und mussten neu errichtet werden. Aber gerade diese Symbiose aus alten Bauwerken und nun schon nicht mehr ganz so neuen „Neubauten" bei-

spielsweise aus dem 19. Jahrhundert machen den Reiz des Ortes aus. Ihn als gefällig zu bezeichnen, ist durchaus angebracht. Nicht zu vergessen der **Fluss Varde Å,** dessen Ufer sich vorzüglich für ein längeres Picknick oder eine kurze Pause eignet.

Sehenswertes

Kirche Sct. Jacobi

Das exakte Datum der Fertigstellung des **imposanten Gotteshauses** ist nicht bekannt, man geht davon aus, dass es zwischen 1150 und 1225 erbaut wurde. Geweiht ist die Kirche dem Apostel *Jakob.* Im Laufe der Jahrhunderte veränderte sich das Antlitz der Kirche deutlich. Ungefähr im 15. Jahrhundert kam der heute 43 Meter hohe Kirchturm hinzu, die schlanke Spitze errichtete man erst 1869.

■ **Info:** geöffnet an Wochentagen 9–15 Uhr, am So und an Feiertagen während der Gottesdienste. Kirkepladsen 2.

Varde Museum

Neben der Jacobi-Kirche befindet sich die auch als **Museum Frello** bekannte Institution, in der eine Dauerausstellung die Werke des 2015 verstorbenen Malers *Otto Frello* zeigt. Seine Bilder illustrieren eine oft fantasievolle, mystische Welt in Verbindung mit Alltagsszenen. Außerdem erschuf er das erste Comic zur **Olsenbande** (siehe „Der dänische Film")

dnsk-019 ths

◁ Kirche Sct. Jacobi

und wurde so über die Kunstszene hinaus einem breiten Publikum bekannt. Zusätzlich sind Wechselausstellungen zu sehen. Einige seiner Werke findet man auch auf den Häuserwänden rund um das Museumsareal verewigt.

■ **Info:** Eintritt für Erw. 75 Dkr., unter 18 Jahren frei. Öffnungszeiten: Juli/August täglich 10–17 Uhr, restliches Jahr Di–So 10–16 Uhr. Kirkepladsen 1, Tel. 7522 0878, www.vardemuseum.dk.

Varde Artilleriemuseum

In großzügigen und modernen Räumlichkeiten untergebracht, liegt das Museum **etwas außerhalb des Zentrums.** Gezeigt werden martialische Kanonen und allerlei Militärisches wie Uniformen und Handwaffen aus der Zeit des Mittelalters bis heute.

■ **Info:** geöffnet Februar bis Ende Juni und September bis Anfang November Di bis So 10–14 Uhr, Juli bis Ende August tägl. 10–16 Uhr, Eintritt: Erw. 50 Dkr., unter 18 Jahren frei. Vestervold 11, Tel. 7522 1594.

Varde Miniby

Etwa 1 Kilometer außerhalb des Zentrums, **im Arnbjerg Park,** wird veranschaulicht, **wie Varde um 1866 aussah.** Bei einem Rundgang über das Gelände trifft man auf über 300 Gebäude, die im Maßstab 1:10 errichtet wurden und einen anschaulichen Eindruck von der Architektur und dem Stadtbild Vardes im 19. Jh. vermitteln. Vor Ort kann man mittwochs Handwerker bestaunen, wie sie mit Mini-Backsteinen, winzigen

Dachziegeln und puppenhausgroßen Fenstern neue Objekte schaffen oder alte reparieren. Bei einem Besuch der echten Stadt Varde entdeckt man viele der Bauwerke wieder. Ein Picknickplatz für eine Pause und ein Kiosk sind vorhanden.

■ **Info:** geöffnet Mitte Mai bis Ende Oktober tägl. ab 10 Uhr bis spätestens 18 Uhr (je nach Saison), Eintritt: Erw. 50 Dkr., Kinder 3–11 Jahre 20 Dkr. Arnbjerg Anlægget, Enghavevej 23, Tel. 3043 9011, http://minibyen.vardekommune.dk.

Kunsthal vARTe

In der seit 2015 bestehenden Kunsthalle finden **Wechselausstellungen** statt. Es sind Ateliers vorhanden, zudem wohnen hier Künstler. Einst diente das schmucke Gebäude einer Maschinenfabrik und einer Schmiedewerkstatt als Heimstätte. Regelmäßig finden hier auch **Veranstaltungen und Vorträge** statt.

■ **Info:** geöffnet Mi bis Fr 13–17 Uhr, Sa/So 10–15 Uhr, Eintritt frei. Smedegade 35D, Tel. 2159 2708, www.varte.dk.

Sport und Aktivitäten

■ **Golfplatz Varde,** der 18-Loch-Golfplatz liegt landschaftlich reizvoll im Gebiet des Varde-Flusses und wurde 1993 eröffnet. Etwa 2 km ist zur Innenstadt. Clubhaus mit Restaurant. Gellerupvej 111B, Tel. 7522 4944, www.vardegolfklub.dk.

■ **Varde Fritidscenter,** Freizeitcenter inklusive Schwimmhalle, Bowling und Cafeteria. Lerpøtvej 55, Tel. 7521 2266, www.vardefritidscenter.dk.

⚹ **Legeborgen,** Indoorspielplatz mit Hüpfburgen und weiteren unzähligen Möglichkeiten, um einen lustigen und vergnüglichen Tag mit Kindern zu ver-

dnsk-020 ths

bringen. Ca. 3 km vom Zentrum entfernt. Geöffnet Mi bis So 10–18 Uhr, Eintritt: Erw. und Kinder zwischen 69 und 89 Dkr. Roustvej 87, Tel. 7522 2287, www.legeborgen.dk.

Varde Fodboldgolf, laut Betreiber die größte Fußballgolfbahn Dänemarks. Fußballgolf ist eine unterhaltsame Mischung aus Fußball, Golf und Minigolf – ein Zeitvertreib für die ganze Familie. Eigene Verpflegung kann mitgebracht werden. Ein Spiel mit 4 Pers. dauert ca. 1½ Std. Rund 5 km von Varde entfernt. Geöffnet April bis Oktober tägl. ab 10 Uhr bis ca. 20/22 Uhr. Erw. zahlen 110 Dkr., Kinder (5–15 Jahre) 60 Dkr. Armvangvej 14, Tel. 2493 2994, www.varde-fodboldgolf.dk.

CityJump, Springen bis die Puste ausgeht. Trampoline auf 500 m², dazu ein Basketball-Areal, eine Boulderwand und ein weiches „Pommes-Grab", das trotz des schaurigen Namens für viel Spaß sorgt. 1 Std. 100 Dkr., 3 Std. 199 Dkr. Geöffnet Di bis Fr 14–18 Uhr, Sa/So 10–18 Uhr. Borgpladsen 7A, Tel. 7370 9540, www.cityjump.dk.

Praktische Infos

Touristeninformation

■ Mo bis Fr 10–15 Uhr. **Otto Frellos Plads 1,** Tel. 7527 1800, www.visitdenmark.com.

Übernachtung

■ **Hotel Arnbjerg**③, grüne und ruhige Lage am Arnbjerg Park rund 1 km vom Zentrum und der Jacobi-Kirche entfernt. Insgesamt 30 Zimmer, alle mit schönem Blick in den Park. Restaurant mit herrlicher Terrasse, es gibt u.a. Burger, Kartoffelsuppe und *Smørrebrød.* Arnbjerg Alle 2, Tel. 7521 1100, www.arnbjerg.dk.

■ **Hotel Varde**②, rund 2 km bis zur Innenstadt. Geboten werden 44 modern und zweckmäßig ausgestattete Zimmer zu einem guten Preis-Leistungs-Verhältnis. Inkl. Frühstück. Familienzimmer. Abendessen möglich Mo bis Do zwischen 15.30 und 17.30 Uh. Tømrervej 18, Tel. 7522 1500, www.hotel-varde.dk.

■ **Bed & Breakfast Egebjerggaard**②, kleine, ruhige und nahe des Varde-Flusses liegende Herberge mit einem Zimmer für bis zu 4 Pers. und einem Apartment für bis zu 6 Pers. Rund 10 km von Varde-Zentrum entfernt. Großer Gemeinschaftsraum mit Küche. Viel Platz draußen mit Liegewiese, Grillplatz und Sitzmöglichkeiten. Vesterbækvej 42, Tel. 4057 4744, www.egebjerggaard-bb.dk.

Essen und Trinken

■ **Ella's Coffee Shop,** gemütlicher individueller Laden auf wenigen Quadratmetern. Herzliche Bedienung. Die empfehlenswerten Bagels sind mit Hähnchen, geräuchertem Lachs, Avocado oder Thunfischcreme belegt. Allerlei verschiedene Säfte, Milchshakes und natürlich Kaffee und Tee. Mo bis Fr 9.30–18 Uhr, Sa 9.30–14.30 Uhr. Smedegade 2, Tel. 2056 3188, www.facebook.com/EllasCoffeeShop.

■ **Restaurant Gl. Daws,** in einem Fachwerkhaus untergebrachtes Lokal in der Innenstadt mit leckerer, deftiger Küche. Gerichte vom Schwein, Wiener Schnitzel, Hähnchenfilet. Außenbereich, geöffnet Mo–Mi 11.30–23 Uhr, Do 11–0 Uhr, Fr/Sa 11–2 Uhr, So 11–23 Uhr. Smedegade 4, Tel. 8181 3804, www.gldaws.dk.

■ **Café aunt betty,** direkt am Kirchplatz in einem urigen Backsteinhaus lässt man sich gut belegte Bagels, Salat oder einfach einen Kaffee schmecken. Mo bis Fr 10–19 Uhr, Sa 10–15 Uhr. Torvet 5, Sillasens Hus, Tel. 7534 7534.

■ **Restaurant Big World,** großes Lokal bei der Touristeninformation mit reichlich asiatischen Speisen. Abendbüfett u.a. mit mongolischem Barbecue, chinesischem Büfett, Sushi, Salatbar. So bis Do 17–21.30 Uhr 138 Dkr., Fr/Sa 158 Dkr. Otto Frellos Plads 2, Tel. 5545 4505, www.restaurantbigworld.dk.

◁ Vom Maler Otto Frello gestaltete Häuserfassade

▽ Etwas außerhalb des Zentrums öffnet das großzügig gestaltete Varde Artilleriemuseum seine Türen

dnsk-021 ths

(Randtitel:) **Von Skallingen bis Ringkøbing**

■ **Rådhuscaféen,** natürlich am Rathausplatz gelegen. Nettes Lokal, in dem man ausgiebig frühstücken kann, aber auch am Abend gut bewirtet wird. Auf der Karte findet man Hähnchenbrust mit Ananas, Currysoße oder auch das klassische Wiener Schnitzel. Im Sommer schöne Terrasse mitten im urbanen Leben. Torvet 3, Tel. 7522 5668.

Nachtleben

■ **Pioner Bar,** hier wird ausgiebig getanzt, getrunken und gefeiert. Verschiedene Veranstaltungen wie Karaoke-Abende. Do 20–2 Uhr, Fr/Sa 22–5 Uhr. Kræmmergade 6B, Tel. 3144 3658, www.pionerbar.dk.

Einkaufen

❀ **Butik Samstyrken,** 2016 eröffnetes Geschäft, in dem Behinderte und Nicht-Behinderte zusammenarbeiten. In der im Haus untergebrachten Werkstatt werden Textilien, Schmuck und Produkte aus Glas, Keramik und Holz hergestellt. Tolle Auswahl unterschiedlichster Artikel. Von der Kommune unterstützt. Mo/Di 10–16 Uhr, Mi geschlossen, Do/Fr 10–17.30 Uhr, Sa 10–13 Uhr. Kræmmergade 10E, Tel. 2936 8040.

Nützliches

■ **Varde Apotek,** Vestergade 3, Tel. 7522 1311.

Oksbøl

„Märchenland" nannte der Lyriker *Thomas Lange* im 19. Jahrhundert diese Region aus Heidegebieten (den größten Dänemarks), ausgedehnten Wäldern und nackten Dünenarealen. Aber märchenhaft ging es hier lange nicht zu. Das Leben der damaligen Bewohner des Gebiets war ein unablässiger Kampf gegen gewaltige **Wanderdünen,** die von Wes-

ten her ins Land zogen und es immer wieder in eine Wüste verwandelten. Erst gegen Mitte des 19. Jahrhunderts gelang es, durch Anpflanzungen von Heidekraut und massive Aufforstungen dem **Treibsand** Einhalt zu gebieten. Das setzte jedoch schwere Knochenarbeit voraus, wobei wohl niemandem so recht lyrisch zumute gewesen sein dürfte.

Heute hat sich hier die **dänische Armee** eingenistet und ballert sehr prosaisch drauf los; beliebtes Ziel der Artillerie ist unter anderem das Hornsriff, eine Untiefe weit vor der Küste. Schon 1967 wurde das gesamte Märchenland hierfür wenig feinfühlig entvölkert. Die Sperrung eines Gebietes wird durch eine **rote Kugel** (nachts rotes Licht) auf einem hohen Turm angezeigt. Weitere Infos in den Tourismusbüros.

Mittendrin liegt **Oksbøl.** Nomen ist hier wohl auch ein bisschen omen, denn *oxebølle* heißt im alten Dänisch „Ochsengehege"; der Ort wird niemanden vom Hocker reißen. Zur Gemeinde Oksbøl zählen die **Strände** Baunhøj, Børsmose und auch Grærup. Das einst hier existierende Bernsteinmuseum wurde nach Blåvand ins 2017 neu eröffnete Tirpitz-Museum verlegt.

Sehenswertes

Aal-Kirche

Das Gotteshaus aus dem 12. Jahrhundert weist **eindrucksvolle Malereien** aus dem 13. Jahrhundert auf. Gewidmet wurde die Kirche dem heiligen *Nikolaus.* Im Laufe der Zeit erweiterte man das Gotteshaus, der Kirchturm stammt von 1767. Wunderbare romanische Fresken

dnsk-022 ths

schmücken das Innere. Zu sehen sind auch **Glasmosaikfenster** des Künstlers *Jens Urup,* der die Akademie der Schönen Künste in Kopenhagen absolvierte und 2010 verstarb.

■ **Info:** geöffnet Mo bis So 8–16 Uhr. Kirkegade 40A.

Deutsche Kriegsgräberstätte

Der Friedhof ist einer der größten seiner Art. Es finden sich **1796 Gräber** (hauptsächlich Verstorbene aus dem Flüchtlingslager Oksbøl) auf dem 1969 in seiner heutigen Struktur eingeweihten Areal. Neben Flüchtlingen wurden hier auch 121 gefallene Soldaten aus dem 2. Weltkrieg beerdigt.

■ **Info:** Præstegaardsvej, nordwestl. Ortsausgang.

⌂ Schon von Weitem sichtbar ist die imposante Aal-Kirche

Panzer- und Feuerwehrmuseum

Das Museum gibt einen Überblick über das **gepanzerte dänische Militär nach dem 2. Weltkrieg.** In der riesigen Feuerwehrabteilung entdeckt man **Löschfahrzeuge** aus der Zeit ab dem 19. Jahrhundert, beispielsweise den Volvo L 430-12, ein Fahrzeug mit Abprotzleiter. Kinderspielplatz und Café.

■ **Info:** April bis Ende August Mo bis Fr 10–15 Uhr, Eintritt: Erw. 80 Dkr., Kinder 30 Dkr. Industrivej 18, Tel. 7654 2000, www.pansermuseet.com.

Bernsteinfestival

Die auch als **Ravfestival** bekannte Veranstaltung findet jedes Jahr am letzten Wochenende im September in **Vejers,** etwa 16 Kilometer westlich von Oksbøl, statt. Mehrere Tage lang dreht sich in der Region alles um den Bernstein, vom Schmuck bis hin zu bernsteinhaltigen Speisen.

Glanz und Ende einer sündigen Stadt

Oksbøl, Oksby – diese Namen deuten auf Rindviecher. Wo heute die dänische Armee ballert, zog sich in der Tat der **Alte Ochsenweg** dahin, auf dem 800 Jahre lang Waren aus dem jütländischen Innern an die Küste transportiert wurden: Tongefäße, feines Salz aus Skjern, edle Fische aus den Flüssen und, eben, Ochsen. Ein *oxebølle* in altem Dänisch war ein Gehege für sie. Der Ochsenweg zog sich die ganze Küste hinab; sogar aus dem Vendsyssel im hohen Norden kamen Cowboys mit Viehherden.

Unfern des heutigen Städtchens Ho lag einst der **Hafen Sønderside,** von dem diese Güter nach allen bekannten Handelsplätzen an Nord- und Ostsee und bis nach Island und Grönland verschifft wurden. Ein lebhaftes Treiben herrschte hier zu Beginn des 17. Jahrhunderts, und in den Annalen der Region ist alsbald, nachdem sich der Reichtum mehrte, auch von einem **lotterhaften Treiben** die Rede: „Huren, die das Geld ihrer Besucher gestohlen, oder Schüler, die von der Justiz des Schulmeisters geschwänzt hatten". Schiffer verluden ihre Waren – schlimm, schlimm! – auf hoher See, um dem Zoll ein Schnippchen zu schlagen. Auch gab es Spielhöllen und heimliche Schänken, Mord, Totschlag und Zauberkunst; das konnte ja nicht gutgehen.

In der Nacht vom 10. auf den 11. Oktober **1634** zog die große **Springflut** herauf und machte der Gottlosigkeit ein Ende. Sønderside versank in der See, und das Wenige, was noch erhalten geblieben war, wurde unter Treibsand begraben. Damals entstand die Halbinsel Skallingen, die bis dahin lediglich eine bessere Sandbank gewesen war.

Sport und Aktivitäten

■ **SportsPark Blaavandshuk,** viele Sportmöglichkeiten wie z.B. Tennis und Schwimmen (Pool), auch ein Fitnessstudio ist vorhanden. Große Badelandschaft mit den angeblich längsten Wasserrutschen Westjütlands. Eintritt Badeland & Svømmehal: Erw. 70 Dkr., Kinder 3–14 Jahre 40 Dkr., geöffnet Di/ Do/Sa/So 13–16 Uhr, Mi 18–20 Uhr, Fr 17–20 Uhr, Juli/August auch Mo geöffnet. Strandvejen 2, Tel. 7022 1653, www.sportspark.dk.
■ **Angeln:** Folgende Angelseen befinden sich in der Nähe von Oksbøl: Vrøgum Fiskesø, Hedelundvej 11 (4 km); Grærup Fiskesø, Grærup Havvej 4 (11 km); Ho Fiskesø, Almosetoften 12 (10 km).

Praktische Infos

Übernachtung

■ **Turisthotellet**②, im Stadtzentrum gelegene Herberge mit 16 modern und zweckmäßig eingerichteten Zimmern, alle mit eigenem Bad/WC. Nur Frühstück möglich. Torvegade 1, Tel. 4031 9209 oder 7527 1037.
■ **SportsPark Blaavandshuk**③, der Park (s.o.) bietet auch verschiedene Ferienhäuser (insgesamt sieben), einige für bis zu 4 Pers., andere für bis zu 8 Pers. geeignet. Die 8-Personen-Cottages haben kein eigenes Bad/WC. Gemeinschaftsküche. Strandvejen 2, Tel. 7022 1653, www.sportspark.dk.

Camping

■ **CampWest SportResort,** der sog. „Sport-Camping-Platz" für die ganze Familie liegt etwa 2 km von Oksbøl entfernt. Stellplätze und Hüttenvermietung. Spielplatz, Hüpfkissen, Fußballgolf. Moderne Servicegebäude. Kostenloser Fahrradverleih und freier Eintritt ins nahe Badeland (siehe SportsPark Blaavandshuk). Baunhøjvej 34, Tel. 7527 1130, www.campwest.dk.
■ **Børsmose Strand Camping,** unmittelbar am Badestrand errichteter Campingplatz rund 10 km

von Oksbøl entfernt. Stellplätze in sehr reizvoller Natur. Vermietung von Hütten (4–6 Pers.) und Familienzelten. Børsmosevej 3, Tel. 7527 7070, www.børsmosecamping.dk.

Jugendherberge

🔴 **Danhostel Blåvandshuk,** 135 Betten, aufgeteilt auf Zimmer für 1–5 Pers., teils mit eigenem Bad, teils mit Bad auf dem Flur. Frühstücksbüfett für 80 Dkr. Strandvejen 1, Tel. 7527 1110, www.danhostelblaavandshuk.dk.

Blåvand

Dass Blåvand so beliebt ist, hat Gründe, die ohne Weiteres nicht ersichtlich sind. Nicht zuletzt aber besitzt offenbar der Umstand, mal auf **Blåvandshuk,** dem **westlichsten Punkt des Landes** gestanden zu haben, einen beträchtlichen Stellenwert. An Schwere gewinnt dieser bestimmt noch, nachdem man am Kiosk unweit des eindrucksvollen **Leuchtturms** eine *pølse* gegessen hat, obwohl selbige Wurst angesichts des großen Ereignisses – „letzte Gelegenheit bis England!" – ganz besonders profan zu schmecken droht. Bei scharfem Westwind knirscht einem der bewusste Flugsand zwischen den Zähnen; das trägt zum Erlebnis bei. Und dann auch noch Kanonendonner im Hintergrund – Abenteuerurlaub!

Die touristische Action findet zumeist im Ort Blåvand selbst statt. Draußen am Leuchtturm von Blåvandshuk wird es schon viel ruhiger, auch wenn dort deutsche **Drachenfans** – *drageterrorister* auf dänisch – bevorzugt ihre Flieger knattern lassen.

Sehenswertes

Leuchtturm (Fyr) Blåvandshuk

Nach 170 Stufen und 39 Metern oben angekommen, ergibt sich von dem Leuchtturm ein **traumhafter Blick** über die Küste, das Meer und die Dünen. Erbaut im Jahr 1899, ist dem Turm heute eine **Tourismusinformation** angegliedert. Eine **Ausstellung** in der ehemaligen Leuchtturmwärterwohnung informiert über den Offshore-Windenergiepark Horns Rev.

🔴 **Info:** Turmbesteigung Erw. 50 Dkr., unter 18 Jahren frei. Fyrvej 106.

Bunkeranlagen und „tierische" Kunst am Strand

Nur wenige Minuten Fußweg vom Leuchtturm entfernt, entdeckt man an einer Bunkerwand am Strand ein Kunstwerk des berühmten, 2007 verstorbenen Düsseldorfer Künstlers *Jörg Immendorf.* Zu sehen ist der rote **„Affe als Künstler",** der lange Jahre durch Graffitis übermalt war. Entstanden ist das Kunstwerk 1995 im Rahmen eines Friedens-Kunstprojektes zum 50. Jahrestag des Kriegsendes. Läuft man am Strand etwa 2 Kilometer in Richtung Südosten, stößt man unvermittelt auf einige **steinerne „Maultiere".** Der britische Künstler *Bill Woodrow* verwandelte hier mehrere Betonbunker mit Hilfe von metallenen Maultierköpfen in interessante Kunstobjekte. Geschaffen wurden sie, wie *Immendorfs* Werk, ebenfalls zum 50. Jahrestag der Befreiung Dänemarks am 4. Mai 1945.

Von Skallingen bis Ringkøbing

Das 2017 neu eröffnete Museum beherbergt drei unterschiedliche Dauerausstellungen und ist ein spektakuläres und architektonisch einzigartiges Erlebnismuseum für die ganze Familie in den Dünen von Blåvand. Hinter dem Thema „Den skjulte vestkyst" versteckt sich eine museal aufgearbeitete Zeitreise entlang der Westküste mit fesselnden Geschichten rund um Mammuts, Rettungsboote und Urlaub. Die Abteilung „Rav – havets guld" beschäftigt sich mit dem „Phänomen Bernstein" und all seinen farbigen Facetten und tierischen Zeitzeugen und stellt eine der eindrucksvollsten Sammlungen seiner Art in Westeuropa dar. Beim Besuch von „En hær af beton" erfährt man einiges über die Zeit des 2. Weltkrieges an der dänischen Westküste und über Schicksale

Das Elend mit dem Treibsand

Überall an Jütlands Nordseeküste hatten die Bewohner stets große Mühen mit dem Sand, der beweglich wie eine Flüssigkeit das Land überschwemmte und in unfruchtbare Zonen verwandelte. Langes „Märchenland" hat bis heute unter dem Problem zu leiden, weil hier die Huk von Blåvand ein gewaltiges, sich stets erneuerndes **Sandreservoir** bildet, das den Westwinden unablässig Nachschub liefert. In Jütland kann man noch einige weitere Stätten kennen lernen, die der Sand ganz oder fast unter sich begrub, so Skagens alte Kirche, Dänemarks berühmtestes Mahnmal für dieses Naturphänomen.

Große Teile Nordjütlands waren zu Beginn des Mittelalters von ausgedehnten **Waldflächen** bedeckt; es müssen bei mildem Klima idyllische Verhältnisse geherrscht haben. Doch der Mensch holzte den Wald bald ab, Tiere in seinem Gefolge zerstörten das Unterholz, der Flugsand hatte freie Bahn. Die erste **Wüstenbildung** begann schon im Mittelalter. 1539 versuchte Christian III. den Verfall der Dünenküsten durch scharfe Gesetzgebung zu unterbinden. Es war verboten, die Dünen zu beweiden oder sonstwie zu bewirtschaften. Doch die Einheimischen blieben unbeeindruckt; es war ihr Land, und sie verstanden die Erlasse des fernen Königs wahrscheinlich überhaupt nicht.

Christian VI. musste zwei Jahrhunderte später per Dekret das **Pflanzen von Bäumen** verordnen: „Befehlen Wir allergnädigst, daß in den Holtz-Dörfern jede Manns-Person, so sich zu verheyrathen gedencket, schuldig und verpflichtet seyn soll, vor anzutretender Ehe 10 junge Eichen oder nach Beschaffenheit des Orts 15 junge Büchen zu pflanzen, und solche Hesters 3 Jahre lang nach Anpflantzung im Wachstum zu erhalten, oder ins dritte Blatt zu bringen."

Ein Waldland wurde Dänemark dadurch aber nicht. Erst im 19. Jahrhundert begann auch die Bevölkerung die Zusammenhänge besser zu durchschauen, doch die Schäden waren schon irreversibel.

Das Thema Treibsand ist in Jütland vor derart hoher Bedeutung, dass man ihm am Rubjerg bei Lønstrup/Hjørring sogar ein spezielles **Museum** gewidmet hat, mit diversen Schaubildern, wie Treib- und Flugsand die Dünenlandschaft vor allem im Norden über die Jahrhunderte hinweg veränderten. Aber ach, Mitte 1996 musste das Treibsandmuseum die Pforten schließen, nachdem Treibsand es unter sich begraben hatte.

drisk-023 ths

aus dieser Epoche. Außerdem ist es möglich, den originalen **Tirpitz Bunker,** einen riesigen Kanonenbunker, auf einem Rundgang zu erkunden.

🟥 **Info:** geöffnet Juli bis Ende August 9–19 Uhr, September bis Ende Juni 10–17 Uhr, Eintritt: Erw. 145 Dkr., unter 18 Jahren frei. Tirpitzvej 1, Tel. 7210 8485, 7522 0877, www.tirpitz.dk.

Blåvand Zoo

🧍 Der Zoo ist Heimat von **rund 300 Tieren,** darunter Rote Riesenkängurus, Stachelschweine, Gibbons, südamerikanische Alpakas, Sumpfbiberratten und australische Dingos. Ein großer **Spielplatz** und der **Streichelzoo** sorgen zu-

sätzlich für Freude. Eigene Speisen und Getränke können mitgebracht werden.

🟥 **Info:** ganzjährig von 10–16 bzw. 18 Uhr geöffnet, Eintritt: Erw. 120 Dkr., Kinder 3–11 Jahre 60 Dkr. Øster Hedevej 1, Tel. 7527 9177, www.blaa vandzoo.dk.

Høvlehuset (Hobelhaus)

Abseits der Hauptstraße, in der winzigen Ansiedlung **Oksby,** trifft man auf ein feines, kleines Museum, das eine **historische Sammlung** (1700–1900) **von Holzhandwerkzeug** beherbergt, das u.a. von Dachdeckern, Fassmachern, Violinenbauern und Buchbindern verwendet wurde.

🟥 **Info:** geöffnet April bis Oktober tägl. 16.30–18 Uhr, Sa/So 10–18 Uhr, Eintritt 75 Dkr., Kinder bis 12 Jahre frei. www.hoevlehuset.dk.

🔼 Der „Affe" des Düsseldorfer Künstlers Jörg Immendorf

2

Sport und Aktivitäten

■ **Reiten: Islandpferdegestüt** in der Nähe des kleinen Orts Ho, unweit des Meeres. Unterricht für Anfänger und Fortgeschrittene sowie Reittouren durch den Wald und am Strand. Hovej 29, Tel. 2849 9999, www.stutteri-vestmose.dk.

■ **Blåvandshuk Golfcenter,** Golfplatz in Ho. 18-Loch-Kurs, Par-3- und Par-4-Kurs mit 9 Löchern. Restaurant. Greenfee Erw. 350 Dkr. Ausrüstung kann gemietet werden. Søndertoften 29, Tel. 7527 5555, www.blaagolf.dk.

■ **Fahrradverleih Andersen,** an der Hauptstraße. *Barbara* und *Bo* haben unterschiedliche Bikes für Erwachsene (1 Tag ab 85 Dkr.) und Kinder (1 Tag ab 50 Dkr.) im Angebot. Geöffnet 10–17 Uhr, Pause 15–16 Uhr. Blåvandvej 5b, Tel. 2798 9648.

■ **Ho Ferie- og Aktivitetscenter,** abwechslungsreiche Einrichtung mit Wasserpark, Bowling, Indoor-Playland, Hüpfburg, Tischtennis, Grillhaus im Freien und Spielplatz. Restaurant und Ferienhäuser. Hovej 4 in Ho, Tel. 7527 8788, www.ho-ferie.dk.

■ **Blåvand Badeland,** zum Camping- und Ferienpark Hvidbjerg Strand mit Hütten und Hotelanlage gehörend. Schönes Schwimm- und Badeparadies mit vier Wasserrutschen und einigen Pools. Sehr angenehmer Sauna- und Spa-Bereich mit Meerblick und Dachterrasse. Überraschende Effekte bietet die

Ruṭsche „Das schwarze Loch". Geöffnet Mitte März bis Ende Oktober, in der Hauptsaison 9–20 Uhr, Eintritt frei bzw. ermäßigt für Übernachtungsgäste, ansonsten Erw. 14 €. Hvidbjerg Strandvej 27, Tel. 7527 9040, www.hvidbjergstrand.de.

▲ Der britische Künstler Bill Woodrow schuf diese tierischen Blickfänge am Strand von Blåvand

Praktische Infos

Touristeninformation

■ Infos für Blåvand und Umgebung. Geöffnet April bis Ende Oktober Mo bis Fr und So 10–17 Uhr, das restliche Jahr 10–15 Uhr. **Blåvandvej 25,** Tel. 7527 1800, www.visitdenmark.dk.

Übernachtung

■ **Motel Garni**②, *Bente* und *Hans Jørgen* betreiben diese in einem attraktiven Gebäude untergebrachte Herberge. Im Erdgeschoss befinden sich acht gut ausgestattete Wohnungen (30–35 m²) für 2–4 Pers. Das größte Apartment ist im 1. Stock und verfügt auf 75 m² über Schlafmöglichkeiten für insgesamt 6 Pers. Sehr aufmerksamer Service. Wenige hundert Meter zum Ortszentrum, 700 m bis zum Strand. Fyrvej 22, Tel. 4017 3379, www.garni.dk.

■ **Ho Ferie- og Aktivitetscenter,** Ferienhäuser in mannigfaltiger Auswahl, zwischen 29 und 215 m² groß und mit Platz für bis zu 14 Pers. Freier Eintritt für Übernachtungsgäste ins Aktivitetscenter (s.o.). Restaurant. Hovej 4 in Ho, Tel. 7527 8788, www.ho-ferie.dk.

■ **Hvidbjerg Strand Feriepark,** tolles Angebot an unterschiedlichsten Übernachtungsmöglichkeiten: Camping, Hütten, Wohnungen und herrlich gelegene, bestens ausgestattete Strandvillen (85 m²) mit einem Jacuzzi auf der Terrasse. Zum Areal gehören ein Schwimmbad mit Wellnessbereich und vieles mehr. Hvidbjerg Strandvej 27, Tel. 7527 9040, www.hvidbjergstrand.de.

■ **Blåvand Feriehusudlejning,** Dutzende Ferienhäuser unterschiedlichster Größe und Ausstattung in Blåvand. Tane Hedevej 8, Tel. 7527 5222, www.blaavand-ferienhaus.dk.

■ **Admiral Strand Feriehuse,** Tane Hedevej 6, Tel. 7525 9300, www.admiralstrand.dk.

Essen und Trinken, Einkaufen

(*MEIN TIPP*) **Ho Kro,** 7 km von Blåvand. Ausgezeichnete Küche und familiäre Atmosphäre. Sehr zuvorkommender Service. Eine gute Adresse für einen gelungenen kulinarischen Abend. Beispielswei-se 5-Gänge-Menü inklusive Weinbegleitung für 850 Dkr. April–Oktober Mo/Di geschlossen, Mi–Sa ab 12 Uhr, So 12–17 Uhr, in der Haupt- und Nebensaison teils veränderte Öffnungszeiten. Hovej 34, Ho, Tel. 7527 9044, www.hokro.dk.

■ **Café Pia,** draußen wie drinnen lässt es sich in diesem Lokal an der Hauptstraße in Blåvand ge-mütlich verweilen. Im Sommer befindet man sich mitten im Trubel. Serviert werden neben den übli-chen Getränken auch Sandwiches, Suppen und Sa-late. Blåvandsvej 31, Tel. 7527 9433, www.thoras gaard.dk.

■ **Hr. Skov Bistro-Restaurant und Delikates-senladen,** es lohnt sich, auf die Uhr zu schauen, denn nur von 10 bis 15.30 Uhr wird hier im Bistro gekocht – und das richtig, richtig lecker mit lokalen Zutaten, teilweise aus ökologischer Herstellung. Nur kleine Speisekarte, je nach Gusto des Chefs werden u.a. Muscheln, Pasta mit Fisch oder Steak von den eigenen Rindern serviert. Wer es aus zeitlichen Gründen nicht ins Bistro schafft, findet unzählige Spezialitäten auch im angeschlossenen Geschäft zum Mitnehmen. Blåvandsvej 37, Tel. 7527 8500, www.hrskov.dk.

■ **Pizzeria Acqua Blu,** *Salvatore* und *Rino,* zwei Brüder aus Sizilien, betreiben dieses Restaurant, in dem man typisch italienische und vor allem knus-prige Pizzen (ab 75 Dkr.) bekommt. Pasta, Salate und ein paar Fleischgerichte stehen ebenfalls auf der Speisekarte. Im Sommer sitzt man draußen. Ge-öffnet: tägl. 11.30–21 Uhr. Blåvandsvej 28, Tel. 7527 9898, www.acquablu.dk.

⌄ Der 39 Meter hohe Leuchtturm Blåvandshuk

dnsk-025 ths

Von Blåvandshuk nach Nymindegab

Die 30 km lange Küste zwischen diesen beiden Punkten stellt eine einzige **Kette von Ferienhauskolonien und Campingplätzen** dar. Das Zentrum der Betriebsamkeit befindet sich in Nørre Nebel am Fuße des **Blåbjerg, Dänemarks höchster Düne** mit 64 Metern. Die meiste Badeaktivität entfaltet sich in Henne Strand, einige Kilometer nordseewärts. Westlich von Nørre Nebel liegen die Blåbjerg Klitplantage, die Pugelbjerge und die Nyminde Plantage, alles zusammen ein – für Dänemark – beträchtlich **großes Waldgebiet,** das vor allem den Flugsand dort lassen soll, wo er jetzt ist.

Sehenswertes

Nørre Nebel kann mit einer Kirche aus dem Jahr 1200 aufwarten. Im Inneren sind ein gotisches Flügelaltarbild aus dem Jahr 1625 und Holzschnitzereien von 1576 aus der Hand des Bauernkünstlers *Meckel Tuesen* zu sehen. **Henne Strand** mit nicht viel mehr als einer Menge Sand wurde 2010 als „Dänemarks Nr. 1" unter den Stränden des Landes ausgezeichnet. Für Freunde sakraler Kunst sei noch die **Henne Kirke** (Strandvejen 238) erwähnt, ein wohl auf Geheiß des Bischofs von Ribe, *Elias,* errichtetes Gotteshaus aus dem 12. Jahrhundert. Hübsch anzusehen ist der um 1500 erschaffene spätgotische Hauptaltar, Anfang des 17. Jahrhunderts mit einem viersäuligen Aufbau erweitert.

In **Nymindegab** gibt es ein **Freilandmuseum** mit dem knapp 12 Meter langen Skelett eines 1990 gestrandeten Pottwals zu besichtigen. Auch wird die Entstehung der jütländischen Westküste und des nahen Filsø-Sees erzählt. Kunstliebhabern werden Gemälde aus dem 19. und 20. Jahrhundert von lokalen Malern wie *Laurits Tuxen* oder *Niels Simonsen* präsentiert. Ein anderer Part des Museums kümmert sich um die Geschichte der „Sommergäste". Das interessante Museum ist etwas für die ganze Familie.

🔴 **Freilandmuseum,** Mitte März bis Ende Oktober Di bis So 10–16 Uhr, Juli/August tägl. 10–17 Uhr, Eintritt: Erw. 75 Dkr., unter 18 Jahren frei, Vesterhavsvej 294, Tel. 7525 5544, www.vardemuseum.dk.

Freien Zutritt zum **Vogelschutzgebiet Tipperne,** das schon seit 1898 als solches existiert, hat man vom 1.4. bis 31.8. immer sonntags von 8 bis 10 Uhr, sonst von 10 bis 12 Uhr (1.12. bis 31.01. geschlossen). Das Gelände hat europaweit einen guten Ruf und liegt 9 km nördlich des Ortes Nymindegab.

Ausgesprochene „touristische Attraktionen" sind in der Gegend recht dünn gesät, dafür trifft man auf umso mehr **Strand und Natur.** Entsprechend beliebt ist der Küstenabschnitt, und die Unterkünfte sind immer gut gebucht.

Eine wunderbare sportliche und naturverbundene Möglichkeit, um von Nørre Nebel nach Nymindegab zu gelangen, ist die Fahrt mit dem **Schienenfahrrad,** welches gemietet werden kann. Auf dem Vehikel ist Platz für drei Personen, und man braucht für die 6,5 Kilometer lange Strecke rund 1 Stunde. Bedenken sollte man, dass man die gleiche Strecke auch zurückstrampeln muss.

■ **Schienenfahrrad,** Kosten für max. 5 Std. 140 Dkr., Mietstation: Statoil in Nørre Nebel, Vesterhavsvej 19, Tel. 7528 8166, www.skinnecykler.dk.

Sport und Aktivitäten

■ **Henne Golfklub,** 1991 eröffneter 18-Loch-Platz (Greenfee Erw. ab 200 Dkr.) unweit der Blåbjerg Klitplantage mit attraktiver Aussicht über die Westküste, 4 km von Henne Strand entfernt. Par-3-Kurs. Golfshop. Hennebysvej 30, Tel. 7525 5610, www.hennegolfklub.dk.

Stutteri Vestkysten, Reiterhof mit Islandpferden und Shetlandponys in naturnaher Umgebung im Bereich der Blåbjerg Klitplantage, wenige Kilometer von Henne Strand. Großes Angebot an Ausritten (u.a. am Strand und Blåbjerg Klitplantage, 1 Std./200 Dkr.) für Erwachsene und Kinder, Anfänger und Fortgeschrittene. Hennesbyvej 62, Henneby, Tel. 7525 5853, www.stutterivestkysten.dk.

■ **Henne Strand Badeland,** beim Henne Strand Camping. Auf tropische Temperaturen (32 °C) geheiztes Schwimmbad mit Rutsche, Whirlpool, Kinderbecken und Sauna. Geöffnet vom 14.03. bis 24.10., in der Hauptsaison vom 20.06. bis 26.08. tägl. 10–19 Uhr, sonst So bis Do 10–17 Uhr und Fr/Sa 10–19 Uhr. Erw. 60 Dkr., Kinder unter 12 Jahren 50 Dkr. Für Campinggäste ermäßigter Eintritt. Strandvejen 418, Henne, Tel. 7525 5079, www.hennestrand.de.

■ **Soccer World,** alles rund um den Fußball, herrlich für sportbegeisterte Familien. Großes Areal mit u.a. 18-Loch-Fußballgolfbahn, Rasenfußballplätzen, Tischfußball, Minigolf. Speisen und Getränke können mitgebracht werden. April bis Ende Oktober von 9 Uhr bis Sonnenuntergang. Nymindegabvej, Outrup, Tel. 7676 7181, www.soccerworld.dk.

▷ Museum in Nymindegab

■ **Brittom Bikes,** Fahrradverleih in Nørre Nebel, Mountainbikes, E-Bikes, Kinderfahrräder, Kettcar. Reparaturservice. Im Winter geschlossen. Verleihstationen auch Henne Strand und Henneby Camping. Houstrupvej 30, Tel. 4038 5001, www.brittom.dk.

■ **Nørre Nebel Tennisklub,** Benutzung auch für Nichtmitglieder. Klintingvej 21, Nørre Nebel, Tel. 7528 8731, www.nr-nebeltennis.dk.

Praktische Infos

Touristeninformation

■ Geöffnet April bis Ende Oktober Mo bis Fr und So 10–17 Uhr, das restliche Jahr 10–15 Uhr. Strandvejen 415A, **Henne Strand,** Tel. 7528 8670, www.visitdenmark.de.

Übernachtung

MEIN TIPP: **Henne Kirkeby Kro**④, im renovierten Gasthof von 1790 übernachtet man edel gebettet in einer der zwei Junior-Suiten, beide mit Zugang zum Garten. Im 2013 errichteten Jægerhuset kann man es sich ebenfalls in herrlichem Ambiente gut gehen lassen. Hier sind sechs große, luxuriöse Zimmer und eine Suite untergebracht. Weitere Zimmer findet man im Staldgården (Stallhof), wo auch das Frühstück serviert wird. Das Restaurant des Hauses ist bekannt und empfehlenswert (s.u.). Strandvejen 234, Henne, Tel. 7525 5400, www.hennekirkebykro.dk.

■ **Henne Mølle Å Badehotel**③, in den Dünen in unmittelbarer Strandnähe gelegen. 1936 von dem Architekten *Poul Henningsen* erbaut. Stilvolles modernes Ambiente im Inneren mit vielen dekorativen Details. Restaurant. Frühstück bestens. Hennemølleåvej 6, Henne Strand, Tel. 7652 4000, www.hennemoelleaa.dk.

■ **Henne Strand Feriehotel**③, zu Fuß wenige Minuten vom Strand. Große Ferienanlage mit 70 individuell eingerichteten Apartments (bis 6 Pers.) auf mehreren Etagen. Alle mit Balkon oder Terrasse. Freier Eintritt zum eigenen Hallenbad und zur Sauna. Klitvej 2, Henne Strand, Tel. 7525 5004, www.hotel-hennestrand.dk.

■ **Klitgården**③, 1937 als eines der ersten Badehotels am Strand eröffnet, heute ein Ferienhaus für 30 Pers. In einem neu erbauten Nebengebäude sind fünf charmante Doppelzimmer mit Bad/WC untergebracht, alle mit Terrasse. Kein Frühstück. Porsmosevej 19B, Henne Strand, Tel. 7525 5049, www.klitgaarden-henne.dk.

■ **Lunde Kro**②, kleines Gasthaus mit fünf zweckmäßigen Zimmern. Deftige Küche. Skolegade 8, Lunde, Tel. 75282002, www.lundekro.dk.

■ **Nymindegab Kro**③, gemütliche, modern eingerichtete Zimmer. Sehr gutes Restaurant. Ruhige und attraktive Lage an den Dünen. Vesterhavsvej 327, Nørre Nebel, Tel. 7528 9211, www.nymindegabkro.dk.

■ **Nørre Nebel Overnatning Hostel**②, zweckmäßig eingerichtete Zimmer, Gemeinschaftsbad, auch die Küche wird zusammen genutzt. Frühstück möglich (70 Dkr.). Garten und Sauna. Kostenloser Zugang ins Schwimmbad in der Stadt. Bredgade 95, Tel. 2335 7888, nach Henne Strand 12 km, www.nrnebel.dk.

Ferienhäuser (Vermittlung)

■ **DanCenter,** Strandvejen 444, Henne Strand, Tel. 7525 5500, www.dancenter.de.

■ **Købmand Hansens Ferienhausvermittlung,** Strandvejen 430, Henne Strand, Tel. 7652 4311, www.kobmand-hansen.dk.

■ **Admiral Strand Feriehuse,** Strandvejen 426, Henne Strand, Tel. 7077 0700, www.admiralstrand.dk.

■ **Novasol/Dansommer,** Erhvervsparken 9, Nørre Nebel, Tel. 3914 3031, www.novasol.dk, www.dansommer.dk.

dnsk-026 ths

■ **Schultz-Esmark Feriehuse,** Houstrupvej 24, Nørre Nebel, Tel. 7528 8455, www.schultzferiehuse. dk.

Camping

■ **Henneby Camping,** dicht am Wald, wenige Minuten vom Henne Golfplatz entfernt, 3 km zum Strand. 180 Stellplätze, auch 5 Hütten für je 6 Pers. und 7 Wohnwagen. Minigolf, Spielplatz. Geöffnet von Ostern bis Ende Oktober. Hennebysvej 20, Henne, Tel. 7525 5163, www.hennebycamping.dk.

■ **Henne Strand Camping,** 1 km vom Strand entfernt, ganzjährig geöffnet. Stellplätze für Wohnwagen und Wohnmobile. Standardplatz 100 m². Zeltplatz. Hütten für bis zu 6 Pers., teils mit Dusche/WC. Schöne Natur-Suite für 2 Pers. mit Bad und Terrasse. Kinderspielraum, Spielpatz. Fitnessstudio und „subtropisches Badeland" (große Anlage mit jeder Menge Wasser-Action). Strandvejen 418, Henne, Tel. 7525 5079, www.hennestrandcamping.dk.

■ **Nymindegab Familie Camping,** sehr schön in die Dünenlandschaft integrierter Platz an der Blaabjerg Klitplantage. Zusätzlich auch Hüttenvermietung (2–6 Pers.). Große, moderne Gemeinschaftsküche. Swimmingpool, Minigolf, Sauna, Spielplatz. Geöffnet 01.04 bis 18.10. Lyngtoften 12, Tel. 7528 9183, www.nymindegabcamping.dk.

■ **Tipperne Camping,** kleiner, ruhiger Platz am gleichnamigen Vogelschutzgebiet. Es werden auch Hütten für 2–4 Pers. angeboten. Geöffnet Mitte April bis Anfang Oktober. Vesterlundvej 101, Tel. 7178 8851, www.tippernecamping.dk.

Jugendherberge

■ **Danhostel Henne Strand,** erbaut 1937, heute eine moderne Unterkunft. 42 Betten. Geöffnet 01.06. bis 13.09. Strandvejen 458, Tel. 7525 5075, www.danhostelhennestrand.dk.

■ **Danhostel Nymindegab,** zw. Nørre Nebel und Nymindegab ruhig gelegen. Geöffnet April bis Anfang November. 62 Betten, 23 Zimmer mit Bad. Vesterhavsvej 150, Tel. 4032 5283, www.danhostelnymindegab.dk.

Essen und Trinken

■ **Strandgården Restaurant und Café,** Fisch- und Fleischspezialitäten: Burger, Steaks, Schnitzel, Fischsuppe (198 Dkr.) – sehr gute Küche. Klitvej 3, Henne Strand, Tel. 7525 5026, www.strandgaarden-henne.dk.

■ **Crêperiet,** knapp 30 verschiedene Crêpes können probiert werden, herzhaft oder süß. Außerdem Baguettes und Salate. Täglich 11–18 Uhr. Strandvejen 448, Henne Strand, Tel. 7525 6084, www.creperiet-hennestrand.dk.

MEIN TIPP: **Henne Kirkeby Kro,** außergewöhnliche Gourmet-Küche, 2017 mit zwei Michelin-Sternen belohnt. Viele der qualitativ hochwertigen Zutaten für die von Starkoch *Paul Cunningham* kreierten köstlichen Gerichte stammen aus dem 4000 m² großen Küchengarten. Eine kulinarische Begegnung, die man kaum ein zweites Mal an der dänischen Nordsee erleben kann. Mi bzw. Do bis Sa 18–21.30 Uhr, mittags Do bis Sa 12–15 Uhr. Man kann hier auch in feinen Zimmern die Nacht verbringen (s.o.). Strandvejen 234, Henne, Tel. 7525 5400, www.hennekirkebykro.dk.

MEIN TIPP: **Farm Café,** äußerst „hyggeliges", individuelles Café, wunderschön in einem alten Bauernhaus untergebracht. Die Betreiber *Britta* und *Peter Thomas* umsorgen ihre Gäste sehr herzlich. Hausgemachte Kuchen und Waffeln. Bei Sonnenschein sitzt man gemütlich im Garten. Tägl. 14–18 Uhr. Houstrupvej 66, Nørre Nebel, Tel. 7528 7560, www.farm-cafe.de.

■ **Nymindegab Kro,** sehr empfehlenswertes Restaurant mit diversen Fischspezialitäten. Frische Speisen, die mit Liebe arrangiert werden. Reizvolle Lage an den Dünen. Beeindruckende Weinkarte mit über 400 Weinen. Abwechslungsreiches Cocktail-Angebot an der Bar, zwischen 17 und 18 Uhr *(Cosy hour)* ausgewählte Drinks für 50 Dkr. Kaffee und Kuchen werden täglich von 14 bis 16 Uhr gereicht, Abendessen täglich ab 17.30 Uhr, Juli/August bis 21 Uhr, September bis Juni bis 20 Uhr. Vesterhavsvej 327, Nørre Nebel, Tel. 7528 9211, www.nymindegabkro.dk.

Auf dem Holmsland Klit bis Hvide Sande

Fast 40 km zieht sich der **schmale Sanddamm des Holmsland Klit** von einem Ende zum anderen. Links, zur Nordsee hin, donnert die Brandung auf den Strand, in der Mitte liegen Dünen, teils beachtlich hoch, zur Rechten, Richtung Ringkøbing Fjord, dehnt sich wind- und seegeschützt die touristische Infrastruktur aus. Dort führt auch die Straße in Richtung Norden entlang. Bis Hvide Sande, fast genau in der Mitte gelegen, berührt die Straße die Gemeinden Bjer-

regård, Skodbjerge, Havrvig und Årgab, die alle davon zehren, dass man von diesen kleinen Vorposten der Zivilisation nur über die Dünenkette steigen muss, um sich in der Strandwildnis der Nordsee zu befinden.

Hvide Sande („Weiße Sände") hat 3000 Einwohner und ist nicht der allerschönste Ort. Er ist dennoch ein passabler Flecken mit einigen netten Restaurants und Shops rund um den Hafen. Gegen einen Stopp ist also nichts einzuwenden. Außerdem ist der Ort ein ideal gelegener Stützpunkt, um von hier aus das Holmsland zu erkunden, denn nach beiden Seiten lassen sich prächtige Tagesausflüge von 10 bis 20 km unterneh-

Von Skallingen bis Ringkøbing

☑ Der endlos lange Strand bei Hvide Sande

dnsk-027 ths

Ringkøbing Fjord

Man darf sich unter einem dänischen „Fjord" nicht das Gleiche wie unter einem norwegischen vorstellen, also einen langen, schmalen und tiefen Einschnitt in einer hohen Küste. Es handelt sich eher um eine Bucht, eine *Förde* im Norddeutschen, und jene von Ringkøbing ist wohl am besten als **Haffsee** oder Lagune zu beschreiben. Gut 25 Kilometer dehnt sich dieses Binnengewässer, Dänemarks größtes, von einem Ende zum anderen, etwa 10 Kilometer ist es breit und maximal 3 Meter tief. Über lange Zeiten hinweg existierte eine Öffnung zur See hin, das Nymindegab, durch das sich ein lebhafter Verkehr mit Ringkøbing entwickelte. Dieses Loch in der Nehrung von Holmsland Klit verlagerte sich von etwa **1650** an jedoch ständig, und der Sandwall nahm stets neue Gestalt an. Die schwere Sturmflut vom Februar **1825** schlug gleich mehrere große Breschen in ihn, spülte sie aber auch schnell wieder zu. Zuletzt wanderte die Öffnung immer mehr nach Süden, und gegen **Ende des 19. Jahrhunderts** machte die See die Pforte ganz dicht. Der Fjord war jetzt ein Binnenmeer, und in der einst so geschäftigen Hafenstadt Ringkøbing, urplötzlich auf dem Trockenen, gingen die Lichter aus.

Schon kurz darauf grub man bei Hvide Sande einen Kanal durch die Dünen, der sich jedoch rasch zu einem Riesenloch ausweitete, das sich jeglicher Kontrolle entzog und deshalb wieder zugeschüttet werden musste. **1931** wurde ein neuer Anlauf gestartet, und diesmal gelang das Unternehmen. Seither ist der Fjord über ein Wehr und eine **Schleuse** mit der Nordsee verbunden, und sowohl Jachten als auch Fischkutter und Frachtschiffe ganz respektabler Größe können wieder bis Ringkøbing fahren.

Durch die kleine Öffnung gelangt wenig Meerwasser in den Fjord; er ist mithin **fast ein reiner Süßwassersee**. Ständig füllen mehrere Flüsse das flache Becken neu auf, vornehmlich die enorm wasserreiche Skjern Å, die an ihrem Ausfluss ein ansehnliches Delta bildet. Entsprechend sehen die Ufer auch überall sonst aus. Vielfach sind sie schilfbestanden; stellenweise wird das Röhricht geschnitten und als Dachabdeckung verwendet. Im Süden formen Marschen und Sumpfmoore das **Naturschutzgebiet Tipperne** mit einer faszinierenden Vogelwelt.

Unmittelbar daneben dehnen sich **Strände:** Bork, Falen, Hemmet und Skaven, gleichermaßen beliebt als Familienbäder (flaches Wasser) und Basen für Windsurfer (viel Wind, wenig See). An die 1400 Ferienhäuschen stehen allein in dieser Ecke des Ringkøbing Fjordes.

dnak-133_vhs

men. Sowohl die Beschaulichkeit der Strände als auch ein durch die Dünen führender Naturpfad (s.u.) von Nymindegab bis Søndervig bieten sich für schöne **Wanderungen** an. Der nahe **Ringkøbing Fjord** gilt als einer der besten Surfplätze Nordeuropas, Wind- und Kitesurfer finden hier beste Voraussetzungen vor.

Sehenswertes/Event

Hvide Sande bedeutet Fisch und nochmals Fisch. Über 200 Kutter drängen sich im **Hafen,** Dänemarks drittgrößtem nach Esbjerg und Hanstholm. In der engen Einfahrt ist ein ständiges Kommen und Gehen. Die Fänge werden morgens in der **Auktionshalle** am Südhafen versteigert, stets eine lebendige Angelegenheit. Im Sommer dürfen auch Touristen mitbieten. Teils geht der Fisch auf weite Europareise, teils wandert er gleich in Hvide Sandes Geschäfte, wo er kommentarlos das Etikett „fangfrisch" verdient.

Fiskeriets Hus

🎣 Nach Fisch riecht's auch im **Fischereimuseum,** zu finden in dem Mehrzweckgebäude, das auch die Touristeninformation beherbergt. Alles über die edle Fischwaid ist hier zu erfahren, und im Aquarienbereich gibt's sogar ein „Streichelbecken", wo Kinder den einen oder anderen Meeresbewohner berühren dürfen.

🔴 **Info:** ganzjährig geöffnet tägl. 10–16 Uhr, Eintritt: Erw. 95 Dkr., Kinder 4–12 Jahre 30 Dkr. Nørregade 2B, Tel. 9731 2610, www.fiskerietshus.dk.

Mylius-Erichsen Brauhaus

Die Brauerei (2016 eröffnet) bietet Besuchern eine **Führung** an (mittwochs um 17 Uhr in deutscher Sprache, 125 Dkr.), die so die Produktionsstätte kennenlernen können; auch einige der hier gebrauten Biersorten werden dabei verkostet.

🔴 **Info:** Auktionsgade 9, Tel. 2990 9800, www.hvidesandebryghus.dk/.

Heringsfestival

Am letzten Wochenende im **April** findet alljährlich Dänemarks größtes Wettangeln auf Hering statt. Die Preissumme beträgt 30.000 Dkr. Ein **kurzweiliges Rahmenprogramm** mit Fischspezialitäten und dem Heringsrezept des Jahres sorgt für Freude bei Jung und Alt.

North Sea Beach Marathon

Jedes Jahr im **Juni** starten sportbegeisterte Menschen in Hvide Sande zu einem Laufwettbewerb **entlang des Strandes** der Nordseeküste bis Vejers Strand. Man kann sich für verschiedene Distanzen entscheiden. Im Angebot: 5 km, 10 km, 21,1 km oder die klassische Marathonstrecke von 42,195 km. Weitere Infos unter www.beachmarathon.com.

Sport und Aktivitäten

🔴 **Aqua Sports Zone KABELPARK,** kabelgetriebene Wakeboard- und Wasserskianlage am Ringkøbing Fjord. 1½ Std. inkl. kompletter Anfängerausrüstung 325 Dkr. Gytjevej 15B, 6960 Hvide Sande, Tel. 2872 8000, www.kabelpark.dk.

■ **Ridecenter Vinterlejegård,** der Reiterhof, nur 200 m vom Meer entfernt, liegt rund 8 km südlich von Hvide Sande. Ausritte am Strand (230 Dkr.) für Anfänger und Fortgeschrittene. Ponyführen für kleine Kinder. Streichelzoo. Café. Vesterledvej 9 (Havrvig), Tel. 9731 5163, www.vinterleje gaard.dk.

■ **Hvide Sande Svømmehal,** modernes Hallenbad mit 35 m langer Wasserrutsche. Sauna. Ganzjährig geöffnet, von Ende Juni bis Mitte August tägl. 14–17/18 Uhr, sonst verkürzte Öffnungszeiten. Eintritt: Erw. 50 Dkr., Kinder 35 Dkr. Parallelvej 2, Tel. 9731 1505, www.hvidesandehallen.dk.

■ **Nordsø Camping Badeland,** große Badeanlage am Dancamps Nordsø Camping, Tingodden 3 (Årgab), Tel. 7552 1482, www.dancamps.de.

Angeln

■ Die **Hafenmolen von Hvide Sande** (innen und außen) sind erstklassige – und zugelassene – Angelreviere. Häufig gefangen werden Plattfische, Aale und Kabeljau und auch Heringe. Vorsicht, wenn das Peilboot im Molenbereich Vermessungen tätigt, was wegen ständiger Zusandung häufig der Fall ist – die Angel gerät dann häufig ins Schlepptau! Köder und Ausrüstung im **Angelladen Kott Fritid,** Nørregade 2A, Tel. 9731 2341, www.kottfri tid.dk.

■ **Angeltouren, Hafenrundfahrt und Nordseetouren:** Auf der „M/S Solea" geht es hinaus aufs Meer oder durch den Hafen. Eine dreistündige Küstentour kostet 300 Dkr. Längere Touren sind ebenfalls möglich. Angelzeug kann an Bord ausgeliehen werden. Hafenrundfahrt 75 Dkr. Infos bei Kott Fritid (s.o.).

Wind- und Kitesurfen

■ **WestWind Nord,** Windsurf- und Kitesurfkurse für Anfänger und Könner. Materialverleih, auch Stand Up Paddling. Gytjevej 15, 6960 Hvide Sande, Tel. 9731 2599, http://nord.de.westwind.dk.

Segeln

■ Bei hartem auflandigem Wind ist die **Ansteuerung von Hvide Sande** kein Zuckerschlecken, sagen Ortskenner. Dafür kann man dann gleich hinter der Einfahrt im geräumigen Nordhafen Platz nehmen. Wer in den Ringkøbing Fjord hinein will, muss durch die **Schleuse.** Sie wird ca. alle 2 Stunden (oder auf Verlangen) geöffnet; die Benutzung ist kostenlos. Der Fjordhafen dahinter hat allerdings nur Tiefen von 1 bis 2 m. Normalerweise wird man deshalb nach Ringkøbing durchfahren, wo mehr Wasser zu erwarten und überhaupt mehr zu sehen ist.

■ **Segeltouren** (ab 179 Dkr. zahlen Erwachsene für 2 Stunden, Kinder ab 139 Dkr.) mit dem Schoner „Maja" (Oldtimer aus dem Jahr 1919) in der Hauptsaison. Infos unter Tel. 5051 9242 oder www.bram sejlskonnert.dk.

Wandern

Der **Naturpfad** auf dem Holmsland Klit folgt den Windungen der urwüchsigen Landschaft und macht sich zum Teil die befestigten Wege in den Ferienkolonien zunutze. Man sieht auf diesem Weg zahlreiche große Höfe aus alten Zeiten, Domizile der damaligen Strandvögte. Eigentümlich geformte Baken sind sogenannte „Baunen", die Schiffen früher die Navigation an der merkmalslosen Küste erleichtern sollten. Die Dünen von Holmsland Klit sind besonders empfindlich, daher wird um schonende Behandlung seitens der Gemeinde ersucht.

Praktische Tipps

Touristeninformation

■ Mo bis Fr 8.30–16 Uhr. Nørregade 2b, **Hvide Sande,** Tel. 7022 7001, www.hvidesande.dk.

Verkehr und Transport

■ **Busse** fahren von Hvide Sande in beide Richtungen, also nach Ringkøbing bzw. Nymindegab.

Von Skallingen bis Ringkøbing

Übernachtung

■ **Hotel Hvide Sande**③, im Zentrum gelegenes Hotel mit Selbstbedienung: Check-In und Check-Out direkt am Terminal im Gebäude. Helle, zweckmäßig und modern eingerichtete Zimmer, alle mit Bad. Kein Frühstück. Bredgade 5, Tel. 9731 1033, www.hssh.dk.

■ **Bed & Breakfast Hvide Sande**②, zwei hübsche Zimmer mit familiärem Anschluss bieten *Birthe* und *Jørn Froberg*. Zentrale Lage. Fyrvej 4, Tel. 9731 5065, www.hvidesandeweb.dk.

Ferienhäuser (Vermittlung)

■ **Feriepartner Hvide Sande,** Nørregade 2b, Tel. 9659 3593, www.feriepartner.dk/hvide-sande.

■ **Ferienhäuser direkt an der Nordsee,** kleine Vermittlung südlich von Hvide Sande. Sønder Klitvej 250A, Tel. 9659 4011 und 2147 3303, www.direkt-am-meer.de.

■ **Bilbergs Feriehusudlejning,** südlich von Hvide Sande. Bilbergsvej 2, Tel. 9731 5027, www.bilbergs-feriehuse.dk.

■ **DanWest Ferienhausvermietung,** Sønder Klitvej 20, 6960 Hvide Sande, Tel. 9732 4695, www.danwest.dk.

Jugendherberge

■ **Danhostel Hvide Sande,** im Zentrum, ganzjährig geöffnet, 88 Betten, 12 Zimmer mit Bad/WC. Numitvej 5, Tel. 9731 2105, www.danhostel.dk.

Camping

■ **Hvide Sande Camping,** Stellplätze und 19 Hütten für 2–6 Pers. 200 m zum Strand, 1 km nach Hvide Sande. Gemeinschaftsküche. Spielplätze, Einkaufsladen, Fahrradverleih. Geöffnet Anfang April bis Ende Oktober. Karen Brandts Vej 70 (Årgab), Tel. 9731 1218, www.hvidesandecamping.dk.

■ **Bjerregaard Camping,** rund 200 Stellplätze, Hütten mit und ohne Bad/WC, Mobil Home für 6 Pers. mit Bad/WC. Minimarket. Pferde und Boote können ausgeliehen werden. Am Fjord gelegen, zur Nordsee sind es 10 Min. zu Fuß. Geöffnet Anfang

April bis Ende Sept. Sdr. Klitvej 185 (Bjerregård), Tel. 9731 5044, www.bjerregaardcamping.dk.

■ **Dancamps Nordsø Camping und Badeland,** alle Stellplätze für Wohnwagen und Camper sind ca. 100 m² groß, extra Zeltplätze, Hütten, Mobil Homes und Komfortzelte. Zwischen Landstraße und Nordsee gelegen. Große Badeanlage auch für Nichtgäste, Beach-Volleyball. Supermarkt. Tingodden 3 (Årgab), Tel. 7552 1482, www.dancamps.de.

Essen und Trinken, Einkaufen in Hvide Sande

(MEIN TIPP:) **Restaurant Under Broen,** stilvoll eingerichtetes, beliebtes Fischrestaurant, Terrasse mit Blick auf den Hafen. Ganze Scholle, Muscheln und natürlich frischer Fisch der Saison. Fleisch kommt ebenfalls auf den Teller. Küche Di bis Sa 11.30–20 Uhr, So 11.30–15 Uhr. Toldbodgade 20, Tel. 9731 3040, www.underbroen.dk.

■ **Kommandobroen by Grantland,** schmackhafte und kreativ angerichtete Speisen. Es wird auf Qualität und Frische geachtet. Gute Tapas-Auswahl. Freundlicher Service und reizvoller Blick auf den Hafen. Geöffnet Mi 17–20 Uhr, Do/Fr 17–21 Uhr, Sa 12–21 Uhr. Toldbodgade 8, Tel. 2070 9344, www.kommandobroenbygrantland.dk.

■ **Restaurant Spisestedet und Hvide Sande Røgeri,** So bis Do 12–16 Uhr und Fr/Sa 12–21 Uhr großes Fischbüfett. Täglich frischer Fisch von der Fischauktion in Hvide Sande, geräucherter Fisch im Geschäft mit Delikatessenabteilung. Geöffnet So Do 11.30–17 und Fr/Sa 11.30–21 Uhr. Troldebjergvej 4, Tel. 9731 1899, www.hvidesanderogeri.dk.

■ **Café Marina,** im Hafen in rustikal-hyggeliger Umgebung isst man lecker zubereitetes und appetitlich angerichtetes dänisches *Smørrebrød* wie die hausgemachten Fischfrikadellen mit Schwarzbrot. Auch die Burger schmecken. Geöffnet 11–20 Uhr. Toldbodgade 20, Tel. 9731 1006.

2

Von Hvide Sande bis Søndervig

Weiter die Küste hinauf passiert man den **Leuchtturm von Nørre Lyngvig,** erbaut 1906 und stattliche 38 Meter hoch. Man kann ihn über rund 230 Stufen besteigen. Von oben hat man einen prachtvollen Rundblick, aber auch aus der Froschperspektive gibt es etwas zu sehen: Am Fuß des Turms informiert ein **Museum** mit interessanten Schaubildern über die dramatischen Veränderungen des Küstenverlaufs über die Jahrhunderte hinweg und über Flora und Fauna rund um den Leuchtturm. Mit Spielplatz und Café.

■ **Info:** geöffnet Juli/August tägl. 10–19, Mi bis 22 Uhr, sonst 11–16/17 Uhr, Eintritt für Museum und Leuchtturm 50 Dkr., unter 18 Jahren frei. Holmsland Klitvej 10, www.levendehistorie.dk.

Søndervig

Von Ringkøbing kann man das **Fjordufer entlangwandern;** 9 Kilometer sind es, eine hübsche Tour, oft ist man mutterseelenallein unterwegs. Das einzige Zeichen von Besiedlung sind Kornfelder und der Turm der Kirche von Gammel Sogn („Alte Gemeinde") aus dem 11. Jahrhundert. Dafür ist auf der Landstraße umso mehr los.

Søndervig ist sozusagen Ringkøbings Strandbad und wurde schon vor 150 Jahren bei der Erschließung Westjütlands durch die Eisenbahn als **Badeort** bekannt. Nennenswerte Bebauung entstand dabei nicht bzw. wurde zwischenzeitlich abgerissen. Der ganze heutige Ort ist **bunt hingewürfelt** und fasert an seinen Rändern in Ferienhauskolonien aus. Die meisten Kneipen und Restaurants versammeln sich auf der Lodbergsvej. Eines Tages – die Voraussetzungen dafür sind in Gestalt überall knirschenden Sandes vorhanden – wird der Ort wahrscheinlich mal unter Wanderdünen verschwinden. Bis dahin bleibt er wohl einer der beliebtesten Ferienorte an der Küste von Westjütland.

Sport und Aktivitäten

■ **Angelsee Søndervig Put & Take,** direkt am Ringkøbing Fjord, Fläche ca. 7000 m², Hauptbestand sind Regenbogen- und Bachforellen. Holmsland Klitvej 126, Tel. 9733 7282.

■ **Golfplatz Holmsland Klit,** in Orts- und Meernähe, 18-Loch-Platz, 3-Par-Parcour. Mit Restaurant, nicht nur für Golfspieler. Klevevej 19, Tel. 9733 8800, www.holmslandklitgolf.dk.

■ **Schwimmbad im Danland Ferienpark,** 50-Meter-Rutsche, Sauna, Dampfbad. Geöffnet 10–17 Uhr, in der Hauptsaison bis 19 Uhr. Lodbergsvej 245, Tel. 9733 9200, www.danland.de/ferienparks/sondervig.

■ **Søndervig Cykeludlejning,** Fahrradverleih ab 90 Dkr. Mountainbikes, 7-Gang, Tandem, Kinderfahrräder. Lodbergsvej 26A, Tel. 2023 2631.

■ **Bowling Beach Bowl,** moderne Anlage mit 12 Bahnen. Tägl. ab 10 Uhr, von 10–17 Uhr 1 Std./Bahn 120 Dkr., nach 17 Uhr 150 Dkr. Lodbergsvej 36, Tel. 9733 8900, www.beachbowl.dk.

■ **Segway,** Touren am Strand, für Anfänger gut geeignet und einfach zu erlernen. Geführte Touren: 30 Min. 150 Dkr., 60 Min. 250 Dkr. Lodbergsvej 36, Tel. 9733 8900, www.beachbowl.dk.

Event

Sandskulpturen-Festival

🕴 Das jährlich stattfindende Spektakel gab es 2019 zum 17. Mal. Spektakuläre Kunstwerke aus Sand sind zu bestaunen. Jedes Jahr steht die Veranstaltung unter einem anderen Motto: 2021 lautet es „Das Mittelalter", 2019 war es das Thema „Roboter" (2020 fiel das Festival wegen Corona aus).

🔴 **Info:** Anfang Mai bis Ende Oktober tägl. 10–19 Uhr, ab September nur bis 17 Uhr. Erw. 60 Dkr., Kinder bis 11 Jahre 30 Dkr., www.sandskulptur.dk.

☑ Fast wie in Bayern

Praktische Infos

Touristeninformation
🔴 **Interaktives Büro** mit Bildschirmen und Prospekten. Badevej 17, www.hvidesande.dk.

Verkehr und Transport
🔴 **Busse** fahren nach Hvide Sande und (häufiger) nach Ringkøbing.

Übernachtung
🔴 **Hotel Strandkroen**②-③, fünf gemütliche und komfortable Zimmer im Zentrum. Restaurant mit dänischer und französischer Küche. Nordsøvej 2, Tel. 9733 9002, www.hotel-strandkroen.dk.
🔴 **Danland Ferienpark Søndervig,** auf einem riesigen Areal befinden sich in zweistöckigen Gebäuden Dutzende Apartments, alle mit Balkon oder Terrasse. Unweit des Strandes. Mit Badeland und 50-Meter-Rutsche, Sauna, Dampfbad. Kostenloser Eintritt für Gäste. Lodbergsvej 245, Tel. 9733 9200, www.danland.de/ferienparks/sondervig.

dnsk-029 ths

Ferienhäuser (Vermittlung)

■ **Sol og Strand Feriehusudlejning,** Lodbergsvej 2, Tel. 9733 8233, www.sonneundstrand.de.

■ **Esmark Søndervig,** Lodbergsvej 18, Tel. 9731 5540, www.esmark.de/soendervig.

■ **Novasol/Dansommer,** Badevej 6, Tel. 3914 3029, www.novasol.dk und www.dansommer.de.

Camping

■ **Nørre Lyngvig Camping,** weitläufiger, großer Platz im Dünengebiet mit direktem Strandzugang. In der Nähe des Leuchtturms Lyngvig. Schwimmhalle und Spielplätze. Gemeinschaftsküchen. 23 Hütten. Ganzjährig geöffnet. Holmsland Klitvej 81, Tel. 9731 1231, www.lyngvigcamping.dk.

■ **Søndervig Camping,** 600 m zum Strand und nach Søndervig. Neben den üblichen Stellplätzen sind Hütten (25 m²) mit Küche und Bad/WC vorhanden. Geöffnet Anfang April bis Anfang Oktober. Solvej 2, Tel. 9733 9034, www.soendervigcamping.dk.

Essen und Trinken

(**MEIN TIPP:**) **Restaurant Sandgaarden,** empfehlenswertes, einladendes Lokal mit gehobener Küche und exzellenten Weinen. Unter anderem Fang des Tages. Dänisches Kalbsfilet. Mittags ab 12 Uhr, Abendkarte ab 17.30 Uhr. Badevej 12, Tel. 9733 8399, www.sandgaarden.dk.

■ **Pizzeria Valentino,** Steinofenpizza- und Pastabüfett (mittags). Auch à la carte. Geöffnet 16–20 Uhr, Mo Ruhetag, Lodbergsvej 14, Tel. 9733 8502, www.sondervig.dk/spisesteder/pizzaria-valentino/.

■ **Søndervig Biergarten,** im bayerischen Stil angelegtes Restaurant mit Außenbereich und

☑ Museumsdorf Bork Vikingehavn – Wikinger-Leben wie einst

dnsk-031 ths

Schlagermusik. Jäger-Schnitzel, Currywurst mit Pommes. Weißbier vom Fass. Lodbergsvej 73–77, Tel. 9733 9383.

■ **Beach Bowl mit Steakrestaurant,** auch Nordseefisch, Tapas, Spare Ribs, Kindergerichte, Salatbar, Pizzen. Tägl. ab 12 Uhr. Lodbergsvej 36, Tel. 9733 8900, www.beachbowl.dk.

Tarm und Bork Havn

Das **Städtchen Tarm,** im Süden des Fjords etwas landeinwärts gelegen, ist ein gemütlicher Ort. Im ältesten Haus, dem **Hattemagerhuset,** ist ein nettes **Museum** untergebracht, das zu den rund ein Dutzend bestehenden Museen in der Region Ringøbing-Skjern gehört, die unter dem Thema „Lebendige Geschichte" (www.levendehistorie.dk) firmieren. Übrigens geht die Bezeichnung des Gebäudes auf eine dort in den Jahren 1840 bis 1870 arbeitende Hutmacherin zurück.

■ **Museum:** Vorübergehend wegen Restaurierungsarbeiten geschlossen. Ansonsten normalerweise nur Juli/August geöffnet, Di bis Do 11–14 Uhr. Foersumvej 1, Tel. 9736 2343.

Ein über die Grenze Tarms hinweg geschätztes sommerliches Event findet jeden Mittwoch von Ende Juni bis Ende August statt (9–14 Uhr). Beim **größten Markt Westjütlands** offerieren rund 100 Händler ihre Waren – ein quirliges, buntes Treiben, wie man es nicht allzu oft in der Region erleben kann.

Die Umgebung in der Nachbarschaft weist viel schöne Natur auf. Sehens- und besuchenswert ist das **Landschaftsschutzgebiet Lønborg Hede** 7 Kilometer südwestlich der Stadt. Vom Parkplatz am Ende der Fjerbækvej kann man loslaufen und die abwechslungsreiche Heidelandschaft auf sich wirken lassen. Kulturliebhaber schauen sich bei der Gelegenheit noch die **Lønborg Kirke** (Bakkevej 5A in Lønborg) aus dem 12. Jahrhundert an, die wahrscheinlich zu dem einst westlich der Kirche gelegenen königlichen Gut Lønborg gehörte. Innen beeindrucken Fresken aus dem Spätmittelalter und der Renaissance.

Die meisten Besucher wird es jedoch an die **Strände** ziehen, an denen bereits die Wikinger einen Stützpunkt besaßen. Wikinger-Freunde und solche, die es werden wollen, müssen unbedingt in **Bork Havn** rund 20 Kilometer südwestlich von Tarm einen Stopp einlegen.
⚲ Hier befindet sich **Bork Vikingehavn,** ein **Museumsdorf,** in dem die Besucher in die Welt der Wikinger vor rund 1000 Jahren eintauchen können. Man kann das Areal und die Gebäude auf eigene Faust erkunden oder an einer wirklich lohnenswerten **Führung** (tägl. 11.30 Uhr) teilnehmen. Dabei trifft man beispielsweise auf eine Schmiede, einen Opferplatz mit zahlreichen Gottheiten (*Freyja, Odin, Thor*) oder auch das Wohnhaus des Häuptlings und seiner Familie. Da es sich um einen Ort samt Wikingerhafen handelt, darf die **Nachbildung eines Wikingerschiffes** natürlich nicht fehlen; das Original wurde in Gokstad in Norwegen entdeckt. Im Juli/August werden **viele Aktivitäten** für die ganze Familie geboten: Bogenschießen, Zinngießen und eine Kriegerschule

für die 5- bis 8-Jährigen. Das Café öffnet nur im Juli/August. Essen darf auch mitgebracht werden. Ein Museumsshop ist vorhanden.

■ **Museumsdorf:** geöffnet April–Juni und September–Oktober täglich 11–16 Uhr, Juli/August tägl. 10.30–17 Uhr. Eintritt: Erw. 75 Dkr., Juli/August 125 Dkr., unter 18 Jahren frei. Vikingevej 7, Tel. 7528 0597, www.levendehistorie.dk.

Geht man ein paar Dutzend Meter weiter, stößt man auf das **Museum Fahl Kro.** Die hellen und medial gut gestalteten Räumlichkeiten widmen sich den „Wikingern" und sind thematisch unterteilt, z.B. in „Die Schafe", „Webgeräte" und „Wandteppich". Probieren Sie doch mal die Kopfbekleidung der Wikingerzeit an, und sehen Sie selbst, wie Ihnen eine „Birkahue" oder eine „York Kyse" steht. Oder machen Sie eine „Reise" nach Valhall und legen sich in ein mit Fell ausgekleidetes Wikingergrab. In der angrenzenden behaglichen Stube des Gasthauses (Kro) serviert man selbst gemachten Kuchen, Frikadellen mit Kartoffelsalat und Kaffee, Kakao und Tee.

■ **Museum:** geöffnet Juli/August, tägl. 11–17 Uhr. Freier Eintritt für Gäste des Bork Vikinghavn, sonst Erw. 50 Dkr., unter 18 Jahren frei. Oblingvej 34, Tel. 7528 0143, www.levendehistorie.dk.

Sport und Aktivitäten

■ **Angeln:** Im Bereich Tarm gibt es einige Put & Take-Teiche, Info im Fremdenverkehrsamt.
■ **Sportzentrum (Idrætscentret),** in Tarm. Große Anlage mit Schwimmbad, Fitnesscenter und Café. Tennis, Bowling, Badminton. Skovvej 25, Tel. 9737 1501, www.icit.dk.

■ **WestWind,** Surfschule in Bork Havn. Wind- und Kitesurf-Kurse, außerdem Stand Up Paddling-, Wellenreiten- und Kajak-Unterricht. Preisbeispiel: Windsurf-Schnupperkurs (3 Std.) 400 Dkr. Bryggen 10–12, Tel. 7528 0180, http://bork.westwind.dk.

Praktische Infos

Touristeninformation
■ In **Tarm** interaktives Büro mit Bildschirmen und Prospekten. Idrætscentret, Skovvej 25.
■ In **Bork Havn** Turistinfo. Bryggen 9, www.hvidesande.dk.

Verkehr und Transport
■ Tarm liegt an der **Bahnlinie** Esbjerg – Varde – Skjern – Ringkøbing. Es verkehren auch **Busse.** Autofahrer können die A 11 benutzen.

Übernachtung
■ **Hotel Bechs**③, im Zentrum von Tarm, 40 Zimmer, alle mit Bad/WC. Restaurant im Haus (s.u.). Storegade 4, Tel. 9737 2922, www.bechshotel.dk.
■ **Danland Bork Havn**③, 45 m² große Ferienwohnungen für max. 6 Pers., alle im Erdgeschoss und mit Terrasse. Freier Zugang zum Schwimmbad mit Sauna und Spa. Spielplatz, Tennis und einiges mehr für die ganze Familie. Strandnah. Kirkehøjvej 34, Tel. 7528 0444, www.danland.de/ferienparks/bork-havn.

▷ Beschaulich geht es in Bork Havn zu

2

■ **Bork Kro**②, in Sønder Bork rund 5 km von Bork Havn. Gasthof mit elf einfachen, eher rustikal-klassisch eingerichteten Zimmern, die meisten davon mit eigenem Bad/WC. Im Erdgeschoss speist man deftig (s.u.). Nørre Lydumvej 2, Tel. 7528 0009, www.borkkro.dk.

Ferienhäuser (Vermittlung)

■ **Feriepartner Bork Havn,** Kirkehøjvej 11A, Tel. 7528 0344, www.feriepartner.dk/bork-havn.

Camping

■ **Bork Havn Camping,** mitten in Bork Havn errichteter Platz: Zeltplatz, Stellplätze und Hütten für 2–5 Pers. Sauna, Grillplatz, Supermarkt. Geöffnet Anfang April bis Ende Oktober. Kirkehøjvej 9A, Tel. 7528 0037, www.borkhavncamping.dk.

■ **Tarm Camping,** zu Fuß ist die Innenstadt von Tarm in wenigen Minuten erreicht. Campingplatz mit Hütten für 2–6 Pers. Pool mit Kinderbecken, Spielplatz mit Hüpfkissen. Vardevej 79, Tel. 3012 6635, www.tarm-camping.dk.

■ **Skaven Strand Camping,** zwischen Tarm und Bork Havn am Ringkøbing Fjord. Strandnah. Stellplätze und Hütten für 2–6 Pers. Pool, Spielplatz,

Grillplatz, Beach-Volleyball-Platz, Fahrradverleih. Skavenvej 32, Tel. 9737 4069, www.skaven.dk.

Essen und Trinken

■ **Bork Kro,** Gasthof mit deftiger Küche: Pfeffersteak, Schnitzel, Scholle oder auch Kohlroulade gefüllt mit Spinat und Emmentaler. Geöffnet: Di–Do 11.30–20 Uhr, Fr/Sa 11.30–20.30, So 11.30–20 Uhr. Nørre Lydumvej 2, Tel. 7528 0009, www.borkkro.dk.

■ **Restaurant Panorama,** in Bork Havn mit schönem Blick über den Hafen. Umfangreiche Speisekarte mit Steaks, Fischgerichten, Pizza und Pasta. Geöffnet Mo-Fr 17-22 Uhr, Sa/So 12-22 Uhr. Bryggen 1, Tel. 4046 3633.

■ **Restaurant Skavenhus,** in Skaven direkt am Ringkøbing Fjord zwischen Tarm und Bork Havn gelegen. In diesem charmanten Gebäude wurde schon 1936 gespeist. Es gibt unter anderem einige Fischgerichte (saisonal), außerdem Wiener Schnitzel oder Omelett. Im Haus werden auch Apartments vermietet. Skavenvej 34, Tel. 9737 4024, www.skaven hus.dk.

■ **Restaurant im Hotel Bechs** (s.o.), in Tarm. Fischspezialitäten von 12 bis 21 Uhr.

dnsk-030 ths

Skjern

Jahrhundertelang war in dieser Ecke Jütlands sozusagen der Hund begraben. Dunkle Moore und Heiden dehnten sich hier aus, und der **Fluss Skjern** führte stets derart viel Wasser, dass Reisende mitunter tagelang an seinen Ufern aufs Übersetzen warten mussten. Erst 1968 war der wilde Fluss vollends reguliert, wurde jedoch von 1987 bis 2003 wieder in seinen Naturzustand zurückversetzt. Deshalb strömen bis zu 50.000 Kubikmeter in der Minute zu Tal, was vielen Fischarten offenbar behagt. Der Skjern mit seinen zahlreichen Auen gilt heute als eines der besten Fischgewässer Europas. Die Stadt Skjern und ihr ganzes Umfeld sind auf **Angler** von nah und fern eingerichtet – „Wiege der dänischen Sportfischerei" nennt sich der Ort, seit dort 1926 der Schuhmacher *Bache* erstmalig einen Wurm wässerte.

Sehenswertes

Das **unaufgeregte Städtchen** hat außer diversen alten (12. Jh.) Kirchen (z.B. Vardevej 12) und einigen Windmühlen immerhin zwei Museen und in der Nähe einen schmucken Hafen zu bieten.

Skjern Vindmølle Museum

In der **holländischen Windmühle** sind seit 1991 Werke lokaler Künstler ausgestellt, außerdem schläft dort der Weihnachtsmann, den die Skjerner Kinder alljährlich im November wecken. Das Gebäude wurde ursprünglich 1872 an

dnsk-032 ths

anderer Stelle in Skjern erbaut und später während des 1. Weltkrieges, als man Windenergie wieder benötigte, an die heutige Stelle verfrachtet.

🔲 **Info:** geöffnet Juli/August täglich 11–15 Uhr. Am 21. Juni Mühlentag 11–15 Uhr, Eintritt 50 Dkr. Marupvej 25A, www.levendehistorie.dk (Ringkøbing-Skjern Museum).

Danmarks Flymuseum

Etwas außerhalb, **in Stauning,** findet man diese **Flugzeugsammlung** mit 56 ausländischen und dänischen Maschinen, davon sind 16 flugfähig und des Öfteren bei im Sommer stattfindenden Veranstaltungen in der Luft. Darunter finden sich Schätze wie der Doppeldecker *Tiger Moth,* das Ganzmetallflugzeug *Hummel Bird* oder das Jagdflugzeug *F-100.* Auch urige Kisten aus der Frühzeit der Fliegerei sind dabei. Zusätzlich gibt es ein Luftwaffenmuseum.

🔲 **Info:** geöffnet 1. April bis 31. Oktober tägl. von 10 bis spätestens 17 Uhr, je nach Saison, Eintritt: Erw. 80 Dkr., Kinder 7–14 Jahre 30 Dkr. Lufthavensvej 1, Tel. 9736 9333, www.flymuseum.dk.

Stauning Havn

In dem **charmanten kleinen Hafen** mit alten Holzfischerhütten schaukeln bunte Boote, deren Besitzer frischen Fisch aus dem Ringkøbing Fjord holen. Flundern aus dem Fjord kommen im dortigen empfehlenswerten Restaurant Stauning Havn auf den Teller.

Windmühlenpark

Ein paar Kilometer weiter in Richtung Ringkøbing steht der ultramoderne Windmühlenpark von Tændpibe und Velling Mærsk, **eine der größten Anlagen des Kontinents.** Die Dänen sind weltweit führend in dieser Technologie.

Whisky Distillery

Diese Brennerei **in Stauning** ist ein wunderbares Ausflugsziel, vor allem natürlich für Whisky-Genießer. Sehr persönliche und **äußerst informative Führung samt Verkostung.** Die Destillerie existiert seit 2009 und produzierte anfänglich 5000 bis 6000 Liter. Heute stellt man etwa 70.000 Liter qualitativ hochwertigen Whisky im Jahr her. Im Shop kann man für den heimischen Kaminabend verschiedene Sorten der Stauninger Spezialität erstehen. Es werden geführte Touren (auch auf Deutsch) mit oder ohne Whisky-Tasting durchgeführt (150 bzw. 70 Dkr.)

🔲 **Info:** Shop geöffnet Mo–Fr 10–16 Uhr. Stauningvej 38, Tel. 8844 2122, www.stauningwhisky.dk.

Sport und Aktivitäten

🔲 **Angeln** wird ganz groß geschrieben. Am besten, man lässt sich in einem der vielen Zubehörläden Anleitungen geben. Dort gibt's auch Angelscheine. In der Nähe von Skjern existieren einige Angelseen:

◁ Danmarks Flymuseum in Stauning

delerregend von Baum zu Baum. Am Boden warten Spielplätze, ein Labyrinth und etliche andere Vergnügungen. Zudem gibt es Grillplätze (Brennholz gratis) und ein Café. Eintritt: 2–4 Jahre und über 65 Jahre 105 Dkr., 5–65 Jahre 150 Dkr. Hauptsaison tägl. 10–17 Uhr. Løvstrupvej 1, Tel. 2329 1130. www.wowpark.dk.

Praktische Infos

Touristeninformation

■ Interaktives Büro mit Bildschirmen und Prospekten. **Bredgade 44,** Tel. 7022 7001, www.hvide sande.dk.

Übernachtung

■ **Hotel Skjern**③, zentraler kann man in Skjern nicht wohnen. Stylische und zeitgemäße Zimmer mit allem Komfort. Das Restaurant „stuen th." im Haus ist durchaus zu empfehlen (s.u.). Bredgade 58, Tel. 9735 1311, www.hotelskjern.dk.
■ **Bundgaards Hotel**③, rund 10 km östlich von Skjern. In einem historischen Gebäude sind 21 Zimmer, teils mit Bad/WC, untergebracht. Zum Essen muss man das Hotel nicht verlassen, man speist im Restaurant im Erdgeschoss. Borgergade 1 A–B, Tel. 9736 6400.

Camping

■ **Skjern Å Camping,** Stellplätze, Hütten und Wohnwagen. 200 m vom Fluss. Anglereinrichtungen. Ganzjährig geöffnet. Birkvej 37, Tel. 9735 0861, www.skjernaacamping.dk.

Essen und Trinken

■ **Restaurant „stuen th.",** im Hotel Skjern (s.o.). Modernes Ambiente, seit 2015. Kleine, feine Speisekarte und üppige Auswahl an Weinen. Terrasse. Durchaus einen Besuch wert. Bredgade 58, Tel. 9735 1311, www.hotelskjern.dk.
■ **Restaurant Pakhuset,** etwas zurückversetzt an der Durchgangsstraße gelegenes Lokal mit gro-

Søfnderskov Put & Take, Sønderskovvej 21, www.an gelsee.info oder bei Stauning Fahlbæk Put & Take, Langkærvej 4, www.angelsee.info.
■ **Dejbjerg Golf Klub,** in Dejbjerg bei Skjern. 18-Loch-Platz, 6-Loch-Platz „Play & Pay". Greenfee ab 300 Dkr./Tag. Restaurant. Letagervej 1, Tel. 9735 0009, www.dejbjerggk.dk.
■ **Kanufahren:** Die Skjern Å ist ein herrlicher Fluss für diesen Sport. Ein Anbieter ist z.B. Aaskov Kanofart, Assingvej 10, Kibæk, Tel. 9719 9898, www. aaskov-kanofart.dk.
WOW-Park, Kletter- und Funpark rund 16 km nördlich von Skjern. Mitten in der Natur geht es auf Adrenalin fördernden Kletterparcours teils schwin-

Skjern Vindmølle Museum

ßer Terrasse und modernem Interieur. Gegrilltes, Steak und sonntags Brunchbüfett (11–14 Uhr). Mo bis Do 11.30–21.30 Uhr, Fr/Sa 11.30–22 Uhr, So 11–21 Uhr. Bredgade 51, Tel. 9735 0855, www.pak huset-skjern.dk.

■ **Restaurant Stauning Havn,** etwa 10 km muss man von Skjern aus fahren – es lohnt sich. Das freundlich und geschmackvoll eingerichtete, sehr schön gelegene Restaurant direkt am Wasser hat frischen Fisch, aber auch Steak oder typisch dänische Tapas auf der kulinarischen Agenda. Scholle mit Kartoffeln und Petersiliensauce für 235 Dkr. Unbedingt den Fisch probieren. Geöffnet Di–So 11–22 Uhr. Strandvejen 31, Tel. 9736 9260, www.stau ninghavn.com.

■ **Skjern Å Honning,** leckerer Honig direkt vom Imker. Die Bienenvölker sind im Nationalpark Skjern Å beheimatet. Videbækvej 20, Astrup, Tel. 9736 4088 und 4059 9788, www.Skjernaahonning.dk.

⌄ Der sehenswerte Hafen von Stauning

Ringkøbing

Geschichte

Die erste Silbe des **Stadtnamens** hat etwas mit „rennen" zu tun, nicht mit „Ring". Der Rest bedeutet „Handelsplatz". Man hat es offenbar in früheren Zeiten dort ziemlich eilig gehabt. Frühere Zeiten, das heißt: etwa ab der Mitte des 13. Jahrhunderts. Anno **1443** erhielt Ringkøbing Stadtstatus und wurde zur Hauptstadt Westjütlands, **1599** kam eine Zollstation dazu. Die hatte gut zu tun. Im **17. Jahrhundert** boomte der Ausfuhrhandel. Vieh, Getreide, Butter und Speck, seit jeher traditionelle dänische Exportgüter, gingen nach Deutschland, England, Frankreich, Norwegen und den Niederlanden. Eingeführt wurden Baustoffe, Tabak und Kolonialwaren.

Von Skallingen bis Ringkøbing

dnsk-034 ths

Während der **napoleonischen Kriege** nahm England schweren Anstoß an der liberalen Handelspraxis Ringkøbings. Die Briten griffen die Stadt an, kaperten die Schiffe auf der Reéde und nahmen die Besatzungen gefangen. Das Städtchen rappelte sich jedoch wieder hoch, nachdem der Friede ins Land gezogen war. Die Erträge des fortgesetzten Handels und Wandels schlugen sich in sozialen Einrichtungen nieder, als anderswo noch nicht einmal an so etwas gedacht wurde. Als erste Kleinstadt Dänemarks führte Ringkøbing **1869** den kostenlosen Unterricht an den Schulen ein, fünf Jahre später das Realexamen. Bildung an guten Schulen hat unter Ringkøbings 10.000 Einwohnern bis auf den heutigen Tag einen hohen Stellenwert.

Ringkøbing heute

Vom früheren Glanz der eiligen Handelsstadt ist durchaus noch einiges erhalten geblieben. Ein Streifzug durch Ringkøbings alten Stadtkern mit seinen kopfsteingepflasterten Gassen und ragenden Giebelhäusern lässt immer aufs Neue zur Kamera greifen. Dann wieder entzücken geduckte Ziegelbauten mit warmroten Dächern in den Nebenstraßen. Besonders reizvoll ist auch der **Marktplatz,** überragt von der **Ringkøbing Kirke** aus dem 14. Jahrhundert.

Ringkøbings **Hafen** wurde erst 1905 gebaut. Bis dahin lagen die Schiffe auf Reede und wurden dort geleichtert. Heute prägt vor allem die Nordseewerft mit ihren Docks und Kränen das Milieu und macht den Hafen zum Industrierevier und Gewerbegebiet. Mit dem Schiffbau ist hier allerdings Schluss, übliches Werftenschicksal. Auf dem Gelände schraubt die Firma Vestas jetzt Windgeneratoren zusammen.

Einst haben die Fjordfischer, deren Kutter früher in Geschwaderstärke an den Kais lagen, während der täglichen Fischauktion ihren Fang meistbietend **versteigert.** Dies gehört schon länger der Vergangenheit an. Heute stechen nur noch wenige Fischer in See, und die, die dieser harten Arbeit weiterhin nachgehen, können nicht wirklich davon leben. Sie betreiben es mehr als Hobby und aus Leidenschaft. Der Fisch, den sie anlanden, kommt aus den Fjorden von Ringkøbing, Stadil und Nissum. Es herrscht **kein Mangel an Fisch,** und alle möglichen Arten sind vertreten: Aal, Barsch, Butt, Forelle, Hecht, Lachs. Die neben den Segelbooten und Jachten im Hafenbecken dahindümpelnden Fischerboote sorgen für bunte Bilder. Gleich nebenan stehen, ebenfalls bunt, sog. „Indianerhütten", Geräteschuppen aus der Frühzeit der Fischerei.

Sehenswertes

Ringkøbing Kirke

Unübersehbar in der Mitte des Ortes steht das Gotteshaus, dessen Baubeginn auf das 15. Jahrhundert zurückgeht. Der nach oben hin breiter werdende Turm stammt wahrscheinlich aus der zweiten Hälfte des 16. Jahrhunderts. Im Inneren schmückt die Kirche ein schönes Altarbild.

▷ Hier bringen die Fischer ihren Fang an Land

Hee Kirke

Das Örtchen Hee liegt **ein paar Kilometer nördlich von Ringkøbing,** und die Kirche ist eines der eindrucksvollsten Baumonumente aus romanischer Zeit in der Region. Geöffnet ist sie werktags von 8–16 Uhr.

Skulptur „Survival of the Fattest"

Auf dem Hafenplatz steht dieses **ungewöhnliche Kunstwerk** aus dem Jahr 2007. Der Künstler *Jens Galschiøt* schuf diese **Skulptur eines ausgemergelten afrikanischen Mannes,** der eine fette weiße Frau mit einer Waage in der Hand trägt. Ein symbolträchtige Darstellung, die die ungleiche Verteilung der Weltressourcen symbolisiert.

Historische Nachtwächter

Schon seit 1294 gibt es sie. Zu neuem Leben erwachte dieser Brauch allerdings erst wieder 1975. Seitdem ziehen die **singenden Wächter** durch die Straßen der Stadt. Im Juli und August treffen sich die mit schwarzen Uniformen bekleideten und mit einer martialischen Morgensternkeule bewaffneten Zunftmitglieder ab 20 Uhr am Marktplatz.

Von Skallingen bis Ringkøbing

dnsk-036 ths

Ringkøbing

0 ———————— 500 m   © REISE KNOW-HOW

1 ⓘ Hee Kirke

Busstation
Bahnhof

2 ★ Ezekiel's Skammel   Østerdige

Nørredige

10 Badestrand bei Sorte Bakker

Chr. Hustedsvej

Ringkøbing Kirke

Ringkøbing Museum

9 Ringkøbing Svømmehal

Torvet   Algade

6 Galleri 5

3   5 V. Strand gade

4

Galleri Mikkel

Skulptur "Survival of the Fattest"   7   Rathaus   Bootshafen

8

⚓ Jachthafen

■ **Übernachtung**
1 Danhostel Ringkøbing Vandrehjem, Familiepark West
2 Ringkøbing Camping
3 Fjordgården, Holmsland B&B
6 Hotel Ringkøbing
10 Hotel Smedegården

■ **Essen und Trinken**
5 Ringkøbing Sushi
6 Café Victoria Fiskehuset
8 Café Kræs

Fußgängerzone

■ **Sonstiges**
4 Ringkøbing Cykel Center
8 Butik Kræs (Delikatessen)
9 Ringkøbing Tennisklub

■ **Wassersport**
3 Surfspot Kloster

Ezekiel's Skammel

Umgangssprachlich einfach nur „Kuben" genannt, steht dieser **Quader** (zu Deutsch), **7 x 7 x 7 Meter groß** und aus Beton, inmitten eines Kreisverkehr-Rondells im Osten der Stadt. Geschaffen hat ihn der Künstler *Henrik Have* aus No bei Ringkøbing. Der Titel bezieht sich auf den Schemel des biblischen Propheten *Hesekiel*.

✗ Ringkøbing Museum

Das Museum besteht aus unterschiedlichen Abteilungen. Die **Stadtausstellung** zeigt Fundstücke aus vielen Jahrhunderten, darunter den von den Ringkøbinger Einwohnern bezahlten Brandschutzwagen aus dem Jahr 1787 oder den 6,5 kg schweren Keuschheitsgürtel aus dem 1600 Jahrhundert – Anprobieren erlaubt. Im Obergeschoss befindet sich die informative **Ausstellung „Flugzeuge in der Nacht"** mit martialischen Relikten aus dem 2. Weltkrieg. Außerdem können Besucher einen rekonstruierten Bunker mit originalem Inventar in Augenschein nehmen. Eine weitere Ausstellung in einem separaten Gebäude gibt Aufschluss über den 1808 in Ringkøbing geborenen Künstler *Jesper Maler* und weitere Aspekte der Stadtentwicklung.

■ **Info:** geöffnet März bis Dezember Mo–Sa 11–16 Uhr. Eintritt: Erw. 50 Dkr., unter 18 Jahren frei. Herningvej 4, Tel. 9732 1615, www.levendehistorie.dk.

Kunstgalerien

Kunstliebhabern seien zwei interessante Galerien ans Herz gelegt. In der kleinen und feinen **Galleri Mikkel** stellt *Anna Bech Hansen* seit etwa 1997 eine Vielzahl eigener Bilder aus. Die ausdrucksstarken Kunstwerke thematisieren beispielsweise die Natur des Vogelschutzgebietes Tipperne am Ringkøbing Fjord. Außerdem werden schöne Mitbringsel verkauft.

■ **Info:** geöffnet Fr 13–16 Uhr, Sa 10–13 Uhr. Søndergade 13, Tel. 2176 4421, www.galleri-mikkel.dk.

Eine weitere Kunstgalerie betreibt *Bjarne Jensen.* In seiner **Galleri 5** stellen rund zwanzig Künstler in zahlreichen Räumen ihre Werke aus. Einige der Objekte sind vom Galeristen selbst gefertigt. Einfach vorbeischauen und sich überraschen lassen.

■ **Info:** geöffnet Do/Fr 14–17 Uhr, Sa 11–14 Uhr. Smedegade 5, Tel. 5196 6556.

Sport und Aktivitäten

🦋 **3** **Surfspot Kloster und Picknickareal Bollerup Småhuse,** sehr beliebter Spot für Kitesurfer mit oft gutem Wind und niedrigem Wasser. Etwa 8 km nordwestlich von Ringkøbing beim Ort Kloster. Drei im Jahr 2015 errichtete Holzcottages und einige Tische und Bänke davor laden zum Verweilen und Picknick in sehr attraktiver Umgebung am Fjord ein. Ein herrlicher Platz zum Entspannen, auch für Nichtsportler. Der Ausschilderung „Surfspot" (Baggervej) folgen, wo es auch zum ebenfalls beliebten und sehenswerten *Bagges Dæmning,* einem **Wanderpfad** am und über den Fjord, geht.

🧍 **Badestrand für Kinder:** Bei Sorte Bakker im Süden der Stadt bietet ein langer Badesteg in den Ringkøbing Fjord beste Möglichkeiten für ein erfrischendes Bad mit der ganzen Familie.

■ **Angeln:** Zwei Angelseen in Stadtnähe sind Ringkøbing Put & Take, Toftvej 2, www.angelsee.info/6, und Mejlbygaard Lystfiskeri, Ndr. Ringvej 10, www.angelsee.info/5.

■ **Ringkøbing Svømmehal,** Hallenbad mit Sauna und Wellness-Abteilung, Kinderbecken und Kletterwand. Mo geschlossen, genaue Öffnungszeiten online. Kongevej 52, Tel. 9732 2676, www.ringkobing-svommehal.dk.

■ **Segeln:** Der **Ringkøbings Jachthafen** liegt rechts von Silo und Werft und heißt Gastlieger herzlich willkommen. Die anderen am Fjord gelegenen Bootshäfen (Bork, Lyngvig, Skaven und Stavning) haben Wassertiefen von 1 bis maximal 1,80 m. Jollensegeln ist prachtvoll im Ringkøbing Fjord; eventuell ist es ja im Jachtklub möglich, ein Boot zu mieten.

4 **Ringkøbing Cykel Center,** Fahrradgeschäft mit Vermietung unterschiedlichster Bikes. Rund 100 Dkr./Tag. Søndervigvej 7, Tel. 9732 4477.

9 **Ringkøbing Tennisklub,** auch für Nichtmitglieder. Kongevejen 48, Tel. 3153 0100, www.ringkobingtennisklub.dk.

2

Event

Ringkøbingløbet

Immer am letzten Wochenende **im Juli** findet rund um Ringkøbing **Dänemarks ältestes und berühmtestes Oldtimerrennen** statt. Gut 100 Teilnehmer starten alljährlich mit ihren motorisierten Schätzen. 2018 feierte das Spektakel 50-jähriges Jubiläum.

Praktische Infos

Touristeninformation

■ Interaktives Büro mit Prospekten und Bildschirmen an der **Vestergade 2,** Tel. 7022 7001, www.hvidesande.dk.

Verkehr und Transport

■ **Bahnen und Busse** in alle Richtungen.
■ **Auto:** Ringkøbing liegt fast genau mittig in dem von diesem Buch erfassten Bereich; hier einige **Entfernungen:** Zur deutschen Grenze (Frøslev) sind es 236 km, nach Frederikshavn 236 km, Hirtshals 238 km, Kopenhagen 318 km, Skagen 277 km, Ålborg 174 km, Århus 127 km.

Übernachtung

3 Hotel Fjordgården③, modernes Hotel mit allem Drum und Dran. Wellness-Bereich. Freundliches Personal. Restaurant. Etwas außerhalb des Zentrums. Vester Kær 28, Tel. 9732 1400, www.hotelfjordgaarden.dk.

3 Holmsland Bed & Breakfast②, geboten werden zwei Apartments (35 m²), die einen sehr einladenden Eindruck machen und geschmackvoll eingerichtet sind. Rund 5 km bis Ringkøbing-Zentrum. Toftvej 14, Tel. 9732 6077, aquadam@post9.tele.dk.

6 Hotel Ringkøbing③, romantischer Altbau am Marktplatz, vollkommen renoviert. Rund 60 angenehme Zimmer, individuell eingerichtet. Berühmte Küche in klassisch stilvollem Ambiente. Torvet 18, Tel. 9732 0011, www.hotelringkobing.dk.

10 Hotel Smedegården③, ein alter Kro mit anheimelnder Familienatmosphäre und gutem Restaurant, der Hausherr kocht selber. Jernbanegade 2 (südöstlich außerhalb der Stadt in Lem), Tel. 9975 2400, www.smedegaarden.dk.

Jugendherberge

1 Danhostel Ringkøbing Vandrerhjem②, Teil des klotzigen Rofi-Sportzentrums, etwas unglücklich integriert, ganzjährig geöffnet. 25 Zimmer, davon 20 mit Bad/WC. Fitnessraum im Sportzentrum kostenfrei. Kirkevej 28, Tel. 9732 2455, www.rofi.dk und www.danhostel.dk.

Camping

2 Ringkøbing Camping, große Stellplätze, auch Hütten (max. 4 Pers.) und Wohnwagen. Spielplatz mit Hüpfkissen. Minigolf. Vermietung von Fahrrädern. Unmittelbar am Fjord gelegen, 1,8 km zur Stadt. Geöffnet Ende März bis Anfang Oktober. Herningvej 105, Tel. 9732 0420, www.ringkobingcamping.dk.

1 Familiepark West, Ferienanlage mit Campingplatz und 10 Hütten, rund um einen Angelsee angelegt, in dem Ort Hee, ca. 8 km von Ringkøbing entfernt. Gokart-Bahn. Café. Camping geöffnet Ende März bis Ende September. Hovervej 56–58, Tel. 9733 5411, www.familiepark.dk.

▷ Kite-Surfer beim Ort Kloster

Essen und Trinken, Einkaufen

MEIN TIPP **7 Fiskehuset,** sehr gutes und rustikales Fischlokal mit schönem Blick auf den Hafen. Urige Atmosphäre. Auf dem ausgehändigten Zettel das gewünschte Gericht ankreuzen und an der Ladentheke abgeben. Abwarten und später genießen. Auf der Liste stehen unter anderem: „Havnehygge", Schwarzbrot mit gebratenem Schollenfilet, Schwarzbrot mit Hering und Currysalat oder Sandwich mit Krabbensalat. Mo bis Fr 9.30–18 Uhr, Sa 9–15 Uhr. Havnepladsen 4, Tel. 9732 3060, www.fiskehuset-ringkoebing.dk.

8 Café Kræs und **8 Butik Kræs,** im 1. Stock werden die Gäste im Café u.a. mit geräuchertem Aal und frischen Burgern verwöhnt. Schöne Terrasse mit tollem Ausblick. In der Butik im Erdgeschoss lassen sich einige dänische Spezialitäten entdecken: Rum von Fanø, dänisches Bier und Apfelmost und natürlich der hochprozentige „Ringkøbing Bitter". Außerdem viele Leckereien wie Käse und Wein aus aller Welt. Ein Besuch sei empfohlen. Öffnungszeiten Café: Mo 12–15 Uhr, Di–Fr 11–16 Uhr, Sa 11–15 Uhr. Öffnungszeiten Butik: Mo–Do 10–17.30 Uhr, Fr 10–18 Uhr, Sa 10–14 Uhr. Ved Fjorden 2B, Tel. Café 9732 4288, Tel. Butik 9732 0456, www.cafekraes.dk.

6 Café Victoria, zeitgemäßes Lokal mit wunderbarem Innenhof für eine entspannte Auszeit bei Kaffee und hausgemachtem Kuchen. Herzhaftes wird ebenfalls serviert: Brennnesselwürstchen mit Kartoffelschiffchen und hausgemachter Aioli. Geöffnet täglich von 11 bis 17 Uhr. Torvet 10, Tel. 9732 4201.

5 Ringkøbing Sushi, moderne Einrichtung, offene Küche. Das Ehepaar *Chuquan Chen* und *Shawn Li* serviert in seinem Lokal seit 2017 frisches Sushi. Wahrlich lecker. Sushi-Menü mit 36 Stück 279 Dkr. Di bis Do 11.30–21 Uhr, Fr/Sa 11.30–21.30 Uhr. Vester Strandgade 10, Tel. 9733 8888, www.rkbsushi.dk.

dnsk-035 ths

3

Mittleres Westjütland bis Thyborøn

SKAGERRAK Skagen

Frederikshavn
NORDSEE Hjørring

Hanstholm Fjerritslev Ålborg
Thisted Løgstør Hals KATTEGAT
Mørsø
Hurup Nykøbing Års
Thyholm Hobro
Lemvig Skive
Viborg Randers
Holstebro Århus Rønde
Ringkøbing Silkeborg
Herning Nr. Snede
Tarm Brande Horsens
Henne Strand Grindsted Vejle Juelsminde
Varde OSTSEE
Esbjerg Vejen Kolding
Fanø Ribe
Mandø Haderslev
Rømø Skærbæk
Åbenrå
Højer Tinglev Als
Sønderborg

D

◁ Die Viehwirtschaft spielt eine wichtige Rolle in Dänemark

Mittleres Westjütland bis Thyborøn

0 ___ 10 km © Reise Know-How

Anschlusskarte Seite 168

Anschlusskarte Seite 82

3

ÜBERBLICK

Nördlich von Søndervig bietet die Küste zunächst das gewohnte Bild endloser Strände. Doch schon bald, nach nur 3,5 km, tauchen wieder einmal deutsche Bunkeranlagen aus der Dünenlandschaft auf. Die Kryle-Ringelnatter-Stellung von Houvig Strand beherbergte einst eine der größten Radaranlagen Jütlands, die alliierte Flüge über 100 km Distanz zu verfolgen vermochte. Das Gelände war seinerzeit dicht mit Minenfeldern und „Rommelspargeln" (Panzersperren) bestückt. Heute stehen zwischen den etwa 100 Betonklötzen sogar Ferienhäuser.

Der **Stadil Fjord** etwas landeinwärts hat keine Verbindung zum Meer, sondern nur (über ein Flüsschen) mit dem Ringkøbing Fjord. Ein westlicher Ableger ist ebenfalls ein reiner Binnensee und zur Gänze Naturschutzgebiet, in dem sich im Frühjahr und Herbst Tausende von Wildgänsen sammeln.

Die Küste ist hier spürbar einsamer als im Süden, was wohl an den kiesigen Eigenschaften des Strandes liegt; der Norden präsentiert eine andere Geografie. Doch das stört anscheinend niemanden. Bei **Vedersø Klit** brummt das touristische Geschehen schon wieder; zur Hölle mit den Steinen, außerdem gibt's immer einen Streifen Sand zwischendurch. Und nicht nur das. In Vedersø Klit „müssen alle Ferienhäuser Grundmauern und Strohdächer haben und müssen mit dem Giebel in Ost-West-Richtung liegen".

Der nächste Ferienort, von Süden kommend, ist **Vester Husby,** mit einer ähnlichen Bebauungsordnung. Danach folgt **Bjerghuse,** in ferienhäuslicher Expansion begriffen. Am **Nissum Fjord** liegen **Nørhede Vest** und **Øst, Nørre Fjand** und **Skalstrup,** samt und sonders Ferienhauskolonien, teils von Wald umgeben und wegen der ruhigen Fjordufer von Familien favorisiert. Im Hinterland verbirgt sich das Städtchen **Ulfborg.**

NICHT VERPASSEN!

- Das **Strandungsmuseum** in Thorsminde ist für Überraschungen gut | 127
- Klangvolle Auszeit im wunderbaren **Bang & Olufsen Museum** in Struer | 140
- Stadtbummel und Sehenswertes in **Lemvig** | 150
- **Leuchtturm Bovbjerg:** fantastische Lage an der Steilküste bei Lemvig | 152

Diese Tipps erkennt man an der gelben Markierung.

Ulfborg

Die kleine Stadt hat **nichts Besonderes** zu bieten; die gesamte Infrastruktur liegt im Umfeld, vornehmlich an der Nordsee. Unweit von Ulfborg befindet sich die **Stråsø Plantage,** ein reizvolles Waldgebiet mit dem Aussichtspunkt Stolbjerg. Das Areal gilt als Dänemarks wichtigste Zufluchtsstätte für das seltene Birkhuhn.

Sport und Aktivitäten

Angeln
Der Bereich Ulfborg-Vemb ist ein kleines Paradies für Sportangler. Die dortigen Gewässer zählen zu den wenigen in Dänemark, in denen bereits im Frühjahr Großlachse mit einem Gewicht von 10 bis 15 Kilo landen kann. Das gilt ebenso für die sogenannten „Grönländer" (junge Meerforellen) und später im Sommer für deren Großform. **Gute Reviere** sind:

■ **Thorsminde Mole und Strand:** Hering, Makrele, Plattfische. Köder und Ausrüstung bei Thorsminde Camping (s.u.).
■ **Vemb Lystfiskerforening,** Kjærsvej 10 (Vemb): Revier ist die Storå mit den eingangs erwähnten Fischarten, Saisonbeginn am 16.1.; Angelkarten u.a. Vedersø Klit Touristcenter.
■ **Vibholm Ørredsø:** Skorkærvej 16 (Madum). Put & Take mit Forellen.

Reiten
🧍 **Vedersø Ridecenter,** ca. 2,5 km von Vedersø Klit. Islandpferde „mit fünf Gängen". Reiten im Gelände ab 9 Jahren. Reiten nur nach Anmeldung. Es werden Touren auch am Strand angeboten. Tour 1 Std. 300 Dkr. April bis September So bis Fr 10–18

Uhr, Oktober bis März So bis Fr 10–16 Uhr. Vesterhavsvej 5, Tel. 6110 7409, www.vedersoeridecenter.dk.

Schwimmen
■ Siehe **Thorsminde Camping,** Klitrosevej 4.

Segeln
■ Der einzige **Hafen** an der Küste ist **Thorsminde,** nicht viel mehr als ein Loch in der Dünenkette. Die Einfahrt wird, weil eng, als ziemlich haarig geschildert, vor allem bei schlechtem Wetter. Jachten finden am Südende des Fischereihafens Platz. Zum binnen gelegenen, recht romantischen alten Hafen kommen Boote mit festem Mast wegen der niedrigen Straßenbrücke nicht durch.

Praktische Infos

Touristeninformation
■ **Vedersø Klit Touristcenter,** Havvej 6–10, 6990 Ulfborg, Tel. 9611 9100, www.ulfborg-turist.dk.

Verkehr und Transport
■ **Busse** bedienen die Strecke Holstebro – Ulfborg – Thorsminde.
■ **Oldtimerbahn** nach Lemvig und Thyborøn.

Übernachtung, Essen und Trinken
■ **Ulfborg Gæstgivergaard**③, ruhig, gemütlich und zentral. In einem 1878 erbauten Haus untergebracht. Alle acht hellen Doppelzimmer mit Bad/WC. Inkl. Frühstück. Restaurant. Bredgade 1, Tel. 9749 1777, www.ulfborggaestgivergaard.dk.
(MEIN TIPP:) **Nørre Vosborg**③-④, abseits der Hauptstraße zwischen Ulfborg und Vemb empfängt dieses herrliche Herrenhaus-Hotel mit einer über 700 Jahre alten Geschichte Gäste, die es stilvoll mögen und auch kulinarisch verwöhnt werden möchten. Die 56 Zimmer und Suiten sind in hellen Farbtönen gehalten und modern eingerichtet. Köstliches Frühstücksbüfett. Auch im **Restaurant** lässt

es sich gut speisen. Vembvej 35, 7570 Vemb, Tel. 9748 4897, www.nrvosborg.dk.

■ **Klithedegården Bed and Breakfast**②, rund 3 km vom Strand und dem Meer in der Husby Klitplantage. In einem schön restaurierten Hof aus dem 19. Jh. übernachtet man in einem der sechs behaglichen Zimmer. Drei moderne Bäder, Küche, Gemeinschaftsraum und Garten mit Grillplatz. Græmvej 41, Tel. 3069 3975, www.klithedegaarden.dk.

Ferienhäuser (Vermittlung)

■ **Feriepartner Vedersø Klit,** Havvej 6–10, Vedersø Klit Touristcenter, Tel. 9611 9100, www.feriepartner.de/vedersoe-klit.

■ **Klitferie,** Havvej 4, Vedersø Klit, Tel. 9749 5195, www.klitferie.dk.

Camping

■ **Nissum Fjord Camping,** ehemals Fjand-Camping, seit 2017 neue Betreiber und neuer Name. 200 Stellplätze, auch 18 Hütten (max. 6 Pers.) und 3 Doppelzimmer. Pool, Minigolf, Kiosk, knapp 1 km zum Strand. Geöffnet April bis Ende Oktober. Klitvej 16, Sdr. Nissum/Fjand, Tel. 9749 6011, www.nissumfjordcamping.dk.

■ **Thorsminde Camping,** tolle Lage in Strandnähe mit Wassersportmöglichkeiten. Schwimmbad mit Dampfsauna, Rutsche, Kinderbecken. Stellplätze, zahlreiche Hütten, teils mit Bad/WC. Großer Spielplatz. Geöffnet Anfang April bis Ende Oktober. Klitrosevej 4, Thorsminde, Tel. 9749 7056, www.thorsmindecamping.dk.

■ **Vedersø Klit Camping,** in schöner Natur, große Stellplätze. Beheizter Pool, Minigolf, Tennis, außerdem Sauna und Dampfbad. Supermarkt. 500 m zum Strand. Geöffnet Ende März bis Mitte Oktober. Øhusevej 23, Tel. 9749 5200, www.klitcamping.dk.

Thorsminde

Thorsminde („**Thors Gedenken**") ist nicht so alt wie der Name vielleicht vermuten lässt; der Fischereihafen wurde erst 1972 eingeweiht. Der Ort selbst hat außer dem Strandungsmuseum wenig zu bieten. Doch das Museum lohnt einen Stopp.

Sehenswertes

Strandungsmuseum

Das Museum **an der nördlichen Hafeneinfahrt** wurde um fast 1000 m² erweitert und modernisiert und eröffnete 2017 mit größeren Ausstellungsräumen. Der rund 12 Meter hohe Turm beherbergt das Ruder des englischen Kriegsschiffes „St. George" und bietet einen schönen Ausblick. Insgesamt vier Galerien zeigen **maritime Schmuckstücke.** Hauptattraktion sind **Funde aus den britischen Kriegsschiffen „St. George" und „Defence",** die nach einer dramatischen Konvoifahrt im Orkan am 24. Dezember 1811 an dieser Küste zum Totalverlust wurden. Über 1400 Menschen kamen bei der Katastrophe ums Leben; ganze 17 Besatzungsmitglieder konnten sich retten und wurden, obwohl sie „Feinde" waren, von den Einheimischen wieder hochgepäppelt.

　　1876 bargen Taucher die Schiffsglocke der „St. George", deren Wrack 1 Kilometer vor der Küste liegt, und stellten sie am Hafen zur Schau. 1972 hievte man den Anker, ein Viertonnenkoloss, aus der See und packte ihn daneben. Danach wurden **immer neue Funde** getätigt, deren Zahl auf mehrere Tausend anwuchs und die letztlich ihren Weg in das neue Museum fanden. Dazu gehört auch die künstlerisch gelungene Darstellung des Untergangs der „St. George". Zahlreiche andere Exponate, darunter kuriose Objekte, die Fischern ins Netz gingen, angetriebene Galionsfiguren und Zufallsfunde vom Strand runden die interessante Ausstellung ab. Wechselnde Sonderausstellungen. Im Außenbereich können sich die Kids auf einem **maritimen Spielplatz** austoben. Museumsshop mit Büchern, lokalen Produkten und Kleidung für einen Urlaub am Meer.

■ **Info:** geöffnet Anfang Februar bis Ende November tägl. 10–17 Uhr, Eintritt: Erw. 90 Dkr., Kinder unter 18 Jahren kostenlos. Vesterhavsgade 1E, Tel. 9749 7366, www.strandingsmuseet.dk.

Schiffswracks

Die beiden englischen Wracks sind nicht die einzigen an diesem **schwer der Nordsee ausgesetzten Küstenstrich,** der bei Fjaltring in ein bröckelndes Steilufer übergeht, beim Leuchtturm Bovbjerg Fyr mit 42 Metern seine größte Höhe erreicht und bei Ferring auf ein so niedriges Niveau abfällt, dass man hier erstmalig wieder Deichen begegnet. Zwischen diesem Areal und Thyborøn, gut 25 Kilometer weiter nordwärts, liegen einige der interessantesten Schiffswracks der Westküste. *Gert Normann* aus Holstebro hat sie im Lauf der Jahre ertaucht und erforscht; sein Buch „Skibsvrag ved Vestkysten" (auch auf Deutsch erhältlich) gibt einen faszinierenden Überblick.

Da ist die Rede vom „Schiff des Zaren", der stolzen **Fregatte „Alexander Newsky",** die 1868 vor Harboøre vom Schicksal ereilt wurde. Ein Glücksfall für die Küstenbewohner, denn der Thronfolger, Großfürst *Alexej,* befand sich an Bord, überlebte und ließ sich (als Verwandter des dänischen Königshauses) nicht lumpen, indem er seinen Rettern satte 3500 Goldrubel pro Nase zahlte. Ein gelungener Auftakt für das Rettungswesen an dieser Küste, das sich bald vorbildlich entwickelte. 1958 wurde der Anker des Schiffes geborgen und ist jetzt im Hafen von Thyborøn ausgestellt. Ein Gedenkstein für die (glücklicherweise sehr wenigen) Seeleute, die bei dem Fiasko ums Leben kamen, steht in Harboøre; diverse geborgene Objekte sind im Museum von Lemvig zu sehen. Das Wrack, das bestimmt noch manchen weiteren Goldrubel enthält, liegt heute unter 6–8 Metern Sand.

Gleich daneben verrostet der englische **Dampfer „Arctic",** gesunken 1882 und für *Normanns* Taucher lange eine Bezugsquelle feiner Bestecke. Die **„Louisiana"** ging 1868 bei Fjaltring verloren; sie wird als „Puppenwrack" bezeichnet, da ein Teil der Ladung Puppenköpfe waren – 115 Jahre später kam einiges von dem Spielzeug wieder zum Vorschein. Dramatisch auch der Verlust des **Vollschiffes „Bragdø",** Norwegens seinerzeit (1921) größtem Segler, bei dessen Strandung vor Harboøre sich eine bizarre Meuterei entspann. Und auch des Kaisers **Unterseeboot „U 20",** das mit der Versenkung des britischen Passagierdampfers „Lusitania" vor Irland hässliche Weltgeschichte geschrieben hatte, beendete seine Karriere an dieser

3

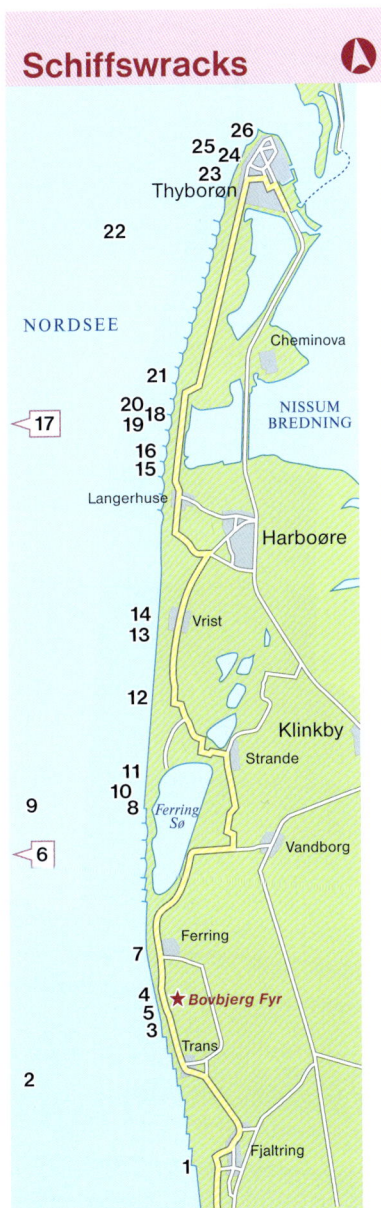

Schiffswracks

0 ▬▬▬▬ 3 km   © REISE KNOW-HOW

1 Bark *Louisiana* (1868)
2 Motorschiff *Glitne* (1929)
3 Bark *Bertie* (1900)
4 Dampfer *Lutka* (1886) und *Stanley* (1894)
5 Dampfer *Knarresbro* (1906)
6 Dampfer *Cleveland (?)* (1892)
7 Bark *Capella* (1903)
8 Walfänger *Southern Brior* (1966)
9 Motorschiff *Ran* (1960)
10 Dampfer *Ludvig* (1906)
11 Dampfer *Fernbrook* (1896)
12 U-Boot *U 20* (1916)
13 Vollschiff *Bragdø* (1921)
14 Dampfer *Ladoga* (1866)
15 Dampfer *Värmland* (1900)
16 Dampfer *Ethel Horatio* (1888)
17 Dampfer *Hermod* (1927)
18 Dampfer *Selma* (1901) und *Newbridge* (1894)
19 Dampfer *Arctic* (1882)
20 Fregatte *Alexander Newsky* (1868)
21 Dampfer *Hermod* (1916)
22 Motorschiff *Holst Nordia* (1972)
23 Kuff *Jürgen* (1913)
24 Dampfer *Lumsden* (1878)
25 Raddampfer *Odin* (1836)
26 Fischkutter *Boothia* (1979) und *Vesta* (1935)

Küste; verbleibende Trümmer liegen in der Brandung südlich von Vrist (siehe Exkurs „Die Geschichte von U 20").

2003 gelang *Gert Normann* die Entdeckung eines weiteren deutschen U-Bootes: **„U 59"**, 1917 auf dem Hornsriff vor Esbjerg auf eine (deutsche) Mine gelaufen und gesunken, liegt in 36 Meter Tiefe und ist bestens erhalten.

3

Holstebro

Das ein gutes Stück im Inland gelegene Holstebro ist, was die Dänen eine **„Handelsstadt"** nennen. Diesem Begriff begegnet man des Öfteren in Prospekten; er ist direkt aus dem Dänischen übernommen *(handelsby)* und beschreibt eigentlich nur einen Ort, in dem man einkaufen kann. Dazu bietet sich in der Tat Holstebros lang gezogene Fußgängerzone mit jeder Menge Geschäften an. Die lebendige und besuchenswerte Stadt weiß auch mit zahlreichen kunstvollen Aspekten zu überzeugen.

Sehenswertes

Giacomettis Skulptur „Frau auf dem Karren"

Ein einschneidendes kulturelles Ereignis war im **März 1966** die Enthüllung der Skulptur „Frau auf dem Karren" des weltweit geschätzten Schweizer Künstlers *Alberto Giacometti,* der im Januar desselben Jahres verstorben war. Er beeinflusste mit seiner Arbeit auch dänische Künstler wie *Ejler Bille* oder *Richard Mortensen.* Die weit über die Grenzen Holstebros bekannte „Frau auf dem Karren" steht heute vor dem alten Rathaus bzw. beim Hotel Schaumburg und wurde 1942 während des Zweiten Weltkriegs erschaffen. Die Holstebroer Bürger nen-

nen die kleine Dame einfach **„Maren".** Leider war die teure Lady immer wieder Opfer von vandalierenden Kunstbanausen. So kam die Gemeinde auf die Idee, „Maren" allabendlich in Sicherheit zu bringen: Immer gegen 21 Uhr verschwindet sie wie von Geisterhand im steinernen Boden vor dem Rathaus und kehrt erst am nächsten Morgen um 10 wieder ans Tageslicht zurück.

Kunst in der Stadt

Seit Anfang der 1970er Jahre kann man überall in der Stadt noch mehr Kunst erleben, sowohl unter Dach als auch im

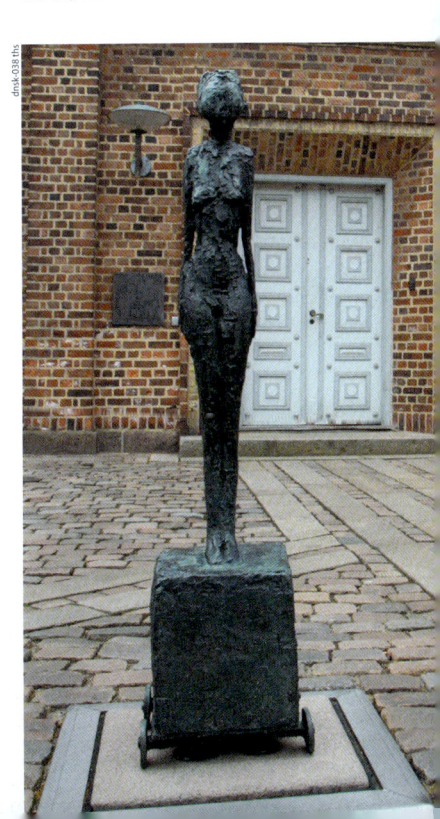

◁ Die Kirche Sct. Jørgen in Holstebro ist über 100 Jahre alt

▷ Klein, aber fein – die „Frau auf dem Karren"

Mittleres Westjütland bis Thyborøn

Die Geschichte von U 20

Das Unterseeboot Nr. 20 lief am 18. Dezember 1913 auf der Kaiserlichen Werft in Danzig vom Stapel. Zusammen mit drei artgleichen Typen war dies das **erste U-Boot der Welt mit kombiniertem E- und Dieselantrieb,** letzterer 1200 PS stark. Das Fahrzeug brachte es auf 15,4 Knoten Geschwindigkeit, 9,5 unter Wasser, und konnte 7600 Seemeilen am Stück zurücklegen, beträchtlich für die damalige Zeit.

Bei Ausbruch des 1. Weltkriegs wurde U 20 im Atlantik westlich der Britischen Inseln eingesetzt und versenkte allein im ersten Jahr 36 Schiffe mit einer Gesamttonnage von 144.300 t. Am **7. Mai 1915** befand sich das Boot auf dem Heimweg von der irischen Südküste ins Deutsche Reich. Der Brennstoff ging zur Neige, drei Torpedos waren verschossen worden, jeder ein Treffer. Doch Kapitänleutnant *Schwieger,* der Kommandant, war unzufrieden.

Um 13 Uhr kam ein Schiff in Sicht, rasch außer Reichweite geratend. Wenig später jedoch drehte der große Passagierdampfer genau auf U 20 zu, ironischerweise wegen einer drahtlos aufgefangenen U-Bootwarnung. Es war die britische **„Lusitania"** mit 1959 Personen an Bord.

Um 14.09 Uhr feuerte *Schwieger* einen Torpedo auf den Liner ab – ein Volltreffer. Kurz darauf erschütterte eine gewaltige Explosion das Schiff, und die „Lusitania" verschwand in weniger als 20 Minuten in den Wellen. 1198 Menschen kamen ums Leben.

Die **Versenkung der „Lusitania"** verursachte weltweit gewaltigen Wirbel, vornehmlich in den USA, weil amerikanische Staatsbürger (u.a. der bekannte Millionär *Vanderbilt*) bei dem Untergang umgekommen waren. Nur „Hunnen", also die Deutschen, konnten einen harmlosen Passagierdampfer angreifen, war der Tenor. (So ganz harmlos war die „Lusitania" aber gar nicht, wie sich später herausstellte, denn der Liner hatte nachweislich Munition für England geladen.) Zwei weitere Zwischenfälle von minderer Tragweite führten zu derart heftigen Protesten aus Washington, dass das Kaiserreich den uneingeschränkten U-Boot-Krieg einstellte. Als Deutschland im Februar 1917 angesichts sinkender Siegeschancen die U-Waffe wieder voll einsetzte, traten die USA in den Krieg ein.

U 20 fand ein **unrühmliches Ende.** Am 4. November 1916 verfranzte sich das Boot in der

Nordsee im Nebel und lief bei Vrist an der jütländischen Küste auf Grund. Alle Versuche deutscher Torpedoboote, den Havaristen abzubergen, waren vergeblich. Der Strand stand schwarz von Dänen, die das Geschehen mit größtem Interesse verfolgten. Gegen Mittag kam der Ruf: „Alle weg, alle weg! Sprengung!" Als dem deutschen Sprengkommando der Bootsmotor stehen blieb, paddelten die Matrosen verzweifelt mit Brettern und Mützen drauflos, während die Zeituhr tickte. Zehn Minuten später rumste es gewaltig. Obwohl es in den Dünen Eisen regnete, kam niemand zu Schaden.

1918 begannen die **Bergungsarbeiten.** Von Edelmetallen im Innern des Bootes raunte man, die es zu ertauchen galt. Auch wollte man versuchen, das Wrack intakt an Land zu ziehen, „um ein Restaurant daraus zu machen". Doch die See und der Sand taten da nicht so recht mit; weder das eine noch das andere gelang. 1925 sprengte man das Boot, um die Küste zu bereinigen, und anschließend war nicht mehr viel zu sehen. Zur Ruhe kommen sollte U 20 noch lange nicht. 1954 stieß ein Wracksucher namens *Sverre Damgård* in glasklarem Wasser auf die Überreste des Bootes. Er takelte zwei Waggonladungen Metall ab, darunter ein Torpedorohr und einen Propeller, der noch heute vor seinem Haus in Hirtshals steht. Trotzdem ist weiterhin viel Substanz des 837 Tonnen großen Bootes vorhanden, einschließlich des kompletten Turms, der bei der Sprengung ein Stück wegflog, und zweier Dieselmotoren, die so aussehen, als ob sie noch einmal auf Patrouillenfahrt gehen könnten, denn der wirbelnde Nordseesand hält sie ständig auf Hochglanz geputzt.

Freien. Eines der jüngeren Projekte, **„Traum eines Tabakarbeiters",** besteht aus 36 Bronzeskulpturen, die u.a. auf dem Dach des Hotels Royal residieren. An der Sønderlandsgade trifft man auf das 1986 von *Ejgil Westergård* geschaffene Werk **„Das Feuer-Monument",** das auf die zahlreichen verheerenden Brände in der Stadt verweist. Bei einem Gang durch den Ort stößt man zwangsläufig auf den **Store Torv,** den **alten Marktplatz.** Auffällig ist vor allem das Kunstwerk in seiner Mitte: Die Skulptur **„Sankt Georg und der Drache"** schuf ebenfalls *Sten Lykke Madsen.*

Bei einem Bummel durch die Gassen und Straßen lassen sich viele **weitere Kunstwerke** entdecken. Eine entsprechende und im Tourismusbüro ausliegende Broschüre (Kunstführer Holstebro) sorgt für das eventuell gewünschte Hintergrundwissen.

Museen

Holstebro Museum

Das im Herbst 2019 nach mehreren Jahren des Umbaus neu eröffnete Museum präsentiert auf erfrischende und anschauliche Art u.a. in der Dauerausstellung „Det eventyrlige Loft" die **Geschichte Westjütlands.**

■ **Info:** geöffnet Juli/August Di–So 11–17 Uhr, September bis Juni Di–Fr 12–16 Uhr, Sa/So 11–17 Uhr. Eintritt: Erw. 110 Dkr. (inkl. Holstebro Kunstmuseum), Pers. unter 26 Jahren frei. Museumsvej 2B, Tel. 9611 5000, www.holstebro-museum.dk.

◁ Die Versenkung der „Lusitania"

0 ⬛⬛⬛⬛ 300 m © Reise Know-How

DanNSK19 12/21

Bahnhof

• Polizei

1

2

Holstebro Golfklub — Storådalen

Altes Rathaus **4**
★ Skulptur
„Frau auf dem Karren"

3

Danmarksgade

Holstebro
ℹ Badeland

6 P

Sct. Jørgen **5**

Jeppe Schous Gade

✈ Flugplatz Karup

Store Torv /
Alter Marktplatz
★
★ Skulptur
„Sankt Georg
und der Drache"

7

Østergade

Kunstwerk
„Traum eines
Tabakarbeiters"

Musikteatret
Holstebro ◐ ★ **8**

Den Røde Plads

Freibad •
Holstebro

• Kino
„Big Bio"

Kunstwerk
„Das Feuer-Monument" ★

9

Ⓜ Museum für Kleinkunst
(Bomhuset, Zollhaus)

11

10 Ⓜ Holstebro Museum und
Kunstmuseum

🟥 **Übernachtung**
1 Hostel BBBB Holstebro
2 Bed & Breakfast Holstebro Sky
4 Hotel Schaumburg
8 Hotel Royal Best Western
11 DCU Camping Mejdal

🟦 **Essen und Trinken**
3 Café Utopia
6 Restaurant Sproed
7 Under Klippen
9 Restaurant Støberiet

🟩 **Einkaufen**
5 Frellsen
10 Kajak Freak

🟨 Fußgängerzone

Mittleres Westjütland bis Thyborøn

Holstebro Kunstmuseum

Auf jeden Fall einen Besuch wert ist diese **hochkarätige Kultureinrichtung.** Sie enthält Sammlungen dänischer Gegenwartskunst (u.a. *Ejler Bille, Henry Heerup*) und *objets d'art* aus der ganzen Welt, sogar *Picasso* ist vertreten. Dazu gibt es wechselnde Sonderausstellungen.

■ **Info:** geöffnet 1. Juli bis 31. August Di bis So 11–17 Uhr, 1. September bis 30. Juni Di bis Fr 12–16 Uhr, am Wochenende 11–17 Uhr. Eintritt 110 Dkr., (inkl. Holstebro Museum), unter 18 Jahren frei. Museumsvej 2A, Tel. 9742 4518, www.holstebrokunst museum.dk.

Museum für Kleinkunst (Bomhuset, Zollhaus)

Von den hier gezeigten Kunstwerken aus dem Wichtelland ist keines größer als 15 Zentimeter. Die **1200 Ausstellungsstücke** passen bestens zum Gebäude, denn es ist das **kleinste und älteste Haus der Stadt,** erbaut Ende des 18. Jahrhunderts. Einst mussten hier am Rande der Stadtgrenze die ankommenden Bauern eine Steuer auf ihre Waren, die sie in der Stadt feilbieten wollten, entrichten.

■ **Info:** Seit Herbst 2018 wegen Renovierung geschlossen, ob und wann eine Neueröffnung erfolgt, ist noch unbekannt. Sønderlandsgade 46.

Kirchen

Die **Kirche Sct. Jørgen** wurde 1907 erbaut, nachdem man das frühere Gotteshaus aus der Mitte des 15. Jahrhunderts dem Erdboden gleichgemacht hatte. Ei

nige der alten sakralen Inventarien können Besucher noch heute begutachten. Neueren Datums ist die Orgel, die, 1957 erbaut und 1982 erweitert, heute 2710 Pfeifen besitzt. Eine kostbare Rarität ist die Bibel des Königs *Christian III.* aus dem Jahr 1530, die im westlichen Kreuzarm zu sehen ist.

Weitere, deutlich **ältere Gotteshäuser** stehen **auf dem Land:** Die Kirchen von Bovbjerg, Mejrup, Måbjerg, Naur, Nørre Felding oder Råsted stammen allesamt aus dem 12. Jahrhundert.

Sport und Aktivitäten

🦋 **Wanderungen/Spaziergänge:** Rund um Holstebro bieten sich verschiedene Touren an, die teils in der Stadtmitte beginnen und nicht allzu lang sind, also beste Voraussetzungen bieten, um

dnsk-100 ths

⊳ Das Holstebro Museum ist nach langjährigem Umbau seit 2019 wieder zugänglich

aktiv zu werden. Beispiele: „Vom Alten Postkontor zu einem der ältesten Wälder der Stadt" (7 km), „Auf den Spuren des Widerstandes" (13 km) oder „Kultur in der Stadtmitte und Natur entlang dem Fluss Storå" (10 km). Eine Broschüre (Aktiv Guide) mit genauer Beschreibung der Touren erhält man in der Touristeninformation.

■ **Kanu und Kajak:** Auf der Storå kann man herrlich durch Holstebro und in die Umgebung paddeln. Der Fluss ist mit einer Länge von über 100 km der zweitlängste Dänemarks. Das Gewässer darf nur von Anfang Juni bis Ende Oktober von 9 bis 20 Uhr befahren werden. Infos zum Paddeln im Tourismusbüro und alles zu Ausrüstung/Vermietung u.a. bei **10** **Kajak Freak,** Prins Buris Vej 41A, Mejdal, Tel. 2058 6934, www.kajakfreak.dk.

■ **Holstebro Golfklub – Storådalen,** 18-Lochplatz rund 10 km von Holstebro entfernt. Gäste sind willkommen. Restaurant. Frøjkvej 83, 7500 Holstebro, Tel. 9612 6200, www.holstebrogolfklub.dk.

■ **Musikteatret Holstebro,** Konzerte, Musicals, Comedy, Theater. Sehr abwechslungsreiches Programm. Ticketverkauf Mo bis Fr 10–16 Uhr. Den Røde Plads 16, Tel. 9611 7979, www.musikteatret.dk.

■ **Big Bio,** das Kino zeigt viele Filme im Original mit dänischem Untertitel – eine gute Möglichkeit, besonders bei Regenwetter, die Sprachkenntnisse aufzubessern. Enghaven 17, 7500 Holstebro, Tel. 9742 6060, www.scala-holstebro.dk.

■ **Freibad Holstebro,** Schwimmen unter freiem Himmel, nur in den Sommermonaten ab Juni. Beachvolleyball. Minigolf. Erw. 30 DKr. Boldhusgade 1, Tel. 9611 6955, www.holstebro.dk/friluftsbad.

▽ Die Skulptur „Sankt Georg und der Drache" am alten Marktplatz

dnsk-039 ths

🧍 **Holstebro Badeland,** großes Erlebnisbad für die ganze Familie mit Turbo-Rutschbahn und Wasserfall. Sauna und Dampfbad. Außerdem separates Schwimmbad. Café. Eintritt Badeland: Erw. ab 57 Dkr., Kinder 3–13 Jahre ab 40 Dkr. Geöffnet werktags 12–19 Uhr, Wochenende/Feiertage 8–18 Uhr. Jeppe Schous Gade 12, Tel. 9740 1044, www.holstebro-badeland.dk.

Praktische Infos

Touristeninformation
🟥 **Jeppe Schous Gade 14,** Tel. 9611 7080, www.visitholstebro.dk.

Verkehr und Transport
🟥 **Busse** fahren in alle Richtungen.
🟥 **Bahn:** Holstebro liegt an der Hauptlinie Esbjerg – Thisted.

🟥 **Flugplatz:** Von Karup gibt es Flüge nach Kopenhagen.

Übernachtung
8️⃣ **Hotel Royal Best Western**③, zentrale Lage. Die Herberge bietet 40 moderne und zeitgemäße Zimmer mit Sicht auf die Innenstadt oder den Fluss. Den Røde Plads 10, Tel. 9740 2333, www.hotel-royal.dk.

4️⃣ **Hotel Schaumburg**④, 4-Sterne-Hotel im Zentrum, 57 gemütliche Zimmer und ein schottischer Pub. Ein Haus mit Geschichte und Atmosphäre. Nørregade 26, Tel. 9742 3111, www.hotel-schaumburg.dk.

🔲 Eines der Kunstwerke der Installation „Traum eines Tabakarbeiters" vor dem Hotel Royal

2 Bed & Breakfast Holstebro Sky②, mehrere Apartments und Zimmer, die teilweise auch kombiniert gemietet werden können. Teils mit Küche und Dachterrasse. Bad. Nørregade 55, Tel. 5074 5011, www.booking.com.

1 Hostel BBBB Holstebro①, einfache Herberge mit 28 Zimmern auf zwei Etagen, Gemeinschaftsbäder. Citynah. Ein paar 2-Bett-Zimmer, viele 4-Bett-Zimmer. Gemeinschaftsküche und großer Aufenthaltsraum. Frühstück im Café möglich. Sysselting 2, Tel. 9811 6044, www.holstebro-vanderhjem.dk.

Camping

11 DCU-Camping Mejdal, sehr reizvolle Lage am See. Stellplätze und Hütten. Pool, Kanuverleih. 2 km ins Zentrum von Holstebro. Geöffnet Ende März bis Ende Oktober. Birkevej 25, Tel. 9742 2068, www. dcu.dk/de/campingplads/dcu-camping-mejdal-de.

Essen und Trinken

7 Under Klippen, in gemütlichen Räumlichkeiten serviert das engagierte Team kulinarische Köstlichkeiten von sehr hoher Qualität. Viele regionale Produkte. Moderne dänische Küche mit französischem Einfluss. Ein Besuch lohnt sich. Geöffnet Mi–Sa 12–24 Uhr. Küche schließt um 22 Uhr. Lille Østergade 3, Tel. 9740 6655, www.underklippen.dk.

6 Restaurant Sproed, angenehm gestyltes Restaurant mit modernem Inventar und ein paar nicht alltäglichen Inneneinrichtungsideen. Die Pizzen (ab 89 Dkr.) sind dünn und knusprig, die Burger schmecken lecker. Geöffnet Mo–Do 11–22 Uhr, Fr/Sa 11–2 Uhr, So 12–21 Uhr. Enghaven 35, Tel. 9740 2020, www.restaurant-sproed.dk.

(MEIN TIPP:) **3 Café Utopia,** einladendes Lokal mit herzlichem Service. Unbedingt einen Besuch wert. Es werden soziale Projekte unterstützt und Ausstellungen lokaler Künstler in den Räumlichkeiten verwirklicht. *Mette Nielsen* kocht mundende Speisen wie Spaghetti mit Pesto, gegrillte Avocado oder Schokoladencreme. Geöffnet Di–Do 10–17 Uhr, Fr 10–23 Uhr, Sa 10–15 Uhr. Danmarksgade 3, Tel. 9611 3990, www.cafeutopia.dk.

9 Restaurant Støberiet, hochwertige Speisen, übersichtliche Karte. Exzellente Weinauswahl. Nettes Ambiente. Kurz: rundum eine gelungene Sache. Übernachten ebenfalls möglich. Geöffnet Di–Fr 12–16 Uhr, Sa/So 11–17 Uhr. Soenderlandsgade 32, Tel. 9742 6000, www.stoberiet.com.

Einkaufen

5 Frellsen, im Laden auf der Haupteinkaufsstraße läuft einem beim Betrachten der Auslagen das Wasser im Munde zusammen. Qualitativ hochwertige Schokolade und köstliche Pralinen und Naschwerk. Traditionsbetrieb seit 1897. Nørregade 7, Tel. 9742 2109.

Struer

Wo der Limfjord sich in einen Seitenarm namens Kilen („der Keil") buchtet, liegt dieses **liebenswerte Städtchen,** dessen Name auf ein „verengtes Strandufer" hindeutet. Erstmalig wurde Struer gegen Ende des 15. Jahrhunderts urkundlich erwähnt; das Stadtrecht gab's aber nicht vor 1917.

Vom 16. Jahrhundert an war Struer ein wichtiger **Einfuhrhafen für norwegisches Holz.** Eine Furt durch den Oddesund, eine Enge im Limfjord, verband den Ort mit dem Norden. Der Sage nach war der deutsche Kaiser *Otto* der Namensgeber – was sehr unwahrscheinlich

▷ Skulptur „Sarpsborgpigen" am Hafen von Struer

sein dürfte. Odde heißt auf dänisch nämlich „Landspitze", wie auf jeder Karte nachzulesen ist – und es gibt dort eine solche.

1865, als das Dampfross Einzug nach Jütland hielt, wurde Struer ein bedeutender **Eisenbahnknotenpunkt.** Heute ist die Stadt vor allem als Sitz der berühmten dänischen HiFi-Marke **Bang & Olufsen** und des großartigen Bang & Olufsen Museums bekannt.

Sehr reizvoll ist Struers **Hafenpromenade,** der **Fjordvejen.** Man startet am besten bei der Skulptur „Sarpsborgpigen", einer unbekleideten erzenen Lady am Fischereihafen, wandert am Segelklub vorbei und gelangt dann auf die schmale Landenge, die den Kilen (naturgeschützt, keine Hunde!) vom Limfjord trennt. Wer weiter der Küste folgt, die jetzt immer einsamer wird, erreicht letztlich den Kleppen, Abfahrtspunkt für die Venø-Fähre.

Im Norden eines so dick mit Herkulesstaude bewachsenen Ufers, dass man einen eigentümlichen Miniaturdschungel vor sich zu haben glaubt, erkennt man **Windräder;** unendlich viele scheinen es zu sein. Es ist Dänemarks größte Anlage, angesiedelt unter- und oberhalb der kombinierten Eisenbahn- und Straßenbrücke über den Oddesund. Die – zumindest aus der Ferne – filigranen Bauwerke passen irgendwie in die Landschaft, anders als die weit im Westen bei Thyborøn miefende Pestizidfabrik Cheminova. Von hier an wird man sich ohnehin an die ruhelos rotierenden Stromerzeuger gewöhnen müssen, denn der gesamte Nordwesten Jütlands steht mit über 1500 Exemplaren voll davon; Dänemark ist AKW-frei, und Wind gibt es jede Menge.

Sehenswertes

Struer Museum/ Bang & Olufsen Museum

Dieses einzigartige, seit Dezember 2016 bestehende Museum ist ein absolutes Muss beim Besuch der Stadt Struer. Die Ausstellung zeigt eine **Unmenge wunderbar designter Musikanlagen** von Beginn der Produktion im Jahre 1925 bis heute. Das Highlight des Museums ist das **Klanguniversum,** das zum Mitmachen einlädt. Lassen Sie sich dort Zeit und genießen Sie den klangvollen „Besuch beim Friseur" oder das Brüllen des Löwen. Für Liebhaber von **Gemälden lokaler Künstler** finden sich im Gebäude außerdem Kunstwerke u.a. von *Knud Agger, Johan Sejg* oder *Knud El.* Zum Museum gehört ferner das **Haus des Schriftstellers Johannes Buchholtz** und seiner Frau *Olga.* Es ist zu besichtigen und führt die Besucher in die Welt dieses berühmten Künstlers, der bis zu seinem Tod 1940 einer der meistgelesenen Autoren Dänemarks war.

■ **Info:** geöffnet Juli/August Di bis Fr 11–17 Uhr, Sa/So 12–17 Uhr, das restliche Jahr Di bis Fr 12–16 Uhr, Sa/So 12–17 Uhr. Eintritt: Erw. 60 Dkr., unter 18 Jahren frei. Søndergade 23, www.struermuseum.dk.

Struer Kirche

Im Inneren des 1891 fertiggestellten Sakralbaus hängt ein ansehnliches **Schiffsmodell des 1899 erbauten Schoners „Elona",** das der aus Struer stammende *Alfred Pedersen,* der selbst auf diesem Schiff zur See fuhr, hergestellt hat. Die schlichte Kanzel von 1891 spiegelt den neoromanischen Stil wider. Das Gotteshaus erhebt sich am höchsten Punkt der Stadt (Kirkegade 42).

Eisenbahnmuseum Mittel- und Westjütlands

Das Museum klärt auf über die Eisenbahngeschichte der Region; Struer entwickelte sich ab 1865 zu einer der wichtigsten Eisenbahnstädte Dänemarks. Vor Ort sind zahlreiche **Lokomotiven, Waggons und andere technische Gerätschaften** zu bestaunen, ausgestellt u.a. im 1954 erbauten Lokschuppen. Zu sehen ist ferner der orangefarbene Rangiertraktor, den die drei umtriebigen Hauptdarsteller im Film „Die Olsen-Bande stellt die Weichen" für ihre kriminellen Machenschaften nutzten. Im Laufe des Jahres werden Nostalgiefahrten angeboten. Geführte Tour auch auf Deutsch möglich.

🟥 **Info:** geöffnet Juli bis Mitte August Mo und Mi 9–12 Uhr, Sa/So 13–16 Uhr. Mitte August bis Ende Juni Mo und Mi 9–12 Uhr. Eintritt 50 Dkr., unter 18 Jahren frei. Godthåbsvej 10, Tel. 4093 8469, www.jernbanemuseet.dk.

Kunst- und Kulturzentrum Gimsinghoved

Das Landgut Gimsinghoved war einst ein Zentrum des Viehhandels, heute werden in dem 1916 errichteten herrschaftlichen Hauptgebäude **zahlreiche Ausstellungen** präsentiert, die unterschiedlichste Themen aufgreifen, von „Obdachlosigkeit" bis „Modedesign".

Hin und wieder kann man **Konzerten** lauschen, die im Sommer mitunter im prächtigen Garten zelebriert werden. Ein Café ist vorhanden.

🟥 **Info:** geöffnet Di bis So 13–17 Uhr, Eintritt für Ausstellungen 30 Dkr. Gimsinghoved 1, Tel. 9784 0258, www.gimsinghoved.dk.

Kunst in der Stadt

Hier und da trifft man in Struer auf Kunstwerke wie die 1981 von *Erik Poulsen* erschaffene Skulptur „Die Umarmung"; sie zeigt eine Mutter, die ihr Kind umarmt und beschützt. Die an der Hafenmole im September 1948 eingeweihte Skulptur „Sarpsborgpigen" (Omfavnelse) stammt aus den Händen des Künstlers *Kåre Orud* und ist ein Freundschaftsgeschenk der norwegischen Stadt Sarpsborg. Grund für diese Geste war der Umstand, dass die Einwohner der Orte Struer, Vinderup, Lemvig und Holstebro nach dem 2. Weltkrieg Lebensmittel und andere Gaben nach Norwegen sandten, als dort großer Mangel herrschte. Verschifft wurden diese Nothilfepakete vom Hafen in Struer, an der Stelle, die heute das „Scarpsborg-Mädchen" schmückt. Vom Smartphone mit der entsprechenden App lesbare QR-Codes an den jeweiligen Kunstwerken informieren über Werk und Schöpfer.

Japanischer Garten

Durch diesen harmonisch mit Steinen, Wasserläufen und Hunderten Bäumen gestalteten Garten führt der Schöpfer *Egon Bested* höchstpersönlich; wer will, kann natürlich auch alleine seine Runde durch diese **Oase der Ruhe** drehen. Seit 2017 gibt es ferner ein **kleines Puppen- und Spielzeug-Museum.**

■ **Info:** geöffnet Anfang Mai bis Anfang September Di–Do 10.30–16 Uhr, Eintritt: Erw. 40 Dkr., für Kinder unter 12 Jahren ist der Eintritt frei. Park Alle 91, Tel. 9785 4358 und 2331 2069, www.japanskhave.dk.

Sport und Aktivitäten

■ **Angeln:** Am Limfjord existieren Dutzende Angelplätze mit Parkplätzen. Geangelt wird nach Meeresforellen. Ausführliche Beschreibungen findet man in der kostenpflichtigen Broschüre „Havørredfiskeri i Limfjorden" (Meerforellen-Angeln im Limfjord). Ein staatlicher Angelschein ist notwendig. Beides ist in den Tourismusbüros der Gegend erhältlich.

■ **Struer Golfklub,** hügeliger, abwechslungsreicher Platz mit Blick auf den Nissum Fjord und den Oddesund. Gäste können wählen zwischen einem 18-Loch-Parcour (Par 71) und einem 9-Loch-Kurs (Pay & Play). Selbst ein Golfsimulator ist vorhanden. Driving Range. Thagårdvej 16, Humlum, Tel. 9786 1720, www.struer-golfklub.dk.

■ **Folkets Hus Struer,** Veranstaltungshalle im Zentrum, ganzjährig Konzerte und Kulturevents aller Couleur. Tegltorvet 2, Tel. 9785 1157, www.folketshus.struer.dk.

■ **Kurbad Limfjorden,** ansprechendes Spa- und Wellness-Center mit entspannendem Ausblick auf den Limfjord. Finnische Sauna, BioSauna mit 60 Grad und Infrarot-Sauna. Wasserfall. Türkisches Bad (Hammam). Anwendungen wie Massage oder Peelings. Café. Geöffnet Di bis Do 17–22 Uhr, Fr 14–21 Uhr, Sa/So 10–17 Uhr. Ved Fjorden 6, Tel. 7199 2565, www.kurbadlimfjorden.dk.

■ **Struer Tennis Klub,** insgesamt 6 Plätze. Park Alle 8D, www.struertennisklub.dk.

Event

Sansefestival – Festival der Sinne

Seit 2010 alljährlich jeden zweiten Samstag **im August** verwandelt sich die City von Struer in einen riesigen **Markt.** Tausende Besucher erfreuen sich an landwirtschaftlichen Produkten aus der Region, die die Händler aus der Umgebung herankarren. Ein buntes und appetitliches Vergnügen.

Praktische Infos

Touristeninformation
■ Mo–Fr 9.30–17 Uhr, Sa 9.30–13 Uhr. **Smedegade 7,** Tel. 9684 8501, www.visitnordjylland.de.

Verkehr und Transport
■ **Bahn:** Struer liegt an der Hauptbahnstrecke Esbjerg – Thisted, sie führt über den Oddesund (Klappbrücke) und die Insel Thyholm.

Übernachtung
■ **Grand Hotel Struer**③, zentrale Lage in der Fußgängerzone, rund 70 zeitgemäß eingerichtete Zimmer in einem 1895 erbauten Gebäude. Wohltuende Atmosphäre. Gutes Restaurant (Schou's Brasserie & Bar), nicht nur für Gäste. Østergade 24, Tel. 9785 0400, www.struergrandhotel.com.

(*MEIN TIPP*) **Humlum Bed & Breakfast**②, 5 km nördlich der Stadt. Alle Räumlichkeiten (2 DZ und 2-Personen-Wohnung) sind hell und sehr geschmackvoll im Stil der dänischen Badehotels eingerichtet. Wunderschöne Lage mit großem idyllischem Garten. Fahrradverleih. Oddesundvej 19, Tel. 2048 5844, www.humlumbb.dk.

Camping
■ **Humlum Camping & Fiskerleje,** Stellplätze und Hütten (bis max. 6 Pers.) inmitten naturnaher

Umgebung. 12-Loch-Minigolf, Spielplätze, Kajakverleih. Angrenzender Bootshafen. Zu Fuß geht es zum Strand mit schwimmenden Rutschen. Bredalsvigvej 5, Humlum, Tel. 9786 1304, www.humlumcamping.dk.

■ **Bremdal Camping,** Stellplätze direkt am kinderfreundlichen Badestrand. Spielplatz, Minigolf. Mitte März bis Ende Oktober. Fjordvejen 12, Tel. 9785 1650, www.bremdal-camping.dk.

Essen und Trinken, Einkaufen

■ **Restaurant Ved Fjorden,** herrliche Lage am Jachthafen, besonders wenn im Sommer die Terrasse geöffnet ist. Frischer Fisch und lokale Zutaten sorgen für Freude am Essen. Vegetarische Pfannenkuchen sind ebenfalls im Angebot. Das Personal bedient mit Herz und Kompetenz. Di bis So 11.30–22 Uhr. Ved Fjorden 12, Tel. 9785 4666, www.restaurant-vedfjorden.dk.

■ **Café KC,** in der Fußgängerzone. Burger, Sandwich, Fish'n'Chips und andere warme Speisen. Bei Sonnenschein sitzt man draußen. Geöffnet Mo–Sa 10–20 Uhr. Østergade 7, Tel. 4970 0800.

■ **Ostemesteren & Café O,** auch bei den Einheimischen sehr beliebter Spezialitätenladen mit integriertem Café. Ausgezeichnet sortierte Käsetheke, freundliches und kompetentes Fachpersonal. Viele weitere schmackhafte Besonderheiten. Im Café O serviert man Panini, dänische Tapas, Suppen oder Muffins. Laden und Café geöffnet Di bis Do 9.30–17 Uhr, Fr bis 18 Uhr, Sa 9–13 Uhr. Vestergade 11, Tel. 9785 4040, www.dinostemester.dk.

(MEIN TIPP) **Vin & Kunst,** ein Eldorado für Liebhaber guter Tropfen. Der großzügig gestaltete Laden beherbergt in seinen Regalen unzählige Weine,

Biere und Spirituosen aus Dänemark und speziell auch aus der hiesigen Region. Zum Beispiel Stauning-Whisky und Biere von der Insel Fur. Sogar Wein aus einem winzigen Weingut in Struer gibt es zu kaufen, den „Château Village de Bière". Østergade 5, Tel. 9684 0810, www.vin-kunstshop.dk.

Venø

Die „Freundesinsel", so die Übersetzung, ist ein **Eiland zum Verlieben.** Man hat bewusst darauf verzichtet, eine Brücke hinüberzuschlagen, obwohl es nur ein paar Meter zum Festland sind. Statt dessen pendelt eine kleine **Autofähre** etwa alle 20 Minuten hin und her; einen festen Fahrplan gibt es eigentlich nicht.

> Dänemarks kleinste Kirche steht auf Venø

Von Struer fährt ein **Bus** in knapp 30 Min. (Nr. 346: Struer – Bremdal – Venø) hinüber. Man kann auch am Ufer der Bucht zum Anleger **wandern,** 5 Kilometer sind es von der Stadt. Drüben entlässt einen die Fähre in insulare Einsamkeit. Wer die zentrale Straße scheut, geht am besten rechts oder links die Strände entlang, was wegen großer Anhäufungen von Kies und Muschelschalen allerdings etwas mühsam ist.

Venø ist 7,5 Kilometer lang und an seiner dicksten Ausbuchtung 1,5 Kilometer breit; 6 km² ergeben sich insgesamt. **200 Menschen** wohnen permanent auf der Insel, aber eigentlich liegt alles wie leblos da, nur zahlreiche Mirabellenbäume biegen sich unter schwerer Last. Am Strand finden sich massenweise Miesmuscheln.

Im geometrischen Zentrum liegt das Dorf **Venø By,** links, am Venø Sund, ein Häfchen, auch für Jachten, rechts, an der **Venø Bugt,** ein kleiner Strand mit Campingplatz. Mittig dazwischen findet man das Inselkirchlein, das nun wirklich den Diminutiv verdient, denn es ist Dänemarks kleinstes, erbaut etwa 1600, rot und weiß und putzig. Oben im Norden öffnet sich die Insel zum **Vogelschutzgebiet Nørskov Vig,** eine genau herzförmige flache Bucht; Säbelschnäbler, See- und Zwergschwalben fühlen sich hier zu Hause.

Sport und Aktivitäten

■ **Segeln:** Ein kleiner, recht romantischer Hafen findet sich an der Westseite; Wassertiefe: 2 m.
■ **Wandern und Radfahren:** Eine Rundtour zu Fuß oder mit dem Rad umfasst etwa 20 km und verschafft einen tollen Überblick über die gesamte In-

sel. Fahrradverleih am Hafen, Tel. 9786 8100. Weitere Infos in der Touristeninformation in Struer und unter www.venoe.dk.

Praktische Infos

Übernachtung
■ **Venø Bed & Breakfast**②, ein paar schlichte, gemütliche Zimmer in schöner Umgebung, tolles Frühstück mit lokalen Leckereien. Die Inhaberin *Lis Møller Jensen* ist außerdem Künstlerin, ihre Werke sind in der benachbarten Galerie ausgestellt. Tangvej 1, Tel. 2762 0387.

Camping
■ **Venø Camping,** Anfang Mai bis Ende Oktober. Klitten 10, Tel. 9786 8002.

Essen und Trinken
■ **Venø Kro,** Gasthof in ruhiger Natur, sonntags Frühstücksbüfett. Deftige, gute Küche mit lokalen Produkten, Spezialitäten: Suppe mit Fjordhummer, Venø-Steak. Geöffnet Juni–August Di–So 11.30–14 und 17.30–21 Uhr. April/September Do–Sa 17.30–21 Uhr. Mai Di–Sa 17.30–21 Uhr. Havstokken 22, Tel. 9786 8006, www.venoekro.dk.

Thyholm

Auf beiden Seiten der **Oddesundbrücke,** die Jütland an die Fast-Insel Thyholm anbindet, gibt es erst einmal, wie anders, deutsche Stellungen zu besichtigen. **Bunker** und andere militärische Objekte hatten Heer und Luftwaffe seinerzeit in die schöne Landschaft gepflanzt, und dort stehen sie immer noch. Um sie herum erheben sich **moderne Windräder,** über deren Funktion man

im Kommandobunker 16 in Oddesund Nord einiges nachlesen kann.

Wenn ich Thyholm eine „Fast-Insel" nenne, so geschieht dies, weil dieser Klacks hügeliger Erde im Limfjord nur **über eine ganz dünne Landzunge mit Nordjütland verbunden** ist, und die Brücke im Süden zählt eh nicht. Über Landzunge und Brücke führen aber immerhin die wichtige Landstraße A 11 und die Bahnlinie Struer – Thisted; die deutschen Militärs wussten schon um deren strategischen Wert.

Was zwischen diesen beiden Punkten liegt, sind vornehmlich **Bauernland** und recht **vielfältige Natur** (475 Arten von Wildpflanzen hat man gezählt), ein paar Städtchen und eine Menge alte Kirchen. Deren berühmteste ist zweifelsohne die **Kirche** des alten (12. Jh.) Hauptortes **Hvidbjerg.** Es ist auch wohl weltweit die einzige, in der ein Bischof umgebracht wurde; 1260 musste *Oluf Glob von Børglum* direkt vor dem Altar dran glauben – eine Erbstreitigkeit. Der Rächer der Ent-

erbten genießt heute lokalen Heldenstatus, und *Hans Christian Andersen* hat das Märchen „Der Bischof von Børgholm und seine Verwandten" mit dem Mord als Hintergrund verfasst. So etwas kommt halt nicht alle Tage vor, sollte man annehmen. Doch schon die **Kirche von Søndbjerg** im Süden ist von Sagen umwoben, die von Verführung, Kirchenbrand, Flucht und Rachemord berichten. Nur in den Kirchen von **Jegindø** (mit schönem Schiffsmodell), **Lyngs** und **Odby** (Gemälde) ging es offenbar gesitteter zu.

Heute geht es auf Thyholm ruhig zu, außer wenn die Eisenbahn mal vorbeirattert. Reist man über den Tambosund noch ein Stück weiter zur **Nachbarinsel Jegindø** – seit 1916 führt ein Damm dorthin –, wird es vollends still. Ein paar

⌃ Schafe dienen auch in Dänemark als tierische Landschaftspfleger

Kutter landen im idyllischen Inselhäfchen an, und wer beim Angeln kein Glück gehabt hat, kann sich am Kai mit Fisch eindecken. Thyholm bietet sich als Erholungsgebiet an: Radeln und Wandern sind hier ein Genuss.

Sehenswertes

Heimatmuseum (Æ Fywerhus)

Am Hafen von Jegindø findet sich dieses kleine Museum mit Schwerpunkt **Limfjord-Fischerei**. Das 1911 erbaute Haus gehörte einst dem Fischer *Iver Holm*, der es als Geräteschuppen nutzte.

■ **Info:** geöffnet Juni bis September Mo bis So 10–20 Uhr. Eintritt frei. Jegindø Havn, Tel. 9787 9294, www.struermuseum.dk.

Thyholm Egnsmuseum

In Hvidbjerg laden der **Apotekergården** und einige **historische Gebäude** zu einer Besichtigung ein. Es handelt sich um ein sehenswertes Häuserensemble samt Inventar aus vergangener Zeit.

■ **Info:** geöffnet Mai/Juni immer Sa/So, in den Sommermonaten tägl. außer Mo, jeweils 14–17 Uhr. Eintritt: Erw. 40 Dkr., Kinder 7–15 Jahre 10 Dkr. Havrelandsvej 29, Søndbjerg, Tel. 9787 5588, www.thyholm-egnsmuseum.dk.

Sport und Aktivitäten

Angeln

■ **Überall in der See um Thyholm und Jegindø** darf man angeln, sofern man einen Schein dabeihat. Plattfisch ist besonders im Angebot, wenn es

dnsk-046 ths

weht; die Flundern und Schollen sehen im Sandgewirbel dann nicht so genau hin. Vor Kallerup Kær sind Aale häufig, hauptsächlich spät im Jahr, und östlich der Brücke fängt man im Herbst mit Spinner und Wurm Meerforellen. Thyholms wahre Spezialität ist jedoch der **Hornhecht;** im Juni kommt dieser Fisch in Scharen durch den Fjord und kann von der Brücke aus geangelt werden – körbeweise manchmal. **Köder und Leihgerät** gibt's bei der Tankstelle in Oddesund Nord.

Reiten
■ **Thyholm Rideklub,** Reitunterricht, Halle vorhanden. Følhøjvej, Odby, www.thyholmrideklub.com.

Segeln
■ Etwas nördlich des Hafens von Jegindø hat man eine **Marina** für etwa 50 Boote gebaut; hier können auch kleinere Jachten gemietet werden.

Wandern
■ Rund um Thyholm existieren unzählige **markierte Wanderwege.**

Praktische Infos

Übernachtung, Camping, Essen und Trinken
■ **Tambohus Kro**②, ruhige und naturnahe Herberge mit 29 moderne Zimmern, alle mit Bad/WC und neun davon mit Blick auf den Limfjord. Mit Terrasse oder Balkon. Ausgezeichnete Küche, vor allem Fischgerichte wie gedünste Limfjordmuscheln mit Weißwein oder Fischsuppe mit Safran. Tambogade 37, Thyholm, Tel. 9787 5300, www.tambohus.dk.

◁ Ländliches Farbenspiel

■ **Tambosund Camping,** beste Lage am Limfjord. Stellplätze und Hütten. Surfen, Segeln, Angeln, Baden möglich. Swimmingpool, Kinderspielplatz und Minigolf auf dem Gelände. Jegindøvej 27, Thyholm, Tel. 9787 1772, www.tambosundcamping.dk.

Ausflüge nach Paris, Rom und Korea

Paris liegt an der Landstraße von Struer nach Lemvig, zwischen Resenstad und Gudum. Es ist lediglich ein Kuhdorf, aus einer Handvoll Häusern bestehend, und wenn man nicht aufpasst, rollt man im Nu daran vorbei.

5 Kilometer südlich von Lemvig befindet sich **Rom**. Dort gibt es einen Provinzflugplatz, Andenken an die deutsche Luftwaffe, deren betonierten Sanitätsunterstand man immer noch bewundern kann. Viel mehr gibt's nicht zu sehen, es sei denn, man kann sich für eine Biogasanlage, Dänemarks größte, erwärmen. Die Kuhfladen aus 80 Landbetrieben versorgen ein komplettes Heizkraftwerk mit Energie.

Für **Korea** letztlich muss man sich in den Norden, Richtung Ålborg, bemühen. Dort, in der Nähe des Städtchens Støvring, liegt Korea, wiederum ein Kaff mit ein paar Gebäuden.

Was das soll? Nun, nach Besuchen dieser Lokalitäten kann man die Frage, wo man denn seinen Urlaub verbracht habe, lässig beantworten mit: „In Dänemark, Paris, Rom und Korea." Um Fotobelege muss man auch nicht verlegen sein – alle drei Nester haben ein Ortsschild …

3

Lemvig — 0 ____ 200 m © Reise Know-How 12/21

Lemvig Golfklub, Vinkelhage, Gjellerodde

Lem Vig

Fischereihafen

Hafen · Hafenbüro

Jachtbassin

Museet for Religiøs Kunst

Lemvig Museum

Jens Søndergaards Museum, Leuchtturm (Fyr)

Startpunkt Planetsti

Vestergade

Bahnhof

Lemvig Kirke · Polizei · Rathaus

Busstation

Nørlem Kirke, Aussichtspunkt

Lemvig Sø

Klosterheden Statskov (Staatsforst), Holstebro, Ringkøbing

Übernachtung
1 Hotel Nørre Vinkel
2 Danland Lemvig
3 Lemvig Strand Camping
5 Bed and Breakfast Lemvig
6 Bovbjerg Camping
14 Hotel Lidenlund

Essen und Trinken
9 Café & Fischrestaurant Mathilde
10 Restaurant Ripasso
11 Restaurant Luna

Einkaufen/Sonstiges
7 Reiterhof Havhest
8 Cykel-Mads
12 Lemvig Skatepark
13 Fri BikeShop

Wassersport
4 Kitesurfen und Stand Up Paddling

Fußgängerzone

Lemvig

Wer Struer schon hübsch gefunden hat, wird sich im „Grübchen Westjütlands" erst recht wohlfühlen. **Malerisch an einer engen Bucht gelegen** und in sanfte grüne Hügel gebettet, mit ansprechenden Baulichkeiten aus der Mitte des 19. Jahrhunderts gesegnet, schmuck, sauber und ruhig – das ist Lemvig, 7500 Einwohner groß. Das Leben in der Kleinstadt spielt sich in der Østergade und auf dem Rathausplatz ab, Lemvigs Fußgängerbereich.

Geschichte

Schon in der **Steinzeit** siedelten sich Menschen im Umfeld der Lem-Bucht an, die ein Schmelzwasserfluss aus einem eiszeitlichen Gletscher über dem Limfjord in die Küste gekerbt hatte. Bei Bovbjerg wurden im 19. Jahrhundert dreizehn **bronzezeitliche Grabhügel** freigelegt, aber viel kam dabei nicht zum Vorschein: ein paar alte Pötte und die Reste eines Eichensarges. In einem der Hügel sitzt laut örtlicher Legende jedoch ein englischer König, umgeben von so vielen Kostbarkeiten, dass die dänischen

Staatsschulden, egal wie hoch, damit ausgeglichen werden könnten. Das muss heute eine ganz schöne Schatztruhe sein!

Lemvig entstand im Mittelalter; **1234** wurde die Stadt **erstmals genannt.** Aus dieser Zeit stammt noch die eindrucksvolle weiße Kirche im Zentrum, mehrmals renoviert, zuletzt 1935. Dabei wurde dem Dom ein Zwiebelturm verpasst, der heute Lemvigs Wahrzeichen ist und sogar in einem populären Comic – „Livets gang i Lidenlund", etwa: Der Lauf des Lebens in Kleinkleckersdorf – seinen festen Platz gefunden hat.

Lemvig heute

Lemvigs **Hafen,** dicht am Zentrum gelegen, wurde 1851 gebaut und entwickelte sich zu einem Handelszentrum, von dem Segelschiffe die Nord- und Ostsee befuhren. Später kam ein Fischereihafen hinzu, dem heute jedoch vom nahe gelegenen Thyborøn weitgehend der Rang abgelaufen worden ist. Trotzdem dümpeln noch ein, zwei Dutzend Kutter an den Kais, und jeden Morgen finden Auktionen statt. Fisch ist offenbar genügend vorhanden, und teuer ist er auch nicht.

Wie alle Inlandsstädte entlang der Küste hat auch Lemvig seine **„Badevororte".** Vinkelhage und Gjellerodde, mit diverser touristischer Struktur, liegen am Fjord. An der Nordsee teilen sich Fjaltring/Trans, Bovbjerg/Ferring, und Vejlby/Vrist den Kuchen aus weißen Stränden und stellenweise nachgelagerten **Kliffküsten** – malerisch, doch auch gefährdet. Die Nordsee nagt an dieser Küste, besonders bei Trans ist sie dem Ort bedrohlich nahegekommen. Bauernhöfe mussten aufgegeben und vom Staat übernommen werden, und die Kirche von Trans wird wohl in naher Zukunft mal den Hang hinunterpurzeln. Schön anzusehen ist der Leuchtturm an der Klippe von Bovbjerg (s.u.).

☑ Blick auf Lemvig und den Hafen

dnsk-042 ths

Sehenswertes

Lemvig Museum

Präsentiert wird **Geschichtliches aus der Region** von den Anfängen bis zur Gegenwart. Man erfährt etwas über den Dichter und Astronomen *Thøger Larsen* (1875–1928), und im Garten stehen Skulpturen des Bildhauers *Torvald Westergaard* (1901–1988), ein echter Sohn Lemvigs. Lustig wird es beim Comic „Livets gang i Lidenlund" (Der Lauf des Lebens in Kleinkleckersdorf) und nochmals künstlerisch mit den Werken des Malers *Niels Bjerre* (1864–1942).

■ **Info:** geöffnet Juni, Juli, August und September tägl. 13–17 Uhr, Mo geschlossen, sonst verkürzte Öffnungszeiten, November/Dezember geschlossen. Eintritt: Erw. 40 Dkr., unter 18 Jahren frei. Vestergade 44, Tel. 9782 0025, www.lemvigmuseum.dk.

Planetsti (Planetenpfad)

Am Museum beginnt der Planetenpfad und zieht sich etwa **12 Kilometer** am Limfjord entlang. Es handelt sich um ein Modell des Sonnensystems im Maßstab 1:1 Milliarde. Die Sonne und die Planeten sind in Bronze gefertigt und jeweils auf Granitsäulen montiert. Dem Planetenpfad kann man zu Fuß oder mit dem Fahrrad folgen.

Lemvig Kirke

Zentral am Torvet erhebt sich die Kirche des Ortes. Das sakrale Gebäude wurde zu unterschiedlichen Zeiten erbaut. Einige Steine im Fundament stammen aus dem 13. Jahrhundert. In den folgenden Jahrhunderten erweiterte man den Bau mit Seitenschiffen und einem Turm,

dnsk-043 ths

der jedoch Ende des 17. Jahrhunderts durch ein Feuer teilweise zerstört und daraufhin neu errichtet wurde. Ebenso fand ein Umbau im Jahr 1788 statt und eine Renovierung im Jahr 1935.

Museet for Religiøs Kunst

Vom Hafen aus erreicht man das Museum in wenigen Minuten zu Fuß. Zu sehen sind **Kunstwerke des 20. und 21. Jahrhunderts** zum Thema Religion. Beispielsweise finden sich Werke des französischen Expressionisten *Georges Rouault* und Bibelillustrationen von *Bodil Kaalund.* Wechselnde Sonderausstellungen. Café und Shop.

■ **Info:** tägl. außer Mo 12–16 bzw. 17 Uhr, Januar geschlossen, Eintritt 75 Dkr., unter 18 Jahren frei. Strandvejen 13, Tel. 9781 0371, www.mfrk.dk.

Nørlem Kirke

Von der Kirche hoch über der Stadt (2 km östlich) hat man einen **herrlichen Rundblick** über die gesamte Gegend. Der Chor und das Schiff des aus Granitquadern erbauten romanischen Gotteshauses stammen aus dem 11. Jahrhundert. Gut 400 Jahre später errichtete man den Turm. In der Kirche finden sich zahlreiche Objekte aus dem Rokoko.

Die eindrucksvolle Bovbjerg-Steilküste

Das winzige „Jens Søndergaards Museum" in der Nähe des Leuchtturms Bovbjerg

3

■ **Info:** geöffnet bzw. zu besichtigen Di bis Fr 8–16 Uhr, Kabbelvej 3.

Klosterheden Statskov

🦌 Der **Staatsforst ist mit fast 7000 ha eines der größten Waldgebiete Dänemarks.** Etwa 7 Kilometer südlich von Lemvig gelegen, gibt es hier Wanderwege, Spielplätze und Möglichkeiten für den Hundeauslauf. Hier befindet sich auch ein großes Forschungszentrum, das seit Jahren die Ursachen des Waldsterbens zu ermitteln versucht, bisher offenbar vergeblich.

Leuchtturm (Fyr) Bovbjerg

Rund 15 km von Lemvig entfernt steht dieser 1877 erbaute, 26 Meter hohe Leuchtturm und gibt Zeichen, rund um die Uhr. Noch befindet er sich auf der Klippe, einige Dutzend Meter weiter unten breitet sich der Strand aus – eine sehr **eindrucksvolle Landschaft.** Diese allein ist schon einen Besuch wert. Wer will, erklimmt das Bauwerk, gönnt sich danach eine Erfrischung im Café oder besucht die Kunstausstellung.

■ **Info:** geöffnet Februar/März und November/Dezember Di bis So 13–16 Uhr, April bis Juni Di bis So 14–17 Uhr, Juli/August tägl. 11–17 Uhr. Fyrvej 27, Tel. 9789 1012, www.bovbjergfyr.dk.

Jens Søndergaards Museum

In der Nähe des Leuchtturms Bovbjerg an der gleichnamigen Steilküste steht das ehemalige Sommerhaus des bekannten dänischen Künstlers *Jens Søndergaards,* gestorben 1957. In dem winzigen, von grandioser Natur umgebenen Museum hängen seine **farbintensiven, beeindruckenden Werke.**

■ **Info:** geöffnet Palmsonntag bis Ende Mai und September bis Mitte Oktober Di bis So 11–17 Uhr sowie Juni bis Ende August tägl. 11–17 Uhr. Januar bis Palmsonntag Sa/So 13–16 Uhr. Transvej 4, Tel. 9789 5254, www.jenssoendergaard.dk.

Sport und Aktivitäten

4 **Kitesurfen/Stand Up Paddling:** *Anne-Louise* und *Tom* geben von Juni bis Mitte Oktober Kurse für Anfänger und Fortgeschrittene. Vinkelhagevej 10b, Tel. 5363 4317, www.spiritsurf.dk.

■ **Lemvig Golfklub,** Golf spielen mit Blick auf den Fjord beim Hotel Nørre Vinkel. 18-Loch-Platz (Greenfee 350 Dkr.), 6-Loch-Kurzbahn (Pay & Play), Driving Range. Clubhaus und Café. Strandvejen 15, Tel. 9781 0920, www.lemviggolfklub.dk.

7 **Reiterhof Havhest,** Reiten in kleinen Gruppen (6–8 Pferde), Juli/August Di bis Fr. Genaue Termine nach Vereinbarung, auch online. 1 Std./Pers. 250 Dkr. (mind. 2 Pers.). Flyvholmvej 33, Langerhuse, Harboøre, Tel. 3025 6296, www.havhest.dk.

12 **Skaterbahn:** 1200 m² groß, hat der **Lemvig Skatepark** am Güterhafen alles, was Skater lieben. Eine flotte Angelegenheit mit Quarterpipes, Handrails, Speedbumps und Ledges. Übrigens: Zuschauen macht auch richtig Spaß. Der Eintritt ist frei. Havnen 10, www.visitnordvestkysten.de.

■ **Segeln:** Jachtbassin rechts vom Fischereihafen, klein, aber komfortabel und nur ein paar Schritte vom Stadtzentrum entfernt. Eine große Marina befindet sich in Vinkelhage etwas nordwestlich von Lemvig; dort sind selbst in der Hochsaison fast immer Liegeplätze frei. Im September findet eine Holzschiffregatta statt.

Radfahren

Eine wunderbare und nicht zu anstrengende Tagestour führt von Lemvig durch die herrliche Küstenlandschaft mit „bergigen" Abschnitten. Die **Radroute „Himmel, Meer und Kunst"** hat eine Länge von 44 km und ist perfekt gekennzeichnet; auf die blauen Schilder mit der Nummer 409 achten. Ein guter Startpunkt wäre der Hafen von Lemvig. Exakte Wegbeschreibung online zum Ausdrucken unter www.vestkystruten.dk/de/radrouten/panoramarouten/lemvig.

8 **Cykel-Mads,** Fahrradverleih und Laden, Bikes ab 75 Dkr./Tag. Verschiedene Fahrräder wie Mountainbike, Rennrad oder E-Bike. Reparaturwerkstatt. Mo bis Do 9–17 Uhr, Fr 9–17.30 Uhr, Sa 9.30–13 Uhr. Storegade 27, Tel. 9782 1095, www.cykelmads.dk.

☑ Der Leuchtturm Bovbjerg steht direkt an der Steilküste

13 **Fri BikeShop,** Ladenkette mit vielen Geschäften in ganz Dänemark. Vermietung und Reparatur. Alle Arten von Rädern inkl. E-Bikes. Mo bis Do 9–17 Uhr, Fr 9–17.30 Uhr, Sa 9.30–13 Uhr. Østergade 29, Tel. 9781 0488, www.fribikeshop.dk.

Praktische Infos

Touristeninformation

■ **Havnegade 14,** Tel. 9782 0077, www.visitnordvestkysten.de.

Verkehr und Transport

■ **Busse** von Struer und Holstebro.
■ **Oldtimerzug** von Vemb nach Thyborøn. Achtung: Der Bahnhof ist ca. 1,4 km von der Busstation entfernt, außerdem geht's in Serpentinen den Vesterbjerg hoch. Busse fahren hin, aber keineswegs immer fahrplangerecht.

Mittleres Westjütland bis Thyborøn

dnsk-044 ths

Übernachtung

1 Hotel Nørre Vinkel③, modernes Hotel etwas außerhalb des Zentrums direkt am Golfplatz. Zimmer und Suiten. Blick auf den Limfjord und Lemvig. Gutes Restaurant, Fr und So Steak-Abend. Søgårdevejen 6, Tel. 9782 2211, www.norrevinkel.dk.

5 Bed and Breakfast Lemvig②, wenige Kilometer außerhalb des Ortes gelegene Unterkunft mit viel Platz im Außenbereich. Im Angebot sind Doppelzimmer mit Bad und auch große Zimmer für für mehrere Personen mit Küche. Familiäres und freundliches Miteinander. Lemvigvej 21, Tel. 2646 5569. Auch über die üblichen Hotelportale buchbar.

14 Hotel Lidenlund③, traditionsreiche und charmante Herberge, schönes Gebäude aus dem 19. Jh., zentral gelegen. Die Zimmer sind im klassischen Stil eingerichtet. Vasen 11, Tel. 9782 0200, www.hotellidenlund.dk.

Ferienhäuser (Vermittlung)

2 Danland Lemvig, Anlage mit Ferienhäusern/ -wohnungen am Fjord, sehr schön gelegen, etwas außerhalb der Stadt. Swimmingpool, Sauna. Familienfreundlich. Vinkelhagevej 8, Tel. 9782 2722, www.danland.de/ferienparks/lemvig.

■ **Odden Ferienhäuser,** lokaler Vermieter in Gjellerodde bei Lemvig. Gjelleroddevej 73, Tel. 2013 5734, www.oddensommerhusudlejning.dk.

Jugendherberge

■ **Danhostel Fjaltring,** an der Küste südlich von Bovbjerg, ca. 16 km südwestlich von Lemvig. Zimmer mit und ohne Bad. Vestermøllevej 7, Tel. 9788 7700, www.fjaltringvandrerhjem.dk.

Camping

6 Bovbjerg Camping, Stellplätze und Hütten (4–6 Pers.). An der Steilküste beim Leuchtturm Bovbjerg, mit Meerblick, nur einen Katzensprung zum Strand. Spielplatz, beheizter Swimmingpool. Geöffnet Mitte März bis Mitte Oktober. Juelsgårdvej 13, Ferring, Tel. 9789 5120, www.bovbjergcamping.dk.

3 Lemvig Strand Camping, reichlich Stellplätze und einige Hütten. Hallenbad, Tennis, Spielplatz. Am Limfjord, 200 m vom Golfplatz, 2 km westlich von Lemvig. Geöffnet April bis Mitte Okt. Vinkelhagevej 6, Tel. 9782 0042, www.lemvigcamping.dk.

Essen und Trinken

(MEIN TIPP:) **10 Restaurant Ripasso,** hochgelobt als eines der besten Lokale im Ort. Überschaubare Anzahl an Tischen, daher Reservierung sehr ratsam. Das Ambiente und die vorzüglichen Speisen verheißen einen gelungenen Abend. Dänisch-italienische Küche. Mo bis Sa 17–21 Uhr. Nørregade 3, Tel. 9749 7494, www.restaurantripasso.dk.

11 Restaurant Luna, reizvolle Lage im Hafen, schöne Terrasse. Der Fisch oder auch der Bison-Burger sind schmackhaft, das Personal ist aufmerksam. Im Innenbereich lichtdurchflutet dank viel Glas; freier Blick auf den Fjord. Küche geöffnet Di–So 11.30–16 und 17.30–21 Uhr, ansonsten durchgehend von 11.30 bis 21 Uhr. Havnen 36, Tel. 9640 6000, www.restaurantluna.dk.

9 Café & Fischrestaurant Mathilde, wird gerne von Einheimischen empfohlen. Das Personal ist äußerst freundlich, die Tische sind schnell belegt. Behagliches Flair drinnen und draußen am Hafen. Mittagstisch, abends Menü und à la carte: Fischplatte, Hummersuppe, Steak und Wiener Schnitzel. Havnen 44c, Tel. 6166 5185.

Harboøre Tange

Dies ist der **Name der Landzunge,** die sich wie ein mahnender Zeigefinger als letzter Festlandszipfel Jütlands **am Eingang zum Limfjord** nordwärts erhebt. Benannt ist sie nach dem Örtchen Harboøre an ihrem Fuß. Jahrtausendelang schottete dieses riesige Sandgebilde den Limfjord wie ein Deich zur Nordsee hin ab und machte die von mächtigen Gletschern gegrabene Senke zum Binnengewässer. In der Frühzeit belegter Geschichte mag es eine Öffnung gegeben haben, denkbar ist aber auch, dass die Wikinger, die in dieser Region Stützpunkte besaßen, ihre Boote über die Dünen schleppten.

Falls die Küste um die erste Jahrtausendwende offen gewesen sein sollte – sie wuchs bald wieder zusammen. Zwar brach die Nordsee stets erneut durch diesen Wall. Doch die **Einbrüche** waren **nie von Dauer;** die Schäden reparierten sich sozusagen von selbst. Die Küstenlinie wanderte dabei allerdings langsam

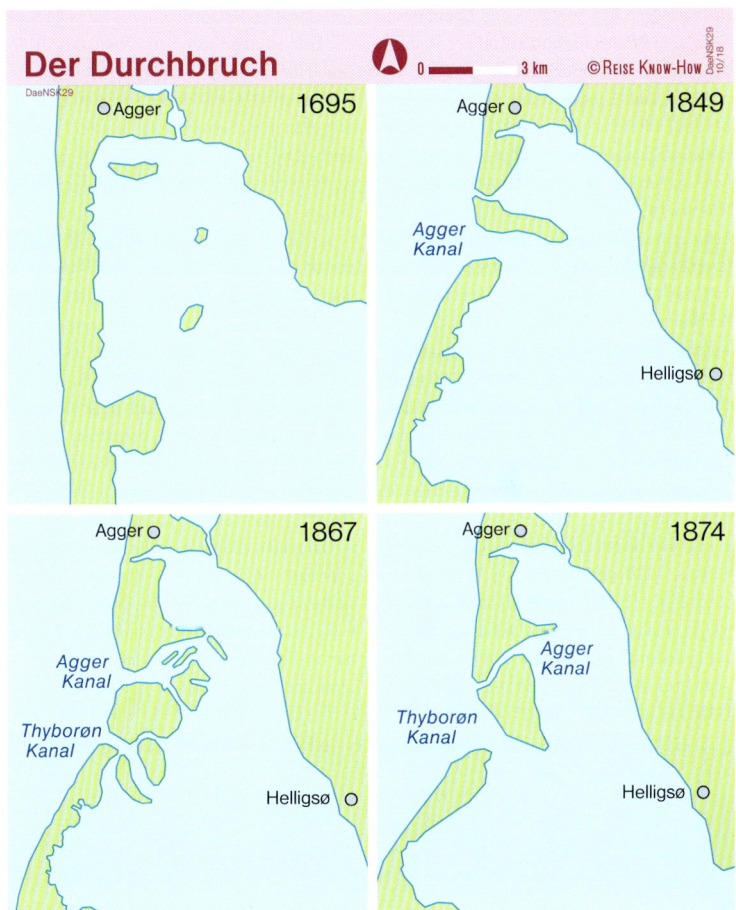

Der Durchbruch   0 ▬▬ 3 km   © Reise Know-How

1695 · Agger

1849 · Agger · Agger Kanal · Helligsø

1867 · Agger · Agger Kanal · Thyborøn Kanal · Helligsø

1874 · Agger · Agger Kanal · Thyborøn Kanal · Helligsø

3

Die Sache mit der Cheminova

Man bekommt geradezu einen Schock, wenn man auf dem Weg nach Thyborøn, inmitten von Naturschutzgebieten, plötzlich einen **Industriekomplex** aus der Dünen- und Wattenlandschaft wachsen sieht. Und was für einen! Die auf dem Halbinselchen Rønland gelegene **Cheminova Agro** stellt **Pflanzenschutzmittel** her, Herbizide, Pestizide und Insektizide, lauter feine Sachen, die laut Eigenwerbung „einen entscheidenden Einfluss auf drohende Krankheitsepidemien und Hungersnotkatastrophen gehabt haben". Außerdem und unter anderem werden „chemische Zwischenprodukte für Weiterverarbeitung in anderen chemischen Industrien" zusammengebraut. Alles, versteht sich, „im Rahmen der strengsten Umweltgesetze der Welt". Politiker und Gewerkschafter der traditionell erwerbsschwachen Region singen ein einhelliges Loblied auf den grauen Kasten, der 1000 Leute beschäftigt. Verständlich. Von dem eine Milliarde Kronen teuren Kuchen, der alljährlich bei der Cheminova gebacken wird, möchte jeder ein Scheibchen abhaben, auch wenn es ein wenig bitter schmeckt.

Also alles paletti, sollte man meinen. Die Cheminova, **1938 gegründet,** zog 1953 auf die Landzunge von Harboøre in Jütlands Nordwesten, so weit weg von menschlicher Besiedlung wie in Dänemark überhaupt möglich. Um dort Bonbons zu produzieren? „Die Spuren der früheren Umweltverschmutzung sind aber noch nicht ganz beseitigt worden", weist Thyborøns amtlicher Fremdenführer auf unbewältigte **Altlasten** hin. „Ein Mülldepot bei der **Buhne 42** in der Nordsee wurde 1981 durch Abgraben entfernt. Ein schwaches Heraussickern von Giftstoffen aus der Erde ist aber noch verblieben. Das ist der Grund für das Bade- und Fischverbot 200 Meter um Buhne 42. Auch südlich von dem alten Fabrikgelände gibt es ein Bade- und Fischverbot." Und: „Der Gehalt an Quecksilber der am schlimmsten betroffenen Fischart, dem Aal, ist in Besserung."

Also doch nicht so paletti. Und ein Fingerzeig darauf, dass, selbst wenn jetzt „Cheminovas Produktion sorgfältig überwacht wird", dort früher in der Tat keine Drops gekocht wurden, und wenn, dann ganz schön saure. In lokalen Fischer- und besonders in Umweltschutzkreisen gibt es Stimmen, die sich auch über die **heutigen Verhältnisse** wenig begeistert äußern. Dass laut Firmenangaben „99 % der Produktion exportiert werden", stimmt eher nachdenklich. Die Information deutet auf Substanzen hin, die in Dänemark niemand mehr verwenden will oder darf – in der armen „Dritten Welt" werden sie damit schon fertig werden. Doch diese Stoffe vieltausendtonnenfach in unmittelbarer Nachbarschaft zu wissen, lässt bei manchem Thyborøner und Harboører Gänsehaut entstehen.

landein, und Dörfer, die sich auf dem Sanddamm angesiedelt hatten, wurden Opfer der Fluten: Toft, Bollum, Nabe, Vester Agger.

Zum **endgültigen Durchbruch** kam es bei der gewaltigen Februarflut des Jahres **1825**. Südlich des heutigen Agger entstand eine Öffnung, und die Nordsee rauschte in den Limfjord. Die neue Situation brachte zunächst viele Erschwernisse für die Bevölkerung mit sich. Nicht nur wurde der alte „Ochsenweg" unterbrochen, von dem schon die Rede gewesen war. Für die bis dahin vornehmlich vom Süßwasserfischfang lebenden Anwohner galt es auch, sich jetzt auf die Seefischerei umzustellen. Zunächst mussten Hunderte von Tonnen von Fischen „entsorgt" werden, die der Salzwassereinbruch getötet hatte und die zum Himmel stanken.

Doch nach und nach gedieh die Entwicklung insofern zum Vorteil, als jetzt die **Schifffahrt** aus dem geschützten Innern des Fjords in Gang gebracht werden konnte; 1835 bereits gingen ganze Flotten auf die Reise. Doch schon 1860 sandete das Loch erneut zu. Aber die See ruhte nicht: Sieben Jahre später durchbrach sie die Schwachstelle. **Mehrere Durchlässe** entstanden, darunter ein sehr breiter nördlich von Thyborøn, damals nur ein Fischernest. 1875 beschloss die dänische Regierung, diesen neuen Kanal zu befestigen, um den Limfjord endgültig für die Seeschifffahrt zu erschließen. Etwa 2000 Schiffe fahren heute jährlich durch die Rinne, die aufgrund extremer Sandbewegungen ständig durch Saugbagger tiefgehalten werden muss.

Um das dünne Rückgrat der Landzunge gegen den weiteren Ansturm der See zu schützen, sind an der Außenseite **Buhnen aufgeschüttet** worden; schon 1870 fing man damit an. Sie beginnen bei Harboøre und setzen sich bis Thyborøn fort, das besonders stark ausgebaut worden ist; der ganze dortige Ufer- und Hafenbereich besteht aus Betonbefestigungen, zu auch denen die deutsche Wehrmacht mit ihren Bunkern beitrug.

Während seeseitig von Harboøre das touristische Leben pulst, wird es nordwärts immer dünner damit, woran die **Pestizidfabrik Cheminova** (siehe Exkurs) wohl ihren Anteil dazu beiträgt. Sozusagen als Entschuldigung hat man annähernd die gesamte Harboøre Tange (und ihr gegenüberliegendes Gegenstück im Norden, die Agger Tange) zu **Naturschutzgebieten** gemacht, deren Betreten entweder gänzlich oder zu großen Teilen des Jahres verboten ist. Überwiegend handelt es sich hier um Lagunen, die zur Nordsee hin durch Dünen abgeriegelt sind und auf der Binnenseite in Salzwiesen und Röhrichtwälder übergehen – ideale Lebensbedingungen für viele Arten von **Wasservögeln.** Die geschützten Gebiete, „Große Seen" genannt, sind deshalb in erster Linie Vogelreservate: Lagunen, überschwemmte Wiesen und seichte Gewässer die **Nissum Bredning,** die von den auf ihren Zügen rastenden Vögeln aufgesucht werden. Enten (Krick-, Pfeif-, Schell-, Stock und Tafelente) stellen den größten Artenanteil:. Außerdem rasten hier Blässhühnern, Höcker-, Sing- und Zwergschwänen. Im Frühjahr fallen Kurzschnabelgänse und Stelzvögel ein, um im Sommer zu brüten. Natürlich sind auch die allgegenwärtigen Möwen in reichlichen Zahlen dabei, und in jüngster Zeit haben sich Kormorane eingefunden. Und das alles im Schatten der Cheminova-Fabrik.

Mittleres Westjütland bis Thyborøn

3

Thyborøn

Thy heißt die gesamte Region am westlichen Limfjord-Eingang, was „Volk" bedeutet; womöglich hat aber auch eine Gottheit namens *Thi* Pate gestanden, genau wissen es die Historiker nicht. Ein **bo** ist ein Bewohner; **hraun,** altnordisch, steht für „Steingrund". Die eiszeitlichen Gletscher haben hier, an der Ausgangspforte zur Nordsee, jede Menge Moränenschutt abgeladen. Zu Lande äußert sich dieser Sachverhalt in Gestalt sanfthügeliger Topografie, zu Wasser in der Fangstatistik der Fischereiflotte, über die sich die Bodenbeschaffenheit nachvollziehen lässt: Viele Fischarten lieben einen *hraun,* und viel Fisch wird in Thyborøn gelandet.

Thyborøn ist wahrlich keine idyllische Schönheit und doch einen Besuch wert, insbesondere für Familien. Im geschäftigen Hafenbereich ist das **Freizeitangebot** üppig und vielfältig, vom Aquarium mit Streichelbecken bis zum Erlebniscenter auf über 5000 m² Fläche.

Übrigens: Um weiter nach Norden Richtung Agger zu kommen, muss man zwangsläufig die **Autofähre** nutzen.

Sehenswertes

Jyllands Akvariet

„Trauen Sie sich, einen Hai zu streicheln?", fragt das Prospekt dieser Aquarienanlage. Mutig genug? Jeder kann selbst entscheiden. Ansonsten einfach der **Rochen- und Haifütterung** beiwohnen (Mo, Fr 13 Uhr) und die **zahlreichen Aquarien** bestaunen.

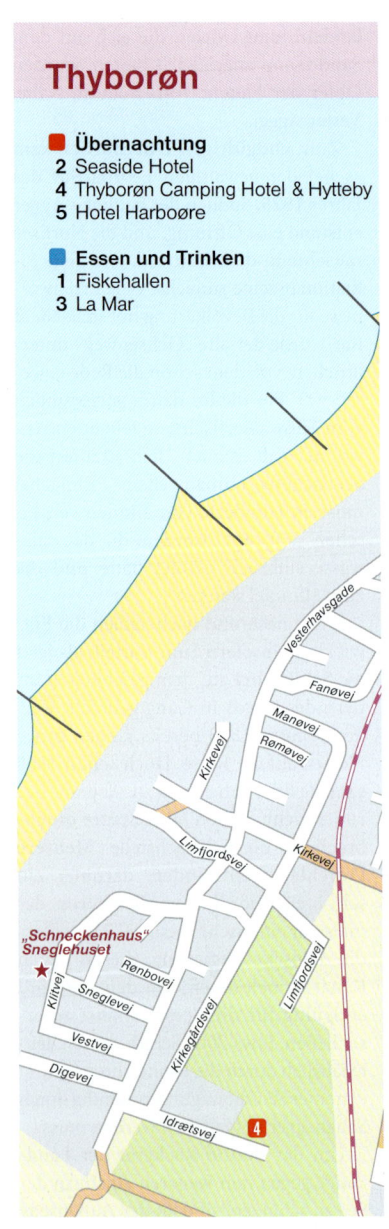

Thyborøn

■ **Übernachtung**
2 Seaside Hotel
4 Thyborøn Camping Hotel & Hytteby
5 Hotel Harboøre

■ **Essen und Trinken**
1 Fiskehallen
3 La Mar

0 ▬▬▬ 500 m   © REISE KNOW-HOW

Badestrand

THYBORØN
KANAL

Sea War
Museum
Jutland
Ⓜ

Kystcentret ★
(Erlebniscenter)
ⓘ
Jyllands ★
Akvariet

Kystcentervej
Vesterhavsgade
Glentevej
Havnegade
Kulervej

Jernbanegade

1 Midterpier
*Jachthäfen
Nord*
*Vinkel
Pier*

Bahnhof ✉   Bredgade

2 ★ *Anker der
Alexander
Newsky*

*Hylde
Pier*

● *Fischauktionshalle*

Skolevej
Nordkap
Ternevej
Klydevej
Fjordgade
Mågevej
Svanegade
Havnegade
Rødspættevej
Trawlvej

● *Angel- und Wracktouren,
Angelausrüstung*

Lærkevej
Fasanvej
Vibevej
Harboørevej

3

Trawlvej
Sydhalevej

Hafen

Redningsskibskaj

Rypevej
Jagtvej
Thurøvej
Læsøvej
Samsøvej
Gangsti
Anholtvej

Beddingsvej

Tankskibsvej

Sperlingvej

Kirkevej
Sprogøvej
Jegindøvej
Furvej
Morsøvej
Ærøvej
Harboørevej

Nordsøkaj

Tobisvej

Drejøvej

Fischereihafen

5 ⚓ *Fähre
nach Agger*

■ **Info:** ganzjährig ab 10 Uhr geöffnet, je nach Saison bis spätestens 18 Uhr. Eintritt: Erw. 99 Dkr., Kinder 3–12 Jahre 89 Dkr. Vesterhavsgade 16, Tel. 9783 2808, www.jyllandsakvariet.dk.

Kystcentret

⚡ Dieses **Erlebniscenter** hat einen sehr **informativen Charakter.** Spielerisch und mit Spaß am Ausprobieren erfährt man beispielsweise etwas zu den Themen „Das Wasser formt den Sandboden" oder „Die Macht der Wellen". Im Kino laufen kurze Filme über das Meer und die Küste, auch auf Deutsch. Auf dem Außengelände befinden sich ein originaler Bunker und ein **toller Spielplatz** mit viel Wasser.

■ **Info:** geöffnet Mitte Februar bis Ende Oktober ab 10 Uhr bis spätestens 18 Uhr, je nach Saison. Eintritt: Erw. 119 Dkr., Kinder 3–12 Jahre 99 Dkr. Kystcentervej 3, Tel. 9690 0200, www.kystcentret.dk.

Sea War Museum Jutland

Das Museum beschäftigt sich u.a. mit der **Skagerrakschlacht,** die 1916 vor der Küste tobte und fast 9000 Marinesoldaten das Leben kostete. Die in den Dünen zu sehende, interessante und berührende **Gedenkstätte** ist den vielen Opfern gewidmet.

■ **Info:** tägl. geöffnet 10–16 Uhr, einige Tage im Dezember geschlossen, Eintritt: Erw. 85 Dkr., Kinder 8–17 Jahre 30 Dkr. Kystcentervej 11, Tel. 4043 3808, www.seawarmuseum.dk.

Sneglehuset

Kitsch as Kitsch can! **Abertausende von Seeschnecken** aus aller Welt sind hier zu einem bunten Seeschrecken verarbeitet worden. Drinnen im „Schneckenhaus" verlocken Buddelschiffe, Nippes, ausgestopfte Fische, Schiffsmodelle, muschelige und maritime „Souvenirs" zum Kauf. Allerdings: Wer das Haus von außen inspiziert, hat schon das meiste gesehen – und das gratis.

■ **Info:** geöffnet ab Mitte April bis Ende Oktober tägl. 10 bzw. 11 bis 16 bzw. 17 Uhr. Eintritt: Erw. 20 Dkr., Kinder 3–12 Jahre 5 Dkr. Klitvej 9, Tel. 9783 1167, www.sneglehuset.dk

◁ Windkraftanlage südlich von Thyborøn

Deutsche Feste Thyborøn

Der Eingang zum Limfjord erschien der deutschen Besatzungsmacht besonders schützenswert. Wer erst einmal durch dieses Loch geschlüpft war, konnte auf der anderen Seite bei jeder Wetterlage Invasionstruppen oder Sabotagekommandos landen. Von 1943 an begann man deshalb, die Landspitze von Thyborøn zu einer riesigen **Festung** auszubauen. 66 größere und 40 kleinere Betonbunker entstanden, eine der ausgedehntesten Anlagen in Dänemark, übertroffen nur von Hanstholm (siehe dort). Sie sollten nicht nur die strategisch wichtige Einfahrt sichern, sondern auch die fünf großen „Wassermann"-Antennen der **Radarstellung Lama,** die im Verlauf des Luftkrieges zu mancher Sondermeldung Anlass gaben.

Die Fäden des riesenhaften Komplexes „Festung Thyborøn" liefen in einem zweistöckigen **Kommandobunker** zusammen, der im Herbst 1944 aus 3100 m³ Beton in die Dünen gegossen wurde. Meldungen von den Radargeräten wurden in der Leitstelle dieses Bunkers ausgewertet und über einen Relaisposten in Houvig an das zentrale dänische Hauptquartier der Luftwaffe in Karup weitergeleitet. Jede Nacht herrschte in *Lama* fieberhafte Tätigkeit. Die Arbeit dieser Anlage fügte den Alliierten schwerste Verluste zu und verlängerte den Krieg wahrscheinlich um einiges, denn viele alliierte Bombenflüge nach Deutschland führten zwangsläufig über Jütland hinweg und fanden durch Lama-geleitete Nachtjäger der Luftwaffe ein Ende.

Umgeben war die Kommandozentrale von Beobachtungs-, Geschütz-, Luftabwehr-, Mannschafts-, Munitions- und Scheinwerferbunkern, die heute teils im Sand versunken, großenteils aber noch erhalten sind und die gesamte Küste unterhalb von Thyborøn verschönern. Der Kommandobunker liegt bei **Buhne 57.** Man hat ihn

unzugänglich gemacht, nur das 400 m² große Dach ist noch zu sehen. Die meisten anderen Bunker sind jedoch begeh- und einsehbar. Es gibt sogar einen „Ausstellungsbunker", vorn an der Stadt gelegen, mit einer Übersicht über das ganze Elend.

Es heißt übrigens, dass der **dänische Untergrund** wiederholt versuchte, die Anlagen zu sabotieren, indem man zum Beispiel Bauarbeiter veranlasste, Zucker in den Beton zu mischen. Die Dänen geben aber zu, dass dahinter eher Wunschdenken steckte. In ganz Dänemark gab es zu Kriegszeiten nämlich nicht genug Zucker, um auch nur eine einzige Fuhre Beton damit zu versüßen; außerdem lässt Zucker das Zeug wahrscheinlich nur noch fester zusammenbacken. Eher niedlich klingt auch, dass die Deutschen sich bemühten, manche ihrer Bunker als Bauernhöfe und Ferienhäuschen zu tarnen. Ein junger dänischer Architekt ließ den Engländern Pläne dieser Bauten zukommen, fein säuberlich wie Examensarbeiten zu Papier gebracht. Ob sie etwas bewirkten, ist nicht bekannt, aber „die Schildkröte", wie sich der Spion nannte, erntete viel Lob für die schönen Zeichnungen.

Bunker

Siehe dazu den **Exkurs „Deutsche Feste Thyborøn".**

☑ Gedenkstätte für die
vielen Opfer der Skagerrakschlacht

Sport und Aktivitäten

Angeln

🔲 Die **strömungsreichen Gewässer um die Halbinsel von Harboøre Tange** sind ausgezeichnete Angelreviere und bei Anglern sehr beliebt. Auf der Nordseeseite kann man entlang der ganzen Strecke von Vejlby Klit bis Thyborøn direkt vom

Strand oder von den Buhnen aus angeln (nur Buhne 42 ist ausgenommen). Viele Angler versuchen auch ihr Glück auf den Molen des Ortes oder direkt im Hafenbecken. Gefangen werden Plattfische (Scholle, Flunder, Butt, Kliesche), Dorsch, Makrele, Hornhecht, Meerforelle und -äsche sowie Lachs. Nahe an der Küste ist die Jagd auf Dorsch nur nachts aussichtsreich.

dnsk-048 ths

■ **Angel- und Wracktouren,** Ausfahrten mit der „MS Bodil" und der „MS Muddi" der Emma Line, Dauer ab 8 Std. bis mehrere Tage. Hochseeangeln mit Übernachtung an Bord möglich. Havnegade 22, Tel. 2944 9570, www.emma-line.dk.

■ **Angel-Ausrüstung,** im Laden der Emma Line gibt es eine riesige Auswahl rund ums Angeln einschließlich wetterfester Bekleidung. Havnegade 22, Tel. 2944 9570, www.emmaline-grej.dk.

Segeln

■ Thyborøn hat gleich **drei Jachtbassins,** zwei im Norden des ausgedehnten Fischereihafens, eins im Süden. Ortskenner empfehlen die Nordbecken; dort ist man dann auch gleich mitten im Ort.

Feste und Events

Dänemarks ältestes Fischfest

Am Tag des Fisches (4. August) ist richtig was los im Ort, und das alljährlich seit über 40 Jahren. Alles dreht sich um das beliebte Schuppentier. Essensstände bieten das Leibgericht von Thyborøn an, gebratene Scholle. Bands spielen auf, beispielsweise die aus Thyborøn stammende Gruppe „Tørfisk" (Trockenfisch), und auch die Kinder können sich austoben. Wer Lust hat, schaut bei der Fischauktion vorbei.

dnsk-049 ths

Musikfestival Haze over Haarum

Jedes Jahr am zweiten Wochenende **im Juni** musizieren, tanzen und rocken in Harboøre dänische und ausländische Musiker und mehrere Tausend Gäste.

🟥 **Info:** www.haze.dk.

🔼 Die Autofähre von Thyborøn nach Agger

🔳 Anker der russischen Fregatte „Alexander Nevsky", die 1868 vor der Küste strandete

Praktische Infos

Touristeninformation

🟥 **Kystcentervej 3,** Tel. 9690 0200, www.visit nordjylland.de.

Verkehr und Transport

🟥 **Oldtimerzug** (Lemvigbanen) von Vemb über Lemvig nach Thyborøn. Fahrplan unter www.midt trafik.dk/koreplaner/tog/lemvigbanen.

🟥 **Autofähre nach Agger,** Abfahrt südlich des Ortes, ausgeschildert. Ganzjährig unterwegs; von frühestens 6 bis spätestens 20 Uhr im Sommer (Juni bis August) halbstündlich/stündlich, in den restlichen Monaten stündlich bis etwa 18 Uhr. Fahrzeit 10 Min., Erw. ab 20 Dkr., Kinder unter 12 Jahren ab 10 Dkr., Auto und Fahrer ab 90 Dkr. Infos unter www.thyboronagger.dk.

Übernachtung

🟥2 **Seaside Hotel**③, modernes Hotel direkt am Hafen. Früher wohnten hier die Seeleute. Schöne, helle Zimmer mit farbenfrohen Highlights und freiem Blick auf die Fischerboote. Tolles Frühstück. Havnegade 20, Tel. 97831244, www.seasidehotel.dk.

5 **Hotel Harboøre**②, kleines, familiengeführtes Hotel rund 1 km vom Nordseestrand entfernt und 11 km südlich von Thyborøn. Modern renovierte Zimmer, gutes Frühstück und Restaurant im Haus. 4 Zimmer mit Bad/WC und ein Apartment für max. 5 Pers. Stationsvej 5, Harboøre, Tel. 9783 4301, www.harboorehotel.dk.

Ferienhäuser (Vermittlung)

■ **Dansommer/Novasol,** Strandvejen 44, Vrist, Harboøre, Tel. 3914 3041, www.novasol.dk und www.dansommer.de.

■ **SJ Feriehusudlejning,** Strandvejen 86, Vrist, Harboøre, Tel. 9783 4760, www.nordseeurlaub.dk.

Camping

4 **Thyborøn Camping Hotel & Hytteby,** zentral positioniert zwischen Hafen und Nordsee. Hier ist für jeden etwas dabei: Stellplätze für Zelte/Wohnwagen, knapp 26 Hütten mit Bad/WC und einige sog. Hotelzimmer. Fahrradverleih. Sommerprogramm für die ganze Familie. Idrætsvej 3, Tel. 9783 1277, www.thyboronhotel.dk.

Essen und Trinken

MEIN TIPP: **1** **Fiskehallen,** am Hafen. Hier werden Fänge direkt verarbeitet, der Fisch ist garantiert knackfrisch. Große Terrasse mit Holztischen. Schollenfilet mit Kartoffelsalat, Fischburger mit Krabben. Außerdem Hähnchen, Kebab und Steak. Havnegade 5A, Tel. 9783 2882, www.fiskehallen-thyboron.dk.

3 **La Mar,** unweit des Hafens. Fischspezialitäten, Steaks vom Grill, z.B. mit Madagaskarpfeffer und Cognac-Senf-Sauce. Viel gelobt, eher hochpreisig. Geöffnet März bis Dez. Do–So 18–22 Uhr, außer Mitte Juni bis Mitte Aug. Di–So 18–22 Uhr. Havnegade 64, Tel. 9783 2244, www. restaurantlamar.dk.

Mittleres Westjütland bis Thyborøn

dnsk-050 ths

4

Die westliche Limfjord-Region

◁ Der Leuchtturm von Lodbjerg

ÜBERBLICK

tionen und Sehenswürdigkeiten – und das rund ums Jahr.

Entdecken Sie den Nordwesten Dänemarks! Nur wenige Reiseveranstalter haben Thy und die Limfjord-Insel Morsø in ihrem Programm. Dabei hat gerade der Nordwesten Dänemarks viel zu bieten, sowohl landschaftlich, kulturell und mit seinen vielen Attrak-

Hier wird der Reiseaufenthalt noch dem Gedanken des **sanften Tourismus** gerecht, wo einmalige Naturerlebnisse und der Kontakt mit der Lokalbevölkerung an allererster Stelle stehen.

Die **Region Thy-Morsø** hat eine heile Natur, die vom Limfjord und der rauhen Nordsee geprägt ist. Die Landschaft ist

Westliche Limfjord-Region

Anschlusskarte Seite 206

Anschlusskarte Seite 124

4

sehr abwechslungsreich. Es gibt Hügel und flache Heide, Wälder und Wiesen, Steilhänge, steinige Küsten und breite, weiße Sandstrände. Die Region ist folglich das **ideale Reiseziel für Wanderfreunde und Radfahrer** und natürlich auch für diejenigen, die ganz einfach mal entspannen und ihre Seele baumeln lassen wollen.

Für geologisch Interessierte bietet die Insel Morsø noch einen ganz besonderen Leckerbissen, denn die für die Insel typische **Molererde** mit ihren vielen Versteinerungen gibt es sonst weltweit nur noch auf der Nachbarinsel Fur.

Neben den einmaligen landschaftlichen Erlebnissen bietet die Region noch vieles mehr. So liegt unter anderem **Jesperhus**, Nordeuropas größter Blumenpark, auf der Insel Morsø, und fast alle anderen großen Attaktionen Jütlands können in ein bis zwei Autostunden erreicht werden. Dies gilt auch für Skagen und die Großstädte Århus und Ålborg.

Dänemark ist berühmt für seine **Kirchen**. Die Insel Morsø mit nur 24.000 Einwohnern hat ganze 34, davon stammen die meisten aus dem Mittelalter. In Thy nahe dem Dorf Vestervig, steht die größte, und wohl auch eine der schönsten Dorfkirchen Nordeuropas.

Ebenso beeindruckend sind die kleinen **Fischerdörfer** entlang der Nordseeküste. In manch einem Dorf fühlt man sich geradezu in das 19. Jahrhundert zurückversetzt, wenn man den Fischern

Die westliche Limfjord-Region

NICHT VERPASSEN!

⇒ Der **Leuchtturm von Lodbjerg** | 173

⇒ Fischerromantik in den Küstenorten **Stenhjerg**, **Vorupør** und **Klitmøller** | 177, 178, 179

⇒ Versteinerungen sammeln am **Hanklit** | 193

⇒ Geschichtliches erfahren im **Dueholm Kloster und Museum** in Nykøbing | 198

Diese Tipps erkennt man an der gelben Markierung.

4

bei ihrer Arbeit zuschaut. Natürlich besteht auch die Möglichkeit, selbst sein Angelglück von der Küste oder von einem Boot aus zu versuchen.

Die Region Thy-Morsø beherbergt viele **Kunsthandwerker und Künstler.** Diese verkaufen nicht nur ihre Waren, sondern gestatten oft auch, dass man ihnen bei der Arbeit zusieht.

Wir werden uns jetzt auf die Reise in diese vielleicht faszinierendste Region Jütlands begeben, indem wir sie **von Westen her** „aufrollen". Die Fast-Insel Thyholm, dem Namen nach eigentlich dazugehörig, wurde aus Gründen der geografischen Einpassung im vorigen Kapitel behandelt.

er, streng genommen, selbst eine Insel, wird aber weder als solche klassifiziert noch benannt.

Schon vor 15.000 bis 20.000 Jahren zog sich das **Eis** zurück, das bis dahin den Nord- und Ostseeraum bis weit in den Kontinent hinein bedeckt hatte. Unter seinem enormen Gewicht war das Land niedergedrückt worden; jetzt hob es sich wieder. Gleichzeitig stieg der **Meeresspiegel** an, der bis dahin so niedrig gewesen war, dass fast die gesamte Nordsee trocken lag. Die Konturen des heutigen Dänemark schälten sich allmählich heraus. Mitunter gab es noch Kälteeinbrüche, und das Eis rückte stel-

Thyland

Geologische Entstehung

Thy oder Thyland nennt sich der **Westteil** des „Deckels", der, durch den Limfjord abgetrennt, **über der jütländischen Halbinsel** sitzt und keine eigene Bezeichnung hat, wohl weil er zu Zeiten der Namensgebungen entweder fest mit dem Hauptland verwachsen war oder aus einzelnen Inseln bestand. Heute ist

▷ Im feuchten Klima wächst viel Moos

lenweise wieder voran. Dabei schob es große Mengen von Material zusammen; die Hügellandschaft entstand, die heute vor allem den Norden Jütlands prägt. Durch das jetzige Limfjordland drückte sich damals ein gewaltiger **Gletscher** und hobelte sich sozusagen seine Wanne. Fließendes Wasser während des Abtauvorgangs glättete die Ufer und produzierte dieserart eine der eindrucksvollsten Topografien Nordeuropas. Und das Thyland, vor 6000 Jahren noch ein Häufchen kleiner und kleinster Kalksteininseln, wuchs letztlich zu dem kompakten Ganzen zusammen, als das es sich heute dem Auge darbietet.

Die Landschaft

Die Fähre von Thyborøn legt an einem der einsamsten Punkte der jütländischen Westküste an. Just einen Meter über Normalnull ist das Land an der **Agger Tange** hoch und zum großen Teil naturgeschützt wie die gegenüberliegende Harboøre Tange. Seehunde kommen an den Strand, die Luft ist voller Vögel. Die anschließende Autofahrt auf der 181 führt fast zur Gänze über eine schmale Nehrung, auf beiden Seiten ist Wasser.

Auch der weitere Verlauf der **Küste** zeichnet sich durch solitäre Strände und Dünen aus; die Ansiedlungen sind klein

502dk rh

und liegen relativ weit auseinander. Im **Landesinnern** wird auf fruchtbaren Böden Landwirtschaft betrieben. Man schützt die Felder durch „Knicks", lange Baumreihen, vor dem immerwährenden Westwind; die Bäume neigen sich allesamt nach Osten, ein wunderlicher Anblick.

Geschichte

Diese Ecke Dänemarks ist **geschichtsträchtiges Land,** das, alles zusammengenommen, mit mehr Zeugnissen aus grauer Vorzeit als der Rest der Nation aufwarten kann. An die 5500 **Grabhügel** sind in der Thy-Region ausfindig gemacht worden, die meisten aus der **Bronzezeit** (1600–1000 v. Chr.); einige **steinzeitliche** (3200–2800 v. Chr.) sind auch vertreten. Ein großes Ganggrab kann man am Oddesundvej nördlich von Hurup inspizieren.

Um die Zeitenwende siedelten sich die **Wikinger** in der Region an. Spuren hinterließen sie in Doverodde, Gudnæsstrand, Skyum Bjerge, Ydby und Ørum, wenn auch keine sehr auffälligen. Vieles ist den Unbilden des rauen Klimas zum Opfer gefallen.

Vestervig

Verschwunden auch sind die Zeitzeugnisse um Vestervigs **Kirche,** die *Theodgaris* aus Thüringen anno **1000** gebaut haben soll und die im Mittelalter Bischofssitz war. Nicht nur das Klima ist rau in dieser Ecke, die Sitten waren es offenbar auch – Wikingererbe?

Als **Prinz Buris** sich hier in **Liden Kirsten,** Halbschwester *Valdemar des Großen,* verliebte, passte dem König das nicht; vielleicht legte auch der Bischof sein Veto ein. „Als der König im Krieg war", sagt ein touristischer Text, „hat Kirsten in aller Heimlichkeit eine Tochter zur Welt gebracht, und Prinz Buris war der Vater." Der Arme! Er wurde – dreifach hält besser – geblendet, kastriert und an die Kirche von Vestervig gekettet. Die edle Buhle musste sich zu Tode tanzen. Zumindest begrub man die beiden zusammen, nachdem *Buris* es elf weitere Jahre an seiner Kette ausgehalten hatte.

1703 brannte die Kirche fast komplett ab und wurde danach neu erbaut; sie ist jetzt Dänemarks größte Dorfkirche und hat **eine der berühmtesten Orgeln des Landes** aufzuweisen.

■ **Kirche:** geöffnet Mo bis Do 8–16 Uhr, Fr 8–12 Uhr, Eintritt 10 Dkr., unter 15 Jahren frei. Führung nach Vereinbarung möglich: Tel. 2371 9866 oder 9794 1414. Ganzjährig Konzerte.

Auf dem gleichen Gelände hat man eine **Siedlung aus der römischen Eisenzeit** ausgegraben, 3000 Jahre alt und mit funktionellem Abwassersystem. Und im Süden des Ortes erhebt sich **Skindbjerg Høje,** ein Hügel, von dem sich die gesamte Region prächtig überblicken lässt.

> ⟩ Lodbjerg – die etwas in die Jahre gekommene leuchtende „Lebensversicherung" für Seefahrer

Agger

Am oberen Ende der **Halbinsel Agger Tange** liegt das namensgebende Örtchen, nur aus ein paar Straßen bestehend und mit viel Sand im Umfeld. Die Nordsee schaufelt ständig neuen nach. Anderswo baut sie ab. Aggers idyllisches Kirchlein, z.T. alter Herkunft (12. Jh.), musste im Laufe der Zeit dreimal landeinwärts versetzt werden. Eine kulturelle Besonderheit sind die sog. **Schwarzen Häuser (De sorte huse),** in denen Ausstellungen über die Geschichte des Ortes und unterschiedlichste Veranstaltungen Leben in das Dorf bringen. Die einst rot gestrichenen Holzhäuser wurden in der Zeit von 1900 bis 1908 errichtet und dienten früher als Materiallager für die umfangreichen Küstenschutzarbeiten.

Agger kann auch richtig laut. Nachdem der Dänische Rundfunk 1986 eine Dokumentation über einige aus Agger stammende Heavy-Metal-Fans sendete und zwei weitere Fortsetzungen in den Jahren 1999 und 2013 durch den Äther schickte, ist es aus mit der Ruhe in dem winzigen Ort, jedenfalls für ein paar Tage im Jahr. Denn nun findet alljährlich Mitte Mai ein mehrtägiges **Heavy Metal Festival** statt, das Tausende Fans anzieht (www.heavyagger.dk).

Wer mehr über die Geschichte und Lebensbedingungen der Menschen aus der Region erfahren möchte, besucht das museale **Fiskerhuset** in der Toftevej 9.

■ **Fiskerhuset:** geöffnet tägl. von Anfang Juli bis Mitte August 14–17 Uhr. Oder nach Vereinbarung: Tel. 9792 0577.

Von jenseits des Angelgewässers **Flade Sø** grüßt aus dem Norden der **Leuchtturm von Lodbjerg,** 1883 erbaut und über 133 Stufen zu erklimmen. Der 35 Meter hohe Turm leuchtete erstmals am 28. November 1884. In den angrenzenden Gebäuden befanden sich die Woh-

Segelhäfen am Limfjord

0 20 km ©Reise Know-How DaeNSK10 12/21

NORDSEE
Thisted Bredning
Løgstør Bredning
Nibe Bredning
Ålborg
Løgstør Havn
LIVØ
FUR
Risgårde Bredning
Nykøbing Havn
Fur Havn
Agger Marina
MORSØ
Salling-sund
Thyborøn
Nissum Bredning
Kås Bredning
Lovns Bredning
Skive Fjord
Hjarbæk Fjord
Lemvig Marina
Venø Bugt
Struer Lystbådehavn
1
2
3
4
5
6
7
8
9
10
11
12
13
14
15
16
17
18
19

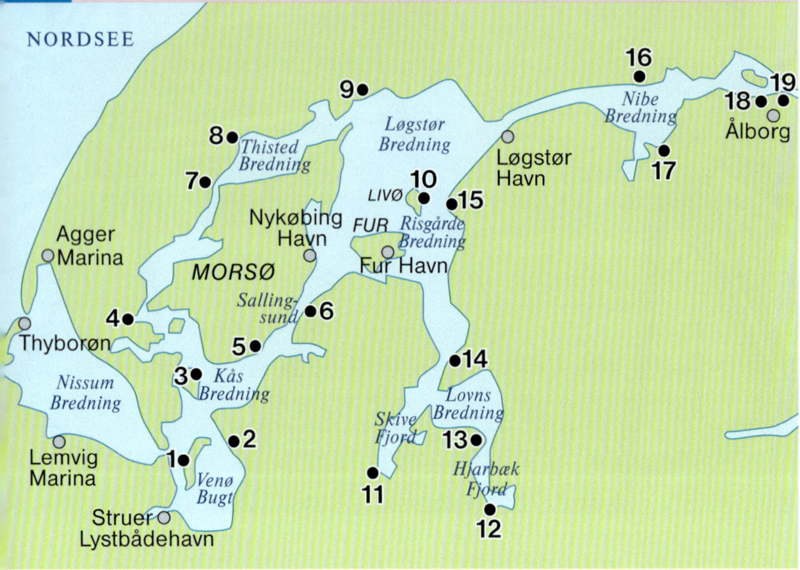

1 Venø Lystbådehavn
2 Gyldendal Havn
3 Jegindø Fiskerihavn
4 Doverodde Lystbådehavn
5 Sillerslev Havn
6 Glingøre Havn
7 Vildsund Havn Amba
8 Thisted Lystbådehavn
9 Amtoft Lystbådelaug
10 Livø Havn
11 Skive Søsports Havn
12 Hjarbæk Havn
13 Virksund Lystbådehavn
14 Hvalpsund Lystbådehavn
15 Rønbjerg Havn
16 Attrup Havn
17 Nibe Marina
18 Marina Fjordparken
19 Vestre Bådehavn

nungen des Personals und natürlich die des Wärters, der über die größten Räumlichkeiten verfügte und auch eine Terrasse sein Eigen nennen konnte. Die Architektur des Turms ist übrigens die gleiche wie im Falle des weiter südlich gelegenen Bovbjerg-Leuchtturms.

■ **Leuchtturm:** geöffnet in der Sommersaison Mo bis Fr 8–16 Uhr, Sa 8.30–15.30 Uhr. Lodbjergvej 33.

Umgeben ist der Leuchtturm von der **Lodbjerg Klitplantage,** einem ausgedehnten Wald- und Heidegebiet. Dort trifft man, wenige Meter vom Lodbjerg Fry, auf die **Reste eines rund 5000 Jahre alten Ganggrabes** aus der jüngeren Steinzeit. Eine Infotafel, auch auf Deutsch, bringt etwas Licht in die weit zurückliegende Vergangenheit und die hier 2012 entdeckten Fundstücke.

Adobe Stock ©Andreas

Hurup

Hurup ist eigentlich nur als Bahn- und Busstation von Interesse. Richtig Stimmung kommt an den beliebten sommerlichen Markttagen auf. Während der im Juli/August jeweils montags stattfindenden „**Store Torvedage**" (www.hurup handel.dk) herrscht emsiges Treiben in den Straßen; Kunsthandwerker und Händler zeigen ihr Können und bieten ihre Waren teil, dazu spielt hier und da Musik auf.

Ein kurzer Zwischenstopp lohnt sich auch im rund 4 Kilometer östlich gelegenen **Heltborg.** Kunstinteressierte bekommen dort im Heltborg Museum u.a. Malereien und andere Werke des bekannten dänischen Künstlers *Jens Søndersgaard* (1895–1957) zu sehen. Ferner wird die Geschichte der regionalen Landwirtschaft erzählt.

■ **Heltborg Museum:** geöffnet Anfang April bis Ende Oktober Di–So 13–16 Uhr, im Sommer täglich 11–17 Uhr, Eintritt: Erw. 50 Dkr., unter 18 Jahren frei. Skåhøjvej 15, Heltborg, Tel. 9795 2077, www.heltborgmuseum.dk.

Segeln im Limfjord

Es gibt wohl keine schönere Art, den Limfjord zu bereisen und zu erkunden, als mit dem Segelboot. Die **Agger Marina** am Westende des Fjords bietet sich geradezu an, von hier auf Tour zu gehen (Leihboote in Thyborøn).

Der **Limfjord** ist mit 1700 km² Wasserfläche beileibe kein Ententeich. Ahnen kann man die Nordsee auch mitten-

⌃ Die Aggersund-Brücke überspannt bei Løgstør den Limfjord

drin. Das größte Loch, die Løgstør Bredning, ist, obwohl rings von Land umgeben, ein ganz schönes Stück Wasser. Wenn der Wind so richtig vom Skagerrak hereinpfeift, zeigt der Fjord schon mal seine Zähne. Aber man kann stets in irgendeiner geschützten Bucht Zuflucht suchen.

Praktische Infos

Touristeninformation

■ In **Hurup**, Gågaden, Bregade 120, Tel. 9792 1900, www.visitthy.dk.

Übernachtung

■ **Agger Badehotel**②, einziges Hotel im Ort, erbaut 1904. Schöne Lage nah am Meer, freundlicher Service. Zimmer mit und ohne Bad/WC. Restaurant im Erdgeschoss. Vesterhavsvej 10 (A), Tel. 9794 1688, www.agger-hotel.dk.

■ **Hostel Agger**①, gemütlich und modern gestaltete Herberge mit gutem Frühstück. Gut ausgestattete und gepflegte Gemeinschaftsküche. Wohnzimmer für alle. Zimmer mit oder ohne eigenem Bad möglich. Aggervej 13, Tel. 9610 4999.

■ **Agger Havn Feriecenter**, Havnevej 1 (A), Tel. 9794 1692, www.aggerhavnferiecenter.dk.

■ **Agger Tange Feriecenter**, Tangevej 1 (A), Tel. 9794 1755, www.aggertangeferiecenter.dk.

■ **Agger Feriehuse**, Vesterhavsvej 27, Tel. 9794 1472, www.aggerferiehuse.dk.

Camping

■ **Krik Vig Camping**, ruhige Lage. Zelte und Wohnwagen, auch unterschiedlich ausgestattete Hütten. Kanuverleih und gute Basis für Surfer. Minigolf. Spielplatz, Cafeteria. Dicht am Limfjord. Geöffnet Anfang April bis Mitte Oktober. Krikvej 112, Vestervig, Tel. 9794 1496, www.krikvigcamping.dk.

Essen und Trinken

■ **Vesterhavshytten**, das strandnah gelegene Restaurant in Agger ist einen Besuch wert, der Öko-Burger mit Fleisch vom Galloway-Rind ist ausgezeichnet. Geöffnet täglich 11–18.30 Uhr. Vesterhavsvej 2, Tel. 9794 2829.

■ **Restaurant Agger Badehotel**, deftige Kost mit Schnitzel, Kotelett, Steak. Vesterhavsvej 10, Tel. 9794 1688, www.agger-hotel.dk.

■ **Agger Fiskebil**, frischer geht es kaum: Hier am Fischwagen wird tägl. von 9 bis 12 Uhr am Hafen von Agger Fisch verkauft. Tel. 2363 6340.

▷ Stenbjerg Strand

Stenbjerg, Vorupør und Klitmøller

Stenbjerg

Wenn man von Süden die 181 hinauffährt, kommt man zunächst nach Stenbjerg. Die Einwohner dieses unauffälligen Kleinstädtchens eint ein entschiedenes Credo: **Kein Massentourismus!** Das benachbarte Vorupør hat den Ausschlag gegeben. Dort nämlich entsteht jeden Sommer aufs Neue „Thylands größte Stadt" mit überquellenden Ferienanlagen und jeder Menge Touristenrummel.

Wie schön die Küste im Kontrast zu diesem Getümmel aussehen kann, beweist der Landeplatz **Stenbjerg Strand** etwas außerhalb des Ortes; er besteht nur aus einer Handvoll weiß gekalkter Gerätehäuschen mit bunten Türen, die die Fischer vor Ort um 1900 erbauten. Damals entwickelte sich die moderne Fischerei mit größeren Netzen und Motorbooten. All dieses Equipment musste sicher und trocken untergebracht werden. Die lokale Küstenfischerei mit großen Kuttern wurde hier 1972 eingestellt. Ansonsten liegen am Strand nur ein paar Boote von Sportfischern, und man kommt sich fast vor wie in Griechenland. Ein kleines **Museum** widmet sich dem Thema Rettungswesen und zeigt ein Rettungsboot aus dem Jahr 1892 (10–17 Uhr, Eintritt: Erw. 10 Dkr.). Dort muss man auch das

Auto abstellen, denn es hat in der idyllischen Kulisse nichts verloren.

Auf der gegenüberliegenden Straßenseite kann man sich über den **Nationalpark Thy** informieren; die Mitarbeiter und Mitarbeiterinnen kennen sich bestens aus und versorgen Interessierte mit Tipps und Broschüren. Geöffnet Anfang April bis Ende Oktober tägl. 13–17 Uhr, www.nationalparkthy.dk.

Ein paar Schritte weiter Richtung Meer stößt man in den Dünen auf ein weiteres Kleinod, das **Spilhus Museet.** Es handelt sich um eine im einstigen Windenhaus untergebrachte Ausstellung rund um die örtliche Fischereigeschichte mit zahllosen historischen Fotos und Utensilien. Interessant ist ferner der 1972 entstandene Film „De sidste på Stranden – Die Letzten am Strand". Eintritt frei, Spende willkommen.

Vorupør

In Vorupør darf man fast alles, sogar auf den Strand rollen. Hier beginnt man auch, typisch für Nordjütland, mangels natürlicher Häfen mit der Praxis, die Fischkutter aufs Trockene zu ziehen (siehe Exkurs „Wie kommt das Boot ins Wasser?"). Der Ort teilt sich in **Nørre Vorupør** und **Sønder Vorupør,** der große Betrieb findet allsommerlich in Nørre Vorupør statt. Trotzdem hat man einiges von der alten dörflichen Atmosphäre er-

Boote am Strand von Nørre Vorupør

Die westliche Limfjord-Region

halten können. Außerhalb der bevölkerten Hauptstraße und dem Strand nördlich der Mole, einem der schönsten Dänemarks, verläuft sich nämlich die touristische Präsenz in Dünen und Ferienhauskolonien. In Sønder ist es bereits sehr ruhig, und das gesamte Hinterland besteht aus unbesiedelten Heiden und Wäldern mit jeder Menge Platz für Liebhaber einsamer Natur.

Hübsch ist Vorupørs **alte Kirche**, 1902 fertiggestellt und nach dem Entwurf des Architekten *Cl. August Wiinholt* aus roten Ziegelsteinen erbaut. Im Sommer finden hier Abendkonzerte statt und auch Gottesdienste in deutscher Sprache.

Sehenswert ist das **Nordsø Akvariet** (Nordsee Aquarium) in Nørre Vorupør. Vor allem das riesige Haibassin mit dem darunter durchführenden Glastunnel sorgt für wohligen Nervenkitzel bei Jung und Alt. Mehr als 80 Arten von Meerestieren zeigen die Vielfalt des Lebensraums Nordsee. Wer sich traut, darf einen Katzenhai berühren oder eine Krabbe in die Hand nehmen.

⚘ **Nordsø Akvariet:** geöffnet Ostern bis 30. Juni und September bis Ende Oktober 10–16 Uhr, Juli/August 10–18 Uhr. Eintritt: Erw. 60 Dkr., Kinder 30 Dkr. Vesterhavsgade 131, Tel 7326 6260, www.north-sea.dk.

Klitmøller

Klitmøller wird im örtlichen Dialekt auf der zweiten Silbe betont. Zu deutsch heißt das Wort „**Dünenmühlen**"; 500 Jahre wurde hier, an einem Bach des Vandet Sø, Korn gemahlen.

Der Ort war einst **Zentrum der sog. Skudefahrt** mit bauchigen, flach gehenden Segelschiffen, die landwirtschaftliche Produkte, vor allem Getreide von der fruchtbaren Insel Morsø, nach Norwegen brachten und mit Holz und Pferden, beides Mangelware in Jütland, zurückkehrten. Doch irgendwann stagnierte das Geschäft, denn die Transportwege waren lang und mühsam.

Fortan widmete man sich dem **Fischfang**, der auch gute Erträge brachte. Dann wurde 1969 der Fischereihafen Hanstholm eröffnet und zog die ganze Flotte an sich. Wieder war's aus. Reste dieser Epoche sind in Klitmøller noch in Gestalt von Geräteschuppen, Sortierhallen, Filetfabrik, Gefrierwerk, Schlepphelling und Hummerhaus vertreten – aber nichts läuft dort mehr.

Nun hat man sich auf den **Fremdenverkehr** verlegt, und da boomt das Geschäft. Das liegt wohl an den reinweißen Stränden, steilen Kalkhängen, Dünenwäldern und anderen landschaftlichen Schönheiten, die sich sehen lassen können. Und womöglich auch an der dünnen Besiedlung. Besonders im 15. und 16. Jahrhundert wütete nach Kahlschlag und Überweidung hier nämlich das große Sandtreiben und führte letztlich zu allgemeiner Landflucht, sodass sich die Natur regenerieren konnte.

Zwischen Klitmøller und Hanstholm liegen die **Naturschutzgebiete Hansted und Hanstholm,** eine grandiose Dünenlandschaft von 40 km² Größe, bevölkert vor allem von Tausenden seltener Vögel. In den beiden **Binnenseen Vandet Sø und Nors Sø** ist Baden erlaubt; man findet in ihnen, einst Karstbuchten des uralten Steinzeitmeeres, in der Tat blitzblankes Badewasser.

Die Dünenpflanzungen am Vandet Sø

Die *klitplantager* Nystrup (2270 ha), Vandet (460 ha) und Vilsbøl (1250 ha) entstanden um das **Jahr 1890.** Man siedelte sie auf sehr unterschiedlichen Typen von Terrain an; teils auf fruchtbarem Moränengrund, teils auf den kargen Erhebungen des einstigen Meeresbodens. Dazwischen liegen jähe Kalkabbrüche, Überreste einer früheren Steilküste und charakteristisch für das Gebiet. Sie trennen unübersehbar die Wellen steinzeitlicher Magererde im Westen vom satten Geschiebemergel der Moräne, der dem Kalkboden überlagert ist. Und hier, im Moränenbereich, finden sich auch zahlreiche Hügel aus der Bronzezeit (1400–1500 v. Chr.), Zeugen damaliger Ansiedlungen.

Einst, zur Zeit der größten Ausdehnung des Meeres **vor etwa 5000 Jahren,** waren die Seen Nors Sø und Vandet Sø **Buchten** in der Küstenlinie. Eine spätere Hebung des Landes und das anschließende Sandtreiben schnitten sie vom Meer ab, und sie verwandelten sich nach und nach in **Karstseen.** Zu dieser Metamorphose trugen Rissbildungen und sogenannte Einfallstellen in den darunterliegenden Kalkformationen bei, wo säurehaltiges Wasser das Gestein auflöste. Im Lauf der Jahrtausende glätteten die Elemente die einst buchtenreiche Küste des Steinzeitmeeres, und Sandstrände traten in Erscheinung. Diese gewannen stark an Fläche, als die erwähnte Landhebung einsetzte. Der Wind blies den Sand zu Dünen zusammen, die letztlich immer weiter landeinwärts wanderten. Vom **15. Jahrhundert** an wütete das **Sandtreiben**

⌄ Wollgras am Vandet Sø

240dk rh

ganz besonders schwer, wie zahlreiche Berichte überliefern. Das Gebiet südlich vom Vandet Sø war außergewöhnlich hart betroffen; hier wehte der Sand bis zu 14 Kilometer ins Innere.

Im **17./18. Jahrhundert** steigerten sich die Sandschäden noch. In ihrer Mehrzahl waren sie jetzt durch Menschen verursacht, weil neu angesiedelte Bauern ihr Vieh in den Dünen weiden ließen und dieserart jegliche Vegetation zerstört wurde. Besonders der sandfestigende Strandhafer fiel diesem **Raubbau** zum Opfer, denn man erntete ihn sogar ab und verwendete ihn im Winter für Futterzwecke. Was immer an Wald wuchs, so einige Bestände auf der alten Moräne östlich der Kalkabhänge, wurde für den Brennholzbedarf abgehackt. Nach Osten hin hatte der Sand infolgedessen völlig freies Spiel.

Erst das Jahr **1792** sah die Einleitung einer **systematischen Bekämpfung des Sandtreibens** in dieser Region. Und der Kampf dauert bis heute an. Am meisten gefährdet sind die sog. **weißen Dünen** in Meeresnähe. Im dortigen, fast vegetationslosen Bereich wirbelt der Wind den Sand auf und gräbt tiefe Täler, gleichbedeutend mit Löchern im Küstenverlauf. Mehr Stabilität besitzen die **grauen Dünen** weiter landeinwärts, denen Moos- und Flechtenbewuchs Halt verleiht. Und noch weiter innen wachsen auf den Dünen Heidepflanzen und Krähenbeeren. Diese Erhebungen nennt man deswegen **braune Dünen;** in ihrem Einzugsbereich kann man erstmals von einem wirklichen Festland sprechen, das sich nicht dauernd im Umbruch befindet. Hier erst finden sich daher auch Siedlungen und Ferienhäuser – man möchte ja nicht ständig vor Sand und See umziehen.

Sport und Aktivitäten

Angeln
■ Gute Bedingungen bietet die 310 m lange Mole von **Nørre Vorupør.** In den Seen **Nors Sø** und **Vandet Sø** 6 km östlich von Klitmøller herrscht ein guter Bestand an Hechten, Rotaugen und Barschen. Zum Angeln an eine Wathose denken. Eine Tageskarte für beide Gewässer kostet für Erw. 60 Dkr. Angelscheine bekommt man z.B. im Tourismusbüro in Thisted.

Golf
■ **Nordvestjysk Golfklub,** 18-Loch-Platz, Greenfee Erw. im Sommer 400 Dkr. Hügeliges, bewaldetes Gelände. Driving Range. Nystrupvej 19 (zwischen Vang und Klitmøller), Tel. 9797 4141, www. nvgolf.dk.

Wandern
■ Der „**Westküstenweg**" führt durch die Heide von der Agger-Fähre bis Klitmøller und von dort via Hanstholm nach Bulbjerg an der Nordküste (ca. 80 km). Übernachtungen in Tagesetappen sind auf den regulären Campingplätzen möglich, in der alten Rettungsstation von Lyngby (9 Feldbetten, Wasser und Toilette, Campinggebühr) und auf je einem Einfachzeltplatz 2 km nördlich von Vorupør, 2 km östlich von Vigsø, in Modsbøl im Mittelteil der Vigsø-Bucht und im Inland 5 km südlich von Bulbjerg. Das Betreten der Waldgebiete ist vom 1. April bis 15. Juli verboten; die Agger-Lagunen sind für das Publikum ganzjährig gesperrt. Eine Broschüre des Dänischen Ministeriums für Umweltschutz mit ausführlichen Infos gibt es beim Tourismusamt.

Radfahren
■ Die **Panorama-Rundtour „Das Paradies der Tiere"** führt von Vorupør nach Stenbjerg und Hundborg und zurück; insgesamt sind 44 km zu bewältigen. Folgen Sie der blauen Ausschilderung mit der Nummer 411. Einige hügelige Abschnitte bieten eine tolle Aussicht und Möglichkeiten zur Vogelbeob-

achtung – vielleicht sieht man ja den „Tanz der Kraniche". Genaue Tourbeschreibung mit allen Sehenswürdigkeiten unterwegs unter www.vestkystrouten.dk, Stichwort „Panoramarouten", oder im Tourismusamt.

Surfen und Windsurfen

■ In **Klitmøller** treffen sich Surfer vieler Länder, manchmal werden an dieser windreichen Ecke auch Meisterschaften ausgetragen. **Surfstrände** sind (von West nach Ost) Bunkers, Ørhage und Dunes; ferner darf im östlichen Drittel des Vandet Sø windgesurft werden, aber nur in der Zeit vom 1. April bis 30. September. Surfen auch am Strand von Nørre Vorupør. Auf allen übrigen Binnenseen in Thy ist das Surfen dagegen unerwünscht.

■ **Unterricht, Geräteverleih** und **Ausrüstung** in Klitmøller: Cold Hawaii Surf Camp, Ørhagevej 151, Tel. 2814 7799, www.coldhawaiisurfcamp.com, oder WestWind Surfshop, Ørhagevej 150, Tel. 9797 5656, http://klitmoller.westwind.dk.

Praktische Infos

Touristeninformation

■ In **Nørre Vorupør,** Vesterhavsgade 21, Tel. 9792 1900, www.visitthy.dk.

Verkehr und Transport

■ Alle genannten Orte haben **Busverbindung mit Thisted.**

Übernachtung

■ **Klitmøller Badehotel**③, das geschichtsträchtige, charmante Hotel findet sich in bester Lage in Meernähe. Die mit Geschmack eingerichteten Zimmer verfügen zumeist über ein eigenes Bad/WC. Zum Hotel gehört das einladende und von Gästen geschätzte Restaurant Niels Juel mit Blick auf die wenige Meter entfernte Nordsee (s.u.). Krovej 15, Tel. 6913 5188, www.klitmollerbadehotel.com.

■ **Hotel Klitheden**②-③, in Vorupør. Kleines Hotel nur wenige hundert Meter vom Strand. Komfortable Zimmer mit Bad/WC und Balkon, teils auch mit Gemeinschaftsbad. Das Restaurant bietet an manchen Tagen ein „Chinesisches Büfett". Nordsøvej 10, Tel. 9669 1122, www.hotelklitheden.dk.

■ **Stenbjerg Kro & Badehotel**②-③, neben gut ausgestatteten und wohnlichen Zimmern mit Bad/WC, Kühlschrank und Terrasse können Gäste auch in 35 m² großen und empfehlenswerten „Luxushütten" im Bereich des angrenzenden Campingplatzes übernachten. Leckere regionale und teils hausgemachte Gerichte: eingelegter Hering, Grillwurst vom Lamm oder Galloway-Rinderschulter. 2 km vom Strand, dafür ruhig. Stenbjerg Kirkevej 21, Snedsted, Tel. 9793 8065, www.stenbjerg-kro.dk.

Ferienhäuser (Vermittlung)

■ **Klitmøller Sommerhusudlejning,** Ørhagevej 117, Klitmøller, Tel. 9797 5350, www.klitmoeller.dk.

■ **Vorupør Feriehusudlejning,** Vesterhavsgade 148A, Nørre Vorupør, Tel. 9793 8193, www.voruporferiehuse.dk

Camping

■ **Krohavens Familiencamping,** zum Stenbjerg Kro & Badehotel (s.o.) gehörender, sehr überschaubarer Campingplatz mit ein paar Dutzend Stellplätzen und einigen sehr gemütlichen „Luxushütten". Hüpfburg und Spielplatz. Minigolf und Ponys. 2 km zum Strand. Geöffnet 1. April bis 1. Oktober. Stenbjerg Kirkevej 21, Stenbjerg, Tel. 9793 8899, www.kh-camp.dk.

▷ Gute Aussicht in Klitmøller

Die westliche Limfjord-Region

🟥 **Nystrup Camping Klitmøller,** schön bewaldeter und gut ausgestatteter Platz unweit des Strandes. 230 Stellplätze und 14 Hütten (2–6 Pers.), auch mit WC. Minigolf, Spielplatz mit Hüpfkissen. Geöffnet März bis Ende Oktober. Trøjborgvej 22 (K), Tel. 9797 5249, www.nystrupcampingklitmoller.dk.

🟥 **Strandgaardens Camping,** einfacher, kleinerer Campingplatz in toller Lage unmittelbar am Strand von Nørre Vorupør. Extra Zeltplatz, 142 Stellplätze. Spielplatz. Geöffnet vom 31. März bis 30. Oktober. Vesterhavsgade 85, Tel. 9793 8022, www.strandgaardenscamping.dk.

Essen und Trinken, Einkaufen

(MEIN TIPP:) **Fiskercompagniets Detailsalg, Fiskebutik & Røgeri,** Fischgeschäft und einfaches Lokal mit sehr köstlichen typischen Fischspezialitäten in Nørre Vorupør. Eigene Räucherei, hausgemachte Fischfrikadellen, Sandwiches mit Fisch nach Wahl. Tägl. geöffnet 10–17.30 Uhr, in der Nebensai-

son andere Öffnungszeiten. Vesterhavsgade 182, Tel. 9793 8019.

🟥 **Restaurant Niels Juel,** gehört zum Klitmøller Badehotel (s.o.). Fisch und Meeresfrüchte in allen Varianten vom riesigen Abendbüfett (Erw. 225 Dkr., Kinder von 2 bis 10 Jahren 85 Dkr.). Gut und solide. Laut Betreiber mit „Danmarks bedste udsigt" (Dänemarks bester Aussicht), auf jeden Fall herrliche Lage am Meer. Geöffnet täglich 12–22.30 Uhr. Ørhagevej 150, Tel. 6913 5188, www.nielsjuel.com.

🟥 **Kesses Hus,** Crêperie in Klitmøller mit klassischem Angebot, herzhafte und süße Varianten. Geöffnet Ostern bis Mitte Oktober von 11 bzw. 12 bis 20 bzw. 21 Uhr, je nach Saison. Bavnbak 4, Klitmøller, Tel. 6169 3816, www.kesseshus.dk.

🟥 **The Garden Café,** hier werden *Poké Bowls* serviert mit der Grundlage Reis, dazu kann man Hühnchen, Thunfisch oder Falafel on Top wählen. Lecker und gesund. Geöffnet 10–22 Uhr. Ørhagevej 147, Klitmøller, Tel. 2814 7799, www.gardencafe.dk.

dnsk-056 ths

Hanstholm

Geschichte

„Der Ort, den es niemals gab", nennen die Dänen Hanstholm. Und er hat in der Tat eine **kuriose Geschichte** … Sie geht folgendermaßen:

Die ganze Küste Nordjütlands besitzt keinen natürlichen **Hafen**. Gegen Ende des 19. Jahrhunderts kam man auf den Gedanken, dass ein solcher her müsse, um den Fischreichtum der Region auszubeuten; die Kutter brauchten einen Stützpunkt. Zuvor hatte man wegen der unsicheren Verhältnisse im Bereich Thyborøn sogar schon mit dem Gedanken gespielt, einen Kanal zwischen Limfjord und Jammerbucht zu graben. Schließlich entschied man sich für den Bau eines kompletten neuen Hafens an einer der stürmischsten Winterküsten Europas. Die Arbeiten begannen nach dem 1. Weltkrieg, doch sie schleppten sich derart langsam dahin, dass der neue Hafen noch nicht fertig war, als die **Deutschen** bereits den zweiten Krieg in Gang gebracht hatten. Dabei waren die Besatzer an Hanstholm höchst interessiert; sie hätten auf dieser günstig gelegenen Ecke nur zu gern ihre U-Boote stationiert.

Da ein Ende der Bauarbeiten aber nicht abzusehen war, konzentrierten sich die Deutschen darauf, den **Schiffsverkehr im Skagerrak** mittels superschwerer Artillerie unter Kontrolle zu bringen. Hanstholm lag dafür ideal: Zwischen hier und Kristiansand an der Südküste Norwegens ist die Distanz mit 120 Kilometern am geringsten. In Hanstholm sollten gewaltige Kanonen installiert werden, wie sie schon an der Kanalküste zum Einsatz gekommen waren: Batterien vom Kaliber 40,5 cm mit einer Reichweite von 65 km. Schließlich wurden 38 cm und 55 km daraus. Wenn von beiden Seiten geschossen wurde, klaffte noch ein Loch von ein paar Kilometern in der Mitte – dieses wurde vermint.

1942 war die **Festung Hanstholm** auf 9 km² Fläche angeschwollen, sodass sich die Deutschen gezwungen sahen, die **Bevölkerung umzusiedeln.** Was immer sich bis dahin Hanstholm nennen konnte, gab es jetzt nicht mehr. 1943 kam Feldmarschall *Rommel* zur Inspektion. Er äußerte sich unzufrieden, was zur Anlage von noch mehr Bunkern führte. Zudem umgab man den gesamten Komplex mit 60.000 Minen.

Befestigte Stellungen entstanden auch auf der Agger Tange, in Lodbjerg, Lyngby, Stenbjerg, Vorupør, Vangså, Klitmøller, Lild Strand und Bulbjerg. In Thisted legte man eine Flugbootbasis und eine Kaserne an und verminte die Vilsund- und Oddesund-Durchfahrten von einem Ende zum anderen. Der gesamte Nordwestzipfel Dänemarks wurde zu einem waffenstarrenden Brückenkopf ausgebaut und verbetoniert. Zum Einsatz kam er praktisch nie und wurde bei Kriegsende sang- und klanglos dem dänischen Widerstand übergeben.

Die größte Befestigungsanlage Nordeuropas aus dem 2. Weltkrieg kann im **Museumscenter Hanstholm** erkundet werden (s.u.). Weitere Bunker liegen überall herum. Damals waren sie in die Dünen gebaut worden, heute säumen die meisten die Wasserlinie. Besonders viele der Betonmonster befinden sich in der Bucht von Vigsø unmittelbar östlich von Hanstholm.

Der **Hafen** übrigens wurde schließlich als riesiger Fischereihafen 1969 (!) endlich fertig und ist keine Sehenswürdigkeit. Über der trostlosen Szenerie unattraktiver Gewerbegebäude und hellblauer Kutter erhebt sich ein hohes Kliff, auf dem einige Häuschen stehen. Hanstholm ist definitiv ein Ort, den man nicht unbedingt gesehen haben muss.

Sehenswertes

Leuchtturm

Im Westen steht der 1842 erbaute Leuchtturm mit einer Höhe von 65 Metern über dem Meeresspiegel. Er war der erste seiner Art an der Westküste Jütlands. Im Sommer 2017 beendete man eine umfangreiche Renovierung im Innenbereich, der gerne für **Kunstausstellungen** genutzt wird. Auch der Außenbereich und die Gebäude erstrahlen seit 2017 in neuem Glanz. Von der **Aussichtsplattform** genießt man einen herrlichen Blick in die weite Umgebung.

◼ **Info:** geöffnet täglich 9 bis Sonnenuntergang, Eintritt Erw. 30 Dkr., Kinder frei. Tårnvej 7–23 A+B, www.hanstholmfyr.dk.

Hansted Kirke

In Sichtweite des Leuchtturms erhebt sich die romanische Hansted-Kirche, die **Anfang des 12. Jahrhunderts** fertiggestellt und letztmalig 1970/71 restauriert wurde. Damals erhielt sie die heutige, von *Bruno Christensen* stammende Orgel. Der Altartisch aus Granit stammt noch aus dem Mittelalter.

Bunkermuseum Hanstholm

Die **größte Bunkeranlage Nordeuropas** aus der Zeit des 2. Weltkriegs präsentiert sich heute friedlich mit einem modernen **multimedialen und sehr informativen Museum.** Die Ausstellung beschäftigt sich ausführlich mit dem **Thema „Feind & Nachbar"** und zeigt auf anschauliche und berührende Art und Weise, wie das Leben zwischen deutschen Besatzern und einheimischen Dänen in Kriegszeiten aussah. Danach ist eine Erkundung des Bunkers mit weiteren Infos ein Muss. Eine Rundfahrt mit einer alten Feldbahn ist möglich.

◼ **Info:** geöffnet Februar bis Mai und September bis Ende November von 10 bis 16 Uhr, Juni bis August von 10 bis 17 Uhr, Dezember und Januar geschlossen. Eintritt: Erw. 90 Dkr., unter 18 Jahre frei. Molevej 29, Tel. 9796 1736, www.bunkermuseum hanstholm.dk.

Sport und Aktivitäten

◼ **Angeln:** Vom Fischereihafen fahren fast ganzjährig Kutter aufs Meer hinaus. Ziel der **Angeltouren** ist oft das „Gelbe Riff". Einer der Anbieter ist die Reederei Gule Rev, die mit ihren Booten „Mølboen", „Yellow Reef" und „Bonito" von Mitte März bis Mitte Oktober täglich Fahrten unternimmt. Die Boote liegen gegenüber der Fibigersgade 10 im Bassin 5. Tel. 4075 5394, www.gule-rev.dk.

Praktische Infos

Touristeninformation

◼ **Beim Leuchtturm.** Geöffnet Mitte Juni bis Mitte September. Tårnvej 21, Tel. 9792 1900, www. visitthy.dk.

Die Mutter aller Seeschlachten

Die **Skagerrakschlacht** in der nördlichen Nordsee, von den Briten, damals der Gegner der Deutschen, *Battle of Jutland* genannt, fand auf der Jütland-Bank statt, genau 100 Seemeilen westlich von Hanstholm, kam der Küste aber zeitweilig auf 50 Seemeilen nahe.

„Unsere Zukunft liegt auf dem Wasser", hatte Kaiser *Wilhelm II.* 1892 gedröhnt. Von der anderen Seite donnerte es zurück: „England hat auf dieser Welt nur eines zu fürchten: Deutschland!", so der britische Admiral *Sir John Fisher* 1907.

Im Zeitalter des **Imperialismus** befand sich Deutschland im 19. Jahrhundert als Nachzügler im Kielwasser der anderen Großmächte. Doch schon bald begann ein beispielloser wirtschaftlicher Aufstieg und gleichzeitig ein **forcierter Ausbau einer Schlachtflotte** zur Wahrung der ökonomischen Interessen. Beides wurde von England, sieg- und geltungsgewohnt auf den Weltmeeren und -märkten, mit Argwohn betrachtet. Auf beiden Seiten wurde fieberhaft hochgerüstet, während man jeweils ein finsteres Feindbild malte.

Hitzköpfe wie *Wilhelm II.* und sein eifernder Apostel *Tirpitz* auf der einen Seite, Chauvinisten wie *Churchill* und *Fisher* auf der anderen – das konnte nicht gutgehen. Am **1. August 1914** war es dann so weit: Die europäischen Großmächte stürzten sich in ein beispielloses Morden, das als **1. Weltkrieg** bekannt wurde.

Die ersten 18 Kriegsmonate verliefen auf der maritimen Bühne weitgehend ereignislos, auch wenn es den Engländern gelang, den Deutschen im Januar 1915 auf der Doggerbank einige schmerzhafte Stöße zu versetzen. Die Prophezeiung des britischen Flottenchefs *Jellicoe*, dass die Deutschen an einer Falle bauten und

diese früher oder später zuschnappen lassen würden, sollte jedoch eintreffen. Bis zum **31. Mai 1916** dauerte es zwar noch. Doch dafür kam es dann auch zu einem Donnerschlag, als an diesem dunstigen Frühlingstag die Hochseeflotten des königlichen Großbritannien und des kaiserlichen Deutschland vor Jütland gewaltig aufeinanderprallten.

Nachdem das letzte Hurra verklungen war und sich der Pulverqualm verzogen hatte, war keiner Seite so recht nach Sieg zumute. Warum auch? Letztlich blieb die **irrwitzige Ballerei ohne Entscheidung,** dafür kostete das sinnlose Kräftemessen, bei dem das bislang schwerste Gerät des technischen Zeitalters eingesetzt wurde und es auf Menschenleben nicht ankam, 2551 deutschen und 6097 englischen Blaujacken, die zwei Jahre zuvor noch die besten Freunde gewesen waren, das Leben. Hunderte von ihnen trieben an den Küsten Jütlands an und wurden in den Dünen bestattet.

Noch im Jahr danach besang man den „Holmgang" (altgermanischer Zweikampf) der deutschen Flotte mit brausender Lyrik: „Zu Tode getroffene, berstende Schiffe / Hochspritzender Gischt am jagenden Bug / Blutlachen, wo ein die Granate schlug …" Doch das Bejubeln von Blutlachen sollte bald aufhören. Als Flottenchef *Franz Hipper* am **20. Oktober 1918** den Befehl zum Auslaufen gab, um den selbstmörderischen Holmgang zu wiederholen, verweigerten die Matrosen den Gehorsam – letztlich der Anfang vom Ende des Krieges und der Beginn von Revolution und Republik.

Gelernt hat man aus alledem trotzdem nichts, wie die Geschichte schon ein paar Jahre später beweisen sollte.

Die westliche Limfjord-Region

Verkehr und Transport
🔴 Der Ort ist Endpunkt der **Buslinie** Skive – Nykø-bing – Thisted – Hanstholm.

Übernachtung
🔴 **Montra Hotel Hanstholm**③, größere Hotel-anlage, ruhig und etwas erhöht gelegen. Blick auf den Leuchtturm. Zweckmäßige Zimmer, Hallenbad mit Sauna. Gutes, reichhaltiges Frühstück. Restaurant. Chr. Hansensvej 2, Tel. 9796 1044, www.hotel hanstholm.dk.

Camping
🔴 **Hanstholm Camping – Thy Feriepark,** dicht am Strand (etwa 40 m über dem Meer), 2 km östlich vom Hanstholmer Hafen gelegen. 325 nummerierte Stellplätze, alle mit Strom, Wasser und teilweise mit Blick auf das Meer. 125 nicht nummerierte Plätze. 36 Hütten für 2 bis 8 Personen, Wohnwagen und Familienzelt. Im Sommer werden Reitausflüge organisiert. Swimmingpool, Wasserrutsche, Spielplätze, Hundeplatz, Minimarkt, Billard, Gokarts, Angelgeräte, Gefriertruhen, Oldtimer-Treffen. Ganzjährig geöffnet. Hamborgvej 95, Tel. 9796 5198, www.hanstholm-camping.dk.

Essen und Trinken
🔴 **Hansholm Madbar,** gute Restaurants sind in Hanstholm zwar Mangelware – dieses aber ist eine Ausnahme und eine klare Empfehlung. Das frisch zubereitete Essen ist schmackhaft, die Gerichte wechseln saisonal: Muscheln, Burger, Falafel, Rib Eye Steak und anderes mehr. Es wird mit Herz gekocht, nettes Team. Die erhöhte Lage mit freiem Blick auf Meer und Hafen ist durchaus gefällig. Helshagevej 98, Tel. 8171 1912, www.hanstholmmad bar.dk.

Nützliches
🔴 Einkaufen und auch essen (u.a. Pizzeria) kann man im riesigen **Einkaufszentrum** des Ortes an der Durchgangsstraße (Kystvejen) in der Nähe des Leuchtturms.

Thisted

Als **Hauptstadt des Thylandes** ist Thisted von einiger Bedeutung. Schön am Limfjord gelegen, gilt Thisted als Dänemarks flächenmäßig größte Stadt: Die Ausdehnung beträgt immerhin 564 km², wovon allerdings das meiste nicht auf die verschlafene Kapitale entfällt, sondern auf das umgebende Bauernland.

Auffällig ist der **Dom** der Stadt. Wenn man ihn an der Stirnseite bewundert, hat man übrigens die Touristeninformation unmittelbar im Rücken. Sie ist Teil des attraktiven, aus dem Jahr 1853 stammenden **Rathauskomplexes am Torvet** (Markt). Davor und daneben erstreckt sich die recht belebte **Fußgängerzone.**

Thisted war einst ein rühriger **Segelschiffhafen.** Sogar bis weit ins 20. Jahrhundert hinein baute man dort Frachtensegler. Ab und zu kommt solch ein Oldtimer zu Besuch und trägt zum maritimen Gepräge der Stadt bei. Aus jener alten Zeit ist überhaupt noch manches zu sehen. **Nostalgische Gassen** kann man in Thisted durchwandern. Schön ist auch der **Blick vom Kystvej** über den Limfjord. Unmittelbar gegenüber liegt Morsø mit seiner eindrucksvollen Steilküste Hanklit.

Sehenswertes

Der Dom von Thisted

Für Liebhaber alter Kirchengemäuer gibt es im Dom von Thisted einiges zu sehen. **Anfang des 16. Jahrhunderts** wurde er erbaut, und zwar ganz absichtlich ein paar Nummern zu groß. Das Land stand

4

Thisted

0 — 200 m   © REISE KNOW-HOW   DaeNSK22 12/21

1 3,5 km

Polizei 300 m

Byparken Christiansgave

★ Thisted Lilleby

Aalborg Universitetshospital Thisted

Plantagevej · Norregade · Kastet · Refsvej · Hojtoftevej · Solbakkevej

Kastet · Markstr. · Østergade · Munkevej

Tingstrupvej · Rosen-krantzgade · Skov- · Kirkestr · gade · Torvegade · Lille Torv · Strømgade · Lillegade · Korsgade · Strand-vejen

5 · Thisted Musikteater · ● Kino 1-2-3 · 7

3 4 · Store Torv · Storegade

Vestergade · ⓘ Thy Turistbureau · 6

Frederiksgade · Dom · Thisted Museum · Ⓜ · Store Torv · Toldbodgade · 11 · 26

2 · Asylgade

Dronn. Louise Gade · Jernbanegade · Rathaus · Thisted Kystvej · Havnen · 8 · ⚓ Jachthafen

Bahnhof · Bahnhof

10 11 · Fisch-auktionshalle · 9 · Sydhavnsvej

L i m f j o r d

■ **Übernachtung**	■ **Essen und Trinken**	■ **Einkaufen/ Sonstiges**
1 Jugendherberge Danhostel Thisted	3 Chokoladekurven	3 Chokoladekurven
2 Hotel Thisted	4 Cafè Baghuset / Bar & Brasserie	5 Fri BikeShop
7 Thisted Camping	6 Pizzeria Roma	
10 Hotel Vildsund Strand	8 Fiskehuset	
11 Snehvide Bed & Breakfast	9 Restaurant und Brauerei Bryggen	

im Zeichen vorreformatorischer Unruhen, und Bischof *Stygge* („der Hässliche") *Krumpen* wollte dem Volk noch einmal so recht die Macht des Vatikans vor Augen führen. Vergeblich. Die **Reformation** kam (1534), und die katholische Kirche Dänemarks ging ihrer gesamten Besitztümer verlustig, auf denen sie zuvor ihre Macht gegründet hatte. Der Dom von Thisted wechselte das Lager, doch die Jungfrau Maria ist weiterhin vertreten, nicht nur in der Kirche, sondern sogar im Wappen der Stadt.

Weitere **Votivgegenstände** aus der vorprotestantischen Zeit, die bei neuzeitlichen Bauarbeiten ans Tageslicht kamen, sind sorgsam restauriert und in die Außenwände der Kirche eingelassen worden.

Eigentümlich ist, dass man die Neukonstruktion des Domes anno 1500 rings um eine **alte romanische Kirche aus dem Jahr 1200** ausführte. Das Fundament des originären Quaderbaues kam 1976 bei Renovierungsarbeiten zutage und ist heute auf dem Boden des Doms markiert. Dabei stellte sich dann auch heraus, dass vor der Kirche von 1200 bereits eine weitere an dieser Stelle stand, wahrscheinlich aus Holz.

■ **Info:** Vestergade 3, www.thisted-kirke.dk. Regelmäßig Konzertveranstaltungen.

☑ Das Rathaus aus dem Jahr 1853

Thisted Museum

Untergebracht in einer Villa aus dem Jahr 1924, werden hier die regionale Vorgeschichte, der Werdegang Thisteds und ländliche Kultur vorgestellt. Wechselnde Sonderausstellungen.

■ **Info:** geöffnet 1.1.–30.6. und 14.8.–31.12. Di bis Fr 11–16 Uhr, So 13–16 Uhr, 1.7.–13.8. Mo bis Fr 11–16 Uhr, Sa/So 13–16 Uhr. Jernbanegade 4, Tel. 9792 0577, www.museumthy.dk.

Thisted Lilleby

Mit Liebe zum Detail präsentiert sich diese **Miniaturausgabe von Thisted:** Im Maßstab 1:10 kann man den Ort mit seinen rund 70 Häusern bestaunen, und zwar so wie er 1950 aussah. Viele der Baumaterialien werden in der eigenen Mini-Ziegelei hergestellt. Neue Gebäude kommen regelmäßig hinzu.

■ **Info:** ganzjährig geöffnet Mo bis Do 9–12 Uhr, Juli/August Mo bis Fr 13–16 Uhr, Sa 10.30–14 Uhr, Eintritt: Erw. 25 Dkr., Kinder (5–12 Jahre) 10 Dkr. Plantagevej 20, am Park, www.thisted-lilleby.dk.

Sport und Aktivitäten

■ **Thisted Musikteater,** mitten im Zentrum spielt man das ganze Jahr über komödiantische Stücke zum Lachen, Operetten wie „Piraterne fra Penzance" oder bringt Lieder von angesagten Interpreten auf die Bühne. Håndværker Torv 1, Tel. 9792 6249 oder 2949 0260, www.thistedmusikteater.dk.

dnsk-057 ths

Die westliche Limfjord-Region

🟥 **Kino 1-2-3,** in drei Kinosälen werden die aktuellen Filmhits gezeigt. Håndværkertorv 9–11, Tel. 9792 3399, www.kino1-3.dk.

5️⃣ **Fri BikeShop,** Fahrradverleih, alle Varianten, auch E-Bikes. Reparaturwerkstatt und Verkauf. Geöffnet Mo bis Fr 9–17 Uhr, Sa 9–13 Uhr. Lille Torv 3, Tel. 9792 0323, www.fribikeshop.dk/cykler-thisted.

Feste und Events

Sommermusik

Von Anfang Juni bis Mitte August wird jeden Samstag auf den Plätzen der Innenstadt Live-Musik präsentiert.

Markttage

Jeden Montag **im Juli/Anfang August** kommen Krämer und Kunsthandwerker in die Stadt und verkaufen während der *Torvedage* ihre Waren aus der Region.

Praktische Infos

Touristeninformation
🟥 **Thy Turistbureau,** Store Torv 6, Tel. 9792 1900, www.visitthy.dk.

Verkehr und Transport
🟥 **Bahn:** Thisted ist Endpunkt der Bahnlinien von Esbjerg und Kopenhagen. Auch Züge nach Struer (via Thyholm) halten in Thisted.
🟥 **Busse** fahren in alle Richtungen. Direktbus nach Kopenhagen.

◁ Ein Tipp: Essen gehen am Hafen

Übernachtung
2️⃣ **Hotel Thisted**③, von außen eher unscheinbare Herberge unweit des Zentrums. Die 25 gepflegten Zimmer sind jedoch geschmackvoll und modern eingerichtet. Sehr herzliche Betreiber, die den Gast freundlich empfangen – man fühlt sich willkommen. Restaurant mit guter dänisch-französischer Küche. Frederiksgade 16, Tel. 9792 5200, www.hotelthisted.dk.

🔟 **Hotel Vildsund Strand**③, 11 km südwestlich der Stadt. Adrett. 17 einfache Zimmer in top Zustand, teils mit Bad und Blick auf den Limfjord. Badestrand. Ved Stranden 2, 7700 Thisted, Tel. 9793 1044, www.vildsundstrand.dk.

1️⃣1️⃣ **Snehvide Bed & Breakfast**②, zweckmäßige, saubere Zimmer in einem Haus mit großer Terrasse und Garten, teils mit Gemeinschaftsbad. Wohnzimmer. Familiäre Atmosphäre, hilfsbereite Betreiber. 8 km westlich von Thisted. Vindstyrken 8, 7700 Thisted, Tel. 9797 1600 und 2649 1600.

Jugendherberge
1️⃣ **Danhostel Thisted,** 22 Zimmer, 8 mit Bad/WC. 3,5 km nördlich von Thisted an der Straße nach Hanstholm. Sehr ruhig, ganzjährig geöffnet. Kongemøllevej 8, Tel. 9792 5042, www.danhostelthisted.dk.

Camping
7️⃣ **Thisted Camping,** 150 Stellplätze, auch Hütten (bis 8 Pers.), teils mit WC, und Wohnwagen. Direkt (etwas erhöht) am Limfjord (Kiesstrand, Badesteg). Beheizter Pool, Minigolf, Hüpfkissen, Spielplatz. Geöffnet April bis Mitte Okt. Iversensvej 3, Tel. 9792 1635, www.thisted-camping.dk.

Essen und Trinken, Einkaufen
8️⃣ **Fiskehuset,** Geschäft und Restaurant am Hafen, frischer Fisch zum Mitnehmen oder zum Verspeisen vor Ort, mittags und abends. Auf der Terrasse bei Sonnenschein und mit Blick auf die Boote ein netter Ort zum Verweilen. Haven 31, Tel. 9792 0986, www.fiskehuset.com.

4

9 Restaurant und Brauerei Bryggen, modernes, groß dimensioniertes Restaurant direkt am Hafen. Riesige Außenterrasse und heller Innenbereich (breite Glasfront). Unbedingt das selbst gebraute Bier probieren. Hauptsächlich Steaks, das Fleisch stammt ausschließlich von dänischen Rindern und wird über offener Flamme gegrillt. Zudem Burger und Salatbar. Sydhavnsvej 9, Tel. 9792 3090.

6 Pizzeria Roma, knusprige, gut belegte Pizzen (ab 80 Dkr.) und natürlich Pasta und einige Fleischgerichte. Geöffnet täglich 12–22 Uhr. Storegade 26, Tel. 9791 1500.

4 Cafè Baghuset/Bar & Brasserie, gemütliches, ruhiges Café in einem Hinterhof, mit Terrasse. Nahe der Kirche. Frühstück ab 10 Uhr, Abendessen Mo–Do 16–19.15 Uhr und Fr/Sa 17–20 Uhr. Vestergade 22, Tel. 9619 0056, www.cafe-baghuset.dk.

3 Chokoladekurven, ein Kleinod des guten Geschmacks, an der Kirche gelegen. Auf der Zunge zergehende, selbst gemachte Schokoladenköstlichkeiten, appetitlich angerichtet in der beleuchteten Glasvitrine. In den Regalen stehen außerdem Weine, Thylandia Gin und andere Spezialitäten aus der Region. Im Sommer kleines **3 Café.** Geöffnet Mo–Do 9.30–17 Uhr, Fr 9.30–18 Uhr, Sa 9.30–13.30 Uhr. Vestergade 22, Tel. 9792 1474, www.chokoladekurven.dk.

dmsk-059 tns

Morsø

Morsø liegt wie der Baustein eines Puzzles mitten im Limfjord; die Festlandsküsten beidseits verlaufen annähernd parallel zu den Inselkonturen. 38 Kilometer ist das **Eiland** maximal lang und 19 breit, insgesamt 367 m². Nicht gerade klein, aber auf der Dänemark-Karte im Atlas macht Morsø nicht viel mehr als einen Klecks aus, kaum größer als das Stadtgebiet von Kopenhagen.

Wer von den unendlichen Stränden der Nordseeküste kommt, wird Morsø faszinierend andersartig finden. Die **Inselgeologie** unterscheidet sich stark von jener der Küsten; es gibt Hügel ansehnlicher Höhe und zum Limfjord hin gelegentliche Steilabbrüche, beeindruckend in ihrer Massigkeit. Der Nordwesten der Insel sticht besonders hervor, denn hier erhebt sich das **Hanklit,** ein 60 Meter hoher, teilweise fast senkrechter Steilhang, der schon von Thisted aus deutlich zu erkennen ist und zu einem Besuch lockt. Gleich daneben ist Morsø am höchsten – die **Salgjerhøj** erreicht hier

stolze 89 Meter und ist ein beliebter Aussichtspunkt, von dem man „22 von den 34 Kirchen der Insel sehen kann". Der Dichter *Bjørnstjerne Bjørnson* fühlte sich hier deshalb, so die Lokalhistorie, zu der Bemerkung veranlasst: „Entweder sind die Leute auf Morsø ein sehr christliches Volk – oder aber sind sie ganz unchristlich faul!" Das verstehe, wer will.

Das eigentümliche Hanklit

Mit dem Hanklit stürzt das hügelige Terrain Morsøs jäh in den Abgrund, hier ist unübersehbar das Inselende. Noch nicht lange gibt es diesen **steilen und kahlen Abbruch.** Bis 1825 war der Limfjord ja nach Westen hin verschlossen und die Thisted Bredning folglich ein Binnensee, in dem sich nicht viel regte. Auf dem Hanklit, damals ein grasbestandener Berg, weideten Kühe. Nach der Öffnung bei Agger gerieten jedoch die Wasser des Fjordes in Bewegung. Die bröckeligen fjordseitigen Abhänge des Hanklits erodierten schnell in der Strömung. Letztlich bot sich das Bild eines mittig durchschnittenen Kegels, und so stellt es sich heute noch dar. Daran glauben musste bei dieser Entwicklung auch das (erste) Dorf Gullerup, das damals nahe am Wasser stand.

Das Sesam-öffne-dich brachte die Eingeweide des Berges zutage. Sehr zum Ärger von Naturfreunden begann ein Unternehmer bald damit, am Hanklit Kies abzubauen, und 1917 schaufelten die deutschen Stercamol-Werke aus einem danebenliegenden Hang riesige Mengen von **Molererde,** einer besonders wertvollen lokalen Art von Infusorienerde oder Kieselgur, die über eine 200 Meter lange Landungsbrücke verladen wurde. Es gab kein Gesetz, diese Wühlereien zu unterbinden, und ein lokaler „Verein für die Bewahrung des Hanklit" beschloss daher, das Terrain aufzukaufen. 1933 war genug Geld zusammen, und deshalb ist das Hanklit heute ein Naturerlebnis und keine industrielle Schutthalde.

Auch für die **Wissenschaft** ist dieser Steilhang von großem Interesse. Nur an wenigen Stellen in Dänemark hat die Natur ein so fantastisches Schaufenster für 50 Millionen Jahre **Erdgeschichte** geschaffen. Die Bauherrin des Hanklit war die letzte Eiszeit, die mit ihren kilometerdicken Gletschern die Landschaft verschob. Am Hanklit wurde der Seeboden des ursprünglichen Diatomeenmeeres zwischen zwei jüngeren Kiesablagerungen hochgepresst. Was ansonsten nur gelegentlich und wenig spektakulär als Bohrkern zutagetritt, nämlich verkieselter Lehm, Fossilien und schwarze Aschenstreifen vorzeitlicher Vulkanausbrüche, steht hier in Gestalt einer **geolo-**

gischen Faltung senkrecht und augenfällig in die Höhe. Die dunklen Streifen hielt man bis 1883 übrigens für kohlehaltigen Sand. Sie wurden danach einem lange aktiven Vulkan im nördlichen Skagerrak zugeordnet, dessen Asche man sogar im Hamburger Raum fand.

Deshalb sieht man hier häufig **Fossiliensucher** mit dem einen oder anderen versteinerten Seeigel im Gepäck. Auch muschelähnliche Brachiopoden und versteinertes Holz sind nicht selten, selbst im Strandkies. Das Sammeln ist erlaubt, nicht aber die Verwendung von Grabe- und anderen Werkzeugen.

Nachts bei Vollmond kann einem in der unwirklichen Landschaft vielleicht auch der lange Schatten des **Gutsherrn von Dueholm** begegnen. Selbiger soll im

dmsk-060 ths

Die westliche Limfjord-Region

18. Jahrhundert ein wenig bei der Landvermessung gemogelt haben; jetzt geistert er auf den Abhängen kettenrasselnd umher. Außerdem ist eine **Elfe** vertreten, „wunderschön" und darauf versessen, Männer ins Verderben zu locken. Und oben am Feggeklit, ganz im Norden, gesellt sich womöglich der alte **König Fegge** zu diesem Reigen. Der soll hier nämlich, der Sage nach, Hof geführt haben und liegt am Klit begraben. Außerdem brachte er **König Horvendel** um und nahm sich dessen Gattin zur Frau. Dafür wurde er von seinem Stiefsohn erschlagen. Selbiger ist vor allem Shakespeare-Kennern wohlvertraut: *Hamlet*.

Wem das alles nichts ausmacht, besuche die einsame Hanklit-Küste und wird den Ausflug bestimmt lohnend finden.

Dazu nimmt man – mangels Auto – am besten von Nykøbing aus einen **Bus nach Flade** und geht von dort entweder links nach dem Hanklit oder rechts nach dem Feggeklit am Kiesstrand entlang und genießt die wunderschöne Küstenlandschaft!

Wenn man noch etwas Zeit hat, sollte man der **Kirche von Flade** (12. Jh.) einen Besuch abstatten. Ganz in der Nähe, bei Sønder Dråby, hatten die Deutschen im Krieg übrigens eine komplette Attrappenstadt angelegt, ein richtiges Potemkinsches Dorf, das alliierte Flieger auf die falsche Fährte locken sollte.

☑ Unterwegs zur Fähre

Sehenswertes

Morsø Traktormuseum

Am **ältesten Traktormuseum Dänemarks** werden kleine wie große Traktorliebhaber die reine Freude haben. In **fünf Hallen** präsentieren sich rund 100 auf Hochglanz geputzte Gefährte aus aller Welt mit einem Mindestalter von 60 Jahren. Ein Motto des Museums ist: „Sehen Sie Traktoren, von denen Sie noch nie gehört haben." Lassen Sie sich also überraschen – es lohnt sich.

■ **Info:** geöffnet Mitte/Ende Juni bis Ende August 10–17 Uhr, Eintritt: Erw. 75 Dkr., Kinder unter 12 Jahren 30 Dkr. Kjeldgårdsvej 49, Ovtrup, Tel. 6071 8982, www.traktormuseum.net.

Baks Traktoren- und Landmaschinenmuseum

Hier sind alte Dampflokomobile und irre klappernde Eisenradveteranen aus der Frühzeit des Traktorenzeitalters zu bestaunen. Es handelt sich um eine überschaubare Privatsammlung.

■ **Info:** werktags 9–18 Uhr. Rebslagervej 1, Solbjerg (bei Erslev an der Westküste), Tel. 9774 1028.

Landbrugsmuseet Skaregaard

Hier haben wir es mit einem **Landwirtschaftsmuseum** mit angrenzendem modernen Agrarbetrieb zu tun. In den musealen Bereichen mit den Stuben fühlt man sich aufgrund der authentischen Einrichtung in die 1950er Jahre zurückversetzt.

■ **Info:** Anfang Mai bis Ende August täglich geöffnet 10–12 und 14–16 Uhr je nach Saison, im Mai So/Mo geschlossen. Im Juli tägl. 10–16 Uhr. Eintritt 80 Dkr., unter 18 Jahren frei. Feggesundvej 53, Skarregaard, Tel. 9772 3421, www.museummors.dk.

Fossil- og Molermuseet

Bevor man Morsø über die Feggesundfähre verlässt, kann man noch einmal im Detail betrachten, was es mit der wiederholt erwähnten **Molererde** auf sich hat, denn man hat ihr in Hesselbjerg an der Nordspitze der Insel ein ureigenes Museum gewidmet. Diverse Fossilien gibt es zu bewundern; auch erfährt man, dass der Skagerrak-Vulkan insgesamt 179 Mal ausbrach.

■ **Info:** Anfang April bis Ende Oktober täglich geöffnet von 10 bis 11 und von 14 bis 16 Uhr je nach Saison, im April/Mai/Oktober So/Mo geschlossen. Im Juli tägl. 10–16 Uhr. Eintritt 80 Dkr., unter 18 Jahren frei. Skarrehagevej 8, 7900 Nykøbing Mors, Tel. 9772 3421, www. museummors.dk.

Praktische Infos

■ Zu **Touristeninformation, Übernachtung** und **Gastronomie** siehe weiter unten bei Nykøbing.

Verkehr und Transport

■ **Auto:** Quer durch die Insel zieht sich die Straße **A 26.** Sie kommt von Skive auf dem südlichen Festland, quert den Sallingsund über eine eindrucksvolle hohe Brücke, umgeht den Hauptort Nykøbing und erreicht über die Vilsund-Brücke (nicht zu verwechseln mit dem angrenzenden Ort Vildsund) Nordjütland unterhalb von Thisted. Auf dieser Hauptverkehrsader herrscht viel Betrieb, auf den anderen Landstraßen Morsøs hingegen nicht. Die

Die westliche Limfjord-Region

545 verbindet **Nykøbing** mit dem **Nees Sund** im Westen; dort setzt eine kleine **Autofähre** zwischen 6 und 22 Uhr (im Sommer, Pkw inkl. aller Passagiere ab 90 Dkr.) täglich in Richtung Hurup über; viel hat sie nicht zu tun in dieser einsamen Gegend. Gleich daneben wird's noch einsamer. In der Nähe liegt das Eiland Agerø, zur Gänze Vogelschutzgebiet; dort bewegt sich nur Federvieh. Auch die **Fähre über den Feggesund** (gleiche Zeiten und Preise) im Norden Morsøs ist nicht gerade überlastet.

🔴 **Busse** fahren von Nykøbing aus jedes Nest an, allerdings sollte man sich die Fahrpläne genau ansehen, denn es verkehren nicht viele Busse. Da ist es schon gut, dass man sie, wie in ganz Dänemark, weitab von jeglicher Haltestation stoppen kann.

🔴 Das **Limfjord-Ticket** für die Fähren über den Nees Sund und/oder den Feggesund für ein Auto inkl. Fahrer und Beifahrer kostet 130 Dkr. für Hin- und Rückfahrt, Abfahrt alle 20 Min. Das Ticket kann man im Juni, Juli und August auf den Fähren kaufen oder in den Touristeninformationsstellen in Thisted, Hurup oder Nykøbing Mors.

Nykøbing

Oft taucht diese Stadt **mit dem Anhängsel „Mors"** auf. Damit soll sie von den anderen Städten dieses Namens unterschieden werden, die es in Dänemark gibt.

Geschichte

Erstmalig wird Nykøbing anno **1299** erwähnt. Stadtprivilegien erhielt der „neue Handelsplatz", so die Bedeutung des Namens, gegen **1370,** und in den folgenden Jahrhunderten blühte und gedieh die Stadt. Der gute, lehmige Ackerboden der Insel, Fischerei und Schifffahrt trugen

maßgeblich dazu bei. Auch der katholische Klerus, der in Nykøbing das **Kloster Dueholm** bauen ließ, sorgte dafür, dass die Reichtümer beisammen blieben. Denn kaum brach die **Reformation** herein, als es mit der Stadt rapide bergab ging. Insbesondere vom 17. Jh. an war mit Nykøbing nichts mehr los. Kriege und Epidemien setzten der Bevölkerung zu, und **1748** brannte das gesamte Stadtgebiet ab. Nykøbing sieht heute deshalb jünger aus, als es tatsächlich ist. Die jetzige Bebauung stammt überwiegend aus den letzten 200 Jahren, vieles ist neuesten Datums und nicht immer schön.

In den Jahren **1780 bis 1864** erlebte Nykøbing eine gewisse Renaissance. Besonders der Ausbau des Hafens brachte nach der Öffnung des Limfjordes die Stadt voran, und ab **1835** entwickelte sich ein lebhafter Handel mit England.

Sehenswertes

Dansk Støberimuseum

Im dänischen **Gießerei-Museum** dreht sich alles um die 1853 in Nykøbing gegründete Firma Morsø Jernstøberi, die bis heute speziell für ihre Holzofen-Produktion bekannt ist. Die Ausstellung zeigt die Entwicklung mit Höhen und Tiefen dieses Betriebes, der auch Töpfe, Bügeleisen und Fensterrahmen herstellte. Eine spannende industriekulturelle Reise zurück bis ins 19. Jahrhundert.

🔴 **Info:** Anfang Mai bis Ende August täglich geöffnet von 10 bis 12 und 14 bis 16 Uhr je nach Saison, im Mai So/Mo geschlossen. Im Juli tägl. 10–16 Uhr. Eintritt 80 Dkr., unter 18 Jahren frei. Nørregade 13, Tel. 9772 3421, www.museummors.dk.

■ **Übernachtung**		6 Sallingsund Camping	■ **Essen und Trinken**
1 Feggesund Færgekro		10 Morsø Camping	4 Sallingsund Færgekro
2 Heltoften		11 Danhostel	7 Café Holmen
Bed & Breakfast		Nykøbing Mors	8 Restaurant Limfjorden
3 Dragstrup Camping			
4 Sallingsund Færgekro			Fußgängerzone

Dueholm Kloster und Museum

In dem 1370 von den Johannitern gegründeten Kloster und seinen denkmalgeschützten Gebäuden sind **diverse Ausstellungen** untergebracht. Man erfährt einiges über die Geschichte des Klosters und Herrenhauses, über das Leben in Nykøbing, über prähistorische Zeiten und entdeckt neben martialischen Waffen auch freudespendendes Spielzeug.

■ **Info:** Anfang Februar bis Ende Dezember täglich geöffnet von 10 bis 11 und 14 bis 16 Uhr je nach Saison, von Februar bis Mai und Ende September bis Ende Dezember So/Mo geschlossen. Im Juli tägl. 10–16 Uhr. Eintritt 80 Dkr., unter 18 Jahren frei. Dueholmgade 9, Tel. 9772 3421, www.museum mors.dk.

Jesperhus Feriepark und Blomsterpark

Eine Visite wert, vor allem für Familien, ist dieses **riesige Freizeitgelände südlich der Stadt** (unterhalb der 1730 Meter langen Sallingsund-Brücke, leicht zu Fuß erreichbar). Neben dem riesigen Blumenpark amüsiert man sich bei waghalsigen Achterbahnfahrten, spritzigen Bootstouren oder im Piratenland. Im 3000 m² großen Dschungel tummeln sich neben den Besuchern auch *øgle, slange, fugleedderkop,* also Echsen, Schlangen und Vogelspinnen. Hinzu kommen kurzweilige Shows mit *Hugo.* Dazu Toben und Schwimmen im Badeland sowie Ponyreiten. **6** Auch **Ferienhäuser und Camping** werden angeboten.

■ **Info:** Eintritt (je nach Jahreszeit) für Erw. 189–199 Dkr., Kinder (3–11 Jahre) zahlen 159–169 Dkr. Geöffnet Anfang Mai bis Mitte Oktober von 10 bis spätestens 19 Uhr (je nach Saison), im Mai/September/Oktober an manchen Tagen geschlossen, ansonsten täglich offen. Legindvej 30, Tel. 9670 1400, www.jesperhus.dk.

Sonstiges

Aus dem Jahr 1850 stammt das **Lagerhaus (Pakhus)** am Hafen, das sich heutzutage gelungen renoviert und als echtes Schmuckstück im Stadtbild präsentiert. In dem Gebäude sind ein Hotel und ein Restaurant untergebracht.

Ältere Bausubstanz ist Mangelware in der Stadt. Im Bereich von Vester-, Ny- und **Algade (Fußgängerzone)** sind nur noch stellen- und ansatzweise Baustile aus der Wendezeit zum 20. Jahrhundert zu erkennen.

Die neugotische **Nykøbing Kirke,** im Jahr 1891 erbaut, ist mit ihrer gut 43 Meter hohen kupfergedeckten Turmspitze ein markanter Blickfang mitten in der Stadt (Kirketorvet 3). Betrachtet man das von *August Jerndorf* erschaffene Al-

targemälde aus dem Jahr 1892, sieht man Personen, deren Antlitz dem damaliger Bürger aus der Stadt ähnelt, da diese sich als Modell zur Verfügung stellten. Geöffnet ist die Kirche Mo bis Fr 8–16 Uhr.

Sport und Aktivitäten

■ **Radwandern:** Die verkehrsarme Küstenstraße rund um Morsø bietet sich ganz besonders für Radtouren an. Die Touristeninformation vermittelt Fahrräder und organisiert Touren über die Insel.

■ **Morsø Golfklub,** als „Limfjords Perle" bezeichneter Platz mit 9-Loch/Par-3- (Pay & Play) und 18-Loch-Parcours (Greenfee Erw. 400 Dkr.). Traumlage am Fjord. Teglgårdsvej 24, Tel. 9772 2044, www. morsoe-golfklub.dk.

■ **Angeln im Morsø Fiskepark:** Der ganzjährig geöffnete Angelteich liegt ca. 3,5 km westlich von Nykøbing. Tische, Bänke, Toilette. Frueled 78, Tel. 9772 1029.

■ **Segeln: Nykøbing Havn** kann Gastboote in fünf Becken seines geräumigen Hafens unterbringen. Gute Ausstattung mit Dusch- und Waschgelegenheiten. Der moderne Jachthafen **Ejerslev Havn** an der Ostküste bietet Seglern Küche, Bad und andere zweckmäßige Einrichtungen. Hier bringen auch einige lokale Fischer ihren Fang an Land. Utkærvej 10, Tel. 9775 2424, www.ejerslevhavn.dk.

■ **Boots-** und **geführte Kanu-/Kajaktouren** kann man über das Tourismusbüro buchen.

Event

Morsø Musikfestival

Das alljährlich **im August** stattfindende Event bietet (lokalen) Bands und Musikern eine Bühne.

■ **Info:** www.morsofestival.dk.

4

Praktische Infos

Touristeninformation
■ **Havnen 4,** Tel. 9772 0488, www.visitmors.dk, geöffnet Mo bis Fr 9–16 Uhr, Sa 9–12 Uhr.

Verkehr und Transport
■ **Nykøbing Busstation** direkt am Hafen. Weitere Infos unter Morsø.

Übernachtung
❶ **Feggesund Færgekro**②, Gasthof im äußersten Norden von Morsø unmittelbar an der Fähranlegestelle. Sechs einfache Zimmer mit Blick auf den Limfjord, Bad/WC auf dem Flur. Es gibt deftiges Essen, Spezialität ist in der Pfanne gebratener Aal. Feggesundvej 81, Tel. 9775 1032, www.feggesund kro.dk.

❷ **Heltoften Bed & Breakfast**②, liebevoll gestaltete Zimmer mit Bad/WC. Immer wieder werden Kunstausstellungen organisiert. Nette Atmosphäre. Die Unterkunft liegt unweit von Hanklit (höchste Klippe der Insel). Heltoften 24, Tel. 2320 1887, www.heltoften.dk.

❹ **Sallingsund Færgekro**③, Gasthaus aus dem Jahr 1938. In den 40 gemütlichen Zimmern lässt es

sich in naturnaher Umgebung bestens nächtigen. Alle Zimmer sind mit Bad/WC und Balkon/Terrasse ausgestattet. 5 km entfernt von Nykøbing an der Sallingsund-Brücke gelegen. Ein gutes Restaurant ist ebenfalls angeschlossen. Außerdem ein kleiner Campingplatz mit Stellplätzen und modernen, schönen Hütten. Sallingsundvej 104, Tel. 9772 0088, www.sfkro.dk.

Jugendherberge

11 **Danhostel Nykøbing Mors,** schön am Limfjord-Ufer gelegen. Zimmer für bis zu 6 Pers., ruhig. Geöffnet Mitte Februar bis Ende November. Øroddervej 15, Nykøbing Mors, Tel. 9772 0617, www.danhostelmors.dk.

Camping

3 **Dragstrup Camping,** rund 150 Stellplätze, Hütten für bis zu 6 Pers., auch luxuriösere Mobile Homes (4–5 Pers.). Kleiner Pool mit Rutsche. Minigolf. Nettes, familiäres Ambiente und freundliche Betreiber. Geöffnet 1. April bis 30. Sept., sonst auf Anfrage. Dragstrupvej 87, Erslev (Westküste), Tel. 9774 4249, www.dragstrupcamping.dk.

10 **Morsø Camping,** angenehmer Campingplatz direkt am schönen Badestrand im Zentrum von Nykøbing. 110 Stellplätze und zahlreiche Hütten unterschiedlicher Größe. Spielplatz. Geöffnet Mitte März bis Ende September. Pavillonvej 3, Tel. 9771 0199, www.mors-camping.dk.

Essen und Trinken

(MEIN TIPP.) **7** **Café Holmen,** ausgezeichnete Lage am Jachthafen, sehr beliebt. Besonders die Plätze draußen sind bei schönem Wetter äußerst begehrt. Auch das Interieur zeigt sich urgemütlich. Rundum eine tolle Location. Lystbådehavnen, Holmen 3, Tel. 9772 3100, www.cafe-holmen.dk.

8 **Restaurant Limfjorden,** die gegrillten Steaks sind saftig und lecker. Große Fleisch-Auswahl, u.a. Black Angus und Bison aus Kanada. Außerdem mexikanische Gerichte wie *Burito* (auch vegetarisch). Fr bis So abends auch Büfett. Geöffnet Mo–Do und So 17–21 Uhr, Fr/Sa 12–21 Uhr. Havnegade 18, Tel. 9772 0359, www.restaurantlimfjorden.dk.

4 **Sallingsund Færgekro,** am vormaligen Fähranleger neben dem Jesperhus-Park. Feiner Fisch aus der Region, Käsespezialitäten, Burger. Sallingsundvej 104, Tel. 9772 0088, www.sfkro.dk.

◁ Dueholm Kloster und Museum

Hannæs

Bei der Weiterfahrt von Morsø Richtung Norden, über den Feggesund, erwartet den Reisenden auf der anderen Seite Hannæs, sozusagen ein **Keil zwischen den Landesteilen Thy und** dem sich im Osten anschließenden **Han Herred.** Die Endsilbe *-næs* deutet auf eine „Nase" hin; in der Tat war die Region, eine der urwüchsigsten ganz Nordjütlands, früher einmal eine Halbinsel.

Als ersten Ort erreicht man **Amtoft,** höchstens für Segler von Interesse. **Øsløs,** nächstes Städtchen am Fjord, hat eine Kirche von 1200 und einen Campingplatz (s.u.). Von **Vesløs** führt ein landschaftlich schöner Fußpfad über eine Länge von 10 Kilometern den **Tømmerby-Fjord** entlang zu dem gleichnamigen Dorf mit einer sehenswerten Kirche von 1100.

Vejlerne

Große Teile des Hannæs werden von **Binnenseen und flachen Fjorden** eingenommen, die unter dem Sammelnamen Vejlerne (etwa: „die Weiher") zusammengefasst nicht nur (seit 1960) Dänemarks größtes naturwissenschaftliches Reservat sind, sondern **Europas ausgedehntestes Feuchtgebiet.**

Die Weiher *(Vejler)* waren **bis in die 1770er Jahre Seichtflächen des Limfjordes.** Nach dem deutsch-dänischen Krieg 1864 entstand eine nationale Bewegung, die sich die Schaffung neuen Ackerlandes als Ausgleich für den Verlust Nordschleswigs zum Ziel gesetzt hatte. Die Vejler schienen sich dafür an-

zubieten. 1870 begann man sie mit Hilfe britischer Geldgeber einzudämmen und trockenzulegen. Doch Limfjordwasser sickerte ständig nach und musste aufwendig abgepumpt werden. 1916 hatte man von der teuren Pumperei die Nase voll und ließ das Gebiet verschilfen. Immerhin konnte man so Material zum Dachdecken gewinnen.

Die Vejler entwickelten sich allmählich zu ausgedehnten Schilfwäldern, Sumpfwiesen und seichten Seen. **Wasservögel** zu Tausenden ließen nicht lange auf sich warten und rückten in ihr neues Paradies ein. In den 1920er und 1930er Jahren gab es hier eine außerordentlich vielfältige Vogelwelt. Dann verschwanden manche Arten nach und nach und letztlich völlig. Der Einsatz von Chemie in der Landwirtschaft und Urbarmachungen rund um das Gebiet waren wohl schuld, und der Bau einer Schleuse, die zur Senkung des Wasserstands führte.

Heute sind die Vejler in privater Hand. Das geschützte Gebiet ist 6000 ha groß und weist die **größten Schilfwälder Dänemarks und einige der ausgedehntesten Strandwiesen des Landes** auf. In diesem Biotop nisten Graugans, Rohrweihe, Rohrdommel und Trauerseeschwalbe, seltene Arten allesamt. Scheue und auf viel Raum angewiesene Vögel wie Kranich, Seeadler und Wanderfalke haben ebenfalls eine Freistatt in den Vejlern, nisten dort aber nicht. Zug- und Wintervögel fallen zu Zehntausenden ein. Im Mai trifft man viele Stelzvogelarten im prächtigen Brutkleid an, und schon wenig später, gegen Mitte Juni, kommen die ersten Wandervögel von ihren nördlichen Brutplätzen. Am zahlreichsten ist der Goldregenpfeifer mit bis zu 25.000 Exemplaren im Oktober und November. Auch ein rares Säugetier, der Fischotter, hat in dem Areal eines seiner letzten Lebensräume.

Das Betreten des Reservats selbst **ist ganzjährig verboten,** ebenso das Fischen im gesamten Gelände. Dennoch gibt es viele Gelegenheiten, an der großartigen Natur der Vejler teilzuhaben, indem man Fauna und Flora von öffentlichen Wegen und Rastplätzen im Umkreis des Geländes beobachtet. Auch die Peripherie ist übrigens in Privatbesitz.

■ **Info:** Aktuelle Auskünfte über das Leben und Treiben im Reservat gibt das **Vejlerne Naturcenter** direkt an der Landstraße Nr. 11/29 Richtung Norden hinter Øslos auf der linken Seite. Vom reetgedeckten Hauptgebäude mit seinen Informationen über Pflanzen und Tiere führt ein Holzsteg über einen Kanal zur Aussichtshütte. Vor Ort gibt es Toiletten. Tagsüber geöffnet.

Vigsø Bugt

Im Norden ist im Wesentlichen die Küste der Vigsø Bugt dem Hannæs zuzurechnen. **Von Hanstholm bis zum 47 Meter hohen Bulbjerg** im Osten zieht sich diese Bucht in sanftem Bogen dahin und wechselt in diesem Verlauf allmählich von fein- zu grobsandig und letztlich steinig. Ganz in der westlichen Ecke liegen viele deutsche Bunker. **Badestrände** gibt es in Vigsø und Lild. In Lild unterhalb des Bulbjerges wird Küstenfischerei betrieben; malerisch liegen die Kutter auf dem Strand. Übrigens ist auf der gut 20 Kilometer langen Küstenlinie etwas erlaubt, was sonst verboten ist: Hunde dürfen sich hier ganzjährig ohne Leine austoben!

Sport und Aktivitäten

■ **Angeln: Ballerum Lystfiskeri,** Put & Take. 10 km südlich von Vigsø. Aal, Hecht, Regenbogenforelle, Karpfen, Schleie. 150 Dkr./Rute/Tag. Tangrimme 14, Tel. 9798 5335.

Praktische Tipps

Touristeninformation
■ **In Hanstholm, Thisted, Nykøbing oder Fjerritslev** (siehe jeweilige Ortskapitel).

Übernachtung, Camping, Essen und Trinken
■ **Vigsø Feriecenter,** hier kann man wählen zwischen 175 Häusern für 2–12 Pers. und rund 20 Zimmern im Gästehaus in Vigsø. Unweit des Meeres. Dazu gehört ein 1500 m^2 großer subtropischer Wasserpark mit Wasserrutsche und Spa. Fahrradverleih. Minigolf. Vigsø Bugt Vej 1, Tel. 9655 6666.
■ **Bygholm Camping Thy,** familiärer Platz bei Øslos, 500 m vom Limfjord. Pool, Minigolf, Hüpfkissen. Veranstaltungen für die ganze Familie. Stellplätze. 10 kleine Hütten (16 m^2). Bygholmvej 27, Tel. 2620 9790, www.bygholmcamping.dk.
■ **Restaurant und Hotel Spisehuset Thy**②, etwas abseits, zwischen Thisted und Vesløs, lässt man sich in angenehmen Räumlichkeiten kulinarisch verwöhnen. Regionale Zutaten und hausgemachte Beilagen. Eine Empfehlung. Wer die Weine ausgiebig getestet hat, übernachtet in einem der 10 DZ, alle mit Bad/WC im 1. Stock, Restaurant geöffnet Di–Fr 18–20.30 Uhr. Østerild Byvej 65, Tel. 9799 7003, www.spisehusetthy.dk.

5

Nordjütland bis Skagen

Das Ankerhaus in Skagen wurde 1927 erbaut

Nordjütland bis Skagen

NORDSEE
(Skagerrak)

Jammerbugten

Tannis Bugt

Kjul Strand

Hirtshals

Tversted
Aabyen
Uggerby
Mygdal
Horne
Tornby Strand
Hünengrab Tornbydyssen
Kærsgård Strand
Tornby

Nørlev Strand
Skallerup Klitt
Bjergby
Astrup

Lønstrup
Gjurup
Sønderskov

Leuchtturm
Rubjerg Knude
Hjørring
Linderum

Gølstrup
Hundelev
Hæstrup
Mejeriby
Tårs

Nørre Lyngby
Vennebjerg
Vittrup
Smidstrup

Løkken
Børglum
Ny Rønnebjerg
Vrå
Koldbro
Vendsyssel

Grønhøj
Vrensted
Stenum
Holte
Mylund
Flyvbjerg

Ingstrup
Ejerstedt
Thise Øster
Hjermitslev
Serritslev
Kirkholt
Jerslev

Saltum Strand
Alstrup
Saltum
Hellum

Blokhus
Hune
Brønderslev
Hallund
Allerup

Rødhus
Rødhus Klit
Pandrup
Hvilshøj

Noseby
Kaas
Brændskov
Tylstrup
Krabdrup

Kollerup
Strand
Tranum Strand
Tranum
Plantage
Åbybro
Biersted
Nørre
Halne
Hjallerup

Svinkløv
Slettestrand
Grønne-
Klim strand
Hjortdal
Fristrup
Haldager
Sulsted

Strand
HAN
Fjerritslev
Tranum
Halvrimmen
Vodskov
Vestbjerg
Langholt

HERRED
Brovst
Gjøl
Rærup
Vester
Hassing

Skovsgård
Skerping
Bonderup
Vesterby
Østerby
Egholm
Gandrup

Gottrup
Bejstrup
Haverslev
Nibe
Bredning
Nørholm
Klarup

Ullerup
Aggersund
Stavn
Klitgårds
Fiskerleje
Ålborg
Gistrup
Storvorde
Skellet

Aggersborg
Vår Mark
Barmer
Sønderholm
Gultentorp
Sejlflod

Aggersund
Tolstrup
Kølby
Nibe
Godthåb
Svenstrup
Lundby
Kærsholm

Løgstør
Næsborg
Lundby
Bislev
Vokslev
Sebbersund
Ferslev
Gudumlund

Ravnstrup
Skarp
Salling
Anschlusskarte Seite 168
Guldbæk
Gunderup
Vårst

Anschlusskarte Seite 168

Nordjütland bis Skagen

ÜBERBLICK

Die Route, die auf den nördlichsten Punkt Dänemarks zuführt, folgt der Jammerbucht, einem Küstenstrich, der im Laufe der Seefahrtsgeschichte zahllosen Schiffen zum Verhängnis wurde.

Han Herred

So ganz genau ist nicht klar, was der Name Jammerbucht bedeutet. Die meisten tippen auf „Klagebucht", denn das Wort *jammer* ist das gleiche wie im Deutschen. Mit der Seefahrt Vertraute neigen jedoch dazu, das im bekannten Begriff „Windjammer" enthaltene Verb im Sinne von „pressen" der „Unglücksbucht" zuzuordnen, in die manche Segler hi-

NICHT VERPASSEN!

⇒ Kunstwerke aus Sand beim **Internationalen Skulpturenfestival** in Blokhus | 217

⇒ Die Riesendüne **Rubjerg Knude** bei Lønstrup | 223

⇒ **Nordsøen Oceanarium** in Hirtshals, das „größte Aquarium Nordeuropas" | 227

⇒ **Die Versandete Kirche** von Skagen | 242

⇒ Einmal ganz oben stehen – **Grenen** | 245

Diese Tipps erkennt man an der gelben Markierung.

5

nein- und letztlich auf den Strand gedrückt wurden. Auch die Bedeutung des Namens der ungefähr zwischen den Städten Thisted und Brovst liegenden **Landbrücke Han Herred** ist im Dunkel der Zeit verborgen; es gibt keinerlei Anhaltspunkte.

Der seeseitige Steilhang des **Bulbjerg** ist Morsøs Hanklit nicht unähnlich. Hier jedoch wechseln sich Schichten von weichem Kalk mit solchen aus schwarzem Feuerstein ab, und die unterschiedliche Härte dieser Materialien hat zu wunderlich wechselhaften Erosionsformen geführt. Gleichzeitig ist der Bulbjerg Dänemarks einziger „Vogelfelsen", die Aussicht ist fantastisch. Er weist eine artenreiche Flora auf, u.a. Breitblättrigen Enzian, Knabenkraut, Wiesennelkenwurz und mehrere Arten von Orchideen.

Am Bulbjerg und überhaupt in weiten Bereichen der Jammerbuchtküste ist eine **stetige Veränderung der topografischen Gegebenheiten** in Gang. Ursprünglich war das Han Herred eine felsige Inselgruppe. Während der letzten Eiszeit wurde der Kalkstein der Inseln mit einer Moränenschicht bedeckt, die nach und nach verwitterte und ein Relief des ursprünglichen Archipels hinterließ. Zugleich setzte eine Landhebung ein, die noch heute andauert. Meeresströmungen füllten die Räume zwischen den Inseln mit Kies und Sand, und das Land wuchs zusammen. Auf diese Weise entstand Han Herreds besondere Kombination von charakteristischer Hügellandschaft und vorgelagerten flachen Küstenstrecken.

Stellenweise existieren sogar richtig **tiefe Schluchten,** nichts Alltägliches in Dänemark. Bei einem Besuch der Region im Jahre 1824 äußerte König *Frederik VI.,* er hätte im Leben nie etwas Schöneres gesehen. Für dieses Lob hat man dem Monarchen in der Nähe von Grønnestrand eine Granitsäule mit Monogramm gewidmet.

In historischer Zeit gab es im Bereich von Han Herred Verbindungen zwischen der Nordsee und dem Limfjord. Sie dienten womöglich noch den Wikingern zur Durchfahrt, die mit der **Aggersborg** Dänemarks größte Ringfestung gebaut hatten (siehe Exkurs „Eine alte Wikingerburg"). Die gewaltigen **Sandstürme,** die als Folge der allgemeinen Abholzung im späten Mittelalter einsetzten, verschlossen diese Öffnungen jedoch ein für alle Mal.

Gleichzeitig führte die **Versandung** der Region zu einer Abkehr von Vorhaben der Urbarmachung, d.h. die Natur konnte sich vielerorts ungehindert entwickeln. Das hat sie zu danken gewusst. Im Frühjahr überziehen sich die Hänge Han Herreds mit bunter **Blumenpracht,** und im Spätsommer setzt die Heide Farbkleckse drauf. Auch **Pilze** sind in dieser Region besonders häufig; hier und da trifft man sogar auf die andernorts fast ausgestorbenen Pfifferlinge.

Die Nähe der Vejlerne trägt zudem zu einer vielfältigen **Vogelwelt** bei; zahlreiche Arten sind in den ausgedehnten Waldgebieten Han Herreds zu Hause, die man seit dem späten 19. Jahrhundert angepflanzt hat.

Zu dieser gelungenen Palette gesellen sich schöne **Strände,** die allerdings nicht durchgängig feinsandig sind. Der Bulbjerg-Strand gleich östlich des bewussten Berges ist auf 2 Kilometer Länge ziemlich grob und stellenweise steinig, außerdem herrscht wegen tiefen Wassers ein starker Unterstrom. Auf der ganzen

Länge der Küste bis Tranum wechseln kiesige Abschnitte mit Sand, letzterer vorherrschend in den Bereichen Thorup, Klim, Grønnestrand, Svinkløv und Slettestrand; dort pulst im Sommer überall das Badeleben. Am Strand von Thorup werden wieder einmal Fischkutter aufs Trockene gezogen, pittoresk wie nirgendwo anders.

Vendsyssel

Die sich in Richtung Osten dem Han Herred anschließende **Landschaft bis an die Nordspitze des Landes** wird Vendsyssel genannt. Wer etwas Dänisch beherrscht, wird sich unter diesem Wort vielleicht eine „Wasserschüssel" vorstellen; da *vand* „Wasser" bedeutet, liegt das ja nahe. Doch der Begriff steht für etwas anderes. Er stammt aus dem Gotischen und übersetzt sich ungefähr als „Wanderbewegung". Die Völker waren dort in früheren Zeiten offenbar ständig auf Achse, wie sich schon an den rastlosen Wikingern ersehen lässt.

Im Binnenland sieht es hier nicht viel anders als im Han Herred aus, und an der Küste noch weniger. Dort nämlich dehnt sich ein mächtig breiter **Strand** aus, der bis zur Stadt Hirtshals keine nennenswerte Unterbrechung erfährt. Mit wenigen Ausnahmen ist dieser Strand von einem Ende zum anderen von feinsandiger Konsistenz und mithin einer der beliebtesten ganz Dänemarks. Im Dünengelände drängen sich folglich **Campingplätze und Ferienhauskolonien,** und verschlafene Nester wie Blokhus, Saltum und Løkken erwachen im

Sommer zu quirligem Leben, zumal man den Stränden (zwischen Blokhus und Løkken und wiederum zwischen Nørlev Strand und Tornby Strand, alles in allem 42 Kilometer) mit dem Auto folgen darf. Vor allem am Strand von Blokhus bilden sich im Sommer ganze Wagenburgen.

Man kann sich indes auch ohne Automobil an dieser Küste fortbewegen. Und zwar auf dem **Vestkystruten** (Westküstenweg oder Nordseeküstenweg), der sich über ca. 560 Kilometer von Rudbøl bis Skagen dahinzieht. Der Weg wurde vom Kreis Nordjütland als Fahrrad- und Wanderroute angelegt und gehört zum europäischen Radroutennetz Eurovelo. Er verbindet die größten und wichtigsten Ferienhausareale mit den **Naturgebieten** entlang der Route. An denen herrscht kein Mangel, denn auch in diesem Bereich der Küste verödete das einst fruchtbare Hinterland nach schweren Dünenabbrüchen und Sandstürmen und bildete Heiden und Kiefernwälder. Nur ein Teilstück der Route führt (von Rødhus nach Hune) entlang einer im Sommer vielbefahrenen Landstraße; danach geht es wieder überwiegend parallel zum Strand weiter. Detailkarten erhält man in der Touristeninformation Blokhus.

Fjerritslev

Die größte Stadt des Han Herred ist ein typisches dänisches Provinznest. Erste Sehenswürdigkeit am Platze ist das **Bryggeri- og Egnsmuseum** mitten im Ort. Bier wird nicht mehr gebraut, das ist Vergangenheit. Doch in diese taucht man beim Besuch des Museums ein, das eine Brauerei aus dem Jahre 1897 mit Kupferkesseln und allerlei Utensilien zeigt. Außerdem erhält man Informationen über das regionale Handwerk, die Fischerei und die Landwirtschaft. Im ersten Stock wohnte die Brauereifamilie *Kjeldgaard;* dort stehen noch Möbelstücke aus dieser Zeit. Wechselnde Ausstellungen mit altem Spielzeug und Textilien ergänzen auf schöne Weise das museale Angebot.

Wie kommt das Boot ins Wasser?

Es sieht putzig aus, wenn ein **Fischerboot** sozusagen den Strand hinaufwandert. Wer sich ein wenig für die Technik dahinter interessiert, stellt schnell fest, dass der Vorgang mit Motorkraft erledigt wird. Das leuchtet ein. Die Frage aber ist: Wie kommt das Boot wieder ins Wasser zurück? Wer oder was zieht da draußen?

Auch das ist einfach erklärt, denn es sind **zwei Winden** vorhanden, und **zwei schwere Drähte** laufen den Strand hinab. Ein gut Stück vom Strand liegt ein **Betonblock** mit einer Umlenkrolle auf dem Seeboden verankert. Ein einkommendes Boot fährt so dicht wie möglich an den Strand heran und macht den Steven am Zugdraht fest. Das muss schnell gehen, sonst gibt's bei schlechtem Wetter Querschlag und Strandung.

Zum Inseestechen wird das Heck am anderen Draht angesteckt, und dann heißt es „Rolle rückwärts". In diesem Fall wird das Boot erst weit draußen losgeworfen. Klingt simpel. Aber wenn die Brandung am Strand tobt und frierende Gischt über das Schiff fetzt, muss der Decksmann kräftige Finger haben, damit die Sache klargeht.

■ **Museum:** geöffnet März bis Juni jeden Montag von 11 bis 14 Uhr, Juli/August Mo–Fr 10–15 Uhr, Sa 10–13 Uhr. Eintritt: Erw. 40 Dkr., Kinder unter 15 Jahre frei. Im Gebäude befindet sich auch die **Touristeninformation.** Østergade 1, Tel. 9821 3192, www.fjerritslevmuseum.dk.

Am zentralen Kirchplatz „erregt" eine imposante **Sonnenskulptur** die Aufmerksamkeit der Besucher, auch wenn die Aufregung möglicherweise nicht gerade galaktisch groß ausfallen wird. Hier ist der Ausgangspunkt für den Planetenpfad zum Kollerup Strand. Ausgestellt sind die **Himmelskörper des Sonnensystems,** wobei auf die maßstabsgetreue Größe und Entfernung der Planeten geachtet wurde. So befindet sich beispielsweise der Merkur in Realität rund 59 Millionen Kilometer von der Sonne entfernt; auf dem Planetenpfad schrumpft die Distanz auf überschaubare 59 Meter, daher ist das Merkur-Modell (eine Kugel von 4,8 mm Durchmesser) wie die Sonnenskulptur am Kirchplatz zu entdecken. Der am weitesten von der Sonne entfernte Planet Pluto – nach neuester Definition nur noch ein „Zwergplanet" – zeigt sich als Nachbildung in 5,9 Kilometer Entfernung am Kollerup Strand. Für die gesamte Tour sollte man etwa 2 Std. einplanen. Weitere Infos erhält man auf den jeweils angebrachten Infotafeln und in einer Broschüre, die in der Touristeninformation erhältlich ist.

Sport und Aktivitäten

Hjortdal Dyrefarm, ein „tierisches" Ausflugsziel für die ganze Familie. 1,5 km von der Nordsee entfernt bei Slettestrand. Auf dem Gelände des **Mini-Zoos** leben über 300 Tiere wie Hasen, Esel, Lamas und Kängurus. Ein Restaurant sorgt für das leibliche Wohl. Geöffnet Anfang Mai bis Mitte September ab 10 Uhr bis spätestens 20 Uhr (je nach Saison), teilweise Mo geschlossen. Zu Ferienzeiten ebenfalls geöffnet. Eintritt: Erw. ab 85 Dkr., Kinder 2–15 Jahre ab 75 Dkr. Slettestrandvej 52, Tel. 2262 9152, www.hjortdaldyrefarm.dk.

■ **Jammerbugtens Golfklub,** in Zentrumsnähe von Fjerritslev. 18-Loch-Platz, Greenfee Erw. 350 Dkr. Restaurant. Starkærvej 20, Tel. 9821 2666.

■ **Reiten: Svinkløv Turridning,** Reiten auf Islandpferden, Touren am Strand. 7 km nordöstlich von Fjerritslev. Hjortdalvej 74, Hjortdal, Tel. 4019 3896.

Angeln

■ Angeln ist **an allen Stränden und im Limfjord** möglich. Im Mai und Juni ziehen riesige Schwärme von Hornhechten durch den engen Aggersund und lassen sich dann leicht erbeuten. Bach- und Regenbogenforellen tummeln sich in den Auenflüssen Bjørnsholm Å, Nedre Ryå, Nørreå und Trendå.

■ **Gøttrup Fiskepark,** Put & Take, Bach- und Regenbogenforellen, Saibling, Hecht, Aal und Zander, ganzjährig. Service- und Sanitäreinrichtung. 1 Rute/5 Std. 140 Dkr. Gøttrupvej 311, Gøttrup, Tel. 4045 7233, www.gottrup-fiskepark.dk.

Wandern, Ausflüge

🦋 Von Fjerritslev aus kann man zur Küste marschieren und dort entweder **strandwandern oder** sich **in den Wäldern** ergehen. Ein ganz besonders schöner Wanderweg beginnt beim Svinkløv Badehotel und führt zum Aussichtspunkt Stenbjerg (52 m) und von dort am Strand entlang zurück (4,5 km). Am Fuß dieser Steinzeitsteilküste hat sich eine massive Dünenkette aufgebaut, die das Kliff vor weiterem Zerfall schützt. Die See liegt jedoch so nahe, dass der Charakter einer Meeresküste erhalten bleibt, und der Ausblick von oben ist sehr schön. Es gibt mehrere Routen von vergleichbarem Charme im Nordteil Han Herreds; man frage im Fremdenverkehrsamt nach Wanderkarten.

■ Das Fremdenverkehrsamt veranstaltet im Sommer botanische und ornithologische **Exkursionen** und im Herbst die eine oder andere **Pilztour.**

☑ Das Bryggeri- og Egnsmuseum im Zentrum

dnsk-062 ths

Eine alte Wikingerburg

Dort, wo der Limfjord sich in das Nadelöhr des Aggersundes zu verengen beginnt, genau gegenüber der Stadt Løgstør, liegen die Reste der **Wikingerfestung Aggersborg,** der größten Anlage dieser Art in ganz Skandinavien. Hier standen einst 48 Langhäuser à 30 Meter, die je zu viert im Karree um einen zentralen Wachtturm angeordnet waren. Das Ganze umgab ein Ringwall von 240 Metern Durchmesser und bot wahrscheinlich 5000 Kriegern Platz.

Die Aggersborg ist auf das **Jahr 980** zurückzuführen; König *Harald Blauzahn* baute sie. Er lag im Streit mit seinem Sohn *Svend Gabelbart* und errichtete noch drei weitere (kleinere) Anlagen dieser Art: Fyrkat, Nonnebakken und Trelleborg. Möglicherweise war die Aggersborg um 990 ein Stützpunkt für die Raubzüge der Wikinger gegen die britische Insel, die sich die wilden Nordmänner zeitweilig untertan gemacht hatten. Der englische König musste sogar einen Tribut zahlen, das sog. **Danegeld.** Dieses ging an *Knud den Großen* (1018–1035), der nicht nur in

Dänemark Boss war, sondern gleichzeitig in England, das er mit lediglich 200 Drachenbooten erobert hatte. Unter diesem Großwikinger erreichte das Reich einen ersten Höhepunkt seiner Macht. Doch danach verfiel es alsbald wieder, und auch die englische Pfründe musste aufgegeben werden.

Anno **1080** unternahm König *Knud der Heilige* einen neuen Anlauf. Er versammelte vor der Aggersborg fast 2000 Wikingerschiffe zum Sturm auf England. Nicht nur eigene Boote waren dabei, sondern auch aus Norwegen und sogar aus Flandern waren Flottillen herbeigeeilt, um die große alte Zeit wieder aufleben zu lassen. Doch die **Rieseninvasion,** für die mehrere zehntausend Mann angereist waren, **verlief nicht nach Plan.** Das große Aufgebot im Limfjord ließ nämlich andere Landstriche ungeschützt zurück, und prompt begann es dort zu kriseln. König *Knud* musste seine Englandpläne verschieben, um sich auf einen Feldzug an die Südgrenze seines Reiches zu begeben, wo die

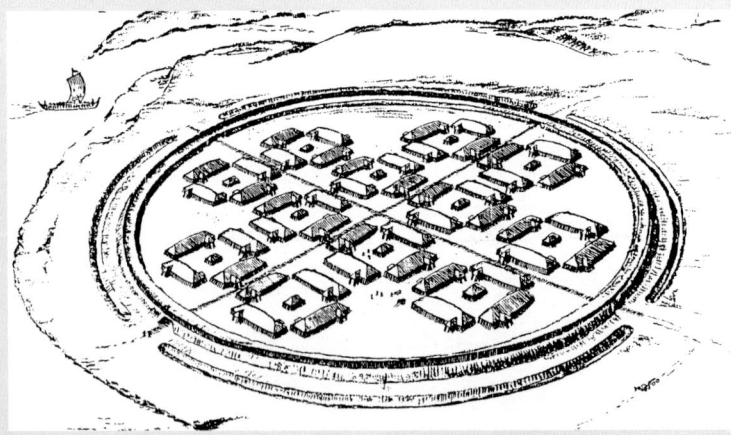

meisten Übergriffe stattfanden. Die Sache zog sich endlos hin. Während immer neue Scharmützel den König beschäftigt hielten, löste sich die Streitmacht im Limfjord allmählich in Wohlgefallen auf, denn die Recken waren nicht gekommen, um untätig vor Anker zu liegen. Auch nutzte der englische König, dem der Aufmarsch nicht verborgen geblieben war, geschickt die Situation, um über Agenten Zwietracht unter den Mannschaften zu säen.

Als *Knud* endlich zurückkehrte, waren nur noch die Norweger da. Wutentbrannt setzte der enttäuschte König zum Strafgericht auf seine treulosen Dänen an. Doch die waren selbst sauer, fackelten das Fort ab und schlugen den heiligen *Knud* in die Flucht. Ihr Zorn muss gewaltig gewesen sein, denn sie setzten ihm bis nach Odense nach und machten seinem Leben in der dortigen Kirche ein Ende. England war gerettet und blieb hinfort von allen Invasionen aus der dänischen Ecke verschont. Dafür sorgte nicht zuletzt eine Lichtgestalt, in deren Adern auch Wikingerblut floss: *Wilhelm der Eroberer,* ein Normanne, mithin Nordmann.

1994 wurde eine 900 Meter lange **Markierung der Wallanlage** vorgenommen; sonst ist nichts mehr erkennbar. Auf der Stätte der ehemaligen Burg gibt heute eine unaufwendige **Ausstellung** Einblicke in das frühere Leben und Treiben der Wikinger.

◁ Aggersborg um das Jahr 990

■ Ab Fjerritslev kann man Ausflüge zur **Insel Livø** im Limfjord unternehmen (Fähre ab Rønbjerg). Das Eiland hat jede Menge heile Natur zu bieten. Keine Autos. Hunde dürfen nicht mitgenommen werden.

Praktische Infos

Touristeninformation

■ Østergade 1, das Büro befindet sich **im Brauereimuseum** (s.o.). Geöffnet nur in den Sommermonaten. Tel. 9821 3192, www.visitjammerbugten.de.

Verkehr und Transport

■ **Busse** fahren nach Thisted, Ålborg, Løgstør und zu allen Stränden.
■ **Direktbus** nach Kopenhagen (Tel. 9821 1133).

Übernachtung, Essen und Trinken

■ **Hotel Klim Bjerg**③, schöne Zimmer in ruhiger Lage, auf Wunsch mit Terrasse. Strandnah. Sehr nette Betreiber. Abends lohnt das Restaurant einen Besuch; kulinarische Alternativen in der Umgebung sind rar. Für unvergessliche Momente steht ein Chevrolet Pheaton Touring Baujahr 1929 parat. Klimstrandvej 156, Klim, Tel. 9822 5242, www.klimbjerg.dk.
■ **Feriecenter Slettestrand,** Ferienhäuser unterschiedlichster Größe und Ausstattung für bis zu 16 Pers. 200 m zum Strand. Restaurant mit umfangreicher Auswahl: Gulasch, Chili con Carne und manch andere deftige Leckerei. Frühstücksbüfett. Mountainbiketouren. Slettestrandvej 142, Slettestrand, Tel. 98217044, www.slettestrand.dk.
■ **Rønnes Hotel**③, 63 moderne Zimmer, dazu Suiten und Superior-Zimmer mit Terrasse. Restaurant mit großer Außenterrasse. Verleih von Mountainbikes. Strandnah. Kystvejen 25, Slettestrand, Tel. 9821 7150, www.roenneshotel.dk.

■ **Hotel Højgården**③, ruhige Lage unweit des Strandes, herzlicher Empfang. Zweckmäßige und saubere Zimmer. Im Restaurant wird gut gekocht. Eine Herberge zum Wiederkommen. Slettestrandvej 50, Slettestrand, Tel. 9821 7036, www.hojgaarden.dk.

Camping

■ **Svinkløv Camping,** in herrlicher Natur gelegen, Stellplätze und Hütten auf teils bewaldetem Gelände. Blick auf die Jammerbucht. Mountainbike-Strecken rund um den Campingplatz. Geöffnet April bis Oktober. Svinkløvvej 541, Tel. 9821 7180, www.svinkloevcamping.dk.

■ **Klim Strand Camping,** Platz am Strand mit Stellplätzen, auch für Wohnmobile. Schöne, großzügige Strandhütten für 4–6 Pers. mit Bad/WC und Terrasse. Deutlich einfacher ausgestattet sind die 17 m² großen Naturhütten. Indoor-Wasserpark mit Kinderpool, 20-m-Schwimmbecken, Rutsche und Kletterwand. Havvejen 167, Klim Strand, Tel. 8210 7010, www.klimstrand.dk.

Nachtleben

■ **Disco Crazy Daisy,** Motto-Partys, Fr und Sa 23–5 Uhr. Nygade 2, Fjerritslev.

Brovst („Braust")

Das gemütliche Städtchen ohne besondere Attraktionen liegt an der Autostraße 11. Einzig das **Herregården Bratskov,** ein Herrenhaus, das schon Anfang des 14. Jahrhunderts bestand, lockt Besucher an. Dort untergebracht sind die Touristeninfo und eine Ausstellung, die über die Geschichte Brovsts und den Speedway-Fahrer *Hans Nielsen* informiert, der als Profi an 22 Weltmeisterschaften teilnahm. In den Sommermonaten zeigen jeweils am Donnerstag Dutzende **Handwerker** ihre Kunst und ihr Können und erfüllen den ansonsten verschlafenen Ort mit lebendigem und charmantem Treiben.

Praktische Infos

Touristeninformation

■ **Im Herregården Bratskov,** Fredensdal 8, Tel. 7257 8975, www.visitjammerbugten.dk.

Übernachtung

■ **Kokkedal Slot**③, sehr ansehnliches Schloss in reizvoller Lage, stilvolle historische Einrichtung. Als Kulisse für ein romantisches Dinner bestens geeignet. Schwimmbad. Kokkedalvej 10, Tel. 9823 3622, www.slotshotel.dk.

Blokhus, Hune, Rødhus und Saltum Strand

Wenn man **Blokhus** sagt, muss man immer den **Ortsteil Hune** dazurechnen. Denn dort, 4 Kilometer landeinwärts, gibt es eine gewisse touristische Infrastruktur. Wer mit öffentlichen Verkehrsmitteln bis zur Endstation Blokhus fährt, muss zu Fuß zurück oder auf den Gegenbus warten.

Zum gesamten **„Ferienkomplex"** gehören außerdem die Küstenorte **Rødhus** und **Saltum Strand** sowie die etwas weiter im Inland gelegenen Ortschaften **Moseby, Kaas, Pandrup** und **Saltum.** Pandrup ist wegen seines in ganz Nord-

292dk rh

jütland zu finden den Brotes *(Pandrup Brød)* bekannt, Saltum vor allem wegen des 1988 erbauten Solarkraftwerks, das die Einwohner mit sauberer und nachhaltiger Energie versorgt. Die unbestrittene Hauptattraktion dieser Region sind die **endlos weiten Sandstrände.**

Blokhus war schon vor über 100 Jahren **Badeort,** und bereits damals zischte und keuchte hier das erste Kraftfahrzeug den Strand entlang. Die Hautevolee des unfern gelegenen Ålborg folgte alsbald dem Beispiel und trug manch fröhliches Sandrennen aus – Straßen gab es ja kaum. Danach ging's zum Bowling, und „ein älterer Küstensiedler" durfte für 10 Øre die Stunde den Kegeljungen spielen. Heute schneidet sich Blokhus im Fremdenverkehr das größte Stück des Kuchens ab, und für 10 Øre gibt es nicht einmal einen Kaugummi …

Der Ort besteht aus kaum mehr als einem großen Platz mit ein paar Gebäuden ringsum, darunter Touristeninformation und Restaurants in hübschem Fachwerkstil. Alles andere, überwiegend Ferienhäuser, verteilt sich in den umliegenden Wäldern und Dünen.

In **Saltum** gewährt ein kleines **Heimatmuseum** einen interessanten Einblick in die Lokalgeschichte des 19. und 20. Jahrhunderts.

🟥 **Museum:** geöffnet Di bis Do 10–15 Uhr, Fr 10–14 Uhr, letzter Sa des Monats 10–13 Uhr. Fårupvej 3, Tel. 9888 1875, www.egnssamlingen.dk.

In der Gegend kann man etwa ein Dutzend **Kirchen,** mehrheitlich aus romanischer Zeit, aufsuchen. Die größte ist die Saltumer Kirche, erbaut 1150, die spektakulärste diejenige von Hune aus dem Jahr 1100. Dieses Gotteshaus musste um ein Haar das Schicksal der alten Kirche von Skagen teilen (die unter Sand begraben wurde), wenn man im 16. Jahrhundert nicht mächtig geschaufelt hätte. Für Freunde maritimer Kuriosa gibt es ein Modell des 1928 spurlos verschwundenen dänischen Segelschulschiffs „København" zu sehen. Sehenswert ist auch das Interieur der Kirche von Thise mit Gemälden und einer ungewöhnlichen Kanzel, einem über dem Chorbogen angebrachten sog. Lektionarium.

Sport und Aktivitäten

🟥 **Angeln: Blokhus Fiskepark,** insgesamt sieben Forellenteiche. 1 Angel/3 Std. 110 Dkr., tägl. 7–22 Uhr. Kvorupvej 89, Tel. 9824 6424, www.blokhus-fiskepark.dk.

⌃ Die Kirche von Hune

5

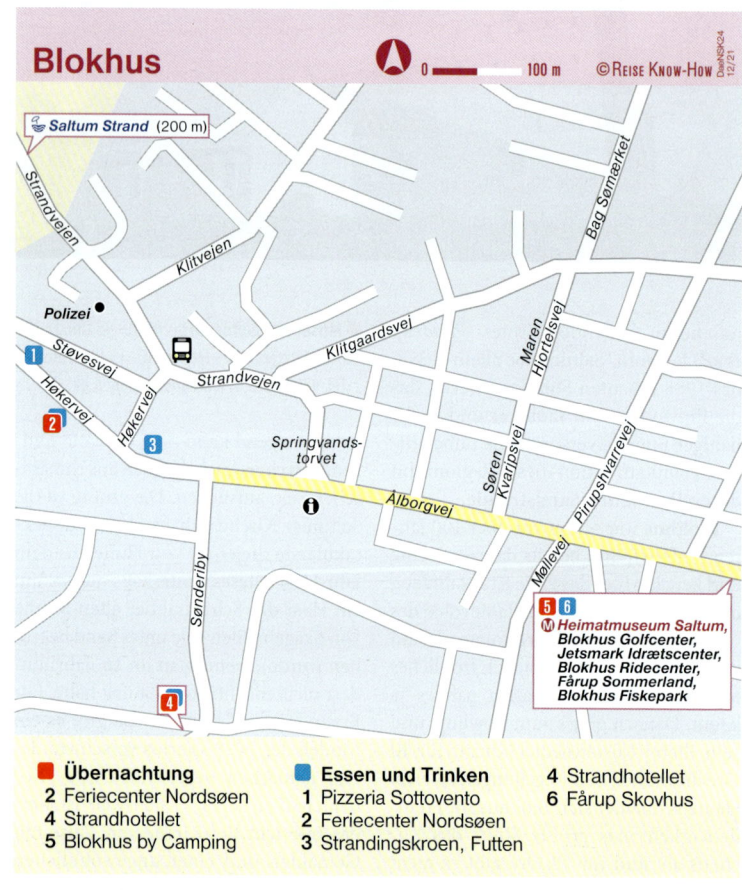

Blokhus

0 — 100 m ©REISE KNOW-HOW

Saltum Strand (200 m)

Polizei

Strandvejen · Klitvejen · Støvesvej · Høkervej · Strandvejen · Klitgaardsvej · Springvands-torvet · Ålborgvej · Sønderlby · Maren Hjortelsvej · Søren Kvajpsvej · Bag Sømærket · Møllevej · Pirupshvarrevej

Heimatmuseum Saltum,
Blokhus Golfcenter,
Jetsmark Idrætscenter,
Blokhus Ridecenter,
Fårup Sommerland,
Blokhus Fiskepark

■ Übernachtung
2 Feriecenter Nordsøen
4 Strandhotellet
5 Blokhus by Camping

■ Essen und Trinken
1 Pizzeria Sottovento
2 Feriecenter Nordsøen
3 Strandingskroen, Futten

4 Strandhotellet
6 Fårup Skovhus

■ **Blokhus Golfcenter,** 18-Loch-Platz für erfahrene Golfer, dazu ein 9-Loch-Platz (Pay & Play) und ein 9-Loch-Par-3-Platz. Driving Range. Hunetorpvej 115, Tel. 9820 9500, www.blokhusgolfcenter.dk.

■ **Reiten: Blokhus Ridecenter,** geführte Ausritte mit Islandpferden für Anfänger und Fortgeschrittene. Am Strand und im Wald. Mindestalter 9 Jahre. 2 Std. 350 Dkr. Skovenggaardsvej 32, Tel. 6160 7728, www.blokhus-ridecenter.dk.

■ **Schwimmen** im Feriecenter Nordsøen (siehe „Übernachtung"), im Freizeitpark Fårup (s.u.) und im Jetsmark Idrætscenter, Bredgade 140, Pandrup, Tel. 9824 7555, www.jetsmarkhallen.dk.

■ **Tennis:** Auf den meisten größeren Campingplätzen und im HC Tennisklub in Hune, Stenmarksvej 19, Tel. 2819 4146.

Fårup Sommerland, ein Highlight für die ganze Familie. Riesige Freizeitanlage mit Aquapark und

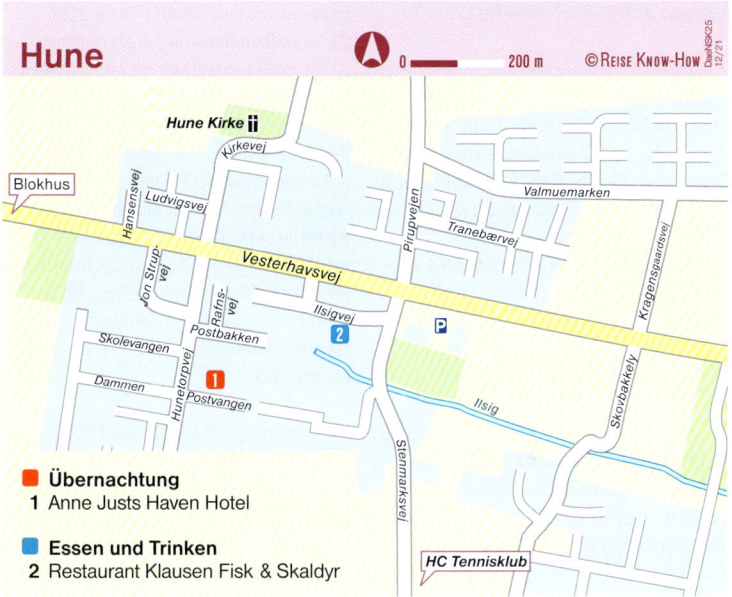

Hune

0 ———— 200 m   © REISE KNOW-HOW   DaeNSK25 12/21

Übernachtung
1 Anne Justs Haven Hotel

Essen und Trinken
2 Restaurant Klausen Fisk & Skaldyr

rasanten Rutschen und Wasserspielplätzen, dazu jede Menge Spaß mit Achterbahnen, Shows und „4D-Film". Familienhotel mitten im Park. Mehrere Restaurants, eines davon mit Bio-Speisen. Selbstgrill-Bereich für das eigene Picknick. Geöffnet Ende April bis Mitte/Ende Oktober. Eintritt ab 250 Dkr., Kinder unter 3 Jahren frei. Pirupvejen 147, 9492 Blockhus, Tel. 9888 1600, www.faarupsommerland.dk.

Feste und Events

Internationales Skulpturenfestival (Skulpturparken Blokhus)

🧍 In Blokhus/Hune sind alljährlich **tierische Wesen und Figuren aller Art nicht nur aus Sand** auf einer Fläche von

zwei Hektar zu bewundern – absolut sehenswert! „Dänemarks größter Skulpturenpark" steht alljährlich unter einem anderen Motto.

🟥 **Info:** jedes Jahr von Ende April/ Anfang Mai bis Ende Dezember tägl. 10–21 Uhr, Eintritt: Erw. ab 90 Dkr., Kinder ab 3–12 Jahre ab 45 Dkr. Vesterhavsvej 6, Hune, Tel. 7023 1750, www.skulpturparken.dk.

Blokhus Windfestival

Alljährlich **Mitte Mai** wird es ziemlich eng am Himmel von Blokhus, denn dann treffen sich am Strand Drachen-Enthusiasten aus ganz Europa mit ihren farbenfrohen Fluggeräten und fliegen um die Wette.

Saltum Uldfestival (Wollfest)

Alljährlich seit über zehn Jahren glühen am zweiten Wochenende **im Mai** die Stricknadeln in Saltum; dann strömen Tausende von Besucher herbei. 2020 lautet das Motto „Stricktechniken mit Fokus auf Doppelstrich und Twists".

■ **Info:** Solvejen 60, Saltum, Tel. 3096 3163, www.uldfestival.dk.

Blokhus-Hune Hundefestival

Jedes Jahr am zweiten Wochenende **im September** dreht sich alles um die geliebten Vierbeiner: Workshops, Vorführungen, Tipps von Experten und vieles mehr erfreuen den Hundeliebhaber. Für das leibliche Wohl auch der Zweibeiner ist gesorgt.

■ **Info:** Kystvejen 19, Tel. 2093 1696, www.blokhus-hune-hundefestival.dk.

Praktische Infos

Touristeninformation

■ **Springvandstorvet 4, Blokhus,** Tel. 7257 8970, www.visitjammerbugten.dk. Ganzjährig geöffnet: von Juli bis Anfang September tägl. Mo bis Fr 10–18 Uhr, Sa/So 10–16 Uhr, sonst nur wochentags 9–15/16 Uhr.

Verkehr und Transport

■ Für **Busse** nach Ålborg, Brønderslev und Fjerritslev muss man in Åbybro, einem nicht weiter interessanten Dorf, umsteigen. Um nach Blokhus/Hune zu gelangen, fährt man von Åbybro nach Pandrup und steigt dort erneut um. Zwischen Blokhus und Hune gibt es keine separate Verbindung.

Übernachtung in Blokhus (Plan S. 216)

4 **Strandhotellet**④, im Juli 2017 eröffnetes Hotel mit modernem und sehr charmantem Interieur, eine neu erbaute Herberge im Stile der alten dänischen Badehotels. 38 Zimmer und exzellentes **4** **Restaurant.** Fitnessbereich, Pool und Sauna. Parkplätze/Ladestation für E-Autos. Sønder i By 2, Tel. 7026 0015, www.strandhotellet-blokhus.dk.

2 **Feriecenter Nordsøen,** riesengroße Anlage mit Wohnungen, alle mit Balkon oder Terrasse. Subtropisches Badeland. Fitness, Wellness. **2** **Restaurant.** Tolle Lage direkt an den Dünen unweit des Strandes. Høkervej 5, Tel. 9824 9333, www.feriecenternord.dk.

Übernachtung in Hune (Plan S. 217)

MEIN TIPP: **1** **Anne Justs Haven Hotel**③, in einem wunderschönen Garten verstecken sich in Hune/Blokhus einige großzügig geschnittene Wohnungen. Ein wunderbarer Ort zum Entspannen. Sehr freundlicher Service. Der von der 2009 verstorbenen Künstlerin *Anne Just* angelegte traumhafte Garten kann von Ende April bis Ende September auch von Gästen besucht werden, die nicht im Hotel nächtigen. Dazu gibt es ein hübsches Gartencafè. Postbakken 4, Tel. 9824 9899, www.annejust.dk.

Ferienhäuser (Vermittlung)

■ **Feriepartner Blokhus,** Ålborgvej 17, Tel. 9618 0200, www.feriepartner.dk/blokhus.
■ **Simosol Feriehusudlejning Blokhus,** Ålborgvej 31, Tel. 9824 8999, www.simosol.dk.
■ **DanCenter Blokhus,** Ilsigvej 10, Tel. 9824 8355, www.blokhus.dancenter.dk.

Camping (Plan S. 216)

5 **Blokhus by Camping,** 340 Stellplätze, auch Hütten. Pool, Tennisplatz, Spielplatz mit Hüpfkissen. Zum großen Teil umwaldet. Mittig an der Straße zwischen Blokhus und Hune gelegen (1500 m zum Strand). Geöffnet Anfang April bis Ende Oktober. Ålborgvej 62, Tel. 4044 9096, www.blokhusbycamping.dk.

Essen und Trinken (Plan S. 216)

MEIN TIPP! **3** **Restaurant Futten,** rustikal und gemütlich im Innenraum, luftig und großzügig draußen im Sommer. Das Essen ist gut, der Service nicht zu beanstanden. Serviert werden z.B. Pfahlmuscheln, Rindersteak, gebratene Scholle aus der Nordsee. Rundum ein gelungenes Speiselokal. Küche geöffnet Mo–So 11 bis ca. 21 Uhr. Høkervej 2, Blokhus, Tel. 9824 8202, www.futten.dk.

1 **Pizzeria Sottovento,** solides italienisches Essen mit Pizza, Pasta und Pesce. Nah am Strand. Schöne Außenterrasse fast in den Dünen. Auch Take away. Geöffnet Juni//August täglich ab 17 Uhr, Juli täglich ab 12.30 Uhr. Ansonsten Fr–So ab 17 Uhr. November, Dezember, Januar geschlossen. Støvesvej 3, Blokhus, Tel. 9820 8811, www.sottovento.dk.

3 **Restaurant Strandingskroen,** in heimeliger Atmosphäre speist man vorzüglich und wird zuvorkommend bedient. Wechselndes Menü nach Saison, regional inspirierte Gerichte mit frischen Zutaten und einem angenehmen Schuss Originalität. Am Wochenende Frühstücksbuffet von 12 bis 15 Uhr. Die Küche ist geöffnet Fr–So von 17.30 bis 21 Uhr und am Wochenende von 12 bis 16 Uhr. Opulente Weinauswahl. Høkervej 2, Blokhus, Tel. 9824 9007, www.strandingskroen.dk.

6 **Fårup Skovhus,** Büfett mit dänischen Spezialitäten. Fischfilet, Heringssalat. Hausgemachter Kuchen. Man speist in den Gebäuden einer 150 Jahre alten Schule. Saltum Strandvej 63, Tel. 9888 1145, www.faarupskovhus.dk.

2 **Restaurant Klausen Fisk & Skaldyr,** in Hune **(Plan S. 217),** etwas abseits vom Strand betreibt *Morgens Klausen* seit 2009 seinen Fischladen samt Restaurant. Frischer, köstlicher Fisch. Hausgemachte Fischfrikadellen. Am herrlichen Geschmack merkt man, dass hier Leute vom Fach arbeiten. Eigene Räucherei. Restaurant geöffnet Fr–So ab 12 Uhr. Fischladen und Räucherei Mo–Do 10–17 Uhr, Fr/Sa 10–19 Uhr, So 10–17 Uhr. Ein Verkaufswagen des Lokals steht im Sommer ständig in Løkken. Ilsigvej 11, Tel. 9824 8872, www.klausenfiskogskaldyr.dk.

Løkken und Vrå

Løkken ähnelt Blokhus in vielerlei Hinsicht, nur dass hier, in **Jütlands größtem Badeort,** noch mehr los ist. In der Hochsaison wird die Einwohnerzahl, so eine Ortsbeschreibung, „mehrfach verdoppelt". Auch hier bilden sich Wagenburgen am Strand, bis zur Wasserlinie hinunter.

Vrå ist das zugehörige **Inlandsstädtchen,** etwa 10 Kilometer weit östlich von Løkken gelegen und außer für seinen bunten Markt im Juni und Juli vor allem als kleines Kunstzentrum bekannt. Im Sommer gibt es hier immer wieder Ausstellungen und Vernissagen.

Sehenswertes

Løkkens Küstenfischereimuseum

In der Saison gibt es hier im ehemaligen Rettungshaus in Strandnähe einiges zu einer fast untergegangenen Industrie zu sehen. **Hauptattraktion** ist das 7,5 Tonnen schwere **Boot „BENT II",** Baujahr 1944. Früher einmal war Løkken ein betriebiger Fischereihafen, dann hat der Sand alles zugeschüttet. Ein paar Kutter kreuzen weiterhin vor der Küste und werden täglich auf den Strand gezogen. Man kann die Fänge direkt vom Kutter kaufen, heißt es, aber die Fischhändler sind meistens schneller.

■ **Info:** geöffnet Juni bis Ende August tägl. 10–16 Uhr, Eintritt 10 Dkr. Ndr. Strandvej, Tel. 9899 6454, www.loekkenmuseum.dk.

Nordjütland bis Skagen

5

Stadtmuseum Løkken

Im Ort selbst gibt es dieses in einem alten Schifferhaus (1860) untergebrachte kleine Museum. Erzählt wird die **Geschichte des Ortes** rund um den Badetourismus und das Handwerk.

■ **Info:** geöffnet Ende Juni bis Anfang September tägl. außer Sa 13–16 Uhr, Eintritt 10 Dkr., unter 15 Jahren frei. Nørregade 12, Tel. 9899 6454, www.loekkenmuseum.dk.

Kloster Børglum

Einen Besuch wert ist dieses auf einem Hügelrücken zwischen Løkken und Vrå gelegene Kloster. Hier residierte einst der **berüchtigte Bischof Stygge Krumpen,** der uns schon in Thisted begegnete. Dieser fromme Mann besserte der Überlieferung zufolge die Kollekte dadurch auf, dass er am Strand irreleitende Feuer entzünden und daraufhin strandende Schiffe ausplündern ließ. Der Bischofssitz zeigt sich in reizvoll-nüchternem Baustil und ist saisonal für Besucher geöffnet. **Zu sehen sind** neben der imposanten klösterlichen Anlage mit Domkirche, Mönchskeller und „Versteck des Weihnachtsmannes" historische Ausstellungen auf drei Etagen, ein Spielzeugmuseum sowie zahlreiche Kostüme und Kleidungsstücke. Hinzu kommen wechselnde Kunstausstellungen.

■ **Info:** geöffnet Anfang Mai bis Mitte Oktober tägl. von 10 bis 17 Uhr, in den Oster- und Weihnachtsferien ebenfalls geöffnet. Eintritt: Erw. 85 Dkr., Kinder 7–16 Jahre 40 Dkr. Børglum Klostervej 255B, Vrå, Tel. 9899 4011, www.boerglumkloster.dk.

Sport und Aktivitäten

■ **Angeln: Gølstrup Fiskepark,** zwischen Løkken und Hjørring. Forellen. Angelverleih. 5 Std. 110 Dkr. Ganzjährig 6–24 Uhr. Løkkenvej, Gølstrup, Tel. 2773 1889, www.angelsee.info.

Family Farm Fun Park, 5 km nordöstlich von Løkken in Vittrup. Attraktives Ausflugsziel für die ganze Familie. Streichelzoo, Ponyreiten, Tretbootfahren auf einem 5000 m² großen See. Hüpfburg, Café. Geöffnet Ende Mai bis Ende August tägl. 10–18 Uhr, September bis Mitte Oktober Sa/So 10–18 Uhr. In den Herbstferien tägl. 10–18 Uhr. Eintritt: Erw. 85 Dkr., Kinder 2–14 Jahre 65 Dkr. Lyngbyvej 86, Tel. 9899 6440, www.family-farm.dk.

■ **Action-House,** riesiger „Freizeitpalast" mit Bowling, Kartbahn, Laser-Game und manch anderem. Restaurant und Disco New York. Geöffnet Mo bis Do und So 10–22 Uhr, Fr/Sa 10–24 Uhr. Industrivej 1, Løkken, Tel. 9967 6710, www.facebook.com/actionhouse.

(MEIN TIPP:) **Bolcheriet®,** in dieser winzigen „Bonbon-Fabrik" in Løkken bieten die Mitarbeiter eine tolle Show, die man einmal erlebt haben muss. Vor den Augen der Besucher werden Bonbons in allen Farben und Geschmacksrichtungen per Hand hergestellt – echte körperliche Arbeit. Dazu gibt es interessante Informationen, und auch Fragen dürfen gestellt werden. Das süße Resultat zergeht auf der Zunge. Im angrenzenden Shop kann man einkaufen. In Skagen existiert ein weiterer Laden. Tägl. 10–17 Uhr. Torvet 1, Løkken, www.bolcheriet.dk.

Feste und Events

■ **Sandburgen-Wettbewerb,** von Juli bis Anfang August wird diese Konkurrenz jeden Mittwoch ausgetragen (für Kinder). Natürlich kreiert man die Kunstwerke am Strand.
■ **Antiquitätenmesse,** Løkkenhallen, alljährlich in der ersten Augustwoche.

■ **Løkken Marathon,** im Mai. Neben der klassischen Marathonstrecke stehen auch kürzere Laufrouten zur Verfügung: 10,55 km und die familienfreundliche, 5,5 km lange Strecke. Im Umfeld der Veranstaltung ist einiges los im Ort. Infos unter www.loekken-marathon.dk.

Praktische Infos

Touristeninformation

■ **In Løkken,** Jyllandsgade 15, Tel. 9899 1009, www.visitnordjylland.de. Ganzjährig geöffnet. Auch Ferienhausvermittlung (www.feriehuse.dk).

Übernachtung in Løkken

■ **Badehotel Kallehavegaard**③, helles, freundliches Hotel, im typischen Stil eingerichtet. Gemütliche Zimmer, teils mit Bad auf dem Flur. Restaurant. Søndergade 80, Tel. 9899 1030, www.kallehavegaard.dk.

■ **Løkken Badehotel**②-③, seit über 100 Jahren das natürliche Zentrum des Ortes. 29 moderne Ferienwohnungen ohne viel „Schnickschnack" (34–88 m^2), teils mit Terrasse/Balkon. Schwimmbad, Sauna und Fitnessraum. Restaurant. Torvet 8, Tel. 9899 1411, www.loekken-badehotel.dk.

■ **Hotel Løkken Strand**③, die ehemalige Schule wurde 2016 zu dieser liebevoll hergerichteten Unterkunft umgebaut. 400 m zum Strand. Mit frischen Farben dekorierte Zimmer, teils mit Balkon/Terrasse. Sehr herzlicher Empfang. Nørregade 28, Tel. 2063 3729, www.hotelloekkenstrand.dk.

■ **Løkken Hostel**②, einfache, zweckmäßige Unterkunft, alle Zimmer sind mit Bad/WC ausgestattet. Gemeinschaftsküche und Kühlschrank. Zugang zum Schwimmbad und Fitnesscenter des Løkken Idrætscenter. Søndergade 42, Tel. 9899 1424, www.loekkenhallen.dk.

■ **Landal Grønhøj Strand,** 158 Ferienhäuser (ca. 100 m^2) in Strandnähe für bis zu 6 Pers. Großes Hallenschwimmbad mit Wasserrutsche. Restaurant.

Supermarkt. Tel. Kontakt zu Landal Greenparks aus Deutschland: 01806 700 730 (aus dem deutschen Festnetz 20 Cent pro Anruf), www.landal.de.

Camping in Løkken

■ **Løkken by Camping,** 125 Stellplätze, 34 Hütten unterschiedlicher Ausstattung und Größe an der Landstraße 55. 500 m zum Strand und ins Zentrum von Løkken. Fahrradverleih, der Platz liegt unmittelbar an der bekannten Radstrecke „Vestkystruten". Søndergade 69, Tel. 9899 1767, www.loekkenbycamping.dk.

■ **Løkken Strand Camping,** eher kleiner Platz, fantastische Lage direkt an den Dünen und am Strand. Netter Service. Stellplätze und zwei rustikale Hütten für 5 Pers. Einfache Ausstattung. Gemeinschaftsküche, Spielplatz. Reittouren buchbar. Furreby Kirkevej 97, Tel. 9899 1804, www.loekkencamping.dk.

Essen und Trinken in Løkken

■ **Restaurant Lokken Badehotel,** eines der besten Restaurants, im Ortszentrum. Schmackhafte Fleisch- und Fischgerichte mit frischen regionalen Zutaten. Reizendes, helles Ambiente. Große Terrasse. Torvet 8, Tel. 9899 1411, www.loekken-badehotel.dk.

■ **Restaurant Søborg,** gemütliches Lokal. Gute Steaks und Fleischgerichte. Außenterrasse. Brunchbüfett (129 Dkr.) 9–11.30 Uhr, Mittagsbüfett (169 Dkr.) 12–16 Uhr im Sommer. American BBQ Büfett (239 Dkr.) ab 18 Uhr. Nørregade 1, Tel. 9899 1049, www.restaurantsoeborg.dk.

(MEIN TIPP:) **Fishermans Rest,** uriges Pub an der Küste rund 5 km nördlich von Løkken. Irish style, oft Live-Musik, deftige Gerichte wie Fish & Ships, Burger oder Nordseescholle, die gut zubereitet und ordentlich portioniert sind. Schon das Ambiente und das herzliche Miteinander sind einen Besuch wert. Darauf einen Whisky! Lyngby Moelle Vej 5, Tel. 9899 6690, www.fishermansrest.dk.

Lønstrup und Hjørring

Das Dorf Lønstrup liegt an der See, Hjørring dagegen, eine etwas größere Stadt, 15 Kilometer landeinwärts.

Lønstrup

An der Küste um Lønstrup ist der **Strand** autofrei. Und das muss er auch bleiben, denn ein solch idyllisches Stück Erde wie die 72 Meter hohe Rubjerg Knude 3 Kilometer unterhalb des Ortes darf nicht durch Abgase entweiht werden. Das Dorf Lønstrup selbst ist eben-

falls hübsch anzusehen. Es liegt in einer Senke zwischen hohen Dünen, und eine gewundene Hauptstraße mit gepflegten alten Fischerhäusern auf beiden Seiten führt hinunter zum Wasser. Immer wieder finden sich kleine, feine **Galerien und Handwerksläden,** die einen Spaziergang durch den Ort zu einem anregenden Erlebnis machen können, je nach persönlichem Kunstgeschmack. In Lønstrup, wie überall an dieser Küste, werden immer einige Kutter aufs Trockene gehievt; das gehört wohl mehr zum Ambiente als zur eigentlichen Proteinversorgung. Der Strand ist durch Buhnen geschützt; nördlich und südlich davon wird gebadet.

Zu diesem touristischen Komplex werden auch die **Strände Skallerup Klit** und **Tornby/Kærsgård Strand** in Rich-

tung Hirtshals gerechnet. Dort findet sich u.a., etwas landeinwärts, das **Hünengrab Tornbydyssen.**

Rubjerg Knude

Diese **Riesendüne** stellt, auch im Wortsinn, Lønstrups größte Attraktion dar. Oben erhebt sich der malerische **Leuchtturm** aus dem Jahre 1900, seit 1968 außer Betrieb, weil die Düne über seinen Lichtkegel (90 m über Null) hinauswuchs. 2015 wurde der 23 Meter hohe Leuchtturm nach aufwendiger Renovierung mit Installation einer neuen Treppe und Aussichtsplattform zunächst wieder für Besucher geöffnet. Doch die Klippenkante näherte sich durch die Erosion dem Bauwerk unaufhaltsam,

und es war absehbar, dass das Leuchtfeuer in die Tiefe Richtung Nordsee stürzen würde. Daher kam es im Oktober 2019 zu einer **spektakulären Rettungsaktion,** die die dänische Regierung mit rund 5 Millionen Kronen unterstützte. Um den Absturz zu verhindern, **verschob man das Gebäude** Zentimeter für Zentimeter auf Rollen und Schienen rund 70 Meter ins Landesinnere. Freier Eintritt, täglich von morgens bis abends geöffnet.

Auch **Mårup Kirke,** etwas südlich der Düne gelegen, erinnert an die Rastlosigkeit der Natur. Hier baut sich der Sand jedoch nicht auf, sondern ab. Als die Kirche im 13. Jahrhundert errichtet wurde, befand sie sich noch weit im Landesinnern. Seither fraß sich das Meer unermüdlich in die Steilküste hinein. 1793 lagen noch 450 Meter zwischen Wasser und Gotteshaus, 1929 wurde es wegen Einsturzgefahr geschlossen und 2015 schließlich abgetragen – es soll an anderer Stelle wieder errichtet werden. Ob und wann dieser Plan umgesetzt wird, steht allerdings nicht fest.

Hjørring

Hjørring bietet sich vor allem zum Einkaufen an. Hier findet man dieses und jenes, was im kleinen Lønstrup vielleicht fehlt, und die Fahrt ins entfernte Ålborg erübrigt sich dann auch. Wer statt neuen Konsumgütern doch lieber kulturell geprägte Erinnerungen mit nach Hause nehmen will, sollte das **Vendsyssel Kunstmuseum** im Ortszentrum besuchen. Die Bilder der Maler *Svend En-*

drisk·131ths

◁ Sankt Katharina-Kirche im Zentrum von Hjørring

gelund (1908–2007) und *John Hofmeister* (1914–1990) spiegeln die Landschaft der hiesigen Region Vendsyssel wider und zeigen deren Schönheit und Charakter. Weitere Werke stammen von den Künstlern *Poul Winther* (geb. 1939) und *Poul Anker Bech* (1942–2009). Hinzu kommen Wechselausstellungen.

■ **Museum:** geöffnet Di bis So 11–16 Uhr, Eintritt: Erw. 80 Dkr., unter 18 Jahren frei. P. Nørkjærs Plads 15, Tel. 9892 4133, www.vkm.dk.

Im nahen, zu Fuß erreichbaren **Vendsyssel Historiske Museum** erfährt man viel über die Vorzeit und die sakrale Kunst in der Region Vendsyssel. Darüber hinaus finden sich Möbel und kunsthandwerkliche Objekte aus der Zeit des Mittelalters bis zum Ende des 19. Jahrhunderts. Auch landwirtschaftliche Gerätschaften sind ausgestellt.

■ **Info:** geöffnet Mitte Juni bis Ende August tägl. 11–16 Uhr, sonst Di bis Fr und So 11–16 Uhr, Eintritt: Erw. 80 Dkr., unter 18 Jahren frei. Museumsgade 3, Tel. 9624 1050, www.vhm.dk.

Interessant ist das um 1350 erbaute **Rittergut des Augustiner-Ordens Odden** im Nordosten bei Mygdal, das später als Herrensitz *(Herregården)* diverser Adelsfamilien diente. In dem Musterbeispiel mittelalterlicher Schlichtheit und Größe kann eine permanente Kunstausstellung des Malers *J. F. Willumsen* besucht werden.

■ **Herregården Odden,** geöffnet April bis Ende Oktober tägl. von 10 bis 17 Uhr, Eintritt: Erw. 70 Dkr., der Eintritt für Kinder unter 16 Jahren ist frei. Oddenvej 31, Mygdal, Tel. 9897 5202, www.jfwillumsenodden.dk.

Sport und Aktivitäten

🦋 **Radtour von Lønstrup nach Vennebjerg:** Die ca. 8,3 km lange Rundstrecke führt bis zur 69 m hohen Klangshøj Anhöhe westlich der Vennebjerg Kirke aus dem 11. Jahrhundert. Die leicht hügelige Wegstrecke ist aufgrund ihrer kurzen Länge für die ganze Familie geeignet. Broschüre im Tourismusbüro erhältlich.

■ **Skallerup Seaside Resort,** das Resort in Lønstrup bietet neben über 200 Ferienhäusern auch reichlich Freizeiteinrichtungen für die gesamte Familie, z.B. Bowling auf acht modernen Bahnen oder einen Wasserpark, in dem man ausgiebig plantschen und wasserrutschen kann. Außerdem besteht die Möglichkeit von Ausritten mit dem Pferd. Nordre Klitvej 21, Tel. 9924 8400, www.skallerup.dk.

Praktische Infos

Touristeninformation

■ **Touristeninformation Lønstrup,** Juli/August Mo bis Sa 9–16 Uhr, So 10–14 Uhr, Juni und September Mo bis Fr 9–15 Uhr, Sa 9–12 Uhr, sonst Di bis Fr 9–15 Uhr, Sa 9–12 Uhr. Strandvejen 90, Tel. 9625 2220, www.loenstrup.dk.
■ **Touristeninformation Hjørring,** ganzjährig geöffnet Mo bis Fr 10–18 Uhr, Sa 10–15 Uhr. Østergade 30.

Verkehr und Transport

■ **Bahn:** Von Hjørring fahren Züge in alle Richtungen, z.B. nach Hirtshals.
■ **Busse:** Die Busstation in Hjørring befindet sich direkt neben dem Bahnhof; Verbindungen in alle Richtungen.

Übernachtung

(MEIN TIPP) **Badehotel Villa Vest**③, wunderbare Herberge in Lønstrup mit urgemütlichen Zimmern im Badehaus-Look. Teilweise nur mit Waschbecken und Bad/WC auf dem Flur. Seit 2020 gibt es

10 neue Zimmer, alle mit eigenem Bad und WC. Stilvoll, aber schlicht eingerichteter Essensraum. Der Aufenthaltsraum mit gemütlichen Sofas und Sesseln lädt zum Entspannen und Lesen ein. Zum Hotel gehört das **Restaurant Villa Vest** (s.u.). Rubjergvej 2, Tel. 9896 0066, www.villavest.dk.

■ **Skallerup Seaside Resort**③-④, in Lønstrup, Ferienanlage in ruhiger Umgebung mit 282 Ferienhäusern (2–12 Pers.) und einem riesigen Freizeitangebot (s.o.). Eindrucksvoller Wellness- und Spa-Bereich mit Thermalbädern, Sauna und Dampfbad. Outdoor-Hotwater-Pool. Restaurant mit dänisch-französischer Küche. Nordre Klitvej 21, Tel. 9924 8400, www.skallerup.dk.

■ **Hotel Kirkedal**②, familienfreundliche Unterkunft mit 10 Zimmern, vier davon sind Familienzimmer, alle mit Bad/WC. Im Sommer hin und wieder Konzerte. Mårup Kirkevej 30, Lønstrup, Tel. 9896 0995, www. hotelkirkedal.dk.

Camping

■ **Lønstrup Camping Møllebakken,** überschaubarer, familiärer Platz im Grünen mit ein paar Dutzend Stellplätzen und 10 Hütten unterschiedlicher Größe und Ausstattung. Das Zentrum von Lønstrup und das Meer sind in wenigen Minuten zu Fuß erreicht. Møllebakkevej 20, Lønstrup, Tel. 2144 5637, www.campingloenstrup.dk.

Essen und Trinken

■ **Restaurant Villa Vest,** ausgezeichnetes Restaurant direkt am Strand von Lønstrup. Die Küche zaubert famose kulinarische Kreationen, die über raschen. Unbedingt vorbeischauen und genießen. Eher gehobene Preisklasse. Gehört zum Badehotel Villa Vest (s.o.). Strandvejen 138, Tel. 9896 0566, www.villavest.dk.

■ **Café Havbliks,** charmante Lage mit Blick aufs Meer. Fischteller mit Lachs, Fischfrikadelle und Spargel oder Cafeens Brunch (109 Dkr.). Strandvejen 139, Lønstrup, Tel. 2040 6118.

■ **Møllehusets Café,** entspannte Atmosphäre, köstlicher selbst gemachter Kuchen, heißer Kaffee und nettes Rundherum drinnen und draußen. Brunch von 10 bis 12.30 Uhr, geöffnet 10–18 Uhr. Deftiges gibt es auch, regionale Zutaten werden bevorzugt. Skallerupvej 810, Lønstrup, Tel. 9898 1616, www.mollehuset.com.

Nordjütland bis Skagen

☐ 57 m hoch ist der Leuchtturm von Hirtshals

dnsk-101 ths

Hirtshals

Ein „Herz" steckt zuerst in diesem Namen, der von holländischen Seefahrern stammt; *hals* bedeutet Mündung. Ein hübsches Wort, das sich auf ein früher hier mündendes Flüsschen bezieht, doch die heutige Stadt gereicht ihm nicht zur Ehre. Hirtshals ist **vor allem Fähr- und Fischereihafen,** und so sieht die Stadt auch aus, die sich ohne Tradition und Kunstsinn um die erst in jüngerer Vergangenheit (1930) entstandenen Kaianlagen gruppiert.

Immerhin: Der lebhafte Hafen lohnt durchaus einen Besuch, und an der Mole

Hirtshals

0 _____ 300 m

Übernachtung
1 Hirtshals Camping
2 Bed & Breakfast by the Sea
5 Seafront Hotel

Essen und Trinken
3 Restaurant Lilleheden
4 Hirtshals Fiskehus
6 Restaurant Normanns

☐ Fußgängerzone

SKAGERRAK

Vestmolevej
Nordvestkajen
Vest-kajen
Bootshafen
Sydvestkajen
Gl. Beddingsvej
Pier II Vest
Pier II Øst
Auktionskajen
Norgeskajen
Fischauktions-hallen
Havnegade
Bahnhof
Jernbanegade
Jørgen Fibigers Gade
Jyllandsgade
Fabriksvej
Vanggårdsgade
Peder
Hirtshals Museum
Østergade
Kystvejen
Hjørringgade
Vestergade
Vinkelvej
Nørregade
Mågevej
Lillehedenvej
Margrethevej
Hans Jensens Allé
Hanstedgade
Søndergade
Fyrbakken
Kystvejen
Leucht-turm
★ *Bunker-anlage*
Fyret
Hjørring 16 km, Tornby 6 km
Jyllandsgade

Nordjütland bis Skagen

zu dessen Einfahrt gibt es hohe Steuermannskunst zu bewundern, wenn sich die gewaltigen Norwegen-Fähren durch das enge Loch schieben. Engagierte Einwohner versuchen das **maritime Potenzial** für den Tourismus zu nutzen, was die Attraktivität des Ortes in Zukunft steigern könnte. Man darf gespannt sein, wie sich Hirtshals entwickelt.

Sehenswertes

Bunkeranlage

In Hirtshals haben die Deutschen wieder einmal ein **riesiges Befestigungswerk** aus der Erde gestampft, die sog. 10. „leichte" Batterie. Sie liegt gut erhalten zwischen dem Leuchtturm und dem Hotel Fyrklit und besteht aus Großbunkern, Flakstellungen und Erdanlagen.

■ **Info:** geöffnet Mai/Juni und September Di bis Fr 10–16 Uhr, Juli/August und bis Mitte Oktober Mo bis So 10–16 Uhr. Eintritt Ausstellungsbunker frei. Kystvejen, Tel. 9624 1050, www.vhm.dk.

Leuchtturm

Einen Überblick aus 57 Metern Höhe gewährt der **1862** erbaute Leuchtturm. Er steht in 35 Metern Höhe auf der Düne (Fyret 2), um der Schifffahrt den Weg um die gefährliche Ecke zu weisen. Man darf ihn über seine 144 Stufen besteigen, und zwar täglich von 8 bis 22 Uhr bzw. bis zu einer halben Stunde bevor das große Licht angeht, das bei klarer Sicht über 25 Seemeilen zu erkennen ist. Zeitweise werden Kunstausstellungen veranstaltet und ein im Sommer geöffnetes Café lädt zur Erholung nach der Besichtigung ein.

Nordsøen Oceanarium

☗ Das „**größte Aquarium Nordeuropas**" sollte man besucht haben, denn es ist ein Erlebnis für Kids und Erwachsene gleichermaßen. Stundenlang lässt es sich herumlaufen und immer wieder Neues

© REISE KNOW-HOW

Notkajen · Fährhafen · Ferjul Trolles Vej · Frysehuskajen · Industrihavnsvej · Industrikajen · Østhavnsvej · Sindalvej · Ålborgvej · Læssevej · Fabriksvej · Rimmensgade · Fischauktionshallen · Peder Skrams Vej · Niels Juels Vej · Sindalvej · Willemoesvej · Skovvejen · Nordsøen Oceanarium · Hirtshals Golfklub (3 km) · Tversted (15 km)

entdecken. In kurzen Filmen erfährt man zu Beginn des Rundgangs manches z.B. über den Trawler „S 257 Stornoway", der 1988 vor Lønstrup sank, und den Meeraal, den „König der Wracks". Ein Highlight ist natürlich das riesige Aquarium mit einer Acrylglasdicke von 41 Zentimetern und einem Fassungsvermögen von 4,5 Millionen Liter. Dort tummelt sich eine **Vielzahl eindrucksvoller Tiere,** darunter der tonnenschwere Mondfisch, der Nagelrochen oder der Hundshai. Alltäglich um 13 Uhr findet eine durch einen Taucher durchgeführte Fütterung statt. Ein Stück weiter lassen sich im 12 Meter langen Unterwassertunnel, der zur imposanten Robbenanlage gehört, die flinken Seehunde und Kegelrobben bestens beobachten. Gefüttert werden sie täglich um 11 und 15 Uhr. Es existieren insgesamt rund 70 Aquarien.

■ **Info:** geöffnet Januar bis März erster Sonntag im Monat und zeitweise Di/Do 11–15 Uhr, April bis Juni und August bis Dezember Di/Do/So 11–15 Uhr, Juli Mo–Fr und So 11–15 Uhr. Eintritt: Erw. 175 Dkr., Kinder 3–11 Jahre 95 Dkr. Willemoesvej 2, Tel. 9894 4444, www.oceanarium.dk.

Hirtshals Museum

Geboten wird ein Einblick in **Hirtshals' Vergangenheit als Fischerdorf.** Außerdem ist dem Kräuterschnaps *bjesk* eine Abteilung gewidmet; der heißt wohl so, weil man beim ersten Schluck ein entsprechendes Geräusch von sich gibt …

dnsk-063 ths

■ **Info:** geöffnet Januar bis Ende April und Ende Oktober bis Ende Dezember Di bis Do 11–16 Uhr, Mai bis Ende Juni und August bis Ende Oktober Di bis Do 11–16 Uhr, Fr 11–14 Uhr, Juli Mo bis Fr 10–16 Uhr, Sa 10–14 Uhr. Eintritt: Erw. 40 Dkr., unter 18 Jahren frei. Sophus Thomsens Gade 6, Tel. 9624 1000, www.vhm.dk.

Sport und Aktivitäten

■ **Angeln:** Von den Hafenmolen aus kann man sehr gut Plattfische, Dorsch, Makrele und Hornhecht angeln. Gut angeln lässt sich auch am Strand unterhalb des Leuchtturms. Mehrere Fischkutter fahren auf Hochsee-Angeltörn hinaus. Auskunft gibt die Touristeninformation.

■ **Hafenrundfahrten** mit dem Museumskutter „Johs Hejlesen" ab Sydvestkajen, 20 Min./40 Dkr. In den Sommermonaten. Infos und Buchung über die Touristeninformation.

■ **Hirtshals Golfklub,** 18-Loch-Platz (Greenfee Erw. 350 Dkr., 9-Loch-Platz (Pay & Play, Par 3). Kjulvej 10, Tel. 9894 9408, www.hirtshalsgolfklub.dk.

Event

Hirtshals Fiskefestival

Alljährlich am ersten Wochenende **im August** dreht sich alles um Fisch. Das Programm ist vielfältig und für Fischliebhaber ein Genuss.

■ **Info:** www.hirtshalsfiskefestival.dk.

☐ Blick vom Leuchtturm auf Hirtshals

Praktische Infos

Touristeninformation

■ Ganzjährig geöffnet, zusätzlich Vermietung von Ferienhäusern. **Jyllandsgade 10,** Tel. 9894 2220, www.visithirtshals.dk und www.feriehuse.dk.

Verkehr und Transport

■ **Bahn:** Regionalbahn nach Hjørring und von dort nach Frederikshavn. Achtung: Der einfahrende Zug hält zunächst am Fährhafen. Wenn man schon dort aussteigt, muss man noch ein ganzes Stück zur Endstation in der Stadt laufen.

■ **Busse** fahren in alle Richtungen, vornehmlich nach Ålborg.

■ **Fähre** nach Oslo, Kristiansand, Bergen in Norwegen. Fahrtdauer: Oslo 8½ Std., Kristiansand tagsüber 3½, nachts 6 Std. Info: Color Line, Buchungshotline Deutschland 0431 7300 100, tägl. 8–20 Uhr. Terminal mit Ticketverkauf (3. Stock) in Hirtshals, Norgeskajen 2; www.colorline.de. Fjord Line: Tel. Deutschland 03821 709 7210; Terminal Containerkajen 4; www.fjordline.com.

■ Abfahrten zu den **Färöern** und nach **Seydisfjördur/Island** (Autofähre) finden seit 2011 ebenfalls von Hirtshals statt. Info: Smyril Line, in Deutschland unter Tel. 0431 200 886; www.smyrilline.de.

Übernachtung

(MEIN TIPP:) **2 Bed & Breakfast by the Sea** ②, eine wohltuende Unterkunft mit modernen Zimmern, teils mit Blick aufs Meer. Gut ausgestattete Gemeinschaftsküche. Sehr freundliche und hilfsbereite Betreiber, die seit Januar 2017 das ehemalige Danhostel führen. Bei Bedarf und Interesse bekommt man viele aktuelle Informationen über Hirtshals. Kystvejen 53, Tel. 9894 1248, www.bb hirtshals.com.

5 Seafront Hotel③, seit 2015 existiert dieses Hotel mit 12 behaglichen Zimmern mit Meerblick und Balkon. Es gehört zum benachbarten Hotel Hirtshals. Havnegade 2, Tel. 9894 2077, www.hotel hirtshals.dk.

Camping

1 Hirtshals Camping, gut 170 Stellplätze und 10 neue Hütten seit 2017. Spielplatz. Herrliche Lage unmittelbar am Wasser unterhalb des Leuchtturms. Kystvejen 6, Tel. 9894 2535, www.hirtshals-camping.de.

Essen und Trinken

3 Restaurant Lilleheden, im 1. Stock eines netten Hauses im Zentrum. Viel Fisch (u.a. Fischsuppe), aber auch Burger. Brunch. Eines der wenigen Restaurants in Hirtshals, neben den vielen Fast-Food-Läden. Hjørringgade 2, Tel. 9894 4538.

4 Hirtshals Fiskehus, frischer Fisch direkt am Hafen. Einfaches Ambiente, aber das Essen kann sich sehen lassen. Sydvestkajen 7, Tel. 4055 4355, www.hirtshalsfiskehus.dk.

6 Restaurant Normanns, in der Fußgängerzone gelegen, man isst gut, serviert werden seit 2015 Steaks (Hereford-Rind aus Uruguay) und auch frische Fischgerichte (Fang des Tages). Freundliches Personal. Geöffnet Hochsaison Mo–So 12–22 Uhr. Nebensaison Mi–So 17–22 Uhr. Noerregade 23, Tel. 6142 8219, www.facebook.com/normannshirtshals.

Tannisbucht und Tversted

Tannisbucht (Tannis Bugt)

Auf den letzten Rest Dänemarks hin wird das Land flach. Der Zipfel oberhalb der Linie Hirtshals – Frederikshavn besteht überwiegend aus **blankem Sand,** den die letzte Eiszeit hier ablud. Zum Aufschieben von Moränenhügeln reichte die Gletschermasse nicht mehr. Die lokalen Touristenbroschüren sprechen deshalb ganz unverblümt von „Dänemarks bestem Badestrand", auf die Küste der Tannisbucht gemünzt. So ganz Unrecht haben sie nicht, auch wenn man die **Strände** Kjul, Kandestederne, Gl. (Gammel) Skagen und Skagen wieder einmal (zum Teil) dem Auto zur Verfügung stellt und ihre Attraktivität damit mindert.

Tversted

Mitten in der Tannisbucht liegt der kleine Ort Tversted, der wohl nur als **Badeplatz** eine (touristische) Daseinsberechtigung hat und über eine Ferienanlage und einen Campingplatz verfügt.

Adlerreservat – Ørnereservatet

Steinadler, Seeadler und Wanderfalken im Freien. Vorführungen (50 Min.).

■ **Info:** Eintritt für Erw. 145 Dkr., Kinder (4–12 Jahre) zahlen 80 Dkr., online günstiger. Skagensvej 107, Bindslev, Tel. 9893 2031, www.eagleworld.dk.

Praktische Infos

Übernachtung

■ **Hotel Tannishus** ②-③, kein eigentliches Hotel, sondern eine große Ferienanlage mit über 100 Apartments. Hallenbad, Sauna, Minigolf, Tennis. Tannisbugtvej 123, Tversted Strand, Tel. 9893 1300, www.tannishus.dk.
■ **Tannisby Camping,** ruhiger Platz 5 Min. vom schönen Strand entfernt. Tannisbugtvej 86, Tversted, Tel. 9893 1250, www.tannisbycamping.dk.
■ **Feriepartner Tversted,** Vermietung von Ferienhäusern. Østervej 2C, Tel. 9893 1293, www.feriepartner.de/tversted.

Skagens Odde

Die **Landspitze** Skagens Odde mit dem **Grenen** (= der Zweig) am äußersten Ende setzt die litorale Superlative der Tannisbucht fort – sie ist in der Tat reiner Sand. Genau genommen muss man in ihr eine ins Meer hinauswachsende Sandbank sehen. Sie wächst auch weiterhin, und zwar um mehrere Meter pro Jahr. Der **Skagerrakstrom** streicht aus südwestlicher Richtung die Küste entlang und führt Sand und Geröll mit sich, die am nördlichsten Punkt von Skagens Nordstrand wieder deponiert werden. Abgebaut wird der Sand auf der ganzen Linie der Tannisbuchtküste von Hirtshals bis zur Odde, aber auch die Strände auf der Kattegatseite, entlang der Ålbæk-Bucht, verlieren an Substanz, die am „Nordkap" wieder angeklebt wird. Die großen Sommerhäuser in der Nähe des Grenenmuseums stammen allesamt aus der Zeit der Wende zum 20. Jahrhundert. Damals lagen sie dicht am Meer, heute stehen sie gut einen halben Kilometer auf dem Trockenen.

Wegen der ständigen topografischen Veränderungen mussten an Dänemarks Nordspitze immer wieder neue Leuchtfeuer gebaut werden. Zur Zeit ihrer Errichtung standen sie hart am Wasser; sie sollten ja vor der Strandlinie warnen. Doch allmählich wanderten sie sozusagen ins Land hinein, und Verlegungen oder Neukonstruktionen wurden nötig.

Bei Ausgrabungsarbeiten am „**Weißen Mann**", einem alten Leuchtturm (1747), der jetzt hoch und trocken am östlichen Stadtausgang von Skagen steht, fand man ein Schiffswrack aus dem Mittelalter. Es war offenbar am damaligen Nordstrand verunglückt. Als man 1858 den **„Grauen Leuchtturm"** baute, ging man deshalb auf Nummer sicher und platzierte ihn mittig zwischen den beiden Meeren. Heute ist er kurz davor, ins Kattegat zu purzeln; nur ein paar Buhnen verhindern den Sturz. Von der Plattform des Turms kann man die alte Küstenlinie noch deutlich ausmachen. Es gibt aber noch zwei andere Stätten, von denen sich das nördliche Dreieck sogar in seiner Gänze überblicken lässt: Es handelt sich um den **Ålborgtårnet** bei Aalborg mit einer Aussichtsplattform in 105 Metern Höhe und den **Cloostårnet** in Frederikshavn, auf dem man sogar 168 Meter erreicht.

Skagen

„Skähn", spricht ein rechter Jütländer den Namen dieses Ortes aus. Oder noch ein bisschen länger: „Skäääähn!" Die Bedeutung ist „die Landspitze", *skag* auf altnordisch plus Artikelendung -en.

Aus bescheidenen Anfängen hat sich Skagen zu **einem der größten Fischereihäfen Dänemarks** gemausert. Gefischt wurde dort schon um das Jahr 1300. Und Strandungen an diesem eminent wichtigen und für die Schifffahrt enorm gefährlichen Drehpunkt gaben den Küstenbewohnern immer wieder ein gutes Zubrot. Später taten sich die Skagener jedoch als außerordentlich tapfere **Rettungsmänner** hervor; eine Statue am Hafen würdigt ihren Einsatz.

Stadt und Hafen sind heute fast eins. Skagen beginnt präzise mit dem ersten Hafenbecken und hört am letzten auf; an der Wasserfront spielt auch das Geschehen. Übrigens begann der Ort seine „Karriere" als **Künstlerkolonie** (siehe Exkurs „Das Licht des Nordens"). Und dann folgte der Tourismus: Als 1890 die Eisenbahn von Frederikshavn nach Skagen geführt wurde, setzte der Zustrom der Urlauber ein. Damals entstanden elegante Hotelbauten im Fin-de-Siècle-Stil, die großteils noch in Betrieb sind.

▷ Der „Graue Leuchtturm" ist zwar farblos, aber nicht uninteressant

◁ Die Skulptur am Hafen ehrt die tapferen Seenotretter

Sie stehen überwiegend in **Gammel Skagen** (= Alt-Skagen) an der Skagerrakseite und prägen das Bild des Ortes, der, auch „Hojen" genannt, 700 bis 800 Jahre alt ist. Die meisten Bewohner zogen 1907 bei Eröffnung des Skagener Hafens in den lebendigen neuen Nachbarort; beide Stadtteile gehen heute unmerklich ineinander über.

Auch im **„neuen" Skagen** gibt es zahlreiche hübsche Ecken aus der Zeit vor der Wende zum 20. Jahrhundert, vornehmlich entlang der Kurzverbindungen zwischen den beiden annähernd parallel verlaufenden Hauptstraßen Sct. Laurentii Vej und Østre Strandvej, an denen sich ein Touristenshop an den anderen reiht.

Sehenswertes

Skagen Grå Fyr

Der **„Graue Leuchtturm"** beherbergt seit Mai 2017 eine zeitgemäße multimediale und wissenschaftlich fundierte **Ausstellung über Zugvögel.** Man erfährt auf anschauliche Weise, warum einige Vogelarten Tausende Kilometer zwischen ihren Brutplätzen im hohen Norden und den Winterquartieren in Afrika und Südeuropa zurücklegen und wie die Orientierung stattfindet. Dabei queren und besuchen Unzählige dieser fliegenden Navigationskünstler das Skagerrak und das Kattegat. Darüber hinaus bietet der 46 Meter hohe, im Jahr 1858

dnsk-065 ths

Skagen

erbaute Leuchtturm eine **herrliche Aussicht** über den nördlichsten Zipfel Dänemarks.

■ **Info:** ganzjährig geöffnet ab 10 Uhr bis spätestens 19 Uhr (Juli/August), Eintritt: Erw. 75 Dkr., Kinder 30 Dkr. Fyrvej 36, Tel. 7210 9011, www.skagen graafyr.dk.

Drachmanns Grav (Grab)

Der **Maler und Dichter Holger Drachmann** (1846–1908) wurde auf seinen Wunsch hin in den Dünen am Grenen beigesetzt. Er besuchte Skagen erstmals 1872, verliebte sich in die Gegend und ihre Bewohner und ließ sich hier zu seinen maritimen Gemälden inspirieren. Nach seinem Tod in Hornbæk auf der Insel Seeland brachte man seine Urne nach Skagen, wo er seine letzte Ruhestätte fand. Das Grab liegt ganz oben am Fußweg, ein paar Schritte vom Parkplatz Grenen entfernt.

Drachmanns Hus (Haus)

Im *Drachmanns* Wohnhaus sieht es noch weitgehend so aus wie zu seiner Lebenszeit; der Künstler wohnte hier mit seiner Frau *Soffi* von 1902 bis 1908. Im Haus sind weit **über 100 Kunstwerke** von *Drachmann* und seinen Zeitgenossen zu sehen.

■ **Info:** geöffnet Mai bis Ende August tägl. von 11 bis 16 Uhr, April und September Di bis So von 11 bis 16 Uhr. Eintritt: Erwachsene über 27 Jahren 50 Dkr., unter 27 Jahren 40 Dkr., unter 18 Jahren frei. Hans Baghsvej 21, Tel. 9844 6444, www.skagenskunst museer.dk.

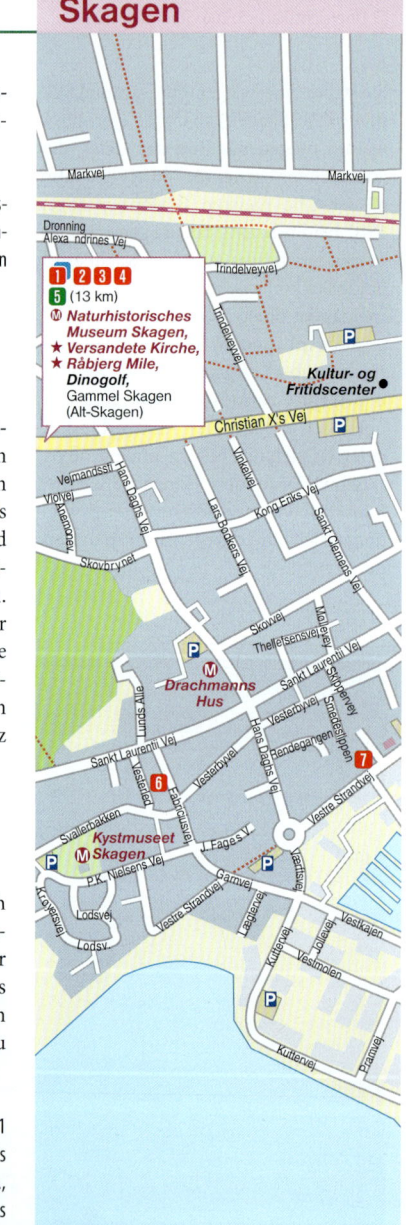

Ⓜ Grenen Kunstmuseum, Ⓜ Skagen Bunkermuseum,
★ Vippefyret, ★ Skagen Oddee Naturcenter,
⁂ Drachmanns Grav,
   Grauer Leuchtturm (Skagen Grå Fyr),
   „Weißer Mann" (alter Leuchtturm),
   Grenen, Traktorfahrt mit dem „Sandormen"

Übernachtung
1 Ruths Hotel
2 Jugendherberge
  Danhostel Skagen
3 Råbjerg Mile Camping,
4 Skagen Camping
6 Badepension Marienlund
7 Skagn Harbour Hotel
13 Jacobs Bed & Breakfast
15 Hotel Sønderstrand
17 Brøndums Hotel

Essen und Trinken
1 Ruths Gourmet
8 Restaurant Pakhuset
9 Skagen Fiskerestaurant
10 Skagen Bryghus
11 Jakobs Café & Bar
16 Skagen Museums Café
17 Brøndums Restaurant

Sonstiges
5 Langagergård
12 Bolcheriet
14 Skagen CykelUdlejning

Das Licht des Nordens

Jahrhundertelang lag das Fischerdorf Skagen isoliert und unberührt. Einer der ersten Außenseiter, der sich für den Zauber des kleinen Ortes empfänglich erwies, war **1859** der **Märchendichter Hans Christian Andersen.** Immerhin gab es schon einen Gasthof, die Pension *Brøndum,* und in dieser quartierte sich der Erzähler ein. Tags darauf wurde dem Ehepaar *Brøndum* eine Tochter geboren, die später zu einer der größten Künstlerinnen Dänemarks heranwuchs: *Anna Ancher.*

Der Dichter war entzückt von der kleinen *Anna,* von Skagen, von Meer und Dünen, und er veröffentlichte seine Eindrücke mit den Worten: „Wer Maler ist, der eile hierher. Hier gibt es Motive für dich, Arbeit für den Pinsel: In dieser dänischen Landschaft findest du die Wüsten Afrikas, die aschebedeckten Hügel Pompejis, die vogelbelebten Sandbänke der Ozeane ..."

Die Maler erhörten den Ruf. Sie kamen nicht nur aus allen Ecken Dänemarks, sondern auch aus Norwegen, Schweden, England und Deutschland, und sie kreierten die **Skagener Malerschule,** eine der lebendigsten Richtungen der nordischen Kunst. Inspiriert wurden sie von der besonderen Qualität des Lichts, das die

Atmosphäre Skagens sozusagen durchleuchtete. Es war Licht, das von zwei Meeren zurückspiegelte und sich in der Mitte zu einer neuen Dimension vereinigte, die zur Betätigung der Paletten geradezu einlud. Die ersten Gemälde der Skagener Schule entstanden. Es waren keine „schönen" Bilder eines akademischen Genres, sondern auf ihnen waren wilde, raue Landschaften zu sehen, stiebende Brandung, niedrige Hütten und hohe Firmamente. Und immer wieder dieses gleißende Licht, das von allen Seiten zu kommen schien und den Gemälden ein wunderliches Eigenleben verlieh, wie es die Welt noch nicht gesehen hatte.

Zwar hatten Maler auch schon vor *Andersens* Aufruf Skagen besucht. Zu nennen ist da vor allem *Martinus Rørbye,* einer der großen Exponenten des sogenannten Goldenen Zeitalters der dänischen Kunst. Er hielt 1833 als erster die dramatische Küste Skagens auf der Leinwand fest, malte Szenen in den Fischerdörfern und zog mehrere weitere Künstler nach sich auf den Plan. Die eigentliche Malerkolonie Skagen entstand jedoch erst in den späten 1870ern.

Als Gründer zählen der Norweger *Fritz Taulow* und der Däne *Holger Drachmann,* selbiger sowohl Maler als auch Poet. Der sommerliche Nachthimmel war für den Schwarmgeist *Drachmann* „wie ein glänzender Schild", und so stellte er ihn auch dar. Nach ihm kamen *Carl Locher, Karl Madsen, Fritz Stoltenberg, Viggo Johansen* und *Michael Ancher,* Letzterer einer der größten Söhne der dänischen Kunst.

Michael Ancher war alsbald von (der jetzt zum Teenager gereiften) **Anna Brøndum** nicht minder angetan als seinerzeit *Andersen.* Er war es auch, der das schlummernde Maltalent der jungen Skagenerin zu wecken verstand und sie auf eine Zeichenschule in Kopenhagen schickte.

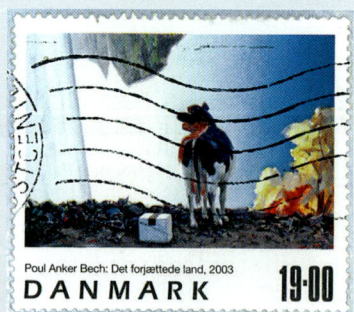

Poul Anker Bech: Det forjættede land, 2003

D A N M A R K 19·00

(Ein Besuch der Hochschule war ihr als Frau versagt.) *Anna Brøndum* kam als selbstbewusste Künstlerin zurück, und wenig später war sie *Anna Ancher*. Das Ehepaar ergänzte sich auf wunderbare Weise, wie man heute anhand seiner Werke im Ancher-Haus nachvollziehen kann. *Michael Ancher* malte am liebsten dramatische See- und Küstenszenen, seine Frau sonnendurchwirkte feminine und häusliche Motive in, wie ein Kollege befand, „einem Kolorit so gesättigt und saftig, daß man es genoß wie eine reife Frucht".

Namentlich über diese beiden Künstler begann die Skagener Schule erstmals, **überregionales Aufsehen** zu erregen. Doch aus dem bloßen Aufsehen wurde Ruhm, als Größen wie *Peter Severin Krøyer*, der in Frankreich und am Mittelmeer die Malerei studiert hatte, und der hochbegabte junge Schwede *Oscar Björck* sich in Skagen einfanden. *Krøyer* liebte die „blaue Stunde" der Halbinsel, wenn Meer und Himmel ineinander verschmolzen, und keiner vermochte dieses Farbereignis wie er auf die Leinwand zu bannen. *Krøyers* bekanntestes Werk, sozusagen ein Aushängeschild für die Skagener Schule, zeigt seine Frau und *Anna Ancher*, mit fließenden weißen Kleidern und gelben Schärpen angetan, am Strand, der sich in weiter Ferne blau im Dunst verliert. Dieses Bild ist unter anderen im Skagens Museum ausgestellt.

Es kam eine Zeit, da der Ruhm der Skagener Künstler an Glanz verlor; im Zeichen modernerer Strömungen erklärte man ihre Gegenständlichkeit für banal und provinziell. *Sic transit gloria mundi.* Doch das Licht des Nordens, das sie in alle Welt hinausgetragen hatten, bleibt unsterblich und sie selber somit auch.

⊲ Briefmarkenmotiv von P. A. Bech: „Verheißungsvolles Land"

Galgenleuchtfeuer (Vippefyret)

Die **Nachbildung von Dänemarks erstem Leuchtfeuer,** eine galgenähnliche Wippkonstruktion, steht am Kattegat oberhalb des Hafens, nahe dem östlichen Ortsausgang. Das kohlebefeuerte Original wurde im Winter 1626 errichtet und löste das schwächliche „Papageienfeuer" ab, das schon seit 1561 brannte.

Skagens Museum

Das zuletzt von 2014 bis 2016 renovierte und vergrößerte Museum beherbergt eine sehr sehenswerte, bedeutende **Sammlung skandinavischer Kunst** vornehmlich aus der Zeit von 1870 bis 1930. Insbesondere findet man zahlreiche Meisterwerke von Künstlern, die einst in Skagen lebten. Wunderschön und das damalige Zeitkolorit treffend widerspiegelnd präsentieren sich beispielsweise das 1896 von *Michael Ancher* geschaffene Gemälde „Ein Strandspaziergang" oder das 1884 von *Oscar Björck* gemalte Werk „Das Boot wird ins Wasser geschoben". Zudem Wechselausstellungen. Es gibt ein **16 Café im Museumsgarten.**

■ **Info:** geöffnet Juni bis August tägl. 10–17 Uhr, Mi 10–21 Uhr, Sept./Okt. und März/April Di bis So 10–17 Uhr, Nov. bis Feb. Do bis So 10–17 Uhr. Eintritt: Erw. über 27 Jahre 110 Dkr., unter 27 Jahren 85 Dkr., unter 18 Jahren frei. Brøndumsvej 4, Tel. 9844 6444, www.skagenskunstmuseer.dk.

Anchers Hus

Die **Residenz des Ehepaares Michael und Anna Ancher,** die 1884 in dieses

5

dnsk-070 ths

Haus einzogen, war seinerzeit ein ständiger Künstlertreff, in dem manche Flasche geleert wurde. Das Interieur mit all den **Möbeln und Alltagsgegenständen** wurde so belassen, wie es zu Lebzeiten der Familie bestand. Rund **250 Gemälde** lokaler Kunstgrößen der damaligen Zeit zieren die Wände und geben einen großartigen Einblick in das Schaffen von *Michael* und *Anna Ancher, Krøyer, Tuxen* und anderen Malern.

■ **Info:** geöffnet Mai bis Ende August tägl. 10–17 Uhr, Februar bis April und Oktober/November Sa/So 11–16 Uhr, September Di bis So 10–16 Uhr, Dezember/Januar geschlossen. Eintritt: Erw. über 27 Jahre 80 Dkr., unter 27 Jahren 70 Dkr., unter 18 Jahren frei. Markvej 2–4, Tel. 9844 6444, www.skagens kunstmuseer.dk.

Grenen Kunstmuseum

Dieses Museum mit **neuzeitlicher Kunst** ergänzt die anderen Museen Skagens durch wechselnde Ausstellungen von Gastwerken. Permanent ausgestellt sind *Axel Linds* Seegemälde.

■ **Info:** geöffnet Anfang Juli bis Ende August tägl. 11–16 bzw. 17 Uhr, Sept. bis Mitte Oktober Di, Do, Sa/So 11–15 Uhr. Eintritt 20 Dkr. Fyrvej 40 (Grenen), Tel. 9844 2288, www.galleri-grenen.dk.

⌂ Am Strand Richtung Landspitze Grenen

Skagen Oddee Naturcenter

Allein das eindrucksvolle Gebäude aus dem Jahr 2000 ist einen Besuch wert. Es stammt von dem bekannten **dänischen Architekten Jørn Utzon,** der auch die weltberühmte Oper im australischen Sydney entwarf. Die Ausstellungen in den **lichten Räumlichkeiten** erläutern die Entstehungsgeschichte der Region oder geben Hintergrundinformationen zur Person *Jørn Utzon* und seinem architektonischen Schaffen. Ein **Aussichtsturm mit Ferngläsern** lädt zur Vogelbeobachtung ein, ein **sehenswerter Film** (auch auf Deutsch) mit eindrucksvollen Bildern der Region läuft im Kinoraum, und ein vor Ort befindlicher **Naturexperte** führt Kinder und Erwachsene spielerisch an das Thema „Umwelt" heran. Integriertes Café.

■ **Info:** geöffnet Mai/Juni und August bis Mitte Oktober tägl. 10–16 Uhr, Juli 10–17 Uhr, Sa/So grundsätzlich ab 11 Uhr. Eintritt: Erw. 70 Dkr., Kinder unter 12 Jahren 30 Dkr. Bøjlevejen 66, Tel. 9679 0606, www.skagen-natur.dk.

Naturhistorisches Museum Skagen

Hier geht es um die ungewöhnlichen Naturverhältnisse am Grenen und Råbjerg Mile sowie deren Entstehung –

⌄ Skagen Skipperskole

dnsk-068 ths

dnsk-071 ths

Geologie von den Eiszeiten bis heute. Erläutert werden auch die **vorzeitliche Tierwelt** (Mammutknochen), die heutige Vogelwelt und die Kräuter der Heide.

■ **Info:** geöffnet Ende Juni bis Mitte August tägl. 12–16 Uhr, sonst nur eingeschränkt. Eintritt: Erw. 50 Dkr., Kinder unter 15 Jahren 10 Dkr. In der Hauptsaison täglich Naturwanderungen. Alter Bahnhof Højen, Flagbakkevej 30, Tel. 6131 0073, www.naturmuseum-skagen.dk.

Kystmuseet Skagen

In diesem **Küstenmuseum** wird **einiges geboten:** Ausstellung und Freilichtgelände, Häuser armer und reicher Fischer aus den Jahren 1830 bis 1880, Strandungs- und Rettungsmuseum, Exponate

▢ Die hafennahe Svenske Sømandskirke (Schwedische Seemannskirche) wurde 1925 erbaut

zu den Themen Fischerei, Seefahrt und Ortsgeschichte, eine Windmühle und im Sommer Fahrten mit dem Museumskutter „Hansa".

■ **Info:** geöffnet November bis Februar Mo bis Fr 11–15 Uhr, März bis Oktober Mo bis Fr 10–16 Uhr, Juni bis August zusätzlich Sa/So 11–16 Uhr. Eintritt: Erw. 75 Dkr., unter 18 Jahren frei. P. K. Nielsens Vej 8–10, Tel. 9844 4760, www.kystmuseet.dk.

Skagen Bamsemuseum

☖ Das 1998 eröffnete **Teddybärmuseum** präsentiert die plüschigen Gesellen in allen erdenklichen Varianten – eine charmante Ausstellung mit ganz klar „hyggeligem" Charakter.

■ **Info:** geöffnet Mai bis September Di–So 10–17, Oktober bis April Mi bis So 11–15 Uhr. Eintritt: Erw. 40 Dkr., Kinder 10 Dkr. Oddevej 2b, Tel. 9844 2108, www.skagensbamsemuseum.dk.

Nordjütland bis Skagen

Skagen Bunkermuseum

Am Strand beim Parkplatz Grenen bekommt man einen **deutschen Sanitätsbunker** aus dem 2. Weltkrieg zu sehen, ausgestellt sind Uniformen, Waffen und Dokumente.

🟥 **Info:** geöffnet April/Mai und September bis Mitte Oktober tägl. 11–15 Uhr, Juni tägl. 11–17 Uhr, Juli/August 10–17 Uhr. Eintritt: Erw. 50 Dkr., Kinder 20 Dkr. Fyrvej 59, Tel. 9844 4040, www.skagen-bunkermuseum.dk.

☑ Bunker am Parkplatz Grenen

Råbjerg Mile

Die **Wanderdüne** südlich der Ortschaft Kandestederne ist **Dänemarks größte** und von üppigen Ausmaßen: 1 Kilometer lang, einen breit und bis zu 40 Meter hoch. Schon seit dem 15. Jahrhundert unterwegs, muss sie von weither gekommen sein, denn sie wandert (heute) mit fast 15 Metern pro Jahr in Richtung Osten und frisst sich dabei durch Wald und Flur. Eines fernen Tages wird das Sandungetüm, das in seinem Gefolge eine Art Steinwüste hinterlässt (Råbjerg Stene), wohl sang- und klanglos ins Kattegat wandern und darin verschwinden.

Zur Råbjerg Mile führen **ausgeschilderte Straßen und Wanderwege**. Nicht im losen Sand herumklettern – **Verschüttungsgefahr!**

dnsk-067 ths

Die Versandete Kirche (Den Tilsandede Kirke)

Der **Turm der Kirche Sct. Laurentii**, auch „Lange Maren" genannt, steht einsam inmitten von ausgedehnten Kiefernwäldern nahe der Kattegatküste südwestlich der Stadt und bietet sich als Ziel für eine **wunderschöne Wanderung** an. Das Gotteshaus stammt wahrscheinlich aus der zweiten Hälfte des 14. Jahrhunderts und war damals das größte im Vendsyssel. Doch die ab etwa 1500 in dieser Region einsetzenden Sandstürme erreichten letztlich auch diese Kirche und begannen sie vom Ende des 18. Jahrhunderts an zu begraben. Die Kirchengemeinde musste sich jedes Mal durchschaufeln, wenn ein Gottesdienst stattfand. Der Kampf dauerte bis 1795. Dann wurde die Kirche auf königliche Anordnung geschlossen. Von der Kirche ist außer dem Turm, den man als Seezeichen stehen ließ, und ein paar Grundmauern des Kirchenschiffs nichts mehr erhalten. Der Turm zeigt sich allerdings in bester Verfassung, wenn auch nur die oberen zwei Drittel aus dem Boden herausstehen. Man kann vom 1. Juni bis 1. September täglich von 11 bis 17 Uhr gebührenpflichtig in ihn einsteigen, doch er ist von außen viel schöner als von innen, und das umsonst.

Sport und Aktivitäten

Traktorfahrt mit dem „Sandormen" (Wattwurm) auf der Landzunge Grenen zu der Stelle, wo Ost- und Nordsee aufeinandertreffen. Von Ende März bis Ende Oktober tägl. ab 10 Uhr. Hin- und Rückfahrt: Erw. 30 Dkr., Kinder unter 12 Jahren 15 Dkr. Abfahrt am Parkplatz Grenen. www.sandormen.dk.

12 Bolcheriet®, in dieser winzigen „Bonbon-Fabrik" bieten die Mitarbeiter eine tolle Show, die man einmal erlebt haben muss. Vor den Augen der Besucher werden Bonbons in allen Farben und

Geschmacksrichtungen per Hand hergestellt – echte körperliche Arbeit. Dazu gibt es interessante Informationen, und auch Fragen dürfen gestellt werden. Das süße Resultat zergeht auf der Zunge. Im angrenzenden Shop kann man einkaufen. In Løkken existiert ein weiterer Laden. Tägl. 10–17 Uhr. Havnevej 6, Tel. 9899 0007, www.bolcheriet.dk.

Dinogolf, Minigolf zwischen Dinosauriern auf Kunstrasen. An allen Wochentagen 12–21 Uhr. Eintritt: 9 Bahnen 35 Dkr., 18 Bahnen 70 Dkr. Gl. Landevej 34, Tel. 3132 0009, www.dinogolf.dk.

■ **Schwimmen im Kultur- og Fritidscenter:** 25-m-Becken, 70-m-Rutsche, Sauna und Cafeteria. Eintritt: Erw. 40 Dkr., Kinder 30 Dkr. Kirkevej 19, Tel. 9844 3250, www.skfc.dk.

5 Reiten: Langagergård, 13 km südlich von Skagen stehen Islandpferde zur Verfügung. Touren am Strand (ca. 2½ Std. für 450 Dkr.) oder durch den Wald. Reitstunden auch für Kinder. Kandestedvej 76, Tel. 2046 8401, www.tur-ridning.dk.

14 Radfahren: Skagen CykelUdlejning, Verleih von Fahrrädern, 1 Tag 90 Dkr., 1 Woche 375 Dkr. Banegårdspladsen, Sct. Laurentii Vej 22, Tel. 9844 1070, www.skagencykeludlejning.dk.

Events

Skagen Musikfestival

Dutzende Bands und Musiker spielen seit über 40 Jahren alljährlich auf den **Anfang Juli** aufgebauten Bühnen und begeistern ihr Publikum mit Blues, Folk und Rock. Mehrtägiger Event.

■ **Info:** http://skagenfestival.dk.

Winterschwimmfestival

Alljährlich **Ende Januar** lockt dieses mehrtägige Event mutige und kälteresistente Schwimmer nach Skagen. Jeden Morgen stürzen sich die unerschrockenen Teilnehmer am **Sønderstrand bei**

☑ In den historischen Fischlagerhäusern sind heute Restaurants untergebracht

dnsk-066 ths

Grenen in die eisigen Fluten des Meeres. Nach der winterlichen Erfrischung sorgt eine heiße Suppe für die Wiedererweckung der Lebensgeister.

Praktische Infos

Touristeninformation

■ **Vestre Strandvej 10,** Tel. 9844 1377, www.skagen-tourist.dk. Geöffnet Januar bis Juni und Mitte August bis Dezember Mo bis Fr 9.30–16 Uhr, Sa 10–13 Uhr, Juli bis Mitte August Mo bis Sa 9–16 Uhr, So 10–14 Uhr. Info und Ferienhausvermietung, Buchung von Angel- und Ausflugstouren per Boot, z.B. auf der „M/S Sea Hawk".

Verkehr und Transport

■ **Bahn und Busse:** Die Stadt ist Endstation für die Skagensbanen (Privatbahn) ab Frederikshavn. Es verkehren zahlreiche Busse in alle Richtungen.

■ Viele **Parkplätze** in und um Skagen sind in der Zeit von 8 bis 18 Uhr gebührenpflichtig.

■ **Fähren:** vom nahe gelegenen Frederikshavn nach Langesund, Larvik, Moss und Oslo, alles Norwegen, sowie nach Göteborg in Schweden.

Übernachtung

15 **Hotel Sønderstrand**③, familiäres Hotel von überschaubarer Größe an einer ruhigen Straße, zentral gelegen in der Nähe des Hafens von Skagen. Netter Service und Fahrradverleih. Østre Strandvej 46, Tel. 9844 2122, www.soenderstrand.dk.

(MEIN TIPP) **6** **Badepension Marienlund**③, kleine Wohlfühl-Herberge mit 14 stilvoll gestalteten Zimmern. Liebevoll zubereitetes Frühstück, das in einem hübschen Esszimmer serviert wird. Garten zum Entspannen. Kurz: eine Perle in Skagen. Fabriciusvej 8, Tel. 2812 1320, www.marienlund.dk.

17 **Brøndums Hotel**④, romantisches Hotel mit bewegter Geschichte im Stadtzentrum. Hier traf sich ab 1870 bis Anfang des 20. Jahrhunderts die Hautevolee der damaligen Künstlerkolonie rund um

Michael Ancher, Holger Drachmann und *P. S. Krøyer.* Viele der damals das Haus schmückenden Gemälde finden sich heute im Skagens Museum wieder (s.o.). Kompetentes Personal und empfehlenswertes **17** **Restaurant.** Anchersvej 3, Tel. 9844 1555, www.broendums-hotel.dk.

7 **Skagn Harbour Hotel**③, geräumige, moderne Zimmer, meist mit Terrasse oder Balkon, in einem Haus mit wohl dosiertem Industriecharme. Man nächtigt in einer ehemaligen Schiffsschmiede. Reizvoller Innenhof und zentrale Lage in Skagen. Parkgarage. Vestre Strandvej 28, Tel. 9844 6716, www.skagenharbourhotel.dk.

1 **Ruths Hotel**④, eine im Luxussegment angesiedelte schmucke Unterkunft in toller Lage an den Dünen in Alt-Skagen. Spa mit Sauna und Dampfbad. Kulinarisch lässt man sich im **1** **Ruths Gourmet** mit erstklassigen Gerichten der französischen Küche oder mit dänischen Spezialitäten verwöhnen. Fabelhaftes Frühstück. Hans Ruthsvej 1, Tel. 9844 1124, www.ruths-hotel.dk.

13 **Jacobs Bed & Breakfast**②, übernachtet wird in sieben gemütlichen und hellen Zimmern im schnörkellosen Nordic Style, alle mit Bad/WC, manche mit Balkon. Zentral mitten in der Fußgängerzone von Skagen, gegenüber liegt Jacobs Café und Bar (s.u.). Skolevej 1, Tel. 5069 7088 (zwischen 10 und 14 Uhr), www.jakobscafe.dk/bed-breakfast.

Jugendherberge

2 **Danhostel Skagen,** 23 Zimmer, zumeist mit Bad/WC. Gemeinschaftsküche. Frühstücksbüfett Erw. 66 Dkr., Kinder 33 Dkr. Am südlichen Ortseingang, Rolighedsvej 2, Tel. 9844 2200, www.danhostelskagen.dk.

Camping

3 **Råbjerg Mile Camping,** toller Familienplatz mit Stellplätzen, Wohnwagen und Hütten. Innen- und Außenpool mit Wasserrutschen. Mehrere Spielplätze. Minigolf. 13 km südlich von Skagen. Kandestedvej 55, Tel. 9848 7500, www.raabjergmilecamping.de.

4 **Skagen Camping,** Stellplätze, Zeltplatz, Hütten mit Bad/WC. Lage mittig zwischen Skagerrak und Kattegat. Spielplatz, Pool. In der Nachbarschaft befindet sich „Dinogolf" (s.o.). Flagbakkevej 53, Tel. 9844 3123, www.skagencamping.dk.

Essen und Trinken

● Einige Top-Restaurants befinden sich in den örtlichen **Hotels** (s.o.).

11 **Jakobs Café & Bar,** beliebter In-Treff mitten in der Fußgängerzone. Großer Außenbereich, gutes Essen. Brunchteller 125 Dkr., *Smørrebrød,* Jakobs Cheddarburger 125 Dkr. Regelmäßig Live-Musik, DJ und Disco. Havnevej 4, Tel. 9844 1690, www.jakobscafe.dk.

(MEIN TIPP:) **8** **Restaurant Pakhuset,** qualitativ hochwertiges Essen – ein klare Empfehlung. Auch extra auf der Speisekarte aufgeführte leichte Gerichte *(Lette retter).* Fischsuppe mit Safran, Muscheln und Bärlauch 170 Dkr. Die Küche ist tgl. geöffnet von 11.30 bis 20.30 Uhr. Lecker ist auch das ausgeschenkte „Drachmann-Bier", das in Skagen gebraut wird. Unbedingt die im ganzen Gebäude ausgestellten bzw. an den Wänden hängenden 42 Galionsfiguren beachten. Große Außenterrasse. Rødspættevej 6, Tel. 9844 2000, www.pakhuset-skagen.dk.

10 **Skagen Bryghus,** im Brauhaus rund 500 m vom Hafen entfernt isst man gut und deftig dänisch. Beispielsweise Bryggerburger mit Pommes 129 Dkr. Küche geöffnet Mo–So von 11 bis 16 Uhr. An dem leckeren selbst gebrauten Bier führt natürlich kein Weg vorbei. Großer Biergarten. Oft Live-Musik (Pop, Blues, Rock 'n' Roll), insbesondere am Wochenende. Kirkevej 10, Tel. 9845 0050, www.skagenbryghus.dk.

9 **Skagen Fiskerestaurant,** direkt am Hafen, seit 40 Jahren untergebracht in den schönen historischen Fischlagerhäusern. Fisch in vielen Variationen, speziell Hering oder Fischfrikadellen mit Zwiebelkompott und Preiselbeeren (145 Dkr.). Live-Musik im Sommer. Fiskehuskaj 13, Tel. 9844 3544, www.skagenfiskerestaurant.dk.

Grenen

Hier geht Dänemark zu Ende. Streng genommen handelt es sich aber nicht um den nördlichsten, sondern um den **nordöstlichsten Punkt des Landes.** Dänemarks „Nordpol" liegt etwa 3 Kilometer weiter nordwestlich am Nordstrand von Skagen.

Zunächst: **Wie kommt man hin?** Von Alt-Skagen aus kann man den Strand entlangwandern, vom neuen Skagen aus nimmt man den Radweg entlang der Hauptstraße (mit dem Auto geht's natürlich auch). Man passiert den „Weißen Mann", das Galgenleuchtfeuer und den „Grauen Leuchtturm" und gelangt nach ca. 3 Kilometern zum Grenen Museum. Von dort geht's nur noch durch den weichen Sand, entweder zu Fuß oder mit dem Sandormen (siehe bei Skagen unter „Sport und Aktivitäten").

Baden ist in diesem Bereich auf das Strengste **verboten;** Schilder warnen in drei Sprachen. Sowohl ober- als auch unterhalb der Odde setzen die **Strömungen** seewärts; an der Spitze treffen sie zusammen und gewinnen noch einmal an Kraft, bis zu 4 Knoten. Und sie kehren nicht zurück! Es handelt sich nämlich nicht um Gezeitenströme, die im Takt der Tiden alle sechs Stunden die Richtung umkehren (Gezeiten gibt es hier oben so gut wie nicht mehr), sondern um Strömungen, die durch Winddruck entstehen, durch verschiedene Wasserdichten und -temperaturen.

6

Praktische Reisetipps A–Z

◁ Im Leuchtturm Lyngvig nördlich von Hvide Sande

Anreise und Zoll

Mit dem Flugzeug

Je nachdem, ob man den **Süden oder Norden Jütlands** zum Ziel hat, bieten sich verschiedene Möglichkeiten für die Anreise nach Dänemark per Flugzeug an. Der für Süd-Dänemark nächstgelegene große Flughafen ist Hamburg, von wo man mit der Bahn weiterreisen kann. Wer bis Westerland (Sylt) fliegt, ist fast an der Grenze. Dies ist von einigen Flughäfen in West- und Süddeutschland beispielsweise mit den Fluggesellschaften Eurowings und Lufthansa möglich. Anschließend fährt man per Bus nach List (Sylt) und von dort mit der Fähre (zahlreiche tägliche Abfahrten) weiter nach Havneby auf der Insel Rømø – schon ist man in Dänemark. Besser ist man jedoch bedient, wenn man zunächst (via Flensburg) an die Ostküste reist, denn von dort gibt es günstigere Verbindungen.

Die **Nordroute** führt vorzugsweise über Kopenhagen. Nonstop-Verbindungen aus dem deutschsprachigen Raum mit Linienfluggesellschaften nach **Kopenhagen** bestehen z.B. mit Eurowings, Austrian Airlines, Lufthansa, Scandinavian Airlines (SAS) und Swiss von fast allen Flughäfen in Deutschland, Österreich und der Schweiz. Die nächste Destination, per Anschlussflug, ist **Ålborg**. Von dort gelangt man per Zug an die Nordspitze Dänemarks und schließlich per Bus zu allen anderen Orten Nordjütlands.

Weitere Flugverbindungen existieren zwischen Kopenhagen und Karup (mittig zwischen Viborg und Herning), Tirstrup (Århus), Skive und Vred (Thisted). Dies sind die nächstgelegenen Anbindungen an West- und Nordjütland; wer nicht von weither kommt, schlägt dieserart jedoch einen ziemlich großen Haken.

Flugpreise

Je nach Airline, Jahreszeit und Aufenthaltsdauer bekommt man ein Economy-Ticket von Deutschland, Österreich und der Schweiz **nach Kopenhagen und zurück** schon **für weniger als 200 Euro** (inkl. aller Steuern, Gebühren und Entgelte). Am teuersten ist es in der Hauptsaison im Sommerhalbjahr.

Fluggesellschaften

- **Austrian Airlines,** www.austrian.com. Nach Kopenhagen ab Wien.
- **British Airways,** www.britishairways.com. Nach Billund/Jütland ab Düsseldorf.
- **Easy Jet,** www.easyjet.com. Nach Kopenhagen ab Berlin-Schönefeld, Basel/Mulhouse und Genf.
- **Eurowings,** www.eurowings.com. Nach Kopenhagen ab Düsseldorf und Berlin-Tegel.
- **Lufthansa,** www.lufthansa.de. Nach Kopenhagen ab München und Frankfurt und nach Billund/Jütland ab Frankfurt.
- **Norwegian,** www.norwegian.no. Nach Kopenhagen ab Berlin-Schönefeld.
- **Ryanair,** www.ryanair.com. Nach Billund/Jütland ab Berlin-Schönefeld und nach Kopenhagen ab Köln/Bonn.
- **SAS,** www.flysas.de. Nach Kopenhagen ab Berlin-Tegel, Düsseldorf, Frankfurt, Hamburg, Hannover, München, Stuttgart, Genf und Zürich.
- **Swiss,** www.swiss.com. Nach Kopenhagen ab Zürich.

Kleines „Flug-Know-how"

Check-in

Nicht vergessen: Ohne einen gültigen **Reisepass oder Personalausweis** für EU-Staatsbürger und Schweizer kommt man nicht an Bord. Kinder benötigen einen eigenen Reisepass.

Bei innereuropäischen Flügen sollte man mindestens **1 Stunde vor Abflug am Schalter der Airline** eingecheckt haben. Je nach Fluggesellschaft kann man den Check-In ab 23 Stunden vor Abflug auch zu Hause im Internet erledigen und muss am Flughafen nur noch die ausgedruckte Boardkarte vorlegen und sein Gepäck an dem entsprechenden Schalter abgeben. Manche Fluglinien bieten darüberhinaus die Übermittlung des Boardkarten-Barcodes aufs Handy oder Smartphone an – interessant für Passagiere, die nur mit Handgepäck reisen.

Das Gepäck

In der **Economy Class** darf man pro Person i.d.R. ein Handgepäckstück bis zu 7 kg in die Kabine mitnehmen (nicht größer als 55 x 40 x 20 cm) und bei Bedarf zusätzlich ein Gepäckstück bis zu 23 kg einchecken. In der **Business Class** sind es pro Person meist zwei Handgepäckstücke (insgesamt nicht mehr als 12 kg) und ein Gepäckstück bis zu 30 kg zum Einchecken. Aufgepasst: Bei sog. Billigfluggesellschaften gelten andere Gewichtsklassen. Man sollte sich beim Kauf des Tickets über die aktuellen Bestimmungen der Airline informieren.

Beim Packen des **Handgepäcks** sollte man darauf achten, dass man Getränke oder vergleichbare Substanzen (Gel, Parfüm, Shampoo, Creme, Zahnpasta, Suppe, Käse, Lotion, Rasierschaum, Aerosole etc.) nur in geringen Mengen bis zu jeweils 100 ml mit ins Flugzeug nehmen darf. Diese Substanzen muss man separat in einem durchsichtigen Plastikbeutel (z.B. Gefrierbeutel) transportieren, den man beim Durchleuchten in eine der bereitstehenden Schalen auf das Fließband legen sollte. Auch das Notebook oder Smartphone muss in eine solche Schale gelegt werden. Hat man einen Gürtel mit einer Schnalle aus Metall, empfiehlt es sich, diesen auszuziehen und ebenfalls in die Schale zu legen, da sonst in der Regel der Metalldetektor anschlägt und man vom Flughafenpersonal abgetastet werden muss.

Aus Sicherheitsgründen dürfen Nagelfeilen sowie Messer und Scheren aller Art, also auch Taschenmesser, nicht im Handgepäck untergebracht werden. Diese Gegenstände sollte man unbedingt zu Hause lassen oder im aufzugebenden Gepäck verstauen, sonst werden sie bei der Sicherheitskontrolle einfach weggeworfen. Darüber hinaus gilt, dass leicht entzündliche Gase in Sprühdosen (Schuhspray, Campinggas, Feuerzeugfüllung), Benzinfeuerzeuge wie auch Feuerwerkskörper etc. nicht im Koffer oder auch dem Handgepäck transportiert werden dürfen.

Vom **Verschließen des Gepäcks** mittels eines Vorhängeschlosses wird abgeraten, da das Gepäck bei Auffälligkeiten beim Durchleuchten vom Flughafenpersonal durchsuchbar sein sollte.

dnsk-135ths

Buchung

Für Tickets der Linienfluggesellschaften kann man bei folgendem **zuverlässigen Reisebüro** meistens günstigere Preise als bei vielen anderen finden. Auch „Billigflieger"-Tickets können hier gebucht werden:

■ **Jet-Travel,** In der Flent 7, 53773 Hennef (Sieg), Tel. 02242/868606, www.jet-travel.de unter der Auswahl „Flüge buchen".

Mit dem Auto

Wer aus Süddeutschland, der Schweiz oder Österreich **ohne Autostaus** in Richtung Norden reisen möchte, kann zunächst die **Autozugverbindung nach Hamburg** in Erwägung ziehen (nähere Informationen unter bahntouristikexpress.de) und von dort weiterfahren.

Maut

■ Die **Brücke über den Großen Belt** von Knudshoved auf der Insel Fünen nach Halsskov auf der Insel Seeland ist mautpflichtig (Einzelfahrt: 35 Euro für Pkw unter 6 m Gesamtlänge, 53 Euro mit Anhänger und Wohnmobile über 6 m Gesamtlänge, für Fußgänger und Radfahrer gesperrt, www.storebaelt.dk).

⌃ Freiheit pur: Mit dem „Bulli" auf Entdeckungsreise durch Dänemark

⌄ Stößt zunehmend auf Kritik: Dänemarks sonderbarer „Freiheitsbegriff"

Reizthema „Autos am Strand"

Von den rund 30 Badestränden an der dänischen Nordseeküste dürfen neun mit dem Auto befahren werden. Auf baldige Abschaffung dieses Brauchs ist trotz zahlreicher Proteste nicht zu hoffen. Für die Dänen, und da sind sie der Zeit wohl weniger voraus, stellen Autos am Strand eine **Manifestierung von Freiheit** dar. Und nicht nur für sie: Viele ausländische Touristen empfinden offenbar ebenfalls große Faszination dabei, wenn es dort, wo man eigentlich der guten frischen Luft wegen hinreist, nach Abgasen riecht wie in der Tiefgarage. In der Hochsaison sieht es deshalb an manchen Stränden aus wie auf dem Supermarkt-Parkplatz. Interessant ist dann vor allem, die **Verhaltensmuster** der verschiedenen Chauffeure zu beobachten. Manche fahren nur bis ans Wasser und beäugen die Nordsee fernsehgleich durch das Rechteck fest geschlossener Fenster und bei laufendem Motor – man will's ja warm haben am Meer. Andere brettern mit Karacho die Flutlinie entlang, dass die faulste Möwe in Bewegung gerät – Spaß um jeden Preis (bis später die Rechnung für die Salzschäden kommt). Wieder andere liefern sich Scooter-Rennen – Autobahn am Strand.

Angeblich weist die „Strand-Unfallstatistik" null Karambolagen auf. Dennoch: Trotz zahlreicher Beteuerungen in Sachen **Sicherheit** – „Fußgänger haben stets Vorrang" – werden sich viele Menschen, vornehmlich solche mit Kindern, in diesem Milieu unbehaglich fühlen.

In Deutschland gibt es übrigens auch einen „Autostrand", und zwar im schleswig-holsteinischen St. Peter-Ording. Dort wurden zahlreiche Anträge auf Änderung von den Behörden abgeschmettert.

dnsk-083 ths

■ **Achtung Wohnmobil-Urlauber:** In Kopenhagen, Frederiksberg, Århus, Ålborg und Odense gibt es **Umweltzonen,** für die im Zulassungsschein des Autos der Nachweis für einen Partikelfilter eingetragen sein muss. Mehr Infos dazu findet man unter www.visitdenmark.dk.

Mit der Fähre

Einige Ziele in Dänemark sind mit der Fähre erreichbar. Innerhalb Dänemarks gibt es ein gut ausgebautes Netz an Fährverbindungen zwischen den Inseln. Für die Nordseeküste Dänemarks sind nur einige kleine Fähren relevant:

■ **Sylt (List) – Rømø, Esbjerg – Fanø – Thyborøn – Agger Tange.** Details dazu stehen in den jeweiligen Kapiteln.

Ostseefähren

■ Buchung und Informationen zu **Puttgarden – Rødby** und **Rostock – Gedser** unter Tel. 01805/116688 oder www.scandlines.de.
■ **Bornholmfähren** und **innerdänische Fähren** nach Als, Langelande, Fanø und Samsø unter Tel. 0045/56951866 oder www.molslinjen.dk.

Mit der Bahn

Schnell und **bequem** ist die Anreise mit der Bahn **nach Kopenhagen oder Århus** in Direktzügen ab Hamburg und Berlin. Wer rechtzeitig bucht und die Hauptreisetage meidet, kann dazu noch viel Geld sparen. Ein Ticket für die Strecke München – Kopenhagen ist schon für weniger als 100 Euro zu bekommen.

Städte. Auf den übrigen Strecken verkehren regelmäßig Regional- und Lokalzüge. Bahnverbindungen finden sich unter www.rejseplanen.dk.

Buchung

Da jede Bahn nur ihre eigenen Angebote vollständig auflistet, die der anderen Bahnen dagegen oft gar nicht oder ohne Sonderpreise, ist die Buchung auch übers Internet oft kompliziert. Wer es bequem mag und sich nicht selbst durch den Dschungel der Bahntarife und Fahrpläne schlagen und trotzdem Geld sparen will, erhält **bei spezialisierten Bahn-**

dnsk-082 ths

Ålborg lässt sich von Kopenhagen in ein paar Stunden per Schnellzug erreichen – und das schneller denn je, seit der Große Belt überbrückt und untertunnelt ist.

■ **Von Hamburg** verkehrt 2x täglich ein **IC nach Jütland. Nach Kopenhagen** geht es ab Hamburg mit dem **ICE 4- bis 5x täglich** über die Vogelfluglinie Puttgarden – Rødby. Die kompletten Züge werden hier aufs Fährschiff rangiert. Während der Überfahrt können die Gäste die Waggons im Schiffsbauch verlassen und für eine Dreiviertelstunde Seeluft schnuppern.

■ **Wer aus Richtung Wien, Zürich, München oder Basel/Freiburg** anreist, kann bequem per **Nachtzug** nach Hamburg fahren und nach dem Frühstück zu seinem Ziel in Dänemark weiterreisen.

■ **Innerdänisch** verbinden Intercity-Züge im Stundentakt alle Landesteile sowie die größeren

Dänische Begriffe in Fahrplänen

■ **banegård, station**	Bahnhof
■ **billet**	Fahrkarte
■ **hverdage**	werktags
■ **kører ikke**	fährt nicht
■ **kører kun**	fährt nur
■ **køres som på**	fährt wie am
■ **lørdage**	samstags
■ **mod**	in Richtung
■ **optaget**	besetzt
■ **rute**	Route
■ **rutebil, bus**	Bus
■ **samt**	einschließlich
■ **søn- og helligdage**	sonn- und feiertags
■ **spor**	Gleis
■ **standser kun i**	hält nur in
■ **tog**	Zug
■ **undt. (undtaget)**	ausgenommen, außer
■ **X-bus**	Expressbus (das X ist außen groß aufgemalt)

⌃ Der Hafen von Hirthals

Agenturen kompetente Beratung und auf Wunsch die Tickets an jede gewünschte Adresse in Europa geschickt. Eine empfehlenswerte Adresse ist:

■ **Gleisnost in Freiburg,** www.gleisnost.de, Tel. 0761/2055130.

Mit dem Bus

■ **Deutsche Touring (Eurolines),** Busse von Norddeutschland nach Jütland sowie von vielen deutschen Städten nach Kopenhagen. Infos unter Tel. 069 7903 501, www.eurolines.de. Ticketkauf und Reservierungen kann man in DTG-Ticket-Centern in 17 deutschen Städten sowie in DER-Reisebüros, in den Reisezentren der Deutschen Bahn und im Internet vornehmen.

■ **Flixbus,** www.flixbus.com, Busse u.a. von Berlin, Hamburg, Neumünster, Kiel und Flensburg nach Ålborg; nach Århus auch von Hannover aus; nach Kopenhagen fährt Flixbus von vielen Städten in ganz Deutschland. Flixbus verbindet übrigens auch

dnsk-084 ths

Nachweis, dass man im Besitz des Bootes ist. Ein Segelschein erübrigt sich. Wer in Dänemark zur See fährt, wo kein Mensch mehr als 52 Kilometer vom Meer entfernt wohnt, braucht dafür kein Papier. Er muss es nur können, denn die Westküste Jütlands ist kein Revier für Sonntagssegler. Darüber hinaus braucht man erstklassiges Kartenmaterial, gern auch elektronisch, welches man am besten schon vor der Reise besorgt. Empfehlenswert sind auch das Handbuch „Dänemark 1" von *Jan Werner* (siehe im Anhang) und „Dänemarks Häfen aus der Luft" (beide im Verlag Delius Klasing).

Liegegebühren in Marinas bewegen sich in Westjütland zwischen 15 und 50 Euro pro Tag.

Zum **Seewetterbericht** siehe im Kapitel „Land und Leute/Nordseewetter".

■ **Deutscher Segler-Verband,** Gründgensstr. 18, 22309 Hamburg, Tel. 040/6320090, www.dsv.org.

Ein- und Weiterreiseformalitäten

Seit Inkrafttreten des **Schengener Abkommens** 2001 entfallen normalerweise die Kontrollen an der Grenze nach Dänemark, und die Übergänge können rund um die Uhr passiert werden. Einen **Reisepass oder Personalausweis** sollte man dennoch stets parat haben. **Jedes Kind benötigt seinen eigenen Reisepass.** Kindereinträge im Reisepass eines Elternteils sind seit 2012 nicht mehr gültig. **Bitte beachten:** Alle Reisedokumente müssen noch mindestens drei Monate gültig sein.

viele Städte innerhalb Dänemarks, z.B. 9x täglich Ålborg und Kopenhagen (Hauptbahnhof, Flughafen oder Valby St.), teils mit Umsteigen in Skanderborg (6–7 Std.). Um ein Preisbeispiel bei frühzeitiger Buchung zu nennen: 36 Euro kostet die einfache, direkte Fahrt von Düsseldorf nach Kopenhagen, wobei man für die Fahrt 14 Std. braucht (über Nacht im Bus vor sich hin dämmernd). Für Sparfüchse vielleicht interessant.

Mit dem eigenen Boot

Außer den üblichen Personalunterlagen ist das einzige benötigte Papier ein

031dk rh

Mit Haustier unterwegs

Hunde sind **nicht in allen Unterkünften willkommen,** in Jugendherbergen sind sie beispielsweise grundsätzlich nicht gern gesehen, und auch viele Hotels möchten keine Vierbeiner beherbergen. Bei der Buchung sollte das vorher abgeklärt werden.

Auch dürfen Hunde sich nicht überall frei bewegen. **Hund i snor** heißt „Hund an die Leine" und gilt ganzjährig im Wald und „auf unbestellten Flächen" sowie genrell vom 1.4. bis 30.9. überall am Strand. Es gibt einige speziell ausgewiesene „Hundestrände", manche Gebiete sind hingegen für Hunde völlig tabu. Im Text wird darauf von Fall zu Fall hingewiesen.

🟥 **Infos** unter www.visitdenmark.de/daenemark/erlebnisse/urlaub-mit-hund.

Zu beachten ist zudem, dass die meisten Nicht-EU-Bürger, die von Dänemark **nach Norwegen weiterreisen,** dort ein Visum benötigen. Dies gilt auch für ausländische Ehepartner, selbst wenn sie in einem EU-Land leben. Infos bei der zuständigen diplomatischen Vertretung.

Alle **diplomatischen Vertretungen in Deutschland, Österreich und in der Schweiz** findet man auf folgenden Internetseiten:

🟥 **Deutschland:** www.auswaertiges-amt.de.
🟥 **Österreich:** www.bmeia.gv.at.
🟥 **Schweiz:** www.eda.admin.ch.

Für **Hunde und Katzen** muss man einen EU-Heimtierausweis *(Pet Passport)* mitführen. Die Tiere müssen zudem mindestens 30 Tage und höchstens zwölf Monate vor der Einreise gegen Tollwut geimpft und mit einem Microchip gekennzeichnet sein. Mit Haustieren darf man in den ersten 48 Stunden keinen Bauernhof besuchen. Pitbulls und Tosas dürfen nicht eingeführt werden. Weitere **Infos** bekommt man bei:

🟥 **DK:** https://tyskland.um.dk oder Tel. 3395 6000.
🟥 **Deutschland:** www.zoll.de oder Tel. 0351/44834510.
🟥 **Österreich:** www.bmf.gv.at oder Tel. 01/51433564053.
🟥 **Schweiz:** www.ezv.admin.ch oder Tel. 061/2871111.

⌂ Hunde bitte an die Leine

Zollbestimmungen

Unter den oben genannten Internetadressen bekommt man auch Auskunft über die Ein-/Ausfuhrmengen von Waren. **Freigrenzen** innerhalb der EU sind:

🔴 **Alkohol:** 90 Liter Wein (davon höchstens 60 Liter Schaumwein), 110 Liter Bier, 10 Liter Spirituosen über 22 Vol.-% und 20 Liter unter 22 Vol.-%.
🔴 **Tabakwaren:** 800 Zigaretten, 400 Zigarillos, 200 Zigarren, 1 kg Tabak.
🔴 **Sonstiges:** 10 kg Kaffee, 20 Liter Kraftstoff.
🔴 Die Mengen reduzieren sich für Bürger aus Nicht-EU-Staaten.

Bei der **Rückeinreise in die Schweiz** sollten Schweizer Staatsbürger folgende Freimengen beachten:

🔴 **Alkohol:** 1 l Spirituosen (über 22 Vol.-%) oder 2 l Spirituosen (unter 22 Vol.-%) oder eine anteilige Zusammenstellung dieser Waren, und 4 l nicht-schäumende Weine, und 16 l Bier.
🔴 **Tabakwaren:** 200 Zigaretten oder 50 Zigarren oder 250 g Pfeifentabak.
🔴 **Sonstiges:** neu angeschaffte Waren für den Privatgebrauch bis zu einem Gesamtwert von 300 SFr.

Barrierefreies Reisen

In Dänemark wird einiges für die Gleichstellung und Integration von Behinderten getan. **Alle öffentlichen Museen** sind behinderten- bzw. rollstuhlgerecht ausgestattet. **Viele Strände** sind mit dem Rollstuhl erreichbar, und natür-

lich existiert eine große Auswahl an behindertengerecht erbauten **Ferienhäusern und Ferienwohnungen.**

Zur Vorbereitung erhält man in Deutschland aktuelle Informationen zu diesem Thema u.a. auch beim **Club Behinderter und ihrer Freunde e.V.** Auf der Website findet man Hinweise über das barrierefreie Reisen in Deutschland und Europa und viele weitere Tipps.

🔴 Elbinger Straße 2. 60487 Frankfurt am Main. Tel. (069) 970522-0, www.cebeef.com.

Allgemeine Informationen gibt es ebenfalls beim **Bundesverband Selbsthilfe Körperbehinderter e.V.** (BSK) mit Sitz in Krautheim, der sich, neben vielen anderen Aspekten, auch mit barrierefreiem Tourismus befasst.

🔴 Altkrautheimer Staße 20, 74238 Krautheim. Tel. (06294) 4281-0, www.bsk-ev.org.

Drohnen/ Quadrocopter

Immer mehr Menschen sind fasziniert von unbemannten Drohnen, die, mit Kleinstkameras ausgestattet, **eindrucksvolle Aufnahmen** für das Fotoalbum, ob digital oder analog, zaubern können. Die elektrisch angetriebenen Fluggeräte sind heute schon für kleines Geld erhältlich. Doch bevor sich die Propeller in die Luft schrauben dürfen, muss man einige Dinge beachten – nicht nur in Deutschland, sondern auch in Dänemark. Hier die aktuellen Fakten:

- Die Drohne darf **max. 25 kg** schwer sein.
- **Flughöhe** nicht höher als 100 m.
- Es muss **immer Sichtkontakt** zur Drohne bestehen.
- Alle Flug-Funktionen müssen zu 100 % beherrscht werden.
- **Entfernungen** sind einzuhalten:
  – Militärflughäfen: 8 km,
  – sonstige Flughäfen: 5 km,
  – Gebäude und Privateigentum: 150 m,
  – Straßen/Autobahnen: 150 m,
  – Unfallstellen: 200 m.

Drohnenflüge in städtischen Gebieten sind nur erlaubt, wenn die Drohne **zu beruflichen, professionellen Zwecken** genutzt wird. Wie beim Führen eines Autos, darf auch die Drohne nur bis zu einer Promillegrenze von 0,5 gesteuert werden.

Bei **Privatnutzung** benötigt man für alle Drohnen über 250 g eine **Drohnenplakette,** die bei der Verkehrsbehörde beantragt werden muss (lange Wartezeiten einplanen). Für professionelle/berufliche Drohnenflüge bestehen komplexere Vorgaben. Aktuelle Infos und eine Karte mit den erlaubten Fluggebieten findet man unter: www.droneregler.dk.

Einkaufen

Ein Großteil der nach Dänemark reisenden Gäste mieten sich vor Ort eine Ferienwohnung oder ein Ferienhaus und versorgen sich selbst. **Selbstversorger** finden an der gesamten dänischen Nordseeküste unzählige kleinere und größere **Supermärkte.** Insbesondere die bekannten Discounter wie Aldi, Lidl und Netto und ihre dänischen Pendants wie Super Brugsen, Degli'Brugsen, Kvickly, Irma und Meny haben meistens 7 Tage die Woche von 7 oder 8 morgens bis 20 oder 22 Uhr abends geöffnet. Selbstverständlich gibt es auch den kleinen Händler, den **Købmandsgaard,** in fast jedem Ort, der vielleicht nicht mit dem Angebot eines Supermarkts konkurrieren kann, dafür aber oft **frische regionale Produkte** anbietet und nebenbei eventuell noch einen „Geheimtipp" für den nächsten Ausflug parat hat. Die **Preise** von Grundnahrungsmitteln wie Obst und Gemüse sind ähnlich wie die in Deutschland. **Deutlich teurer** sind dagegen alkoholische Getränke, Fleisch, Reis, Süßigkeiten und manch anderes Produkt des alltäglichen Bedarfs. Dies hängt allerdings auch mit dem **Mehrwertsteuersatz** zusammen, der in Dänemark stolze 25 % beträgt. Bier, Wein und hochprozentige Alkoholika bekommt man allesamt im Supermarkt oder kleineren Geschäften, wobei Spirituosen meist nur direkt an der Kasse erhältlich sind.

Die Auswahl an **Biolebensmitteln** ist in Supermärkten recht ansehnlich und der Preisunterschiede zwischen Bioware und „normaler" Ware weniger groß als in Deutschland. Frische regionale Produkte erhält man ferner auf den zahlreichen **Wochenmärkten,** in den immer häufiger zu findenden **Hofläden** oder direkt **an der Straße** an dort von den Erzeugern aufgestellten Verkaufsständen. Einfach entsprechenden Betrag in die Kasse legen und Kartoffeln, Gemüse, Obst oder Brennholz mitnehmen.

[>] Hochwertiger Whisky aus Stauning

Bei den **Souvenirs** stehen kulinarische Köstlichkeiten aus den dänischen Regionen hoch im Kurs. Wer mit offenen Augen die Urlaubsregion erkundet, wird **selbstgemachte Wurst** vom Bauern, qualitativ hochwertigen **Whisky,** aus Kartoffeln oder Getreide gebrannten **Aquavit** oder vor den Augen der Kundschaft hergestellte **Bonbons** entdecken. Beliebt sind auch große und kleinere **Möbelstücke** mit dem typischen dänisch-puristischen Design, die in jeder größeren Stadt in den entsprechenden Geschäften angeboten werden.

Elektrizität

Das Stromnetz verfügt über **220 V** (50 Hz) Wechselstrom, viele der ohne besonderen Adapter nutzbaren Steckdosen sind mit einem Ein- und Ausschalter versehen.

Essen und Trinken

Berühmtheit genießt Dänemark für sein **smørrebrød,** ein Sortiment raffiniert belegter Brote. Stets exzellent sind auch **Fisch und Meeresfrüchte,** die die riesige Fangflotte des Landes anliefert. Seafood-Kenner werden sich fragen, weshalb Garnelen ruckartig größer werden, sobald man die dänische Grenze überschreitet. Die Antwort ist einfach: Die Krabben kommen aus dem fernen, aber mit Dänemark verbändelten Grönland. Im Übrigen sind Meeresfrüchte in den dänischen Fischereihäfen gar nicht mal billiger als in den Geschäften, denn man zahlt für's Ambiente mit.

Wie in der heutigen Zeit in vielen Ländern zu beobachten, eröffnen auch in Dänemark immer mehr **vegetarische** oder gar rein **vegane Restaurants** oder Cafés ihre Pforten. Vor allem in den grö-

dnsk-137ths

ßeren Städten wächst das Angebot kontinuierlich. Eine schmackhafte und nahezu überall umsetzbare vegetarische Essensvariante stellt das typisch dänische **Smørrebrød** dar, das meist mit Fisch oder Fleisch als Belag serviert wird, aber auch als vegetarisches oder veganes Exemplar auf den Teller kommen kann. Gegebenenfalls in der Restaurantküche nachfragen lassen, welche

leckere Alternative zu Fleisch und Fisch möglich ist.

Manches in der dänischen Küche ist **aus Deutschland importiert.** Sogenannte „Kartoffeldeutsche" brachten die nützliche Knolle mit, und selbst die Frikadelle, nicht selten für urdänisch gehal-

☑ Südjütländischer Tapasteller

ten, kam 1842 über die Südgrenze gerollt. Ob die in Dänemark beliebte braune Mehlschwitze *(saus)* auch deutschen Ursprungs ist, lässt sich nicht mehr verfolgen.

Ein wahrhaftes Nationalgericht, obwohl es sich eigentlich nur um einen Nachtisch handelt, ist **rødgrød med fløde.** Mit diesen drei Wörtchen testet man auch gern die Dansk-Beherrschung eines Fremden, denn das butterweiche D ist wohl der am schwersten zu meisternde Laut der dänischen Sprache. Wer's schafft, erhält zur Belohnung Rote Grütze mit Sahne, denn das ist die Übersetzung.

Süßigkeiten wie diese sind in Dänemark sehr beliebt. Süßes *wienerbrød,* ein Blätterteiggebäck, genießt man zum Frühstück, und wann immer sich im Lauf des Tages eine Gelegenheit zu *kaffe og kage* – Kaffee und Kuchen – ergibt, wird sie freudig ergriffen.

Ein kulinarischer Schlager sind **pølser,** Würstchen, egal ob mit *ketsup, løg* (Zwiebel), *remo* (Remoulade) oder *sennep* (Senf).

In Dänemark wachsen viele **Pilze,** darunter hervorragende Speisepilze wie Pfifferling und Steinpilz, aber auch giftige Exemplare. Sammler sollten sich also auskennen! Vom Spätsommer an gibt es vor allem Birken-/Butterpilze (im Heide- und Waldbereich) und Champignons (auf den Wiesen). Diese sind übrigens leicht mit dem tödlichen Knollen-

dnsk-086 ths

blätterpilz zu verwechseln, also Vorsicht! Wer auf eine ergiebige „Pilzmine" stößt, sei daran erinnert, dass Sammeln nur für den eigenen Bedarf erlaubt ist.

Übrigens: In Dänemark isst man nicht, man speist, selbst die süße *pølse*. Dies sei nur erwähnt, damit man nicht die naheliegende Vokabel *æde* verwendet, sondern **spise** – **æde** bedeutet nämlich „fressen".

⌃ Eine süßer Genuss,
die südjütländische Kaffeetafel

⟨ An guten Restaurants
herrscht in Dänemark kein Mangel

Der **Alkoholkonsum** im Land ist in den letzten Jahren stark zurückgegangen. Das liegt vor allem an seiner Besteuerung, die ihn weitaus teurer als in Deutschland macht. Allgegenwärtige Biermarken sind *Carlsberg* und *Tuborg*, doch es sind auch andere Marken im Umlauf, die durchaus schmecken.

Die meisten **Lebensmittel,** die man im Supermarkt, beim Bäcker oder Metzger erhält, sind nicht viel teurer als daheim. Happig wird's allerdings schnell in **Restaurants;** alles was in Dänemark mit Service zu tun hat, kostet richtig Geld. Dafür ist es in dänischen Speisestätten nicht unbedingt üblich, **Trinkgelder** zu geben. Das gilt sowohl in Hotels als auch im Taxi und beim Friseur. Anders formuliert: Es bleibt jedem selbst überlassen.

Ein **kulinarisches Vokabular** findet sich in der Sprachhilfe im Anhang.

6

Feiertage

Nicht gearbeitet wird am Neujahrstag, an Gründonnerstag, Karfreitag, Ostersonntag und -montag, am Buß- und Bettag, zu Himmelfahrt, am Pfingstsonntag und -montag, ferner am 1. Mai (Tag der Arbeit) und 5. Juni (Verfassungstag, beide ab 12 Uhr) und am 25. und 26. Dezember. Am 24. und 31. Dezember schließen die Geschäfte ab 12 Uhr.

Das **Mittsommerfest** findet stets abends am 23. Juni vor **Sankt Hans** statt. Einer alten Tradition folgend, wird hier im ganzen Land symbolisch in vielen kleinen und großen Feuer eine Strohhexe samt ihrem Besen verbrannt.

FKK

FKK ist nur an wenigen Stellen (per Ausschilderung) direkt verboten, z.B. unmittelbar vor Henne Strand und auf dem Holmsland Klit, und nur an wenigen Stellen offiziell erlaubt. Man nehme auf seine Mitmenschen **Rücksicht,** sagt eine generelle Anweisung.

■ **Info: Dansk Naturist Union,** Fuglebakkevej 103, 2000 Frederiksberg, www.dansknaturistunion.dk.

▷ Wer den Preisaushang oder die Speisekarte ein wenig studiert, erlebt keine böse Überraschung, wenn es ans Bezahlen geht.

Geld und Finanzen

Währung und Wechselkurse

Die Dänen haben die Umstellung auf den Euro per Volksentscheid abgelehnt. Deshalb bleibt die Landeswährung die **Krone** (*krone,* Mz. *kroner*), Kürzel DKK oder Dkr., zu 100 Øre. Vielleicht werden sich die Dänen irgendwann dem Euro anschließen (müssen), aber das wird noch dauern. Bis dahin muss weiter gewechselt werden. Bei Drucklegung dieser Auflage bekam man für 1 Euro 7,44 Kronen bzw. für 1 Schweizer Franken 6,91 Kronen. Aktuelle **Kurse** im Internet z.B. unter www.oanda.de.

Geld abheben am Bankautomat kann man per **Debitkarte** (EC, Maestro, Bancomat, Cirrus, V PAY etc.) und Kreditkarte. **Kreditkarten** werden generell akzeptiert. Ob und wie hoch die Kosten für Barabhebungen sind, variiert sehr je nach kartenausstellender Bank und der Bank, bei der die Abhebung erfolgt. Man sollte sich daher vor der Reise bei seiner Hausbank informieren, mit welcher Bank sie vor Ort zusammenarbeitet und z.B. bei www.geld-abheben-im-ausland.de die Konditionen für die Kreditkarten vergleichen, mit denen man im Ausland gebührenfrei Bargeld abheben kann. **Achtung:** Hat man bei Barabhebungen am Geldautomaten die Wahl, sollte man den Betrag immer in Kronen vom Konto abbuchen lassen und nicht in Euro. Bei einer Abbuchung in Euro wird die *Dynamic Currency Conversion* zugrunde gelegt, die erhebliche Kosten verursachen kann. Bei Abbuchung in Kronen gilt hingegen der offizielle Devisenkurs der eigenen Bank, was am sichersten ist.

Weitere Infos siehe unter „Notfälle/Western Union".

Preise

Dänemark ist ein teures Land. Das hat u.a. seine Gründe darin, dass auf allen Verbrauchsgütern und Dienstleistungen die schwere Last einer **25-prozentigen Mehrwertsteuer** liegt, die natürlich auch von ausländischen Besuchern mitgetragen werden muss (die Steuer nennt sich *moms = merværdiomsætningsafgift*). Eine Rückerstattung ist nicht möglich.

Dafür gibt es **keine Kurtaxe**. Eine solche ist auch keineswegs in der Preisstruktur von Badeorten „untergepflügt". Eintrittspreise für den Strand, Absperrungen, Umzäunungen sind undenkbar – der Strand ist für alle da.

Spartipps

■ Hat man einen **internationalen Jugendherbergsausweis** aus dem Heimatland, schläft man auch bei den dänischen Jugendherbergen (siehe www.hihostels.com) zum günstigeren Tarif, sonst muss man eine **Tagesmitgliedschaft** erwerben. Eine Jahresmitgliedschaft bei den Verbänden daheim kostet jährlich 7–22,50 € in Deutschland (www.jugendherberge.de), 15–25 € in Österreich (www.oejhv.at) und 22–44 SFr. in der Schweiz (www.youthostel.ch). Eine **Familienkarte** schließt Lebenspartner und eigene Kinder (in Deutschland Kinder bis 26 Jahre, in Österreich bis 15 Jahre, in der Schweiz bis 17 Jahre) mit ein. In den Jugendherbergen kann man unabhängig von seinem Alter übernachten! Alle Jugendherbergen in Dänemark kann man u.a. über www.danhostel.dk oder www.visitdenmark.de buchen (s.a. „Unterkunft").

■ Wer **über 65 Jahre alt** ist, bekommt **Fahrkarten** zu einem günstigeren Preis. Automaten haben eine entsprechende Taste (65).

dnsk-136ths

Informationen

Fremdenverkehrsämter in Dänemark

In jedem größeren Ort findet man ein autorisiertes **Turistbureau,** gekennzeichnet durch ein dickes „i", insgesamt gut 200. Dort gibt es auf jede Frage eine Antwort, die sich gegebenenfalls auf eine ganze Wand von Prospekten stützt. Für alles existiert ein Informationsblatt, auch gemeindeüberschneidend für die Nachbarkommunen. Und überall ist man freundlich und hilfsbereit.

Allerdings: Wer hier eine Unterkunft oder eine Tour bucht, Geld wechselt oder sich ein Auslandstelefonat vermitteln lässt, kann für den Dienst zur Kasse gebeten werden. Kann – muss nicht. Also erst einmal fragen: *Koster det ekstra?*

■ **VisitDenmark,** Dänemarks offizielle Tourismuszentrale: Glockengießerwall 2, 20095 Hamburg (kein Publikumsverkehr!), Tel. 0049 (0)1805-326 463 (0,14 € je Min. aus dem Festnetz, max. 0,42 € je Min. mit dem Handy). Online präsentiert sich das Land unter **www.visitdenmark.de;** hier finden sich u.a. aktuelle deutschsprachige Informationen zu Übernachtung, Verkehr und viele Adressen.

Zeitungen

Deutsche Zeitungen sind in allen größeren Ortschaften erhältlich, von der überregionalen Tageszeitung bis zu bunten Blättern ist alles vertreten.

Mit Kindern unterwegs

Dänemark ist ein in hohem Maße **kinderfreundliches Land** – und die touristische Infrastruktur berücksichtigt auch die Bedürfnisse der Kleinen. Bevorzugte Spielplätze sind der Strand und die Natur allgemein, und die sind überall gegenwärtig. Spielgeräte sowie Tages- und Wickelräume gehören zur Standardausrüstung von Campingplätzen und Ferienhauskolonien.

Kinder zwischen 2 und 12 Jahren zahlen meist die Hälfte, jüngere nichts, ältere den Erwachsenentarif.

Legoland

🏃 Die wohl bekannteste Attraktion Dänemarks (für Kinder und ELFs = Er-

dtsk-0881 ths

Dänisches Fremdenverkehrsamt

Will man bereits vor der Reise Auskünfte einholen, wende man sich an das dänische Fremdenverkehrsamt **in Hamburg** (auch für Österreich und die Schweiz zuständig):

⌂ Die Küste bei Lemvig am Bovbjerg Leuchtturm

wachsene Lego Fans) liegt **in Billund** und ist von den südlichen Küstenorten an der Nordsee gut und einigermaßen schnell zu erreichen. Von Esbjerg nach Billund sind es ca. 60 Kilometer bzw. mit dem Auto etwa 1 Std. Fahrt, von Ringkøbing 77 Kilometer bzw. etwa 70 Min. Man sollte den Besuch auf jeden Fall als Tagesausflug planen. 2017 wurde hier auch das neue Lego-Haus errichtet, das die Geschichte der Legosteine und die diversen Produkte interaktiv vorstellt, und zwar in einem Gebäude, das architektonisch wie aus Legosteinen erbaut aussieht.

■ **Info:** geöffnet Ende März bis Ende Oktober täglich von 10 bis mind. 17, manchmal 21 Uhr, in der Hauptsaison (1.6.–31.8.) tägl. geöffnet. Eintritt (Preise bei Onlinebuchung): Erw. 359 Dkr., Familienticket (mit bis zu 5 Pers.): 250 Dkr. pro Pers. Für Kinder von 0 bis 2 Jahren ist der Eintritt frei. www.legoland.dk/de.

Klima und Reisezeit

Das Klima in Dänemark ist stark **maritim** geprägt, was bedeutet, dass sich die Sommer mäßig warm und die Winter mild und feucht präsentieren. Die **Jahresdurchschnittstemperatur** beträgt rund 7,7 °C. Die kältesten Monate sind der Januar und der Februar mit kaum mehr als 0 °C, im Sommer steigt das Thermometer selten deutlich über die 20 °C Marke. Der **Wind** weht meist aus West und bringt der Nordseeküste (ca. 700 mm) etwas mehr Niederschlag als

der Ostseeküste (ca. 500 mm). Im **Sommer** sind die Tage lang, Anfang Juli erscheint die Sonne schon vor 5 Uhr morgens am Horizont und geht erst nach 22 Uhr unter. Die **Wassertemperatur** kann im Sommer die 20 °C-Marke erreichen. Die **beste Reisezeit** sind die Monate Mai bis September, wobei im Juli und August Hauptsaison ist, mit höheren Preisen, aber auch zahlreichen spannenden Festen und Veranstaltungen.

Kommunikation unterwegs

In Dänemark existieren **Telefonzellen** bzw. öffentliche Telefone, die mit Münzen funktionieren seit Ende 2017 nicht mehr. Die wenigen noch vorhandenen Telefone dieser aussterbenden Art benötigen eine **Telefonkarte,** die in der Post, in Supermärkten oder Tankstellen erhältlich ist.

Wer **nach Dänemark** telefoniert, wählt die **0045** plus die entsprechende 8-stellige Teilnehmer-Nummer. Wer von Dänemark nach Deutschland telefonieren möchte, nutzt die Vorwahl **0049** plus die Ortsvorwahlkennziffer ohne 0 und die persönliche Teilnehmernummer. In die **Schweiz** lautet die Vorwahl 0041 und **nach Österreich** 0043.

Das Mobiltelefon lässt sich in Dänemark ohne Probleme nutzen, die **Netzabdeckung ist ausgezeichnet.** Wer in Dänemark telefoniert (für Schweizer gelten diese Regeln einstweilen noch nicht), zahlt seit 2017 auch keine zusätzlichen Roaminggebühren mehr, sondern es gelten die gleichen Tarife wie im eigenen EU-Land, sofern es sich um eine zeitweilige Nutzung der SIM-Karte im Ausland handelt. Der Empfang von SMS ist grundsätzlich kostenfrei. Insbesondere bei Internetnutzung fährt man dennoch mit **kostenlosen WLAN-Verbindungen** zum Schreiben von E-Mails (vor allem mit Anhang), (Video-)Telefonieren über Skype bzw. Facetime oder auch zum Teilen von Fotos/Dateien etc. über WhatsApp und andere kostenlose Apps am günstigsten. Darüber hinaus kann man beispielsweise über Whats App kostenlos Berichte austauschen oder telefonieren. Kostenloses WLAN wird nahezu in allen Cafés, Restaurants und Unterkünften standardmäßig zur Verfügung gestellt.

LGBT+

Dänemark ist seit langer Zeit für seine **Toleranz** gegenüber Schwulen, Lesben und Menschen anderer sexueller Ausrichtung bekannt. Dies zeigt auch die schon im Jahre 1948 erfolgte Gründung des Verbands „National Association for Gays and Lesbians" **(LGBT Denmark),** der damit der erste Zusammenschluss seiner Art** weltweit war. Während zum Beispiel Deutschland erst ab 2001 eingetragene Lebenspartnerschaften zweier Menschen gleichen Geschlechts rechtlich anerkannte, tat dies Dänemark, als erstes Land der Welt, **schon ab 1989.** Seit 2009 dürfen eingetragene Paare Kinder adoptieren, und seit 2012 darf offiziell, auch in der Kirche, geheiratet werden.

Medizinische Versorgung

Die medizinische Versorgung im Land ist exzellent. Die gesetzlichen Krankenkassen in Deutschland und Österreich garantieren im akuten Krankheitsfall eine Behandlung in Dänemark. Dazu benötigt man die **Europäische Krankenversicherungskarte** (EHIC) von seiner Kasse. Da die Leistungen nach den gesetzlichen Vorschriften in Dänemark abgerechnet werden, muss man gegebenenfalls zunächst die Kosten selbst tragen. Dies gilt insbesondere für zahnärztliche Behandlungen. Allerdings erstattet die Krankenkasse hinterher evtl. nur einen Teil des Betrages zurück, was zu Unkosten in kaum vorhersehbarem Umfang führen kann. Daher wird zusätzlich der **Abschluss einer privaten Auslandskrankenversicherung** (schon ab 5 Euro) dringend empfohlen.

Bereits **privat Versicherte** sollten prüfen, ob ihre Krankenversicherungsgesellschaft die vollständige Auslandsdeckung auch in Dänemark garantiert.

Bei Abschluss einer privaten Auslandskrankenversicherung – die es mit bis zu einem Jahr Gültigkeit gibt – **sollte auf folgende Punkte geachtet werden:**

- Vergütung der Arzt-, Zahnarzt- und Krankenhauskosten ohne Summenbeschränkung;
- Deckung bei Krankheit und Unfall;
- Vergütung von Krankentransporten, Rettungskosten und Krankenrücktransport ohne Einschränkungen und nicht nur, wenn es medizinisch notwendig ist oder der Krankenhausaufenthalt länger als 14 Tage dauert;

■ Abdeckung der gesamten Aufenthaltsdauer mit automatischer Verlängerung über die festgelegte Zeit hinaus, wenn die Rückreise nicht möglich ist (durch Krankheit oder Unfall);

■ evtl. auch Abdeckung der Reise- und Unterkunftskosten von Familienangehörigen, wenn diese zur Betreuung anreisen;

■ bei Jahresverträgen sollte man darauf achten, dass der Versicherungsschutz meist für eine bestimmte Anzahl von Tagen pro Reise gilt;

■ die Versicherung als Familie ist i.d.R. günstiger als sich als Einzelpersonen zu versichern, aber man sollte die Definition von „Familie" genau prüfen.

Zur **Erstattung der Kosten** benötigt man ausführliche Quittungen (mit Datum, Namen, Bericht über Art und Umfang der Behandlung, Kosten der Behandlung und Medikamente).

Mit der **Sprache** sollte es im Notfall wenig Probleme geben. Die meisten dänischen Ärzte sprechen auch deutsch. Außerdem findet man zahlreiche emigrierte Kollegen aus Deutschland.

Notfälle

Der landesweite Notruf für Feuerwehr, Polizei und Krankenwagen **ist 112** (auch deutsch).

Den **Ärztlichen Notdienst außerhalb der Praxiszeiten** erreicht man unter Tel. 7011 3131. Hier erfolgt eine Vermittlung zum nächstgelegenen diensthabenden Notarzt.

Möchte man selbstständig eine **regionale Notaufnahme** aufsuchen, muss man sich seit 2014 zuvor **telefonisch** unter Tel. 7011 0707 **anmelden,** die Nummer ist rund um die Uhr erreichbar. Das Fachpersonal spricht fast ausnahmslos auch Englisch, Deutsch versteht man häufig in Süddänemark.

Bei nicht lebensbedrohlichen Erkrankungen wendet man sich wochentags an einen Arzt vor Ort. Nach 16 Uhr bis 8 Uhr morgens sowie an Wochenenden und Feiertagen kann der **Ärztliche Notdienst** unter der Telefonnummer 7011 3131 kontaktiert werden (s.o.).

Wird der Reisepass oder Personalausweis im Ausland gestohlen, muss man das bei der örtlichen Polizei melden. Darüber hinaus sollte man sich an die nächste diplomatische Auslandsvertretung seines Landes wenden, damit man einen Ersatz-Ausweis zur Rückkehr ausgestellt bekommt. Nützlich ist eine digitale Kopie des Passes, indem man die Bildseite seines Passes fotografiert und als jpeg-Datei an seine eigene Mail-Adresse sendet.

In **dringenden Notfällen,** z.B. medizinischer oder rechtlicher Art, Vermisstensuche, Hilfe bei Todesfällen, Häftlingsbetreuung o.Ä., sind die Auslandsvertretungen bemüht, vermittelnd zu helfen (siehe unten: „Auslandsvertretungen in Dänemark").

Sollte Ihr Tier oder ein fremdes in eine medizinische Notlage geraten, wählt man die Nummer **1812** der **Tierambulanz.** Ansonsten sind Tierärzte und Tierkliniken (Dyreklinik) in Dänemark keine Seltenheit und meist gut ausgeschildert.

Aktuelle Hinweise zur allgemeinen Sicherheitslage erteilen:

■ **Deutsches Auswärtiges Amt**
www.auswaertiges-amt.de, Tel. 030 1817 2000 (auch App „Sicher Reisen" für iOS und Android).

Praktische Reisetipps A–Z

■ **Außenministerium Österreich**
www.bmeia.gv.at, für generelle Anfragen Tel. 01 9011 53775, für dringende Fälle Tel. 01 9011 54411 (auch „Auslandsservice-App" für iOS, Android und BlackBerry).

■ **Eidgenössisches Departement für auswärtige Angelegenheiten** (Schweiz) www.eda.admin.ch, Tel. 0800 247365 oder 0584 653333 (auch „itinerisApp" für iOS und Android).

Bei **Verlust oder Diebstahl der Kredit- oder Debitkarte** sollte man diese umgehend sperren lassen. Tipp: Die Notrufnummer mit IBAN bzw. Kreditkartennummer im Mobiltelefon speichern.

■ **Deutscher Sperr-Notruf** für alle Debit- und Kreditkarten, Tel. 0049 116 116, aus dem Ausland zusätzlich Tel. 0049 30 4050 4050. Sperr-Notruf bietet auch eine kostenlose SperrApp für iOS und Android an.

■ **Österreichischer Sperr-Notruf** für Bankomat-Karten, Tel. 0043 1 2048 800.

■ **Schweizerischer Kartensperrservice des Touring Club Schweiz,** Tel. 0041 8448 88111.

Ansonsten gilt für österreichische und schweizerische Kreditkarten, dass man sich vor der Reise die Rufnummer der die Karte ausstellenden Bank notieren sollte.

Wer dringend eine größere **Bargeldsumme braucht** wegen eines Unfalles o.Ä., kann sich über **Western Union** Bargeld schicken und in einer beliebigen Vertretung von Western Union vor Ort (www.westernunion.de) auszahlen lassen. Solche Überweisungen kann man per App von Western Union vornehmen, über Online-Banking von seiner eigenen Bank oder durch eine dritte Person von Deutschland aus. Je nach Höhe der Summe muss der Absender eine Gebühr zahlen (2000–5000 Euro Bargeld

nach Dänemark zu schicken kostet 49 Euro Gebühr).

Auslandsvertretungen in Dänemark

■ **Deutsche Botschaft Kopenhagen**
Stockholmsgade 57, Tel. 3545 9900 oder bei dringenden Notfällen außerhalb der Geschäftszeiten Tel. 4017 2490, www.kopenhagen.diplo.de.

■ **Deutsches Honorarkonsulat Ålborg**
DESMI A/S, Tagholm 1, Nørresundby, Tel. 9632 8212, aalborg@hk-diplo.de.

■ **Deutsches Honorarkonsulat Århus**
P.O. Pedersens Vej 10, Tel. 2892 2398, aarhus@hk-diplo.de.

■ **Deutsches Honorarkonsulat Haderslev**
Dansani A/S, Finlandsvej 8, Tel. 7322 2900, haderslev@hk-diplo.de.

■ **Deutsches Honorarkonsulat Middelfart**
A/S United Shipping & Trading Company, Strandvejen 5, Tel. 7030 2312.

■ **Deutsches Honorarkonsulat Odense**
Englandsgade 25, Odense C, Tel. 2019 7447, odense@hk-diplo.de.

■ **Österreichische Botschaft Kopenhagen**
Sølundsvej 1, Tel. 3929 4141, www.aussenministerium.at/kopenhagen.

■ **Österreichisches Honorarkonsulat Århus**
Hans Broges Gade 2, Tel. 8934 0000, seb@holst-law.com.

■ **Österreichisches Honorarkonsulat Åbenrå**
Egelund 35, Tel. 74311714, ptn@abena.dk.

■ **Österreichisches Honorarkonsulat Odense**
Hunderupsvej 202, Tel. 6314 4444, hph@bonnesen.dk.

■ **Schweizer Botschaft Kopenhagen**
Richelieus Allé 14, Hellerup, Tel. 3314 1796, www.eda.admin.ch/copenhagen.

6

Öffnungszeiten

Seit 1995 dürfen alle dänischen **Geschäfte** ihre Öffnungszeiten selbst bestimmen. Die meisten sind abends bis 18 Uhr, am Freitag z.T. bis 20 Uhr geöffnet, Samstag bis 12 oder 14 Uhr, in der Saison oft bis 17 Uhr. Im Sommer sind viele Geschäfte, vornehmlich Supermärkte, auch sonntags geöffnet.

Post

Die Öffnungszeiten entsprechen weitgehend den deutschen. Ein **Brief** oder eine **Postkarte** nach Deutschland kostet 30 Dkr.

In einem **Ferienhaus** wird Post nur zugestellt, wenn es über einen richtigen Briefkasten verfügt. Andernfalls liegt die Post im zuständigen Postamt zur Abholung bereit.

Radfahren

Radwege

Das Radwegenetz ist exzellent und führt häufig durch Naturschutzgebiete und alte Dörfer. Wenn auf Landstraßen ausgewichen werden muss, radelt man dort wegen des geringeren Verkehrs weitgehend risikolos – aufpassen sollte man trotzdem. **Nationale Routen** sind mit den Nummern 1 bis 10 weiß auf rot ausgeschildert, außerdem gibt es viele

035dk rh

dnsk-134ths

Radwege jenseits des Straßennetzes (Nummern ab 30, weiß auf blau, siehe Foto oben).

Die verlockende Alternative, den gesamten Strand der Westküste entlangzuradeln, ist jedoch leider nicht gegeben: Der Sand ist vielerorts zu weich, und überdies ist es generell nicht erlaubt. Eine allgemeine Fahrradroute im Bereich

 Die zahlreichen Radwege im Land sind bestens ausgeschildert

Die dänische Post

dieses Buches folgt der gesamten Küste von Rudbøl/Højer bis Skagen am Zipfel im Süden. Es handelt sich um Dänemarks Radler-Highway Nr. 1 (**Vestkystruten oder Nordseeradweg**), rund 560 Kilometer lang, davon zwei Drittel asphaltiert, und der Rest führt über Feldwege oder Schotterstraßen. In den Touristenbüros kann man sich zudem von Fall zu Fall den kostenlosen Cykel-Guide besorgen, in dem Detailkarten und weitere Routen verzeichnet sind.

In welche Himmelsrichtung man fährt, spielt keine Rolle. Sud- und nordwestliche **Winde** halten sich ungefähr die Waage; nur im hohen Norden Jütlands ist man mit Ostkurs besser bedient. Vielfach radelt man im Schutz von Dünen und Küstenwäldern und braucht sich um den Wind nicht zu scheren. Auch Bergauffahren ist an der Westküste (mit wenigen Ausnahmen) kein Thema – es gibt schlichtweg keine Berge.

■ **Infos** zum Radfahren allgemein und zum Radler-Highway Nr. 1 (Vestkystruten) online unter www.visitdenmark.de/radfahren und www.nordseeradweg.dk.

Fahrradverleih

Überall in Dänemark kann man sich Räder mieten. Man hält einfach Ausschau, fragt in der Herberge oder in der Touristeninformation nach, oder checkt sein Smartphone. Im Durchschnitt kosten die Räder 80 DKK pro Tag, in touristischen Zentren eventuell mehr.

⌂ In Dänemark lässt es sich vorzüglich radeln – wenn das Fahrrad in Schuss ist …

Fahrradkarten

Spezielle Radkarten sind **im Buchhandel** erhältlich. Für die Jütland-Küstenroute kommen die Karten 4.06, 4.10, 4.12, 4.13 und 4.17 in Frage.

Rauchen

In Dänemark darf in öffentlichen Gebäuden, in Bussen, in Bahnen und Taxis und auch in gastronomischen Betrieben generell nicht geraucht werden. Lokale, die **weniger als 40 Quadratmeter Fläche** aufweisen, dürfen jedoch selbst entscheiden, ob gequalmt werden darf oder nicht. Alle anderen Restaurants und Bars ist es erlaubt, abgetrennte Raucherräume einzurichten.

Sicherheit

Dänemark ist ein **sehr sicheres Reiseziel,** wenn man die üblichen Vorsichtsmaßnahmen beachtet, die man in nahezu jeder Region dieser Welt berücksichtigen sollte. In geparkten bzw. abgestellten Autos sollten keine Wertsachen sichtbar liegen bleiben. Besonders bei Gedränge in belebten Einkaufsstraßen sollte man auf die Handtasche und Geldbörse achten. Auch am Strand ist es ratsam, sein Hab und Gut im Auge zu behalten, denn wie heißt es so schön: Gelegenheit macht Diebe. Ansonsten steht einem unbeschwerten Urlaub nichts im Wege.

Sport und Aktivitäten

Sport

Angeln

Man darf Angeln wohl den **dänischen Nationalsport** nennen – wenngleich man dort auch gerne Fußball spielt. Es lässt sich darüber philosophieren, ob es landestypischer Gemütslage entspricht, den Wurm im Wasser baumeln zu lassen. Zahlreiche jütländische Flüsse, die begradigt wurden, sind wieder in ihren ursprünglichen Verlauf zurückversetzt worden; vor allem die Kreise Ribe und Ringkøbing sind da vorbildlich.

Große Beliebtheit genießen sog. **Put & Take Teiche,** künstliche Anlagen, in denen vorwiegend nach Forellen geangelt wird. Es gibt fast 300 von diesen Teichen in Dänemark, die meisten in Jütland. Sie werden privat betrieben, Angeln kostet 60–120 Dkr. pro Tag (stundenweise ist es ebenfalls möglich).

Für Put & Take benötigt man keinen **Angelschein,** für sonstige „Lustfischerei" einschließlich des Hochseeangelns wird er, sofern man zwischen 18 und 65 Jahre alt ist, jedoch verlangt. Wer ohne *fiskekort* geschnappt wird, zahlt 200 Dkr. Strafe. Man erhält den Angelschein auf Post- und Verkehrsämtern, in Angelzentren und -geschäften. Gültigkeit: 1 Tag, 1 Woche oder 1 Jahr (ab 40, 130 bzw. 185 Dkr. (s.a. www.fisketegn.dk). Man benötigt zusätzlich eine Angelkarte für Flüsse (40–80 Dkr./Tag) und Binnenseen (40–150 Dkr./Tag). Angeln kostet also eine Kleinigkeit in Dänemark; der Erlös kommt der Erneuerung der Fischbestände und der Wiederherstellung natürlicher Verhältnisse zugute.

Besonders begehrte **Beutefische** sind Meerforellen, Lachs und Dorsch. **Nicht erlaubt** ist das Angeln an Bach- und Auenmündungen bis zu 500 m vor der Küste. Es gibt zahlreiche Vorschriften in Bezug auf **Mindestmaße** und **Schonzeiten,** über die der Angelschein Auskunft gibt (siehe auch Kasten nächste Seite).

Köder (Ringel- und Wattwürmer, Miesmuscheln) kann man selber sammeln oder in vielen Geschäften kaufen. Gewürm gibt's sogar im Automaten.

Der **Strand** gehört in Dänemark allen. Das heißt, dass Angler, mit Einschluss ganzer Vereine, keine Sektionen abteilen und als die „ihren" erklären dürfen. Desgleichen trample man nicht auf privatem Land herum (für Ferienhäuser sind 50 Meter Mindestabstand vorgeschrieben).

Anglerlatein (bzw. -dänisch) mit Mindestmaßen und Schonzeiten (SZ)

■ **Aal**	*ål*	See 35,5 cm, Süßwasser 45 cm
■ **Aalquappe**	*knude*	
■ **Äsche**	*stalling*	33 cm (SZ 15.3.–15.5.)
■ **Bachforelle**	*bækørred*	30 cm (SZ 16.11.–15.1.)
■ **Blaufelchen**	*helt*	
■ **Brachse**	*aborre*	
■ **Brassen**	*brasen*	
■ **Dorsch**	*torsk*	(40 cm Nordsee, 35 cm Limfjord)
■ **Flunder**	*rødspætte*	25,5 cm
■ **Forelle**	*ørred*	(SZ 16.11.–15.1.)
■ **Hecht**	*gedde*	See 60 cm, Süßwasser 40 cm (SZ 1.–30.4.)
■ **Hornhecht**	*hornfisk*	
■ **Kabeljau**	*kabliau*	35 cm
■ **Karpfen**	*karpe*	
■ **Lachs**	*laks*	60 cm (SZ 16.11.–15.1.)
■ **Makrele**	*makrel*	
■ **Meerforelle**	*havørred*	40 cm (SZ 16.11.–15.1.)
■ **Regenbogenforelle**	*regnbueørred*	40 cm (freiwillige Einschränkung)
■ **Rotauge**	*skalle*	
■ **Rotfeder**	*rudskalle*	
■ **Schleie**	*suder*	
■ **Scholle**	*skrubbe*	27 cm
■ **Steinbutt**	*helgeflundre*	30 cm
■ **Zander**	*sandart*	50 cm (SZ 1.–31.5.)

■ **Informationen** in der Broschüre „Angeln in Dänemark" des Fremdenverkehrsamtes (www.visit denmark.de) oder unter:
■ **www.sportsfiskeren.dk**
■ **www.fisketips.dk**
■ **www.lystfiskeri.dk**

Fußball

■ **Informationen** bei **Dansk Boldspil Union,** Idrættens Hus, Brøndby, Tel. 4326 2222, oder bei den lokalen Fußballvereinen.

Golf

Fast 100 Golfplätze, an die 30 im Bereich dieses Buches, gibt's in Jütland, dessen sanft rollendes Terrain sich ideal für diese entspannte Sportart eignet. Golf ist in Dänemark **Volkssport ohne elitäre Ansprüche;** von Besuchern wird lediglich verlangt, dass sie daheim einem Klub angehören und sich entsprechend legitimieren können. Für durchschnittlich 350 Dkr. Greenfee kann man sich in der Regel frohgemut betätigen.

■ **Informationen** zum Thema Golf unter www.visitdenmark.de.

Reiten

■ **Info: Dansk Ride Forbund,** Langebjerg 6, 2850 Nerum, Tel. 4580 4344.

Segeln

Allgemeines: siehe unter „Anreise/Mit dem eigenen Boot". In vielen Häfen kann man **Boote mieten;** ein Nachweis seglerischer Erfahrung (oder der Segelschein) wird dann im Gegensatz zur üblichen Praxis verlangt. Die Preise bewegen sich zwischen 5000 und 16.000 Dkr. pro Woche. Nach dänischem Gesetz müssen alle Mietfahrzeuge von der staatlichen Schifffahrtsbehörde zugelassen sein. Vor

Unterzeichnung des Mietvertrags lasse man sich deshalb das entsprechende Papier vorlegen.

Bei der Benutzung aller Arten von Booten ist in Dänemark das Tragen von **Schwimmwesten** vorgeschrieben.

Tauchen

Dänemark ist gewiss kein klassisches Tauchland. Die dänischen Sporttaucher verteilen sich auf 180 **Klubs** im ganzen Land; Adressen kann man bei den Tourismusämtern erfragen. Tauchluft gibt es in den Klubs zum Preis von 1–3 Dkr. pro Liter. Auch viele Campingplätze haben einen Kompressor.

☑ Überall an der Küste laden kleine Häfen nicht nur Segler zum Verweilen ein

dnsk-090 ths

Windsurfen

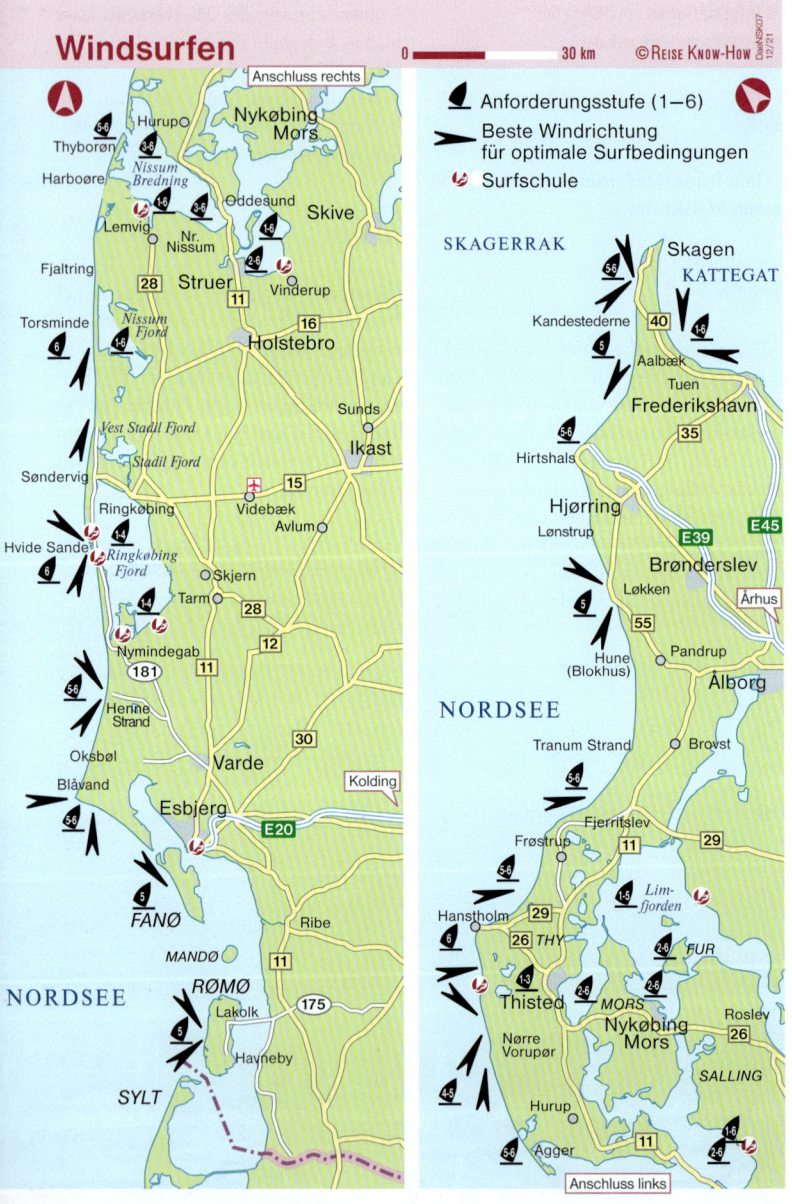

© REISE KNOW-HOW
DanNSK07 12/21

0 ▬▬▬ 30 km

Anschluss rechts

Anforderungsstufe (1—6)

Beste Windrichtung
für optimale Surfbedingungen

Surfschule

Tauchen darf man in Dänemark fast überall, auch zu **Schiffswracks** – sofern diese nicht über 100 Jahre alt sind. Die Tauchlokalität ist mit einer **Boje** als auch mit einem blau-weißen Fähnchen zu kennzeichnen. Fahrwassern, auch denen von Seglern, bleibe man fern.

Die Dänen heißen deutsche Mittaucher willkommen – solange die sich an die Regeln halten, was wohl nicht grundsätzlich der Fall ist. Dazu ein Kommentar aus Dänemark: „Sie haben immer die feinste Ausrüstung, doch sie scheinen nur Binnenseen und mediterrane Verhältnisse zu kennen. Vom Tauchen im freien Wasser mit Tiden und Strömungen haben sie keine Ahnung – mit entsprechender Gefährdung von sich selber und anderen …".

■ **Info: Dansk Sportsdykker Forbund,** Idrættens Hus, 2605 Brøndby, Tel. 4326 2560, www.sportsdykning.dk.

Windsurfen

Jütlands **500 Kilometer Strand,** die anfängergeeigneten Fjorde, die stete Brise – das ist das Paradies des Windsurfers. Kein Wunder, dass der mit 35 Weltmeistertiteln erfolgreichste Windsurfer aller Zeiten, *Bjørn Dunkerbeck,* dänischer Staatsbürger ist. Es darf nicht überall gesurft werden, Zurückhaltung wird besonders auf Binnengewässern erwartet, wo natürliche Verhältnisse durch Surfer schwer beeinträchtigt werden können. Aber es gibt eine **große Anzahl zugelassener Surfstände und Surfschulen.** Die Surfzertifikate VDWS oder WWS können dort überall erworben werden.

In Dänemark ist auch beim Surfen das Tragen einer zugelassenen **Schwimmweste** vorgeschrieben. Bei Nichtbeachtung droht ein Bußgeld.

Aktivitäten

Kirchen besichtigen

In Dänemark drängen sich die Kirchen, fast alle aus alter Zeit und hübsch anzuschauen. Annähernd 2000 dieser weiß getünchten Gotteshäuser prägen die dänische Landschaft. Es dominiert der **romanische Baustil,** daher ähneln sich die meisten Kirchen. Das liegt daran, dass über 1600 von ihnen fast gleichzeitig im Land gebaut wurden; im Jahr 1250 war diese Phase abgeschlossen. Später gesellten sich noch, weniger auffällig, 130 Neubauten in gotischem Stil hinzu.

Der Großteil dieser Kirchen ist heute **evangelisch-lutherisch,** denn fast 90 % der dänischen Bevölkerung gehören der Folkekirke (Volkskirche) an. **Katholische Kirchen** im Bereich dieses Buches gibt es in Esbjerg (St. Nikolaj), Fanø (Nordby Kirke), Hjørring (Skt. Maria), Lemvig (Hellig Kors Kirke), Rømø (Kirkeby), Thisted (Katolsk Kirke), Tønder (Hellig Kors Kapel) und Ålborg (Skt. Mariæ Kirke). In manchen Kirchen beider Glaubensrichtungen werden auch **deutschsprachige Gottesdienste** abgehalten, allerdings nur im Sommer.

Museen und Sehenswürdigkeiten

In Dänemark findet man eine sehr **große Anzahl an Museen.** Jedes Dorf, das etwas auf sich hält, hat mindestens eines.

dnsk-087 ths

Die weitaus meisten bzw. die wirklich er-
wähnenswerten sind in diesem Buch
verzeichnet. Immer wieder als „sehens-
würdig" in touristischen Broschüren genannt sind auch Stätten, an denen sich
früher einmal etwas Interessantes befun-
den hat und an denen jetzt nichts, aber
auch gar nichts zu sehen ist. Auf die Erwähnung solcher „Highlights" verzichtet
dieses Buch.

Sprache

Das in den Touristenbüros und allgemein im Fremdenverkehr tätige Personal spricht in aller Regel **dänisch,
deutsch und englisch.** An den Küsten
ist im Sommer Deutsch *lingua franca* –
der größte Besucherstrom kommt nun
einmal aus dem südlichen Nachbarland.

Auf Sehenswürdigkeiten
wird in Dänemark
mit einem speziellen
Zeichen hingewiesen:

⌃ Die Kirche von Holstebro

Das Entgegenkommen geht so weit, dass auch der größte Teil touristischer Literatur, Broschüren und Prospekte in deutscher Sprache vorliegt.

Wie immer und überall ist natürlich **Höflichkeit** Trumpf; man platze also nicht einfach ins Touristenbüro und schwadroniere gleich auf Deutsch los, sondern frage erst mal freundlich: „*Må jeg snakke tysk med Dem (dig)* – Darf ich deutsch mit Ihnen (dir) sprechen?" Darauf folgt wahrscheinlich ein selbstbewusstes „Natürlich!", und schon hat man den Kontakt hergestellt. Auch Schüler ergreifen gern mal die Gelegenheit, ihre Deutschkenntnisse zu testen.

Es gibt aber eine ganze Menge Dänen, die mit Deutsch nichts anzufangen wissen. Und alle – auch die, die es verstehen – freuen sich, wenn der Dänemark-Reisende ein paar Brocken der **Landessprache** beherrscht oder sich zumindest um ein paar Kenntnisse bemüht. Je weiter man nach Norden kommt, desto ratsamer ist es überhaupt, ein paar Vokabeln zu kennen, denn mit dem Deutschen wird's dort oben (zugunsten von Englisch) immer dünner.

Dänisch

Dänisch ist von der Struktur her wunderbar einfach, ungefähr wie Englisch (das zu großen Teilen aus Jütland stammt). Dänisch ist daher leicht zu erfassen, doch es zu **sprechen** oder gar zu **verstehen,** das steht auf einem anderen Blatt. Gar zu viele Buchstaben, ganze Silben mitunter, werden im Alltagsgebrauch abgeschliffen und verschluckt, als dass sich die strukturell so übersichtliche Sprache als gut verständlich qualifizieren könnte. Von „*Tak skal du have* – Dank sollst du haben", der üblichen Dankesfloskel, bleibt zum Beispiel nur „Taksaduhä" übrig. Aber Übung macht halt auch in Dänemark den Meister.

Eine kleine dänische **Sprachhilfe** mit Regeln zu Grammatik und Aussprache sowie einige wichtige Vokabeln findet sich im Anhang dieses Buches.

■ **Empfehlenswert** für Lernwillige ist der **Kauderwelsch-Sprachführer „Dänisch – Wort für Wort",** erschienen im Reise Know-How Verlag, Bielefeld, der auf leicht verständliche Weise die Grundlagen der Grammatik und einen auf das Reisen zugeschnittenen Grundwortschatz vermittelt. Wer auch noch die korrekte dänische Aussprache lernen will, kann den dazu passenden AusspracheTrainer als mp3-Download erwerben.

Ein letzter Hinweis noch: Dass die **Jütländer** und die restlichen Dänen irgendwann einmal verschiedene Wege gegangen sein müssen, erweist sich an den jeweiligen Sprachen, die im Westen und Osten Dänemarks gesprochen werden. Hier also ein paar Brocken „Jütisch"; allein mit diesen wenigen Kostproben kann man zwischen Tønder und Skagen schon schwer Eindruck schinden.

Jütisch – Dänisch – Deutsch

■ **a** – jeg – ich
■ **awl** – jeg vil – ich möchte
■ **dawdaw** („daudau") – god dag – guten Tag
■ **dawwer** („Dauer") – morgenmad – Frühstück
■ **do** – du – du
■ **ett** – ikke – nicht
■ **faval** – farvel – tschüss
■ **grunker** – penge – Geld
■ **knæjt** – dreng – Junge
■ **piig** – pige – Mädchen
■ **unnen** – frokost – Mittagessen

Unterkunft

Hotels

In den Hotels in Dänemark unterscheidet sich der Preis für Einzel- und Doppelzimmer kaum, Familienzimmer für zwei Erwachsene und zwei Kinder sind nur unwesentlich teurer. In der Hauptsaison können die Preise allgemein ein bisschen anziehen. In aller Regel ist in den Hotels ein sehr reichhaltiges **Frühstücksbüfett** im Preis enthalten. Grundsätzlich ist das **Preisniveau eher hoch**, was zur Folge hat, dass die Hotels selten ausgebucht sind. Man kann deshalb auf gut Glück drauflos reisen und wird mit großer Sicherheit immer eine Unterkunft finden.

Dansk Kroferie

Ein **kro** ist ein „Krug", ein (zumeist) altes Gasthaus, welches manchmal sogar „königliche Privilegien" genießt. Das lässt schon mal auf die Preise schließen, die denen der besseren Hotels entsprechen und oft noch darüber liegen. Unter 100 Euro ist also kaum ein Kro-Zimmer zu haben. Dafür hat man's aber **„typisch dänisch"** mit zumeist vorzüglicher Gastronomie.

■ **Info:** www.smalldanishhotels.dk.

dnsk-130ths

Ferien auf dem Bauernhof

Rund 80.000 Bauernhöfe gibt es in Dänemark, ca. 120 (Tendenz: steigend) beherbergen Gäste. Das kostet etwa **30 €
ÜF pro Person,** ab 35 € HP, immer von Mehrpersonenbelegung ausgehend.

■ **Ferien auf dem Lande,** Føllevej 5, 8410 Rønde, www.bauernhofurlaub.dk. Einschließlich Mitarbeit: www.wwoof.dk.

Ferienhäuser

„Ich träum' von einem kleinen Haus / am großen, weiten Meer", besangen *Nina und Frederick* einst diese, man darf sie wohl so nennen, dänemarkspezifischen Unterkünfte (**sommerhus** bzw. **feriehus**). Abertausende gibt es von ihnen. Zumeist handelt es sich um kleine, kuschelige Häuschen, überwiegend aus Holz und nicht selten reetgedeckt. Aber man findet auch Villen mit allem Komfort bis zu Solarium und Whirlpool und staunt, dass diese ziemlich teuren Domizile durchweg ausgebucht sind (zu mehreren ist's nämlich locker machbar).

Ausstattung

Ausstattung und Einrichtung der Ferienhäuser sind variabel. In der Regel wird man sogar die einfachsten Kategorien als **hohen Standard** empfinden, weil sich der generell gute Geschmack der Dänen bei Mobiliar und Interieur bemerkbar

macht. Viele Häuser haben einen **Kamin** oder eine offene Feuerstelle mit Abzug, die zu gemütlicher Atmosphäre beiträgt. Kaminholz kann man in jedem Kaufmannsladen oder Supermarkt kaufen. Holzsammeln im Wald und am Strand ist nicht erlaubt.

Die Interieure sind durchweg komfortabel, mitunter sogar luxuriös (u.a. mit Sauna). Die **Küche** ist oftmals Teil des Wohnraums, auf jeden Fall ist sie stets mit allen Erfordernissen ausgestattet. Die **Schlafräume und Betten** kommen manchen Menschen vielleicht etwas klein vor. Doch dem Prinzip des Ferienhauses liegt ja Platzersparnis zugrunde. Quadratmeterträchtige Schlafzimmer tragen, wenn man es recht bedenkt, ja auch wirklich nicht zu wärmendem Miteinander bei. Auch Schrankplatz ist meistens limitiert, auf normale Ferienklamotten und nicht auf üppige Garderobe zugeschnitten.

Mitzubringen sind Bettwäsche, Hand- und Geschirrtücher. Man kann sie auch zusätzlich leihen. Die Kosten dafür stehen jedoch in keinem Verhältnis zur Leistung und entsprechen praktisch dem Neupreis.

> **Preiskategorien der Unterkünfte**
>
> Die Preiskategorien in diesem Reiseführer gelten **für Hotels, Pensionen und Bed & Breakfast,** und zwar jeweils für ein Doppelzimmer (meist mit Frühstück).
>
> ① untere Preisklasse: bis 50 €
> ② mittlere Preisklasse: 50–100 €
> ③ obere Preisklasse: 100–160 €
> ④ gehobene Preisklasse: über 160 €

◁ In Skagen gaben sich früher berühmte Künstler ein kreatives Stelldichein

6

Überblick Buchungsportale

Als **Ergänzung** zu den sorgfältig zusammengetragenen Unterkunftsempfehlungen in diesem Buch können Buchungsportale wie Booking.com, Agoda.com oder AirBnB dazu genutzt werden, aktuelle Preise und die Bewertungen anderer Reisender einzusehen sowie Unterkünfte direkt zu buchen.

Die Plattformen listen **Unterkünfte aller Art** auf und machen sie für Reisende leicht auffindbar. Sie übernehmen bürokratische Aufgaben wie die Abwicklung der Bezahlung oder stellen den Kontakt zwischen Unterkunft und Unterkunftssuchenden her.

Hilfreich bei der Entscheidungsfindung sind die **Bewertungen anderer Kunden** in diesen Portalen. Gäste bewerten eine Unterkunft nach oder während ihres Aufenthalts und sorgen im besten Fall für aussagekräftige Benotungen (1 bis 10, 10 ist das Optimum). Je mehr Nutzer eine Bewertung abgegeben haben, desto verlässlicher ist das Ergebnis. **Vorsicht** ist geboten, wenn nur sehr wenige Nutzer ihre Meinung abgegeben haben. Aber auch sonst lohnt es sich, kritisch zu lesen: Achtet man auf die zu den Rezensionen verfassten Texte, so erhält man oft Aufschluss über die Echtheit der Bewertung. Auch lassen sich Veränderungen im Qualitätsstandard erkennen, wenn eine insgesamt positiv bewertete Unterkunft in jüngster Zeit zahlreiche schlechte Bewertungen erhalten hat.

dnsk-139ths

Über die Plattform **AirBnB** können private und gewerbliche Vermieter ihr „Zuhause" oder einen Teil davon anbieten. Auch hier vermittelt das Portal zwischen Anbieter und Kunde. Es werden zusätzlich Touren und Aktivitäten mit Einheimischen vermittelt, bisher allerdings nur in touristischen Ballungsgebieten.

Tripadvisor ermöglicht es, auch Bewertungen ohne eine Buchung abzugeben. Dies hat Vor- und Nachteile. Bei den Gastronomietipps ist es von Vorteil, da auch Gäste, die nicht über ein Buchungsportal einen Tisch reserviert haben, eine Bewertung abgeben können und somit deutlich mehr Bewertungen zustande kommen.

Ob man sich für die Buchung über ein Online-Buchungsportal entscheidet, hängt von der Präferenz der Nutzer ab. Zur generellen **Sondierung der Marktsituation und zur Einschätzung von Unterkünften** sind die Portale meist empfehlenswert. Die Nutzung ist für Endkunden zunächst kostenlos, für die Betreiber der Unterkünfte fällt jedoch eine Provision an – die im Zweifel irgendwann eingepreist wird. Die Haltung der Betreiber ist unterschiedlich: Während manche über das Portal sogar günstigere Preise anbieten, freuen sich andere ausdrücklich, wenn man persönlich und direkt bucht.

◁ Das Angebot an Unterkünften ist bunt und vielfältig

Telefone in Ferienhäusern sind eher die Ausnahme. In der Mehrzahl der Häuser stehen dagegen **Fernseher,** mit denen auch deutsche Sender (per Satellit) empfangen werden können. Die Dänen senden oft englische Filme mit dänischen Untertiteln, was für den Spracherwerb nützlich ist. Eine **Müllabfuhr** findet fast überall statt, jedoch nicht häufig.

Preise

Ferienhäuser werden in der Regel nur **wochenweise** (Sa bis Sa), und zwar nach folgendem (grobem) **Saisonschlüssel** vermittelt:

- **A** = Ende Juni bis Anfang August (HS).
- **B** = Ende Juni, Anfang August, Ende Dezember.
- **C** = Ende März bis Mitte April, Ende Mai bis Mitte Juni, Mitte August bis Anfang September, Weihnachtswoche.
- **D** = März, Mitte April bis Ende Mai, September ab 1. Woche, Oktober, Dezember bis zur Weihnachtswoche.
- **S** = restliche Zeit.

Die **Preise** variieren vom (teuersten) A nach D am unteren Ende um ungefähr die Hälfte, S ist noch ein paar Prozentpunkte billiger. Versicherung ist stets inbegriffen. Für einen generellen Überblick seien folgende Preisspannen angegeben:

- **Hauptsaison** = 2000 bis ca. 5000 Dkr./Woche.
- **Nebensaison** = 1000 bis ca. 5000 Dkr./Woche.

Die Kosten für die **Endreinigung** werden, anders als in Deutschland vorgeschrieben, in Dänemark immer noch gern **separat** ausgewiesen. Auf dänisch heißt sie *slutrengøring*; manchmal ist sie nur mit einem Eimer symbolisiert. Das bedeutet: Der Mieter verpflichtet sich, das Haus vor seiner Abreise gründlich zu reinigen. Macht er es nicht, muss er dafür bezahlen. Zumeist ist eine **Kaution** zu hinterlegen, mit der diese Nachzahlung dann verrechnet wird.

Generell als **Extras** gelten Stromkosten. In der Hauptsaison beträgt der durchschnittliche Verbrauch etwa 100 kWh (Achtung: die Zähler registrieren nur volle kWh). Zur Beachtung: Bei Einzug in ein Ferienhaus ist der Strom immer abgeschaltet. Man muss dann manchmal ein wenig nach dem Sicherungskasten suchen. Falls eine Ölheizung existiert, wird auch deren Verbrauch in Rechnung gestellt. Aber das ist ja nur recht und – mehr oder weniger – billig. Dies gilt natürlich ebenfalls für Telefone.

Kataloge und Internet

Für jedes Ferienhaus in diesem Buch eine Beschreibung zu liefern, würde zu weit führen; schließlich handelt es sich um Tausende von Wohneinheiten. Die Häuser sind in den Katalogen und auf den Internetseiten der Anbieter meistens penibel beschrieben und bebildert.

In manchen Fällen sind die Häuser **Teil eines** mit einem Campingplatz vergleichbaren **Wohnkomplexes** *(ferieby)*; öfter jedoch stehen sie allein oder zumindest weit verteilt. Gerade dieses System macht den Reiz dänischer Ferienhäuser aus: Man kann einsam und ruhig, aber mit allem Komfort in schöner Landschaft logieren. Ein wenig auf die Besiedlungsdichte des Gebiets kann

man schon aus der Größe des Grundstücks des Ferienhauses schließen; mit weniger als 1000 m² dürfte die Umgebung schon recht dicht besiedelt sein.

Preislich macht es keinen Unterschied, ob man sich an eine deutsche oder dänische Firma wendet, denn alle arbeiten Hand in Hand. Einige deutsche Firmen verwenden sogar dänische Kataloge (in deutscher Sprache) und kleben einfach ihr Firmenlogo drauf.

Wem dies alles zu reglementiert klingt, kann auch einfach drauflosreisen und sich **vor Ort** nach dem Haus seiner Wünsche umsehen. Dabei gibt es, was das konkrete Objekt betrifft, natürlich die wenigsten Enttäuschungen.

Einige Ferienhaus-Anbieter

- **Feriepartner Danmark,** www.feriepartner.de
- **Dancenter,** www.dancenter.de
- **Dansommer,** www.dansommer.de
- **Interchalet Ferienhaus GmbH** www.interchalet.com
- **Novasol,** www.novasol.de
- **Online-Buchung in Deutschland:** www.visitdenmark.de/daenemark/unterkuenfte/urlaub-im-ferienhaus

Hütten (Hytter)

Raum ist in der kleinsten Hütte … **Hytteferier** in Domizilen, die noch ein paar Nummern kleiner sind als Ferienhäuser, schätzt man in ganz Skandinavien. Es gibt vier Kategorien von 1 (mit luxuriöser Note) bis 4 (klein und älter). Zu finden sind die gemütlichen und preiswerten Holzhäuschen mit zwei bis sechs Kojen oft auf Campingplätzen.

■ **Info: DK-Camp,** Vestergade 37C, 7100 Vejle, Tel. 7582 4955.

Camping

Campingplätze rangieren in Dänemark an **Beliebtheit** gleich nach den Ferienhäusern. In ganz Dänemark gibt es fast 500, ein sehr großer Teil davon im Bereich dieses Buches. Die Preise variieren je nach Ausstattung der Anlagen (1 bis 5 Sterne). Rechnen muss man mit 30 bis 65 Dkr. Personengebühr pro Tag (Kinder zahlen generell die Hälfte); das Gefährt ist jedoch auf den meisten Plätzen gratis. Verlangt wird ein sog. **Camping Key,** der vom ersten Campingplatz in Dänemark ausgestellt wird und für alle weiteren gültig ist. Der Pass kostet 110 Dkr. für die ganze Familie, schließt eine Haftpflichtversicherung ein und ist in ganz Europa ein Kalenderjahr lang gültig. Ein Transitpass für eine Einzelübernachtung kostet 35 Dkr.

Die dänischen Campingplätze sind nach einem **Sternesystem** von 1 (einfachst) bis 5 (höchst komfortabel) eingeteilt. Zu rund 90 % hat man es mit Drei-Sterne-Plätzen zu tun – gutes Mittelfeld mit allen Annehmlichkeiten, die kaum einen Wunsch offenlassen. In diesem Buch sind die **Betriebszeiten** der Campingplätze angegeben, fehlt ein entsprechender Eintrag, ist der Platz ganzjährig geöffnet.

Wegen des riesigen Angebots lassen sich hier natürlich nicht alle Einzelheiten aufführen. Man kann von den Fremdenverkehrsämtern der gewünschten Region Gratisinformationen anfordern oder sie bei den unten angegebenen Adressen bestellen.

Infos und Kataloge

■ **Internet:** www.daenischecampingplaetze.de.
■ **Dänisches Fremdenverkehrsamt,** s.o.
■ **Dansk Camping Union,** Korsdalsvej 134, 2605 Brøndby, www.dcu.dk.

Auskunft über freie Campingplätze

■ **Die wenigsten** der dänischen Campingplätze sind **ganzjährig geöffnet,** entsprechende Angaben sind nicht immer den Listen entnehmbar. Andere sind nach Voranmeldung auch im Winter geöffnet. Man mache sich im Internet kundig. Rechtzeitige Anmeldung ist überall empfehlenswert; wer nur mit dem Zelt unterwegs ist, dürfte aber immer ein Plätzchen finden.

Wildes Campen

„Wildes" Campen ist in ganz Dänemark **verboten** und wird mit Geldbußen geahndet. Dies schließt Campieren in Wohnwagen auf den sogenannten Autostränden ein; nachts haben sie dort zu verschwinden. In 145 Staatsforsten ist freies Camping hingegen unter der Voraussetzung erlaubt, dass einige Regeln eingehalten werden.

■ **Info** unter www.naturstyrelsen.dk/ Naturoplevelser/Aktiv/FriTeltning.

Bed & Breakfast

■ **Informationen** unter www.bedandbreakfast. dk oder Tel. 3961 0405. Die B & Bs sind nur wenig günstiger als Hotels, unter 500 Dkr. ist kaum etwas zu finden.

Jugendherbergen

0 ▬▬▬▬▬ 30 km   © REISE KNOW-HOW DueNSK08 12/21

Anschluss rechts

■ Übernachtung
1 Jugendherberge

Left map:

Nykøbing Mors 1
Hurup
THYHOLM
Nissum Bredning
Roslev 1
26
Skive 1
Lemvig
Fjaltring 1
28 Struer
Vinderup 34
11
Nissum Fjord
Holstebro 1 16
Sunds
Stadil Fjord
Herning 1
15
Ikast
Ringkøbing 1
Videbæk
Ringkøbing Fjord
Avlum
Brande 1
Hvide Sande 1
Skjern
Tarm
28
181
11 12
Grindsted
Henne 1
Billund
30
Oksbøl 1 Varde
Holmsland Klit
Esbjerg 1
E20
FANØ
Ribe 1
MANDØ
11
24
Enderupskov 1 25
NORDSEE
175
RØMØ
Havneby 1
SYLT
Tønder 1 1
Rudbøl
8

Right map:

SKAGERRAK
Skagen 1
KATTEGAT
40
Frederikshavn 1
35
Hirtshals 1
Hjørring 1
E39 E45
Brønderslev 1
55
Hune (Blokhus) 1 Pandrup
Aalborg 1
NORDSEE
Brovst
Fjerritslev 1
Frøstrup
29
11
Limfjorden
Hanstholm 29
26 THY
Thisted 1
MORS
Klitmøller
Roslev 1
Nykøbing Mors 1
26
SALLING
Hurup
11

Anschluss links

6

Jugendherbergen

Dänemark ist dicht mit Jugendherbergen **(vandrerhjem)** bzw. Hostels überzogen, mehr als 100 gibt es, **über 50** davon **in Jütland.** Die Palette reicht von großen Einrichtungen (z.B. in Kopenhagen) bis zum umgewidmeten Bauernhaus mit verträumtem Ambiente.

Dementsprechend variieren natürlich die **Preise** von einer Jugendherberge (JH) zur anderen. Es gibt Einzel-, Doppel-, Familien- und Mehrbettzimmer, eine Übernachtung kostet ab 150 Dkr. pro Person und Nacht.

Ausländer können ihren heimatlichen JH-Ausweis benutzen (vgl. auch „Spartipps" im Kapitel „Geld und Finanzen"). Falls nicht vorhanden, lässt sich ein Tagesausweis oder ein internationaler Jahresausweis erwerben. In zahlreichen Geschäften, Museen, Aquarien usw. sowie auf manchen Bus- und Fährrouten gibt's bei Vorweisen der Karte einen Nachlass.

Die meisten Jugendherbergen verlangen das Mitbringen eigener **Bettwäsche.** Man muss andernfalls gegen Gebühr eine Garnitur leihen. Manchmal werden Stichproben gemacht. Dann muss man auch die Reinigung der benutzten Wäsche bezahlen.

Mahlzeiten kosten extra und müssen am Vortag bestellt werden; Frühstück (Büfett) kostet zwischen 65 und 80 Dkr. Alle dänischen Jugendherbergen haben vorzüglich ausgerüstete Gästeküchen, in denen man sich ohne zusätzliche Kosten betätigen kann.

Eincheckzeit ist in der Regel zwischen 16 und 20 Uhr, morgens muss man das Haus zumeist schon vor 10 Uhr verlassen haben. Die bei den Herbergen in diesem Buch angegebenen **Öffnungszeiten** beziehen sich auf Einzelreisende.

Eine **Reservierung** ist immer zu empfehlen, im Winterhalbjahr (1.9. bis 15.5.) ist sie obligatorisch. Die jeweils letzte JH erledigt das für die nächste, wenn man nett darum bittet.

Buchung

■ **Danhostel,** Tel. 3331 3612, www.danhostel.dk oder www.visitdenmark.de.

Verkehrsmittel

Autofahren/Straßen

Dänemark hat ein vorzügliches Straßennetz. Auffällig ist die geringere Verkehrsdichte als in Deutschland. Das liegt u.a. daran, dass Autos in Dänemark sehr teuer sind; „nur" etwa jeder dritte Däne besitzt deshalb ein motorisiertes Gefährt. Zudem gibt es ein vorbildlich ausgebautes System öffentlicher Verkehrsmittel.

Im **Straßenverkehr** lässt sich eine entsprechende Souveränität beobachten. Die Dänen fahren (mehrheitlich) unverkrampft. Nicht einmal das Wort „Vorfahrt" gibt es, sondern nur **vigepligt** (Ausweichpflicht) – in Deutschland mag sich das Verkehrsgeschehen schneller abwickeln, in Dänemark ist das Autofahren angenehmer.

Die **Fahrtroute in diesem Buch** folgt in groben Zügen der Hauptstraße A11 von Tønder über Ribe, Esbjerg (Umgehung), Varde, Holstebro, Struer und Thisted nach Ålborg. Eine parallele Alternative ist die Landstraße 181, die in Varde beginnt und weitgehend unmittelbar die Küste entlangläuft; sie endet in Hanstholm. Dieses Straßensystem, insbesondere große Teile der 181, liegt im Bereich der sog. **Margaretenroute,** die man ihrer landschaftlichen Schönheit wegen ausgewählt und in ihrem Verlauf mit einer stilisierten weißen Blume gekennzeichnet hat.

Geschwindigkeitsbegrenzungen

■ **Landstraßen** (auch Schnellstraßen) **80 km/h,** **Autobahnen 130 km/h,** streckenweise (ausgeschildert) 110 km/h (Gespanne 70 km/h, auf Autobahnen 80 km/h). **In Städten 50 km/h, vielfach auch 30 km/h.** Übertretungen sind teuer, ab Tempo 105 auf Landstraßen wird massiv zur Kasse gebeten.

Benzin

■ Treibstoff ist in Dänemark **geringfügig teurer** als in Deutschland: Super kostete im Frühjahr 2020 1,39 €, Diesel 1,24 €. Selbstbedienung an Tankstellen ist vielfach üblich.

Alkohol

■ Die **Promillegrenze** liegt bei 0,5. Trunkenheit am Steuer hat rigide Strafen bis mehreren Tausend Euro zur Folge (auch in Abhängigkeit vom Einkommen). Ferner kann das Auto eingezogen werden.

Parken und Parkscheibe

■ In vielen Städten und Ortschaften ist das Parken für eine begrenzte Zeit **kostenlos.** Es wird jedoch eine Parkscheibe verlangt, auf der die Ankunftszeit vermerkt werden muss. Ohne Parkscheibe oder bei Übertretung der Zeit droht ein Bußgeld ab 70 €. Hinweise auf den Parkschildern beachten: Timer (t) = Stunden.

dnsk-093 ths

Weitere Verkehrsregeln
● Die **Grüne Versicherungskarte** wird in Dänemark empfohlen.
● Das **Fahren mit Abblendlicht** ist auch am Tage vorgeschrieben.
● Es herrscht **Gurtpflicht.**
● **Motorradfahrer** müssen einen **Helm** tragen.

Automobilclubs/Pannenhilfe/
Deutsche Automobilclubs
● Mitglieder des **ADAC** (www.adac.de) bekommen unter der Telefonnummer 0049-(0)-89-222 222 Hilfe bei einem Fahrzeugschaden, Mitglieder des **AvD** (www.avd.de) wählen 0049-(0)69-6606 600, und Mitglieder des **ACE** (www.ace.de) erhalten Unterstützung unter Tel. 0049(0)711-5303 36677. Vor Reisebeginn sollte man prüfen, welche Leistungen bei der Mitgliedschaft oder im abgeschlossenen Schutzbrief enthalten sind.

Österreichischer Automobilclub ÖAMTC
(www.oeamtc.at)
● Notrufnummer für Mitglieder 0043(0)1-251 2000.

Schweizer Automobilclub ÖAMTC
Touring Club Schweiz TCS
● (www.tcs.ch): Inhaber des TCS-ETI-Schutzbriefes wählen 0041(0)-58 827 2220.

◁ In Strandnähe findet sich meist ein nettes Café zum Einkehren

Busse

Ein **dichtmaschiges Netz von Busverbindungen** überzieht ganz Dänemark, selbst das kleinste Dorf ist angeschlossen. Überlandbusse halten an, wo immer es das Verkehrsgeschehen erlaubt: Man sagt dem Fahrer, dass man aussteigen möchte, und schon wird angehalten. Umgekehrt streckt man am Straßenrand die Hand aus, und schon hält der Bus.

Fahrkarten kann man im Bus kaufen. Sie sind (etwas) billiger als in Deutschland; mit einer *klippekort* (Mehrfachkarte) spart man etwa ein Drittel.

Versicherungen

Zunächst ein Tipp: Für alle abgeschlossenen Versicherungen sollte man die Notfallnummern notieren und mit der Policenummer gut aufheben! Bei Eintreten eines Notfalles sollte die Versicherungsgesellschaft sofort verständigt werden! Dies gilt auch bei einem Schadensfall im Urlaub, der durch die reguläre Haftpflicht- sowie Unfallversicherung daheim abgedeckt wird, wenn man den Schaden direkt vom Urlaubsort meldet.

Grundsätzlich gilt, dass Versicherungspakete oft teuer sind und Versicherungen enthalten, die man nicht benötigt. Man sollte aber existenzielle Risiken absichern und dazu gehört an erster Stelle die **Auslandskrankenversicherung** (siehe „Medizinische Versorgung").

Ist man mit einem Fahrzeug unterwegs, ist der **Europaschutzbrief** eines Automobilclubs eine Überlegung wert, vielleicht mit einer Zusatzversicherung für eventuell notwendige Krankenrücktransporte (Helikopter, Flugzeug). Wird man erst in der Notsituation Mitglied, gilt diese Mitgliedschaft nur für das Land des Aufenthalts und ist unverhältnismäßig teuer.

Ob **sonstige Versicherungen** sinnvoll sind, ist **individuell abzuklären.** So lohnt die Reiserücktrittsversicherung oft nur bei teuren Reisen, die Gepäckversicherung zahlt inzwischen nur noch bei sehr wenigen Schäden, und eine Privathaftpflichtversicherung hat man in der Regel schon.

Zusatz-Kfz-Haftpflichtversicherung

Will man vor Ort einen **Mietwagen** nutzen, sollte man über eine Zusatz-Kfz-Haftpflichtversicherung nachdenken. Die Deckungssummen der normalen Kfz-Haftpflicht im Ausland sind in der Regel sehr gering. Für die Mehrkosten bei einem Unfall haftet der Urlauber mit seinem eigenen Geld. Interessant ist daher auch die **Erweiterung der Deckungssumme** der Kfz-Haftpflichtversicherung, die für einen Mietwagen abgeschlossen wurde, auf die in Deutschland

gesetzlich geforderte Versicherungssumme von **mindestens 2,5 Millionen € pro Person** und Unfall bzw. 500.000 € Sachschaden pro Unfall.

Andere Versicherungen

Ob sich eine Reiserücktritts-, Reiseabbruch-, Reisegepäck-, Reisehaftpflicht oder Reiseunfallversicherung lohnt, ist individuell abzuklären. Sie enthalten sehr viele **Ausschlussklauseln,** sodass sie nicht immer Sinn machen.

Die **Reiserücktrittsversicherung** ist nur für teure Reisen zu empfehlen und für den Fall, dass man vor der Abreise einen schweren Unfall hat, erkrankt oder schwanger wird, gekündigt wird oder nach Arbeitslosigkeit einen neuen Arbeitsplatz bekommt, die Wohnung abgebrannt ist u.Ä. Krieg, Unruhen, Streik etc. gelten hingegen nicht.

Die **Reisegepäckversicherung** lohnt sich seltener, da z.B. bei Flugreisen verlorenes Gepäck oft nur nach Kilopreis und auch sonst nur der Zeitwert nach Vorlage der Rechnung ersetzt wird. Wurde eine Wertsache nicht im Safe aufbewahrt, gibt es bei Diebstahl auch keinen Ersatz; Kameraausrüstung und Laptop dürfen beim Flug nicht als Gepäck aufgegeben worden sein; Gepäck im unbeaufsichtigt abgestellten Fahrzeug ist ebenfalls nicht versichert – die Liste ist endlos.

Überdies deckt häufig die **Hausratsversicherung** Einbruch, Raub und Beschädigung von Eigentum auch im Ausland. Für den Fall, dass etwas passiert ist, muss der Versicherung als Schadensnachweis ein Polizeiprotokoll vorgelegt werden.

Eine **Privathaftpflichtversicherung** hat man in der Regel schon. Wurde eine Unfallversicherung abgeschlossen, sollte man prüfen, ob diese im Falle plötzlicher Arbeitsunfähigkeit aufgrund eines Unfalls im Urlaub zahlt.

Durch manche Kreditkarten oder Automobilclubmitgliedschaft ist man für bestimmte Fälle schon versichert. Die Versicherung über die Kreditkarte gilt jedoch meist ausschließlich für den Karteninhaber.

denn kein Berg Dänemarks ist höher als 171 m. **Liebhaber küstennaher Wege** mit Blick aufs Meer und den Strand und eine sanft geschwungene Landschaft mit Feldern und Wäldern werden jedoch ihre Freude an einem Ausflug per Pedes haben. Die Wege sind **ausgezeichnet markiert** und bieten in Länge und Anspruch für Jung und Alt eine perfekte Bandbreite. **Kostenlose Karten** und Informationen zu den regionalen Strecken bekommt man im Tourismusbüro.

Wandern

Die Nordseeküste ist ein Eldorado für Wanderer. Höheliebende Gipfelstürmer kommen nicht gerade auf ihre Kosten,

Zeit

Es gilt wie in deutschsprachigen Ländern die **mitteleuropäische Zeit** (MEZ) mit Sommerzeit (MESZ).

dnsk-138ths

7

Land und Leute

Das Museum Bork Vikingerhavn in Bork Havn

Geografie

Die Nordsee

Dänemarks Geografie und daher auch Jütland, die Nordseeküste und die leicht geschwungene Hügellandschaft wurden durch die **Eiszeiten** geprägt und gestaltet. Die letzte Eiszeit, die sogenannte Weichseleiszeit, endete etwa 15.000 Jahre vor Christi Geburt. Das gesamte Land, bis auf Südwestjütland war von teils kilometerdickem **Eis und Gletschern** bedeckt. Als das Eis in der Folge zu schmelzen begann, sich die Landmassen postglazial Millimeter für Millimeter über Jahrtausende anhoben, blieb eine bis heute noch gut erkennbare Jungmoränenlandschaft zurück samt einer eindrucksvollen Inselwelt inmitten der ebenfalls neu auf den globalen Plan tretenden **Ostsee.** Ein junges Meer mit stattlichen Ausmaßen.

Die maximale Ausdehnung Dänemarks **von West nach Ost** beträgt rund 1000 km und für die längste Strecke **von Nord nach Süd** sind über 1500 km zu notieren. Wer bis nach Skagen reist, kann den Zusammenschluss von Ost- und Nordsee hautnah erleben.

Für die Dänen ist die Nordsee das **Vesterhav**, übersetzt das Westmeer (der Begriff *Nordsø* existiert auch, er wird aber seltener verwendet). Dänemark blieben die leidvollen Erfahrungen weitgehend erspart, die den Anrainern der südlichen Nordsee, Schauplatz ständiger katastrophaler Sturmfluten mit Zehntausenden von Opfern, zuteil wurden. Die Gründe dafür sind in der eigenwilligen **Topografie der jütländischen Halbinsel** zu suchen. Sie besteht nur im Süden, etwa unterhalb Esbjergs, aus niedrigem Marschland und muss dort mit einem Deich geschützt werden.

In der Südwestecke gab es **im Laufe der Jahrhunderte** allerdings **immer wieder Sturmflutopfer.** Die „Grote Mandränke" von 1362 verschonte Dänemark nicht; auch 1436 und 1532 sind als schwarze Jahre in den Annalen der Region verzeichnet. Anno 1634 ging die Oktoberflut als schwerstes Desaster in die Lokalgeschichte ein; entlang der nordfriesischen Küsten mit Einschluss der dänischen ertranken 6000 Menschen. Das ganze 18. Jahrhundert war katastrophenträchtig; die Dezemberflut von 1717 überschwemmte die Marsch von einem Ende zum anderen. Im August 1860, mitten im Sommer, gab es wieder Alarm; 3000 Deichbauarbeiter bei Højer mussten vor der Nordsee Reißaus nehmen. 1923, wiederum im August, schafften 19 Werkmänner die Flucht nicht. Die Februarflut von 1962 stieg auf 4,36 Meter über Normalnull und beschädigte die Deiche beträchtlich, desgleichen jene vom Januar 1976, die noch einen halben

> Wie hier in Blåvand bieten Strandspaziergänge entlang der Nordseeküste ein Naturerlebnis par excellence

Meter draufsetzte und unter anderem den Rømødamm in arge Mitleidenschaft zog. Die Stadt Tønder musste vorübergehend evakuiert werden. 1981 erreichte der Wasserstand 4,92 Meter. Mehr als 4 Meter werden immer häufiger verzeichnet, Folge des stetig steigenden Spiegels der Weltmeere mit dem Treibhauseffekt als hauptsächlichem Auslöser.

Das „eigentliche" **Jütland** nördlich von Esbjerg ist von den Sturmfluten **vergleichsweise wenig betroffen,** weil es sich hier größtenteils um hoch gelegene Geest, also hügeliges Terrain eiszeitlichen Ursprungs handelt. Ein weiterer Grund dafür, dass die Küste relativ unbeschadet bleiben konnte, ist im geringen Gezeitenhub der nördlichen Nordsee zu suchen, welcher, anders als die

vielmeterhohen Fluten an den Gestaden Deutschlands und der Niederlande, hier lediglich 1–1,50 Meter beträgt und nördlich von Blåvandshuk immer mehr zum Erliegen kommt.

Windgenerierte Hochfluten und starke Strömungen gibt es dort aber auch weiterhin, letztere als Folge von Umschichtungen durch **verschieden temperierte Wassermassen** vor allem im Sommer. Diese wiederum wirken wie unterseeische Wellenbrecher, weshalb selbst starke Stürme zur Sommerzeit weniger Schaden anrichten. Dafür wummert es während der dunklen und kalten Monate umso mehr. Dass es an der exponierten jütländischen „Energieküste", wie man heute sagt, im Lauf der Jahrhunderte gewaltige Schäden in der Topografie

dnsk-132ths

gegeben hat, ist angesichts der Wutanfälle des Blanken Hans nur zu begreiflich. Die Dynamik der Brandungsseen allein riss immer wieder Breschen ins Land. Besonders dort, wo die Strandlinie nicht geradlinig verlief, sondern Einbuchtungen, Durchlässe und Nehrungen aufwies, mussten die Karten ständig neu gezeichnet werden, so im Bereich der Fjorde von Ringkøbing, Nissum und Thyborøn. (In ersterem trat 1858 sogar ein Tsunami auf und ließ das Wasser um sechs Meter anwachsen; es handelte sich wahrscheinlich um einen sog. Meteotsunami, hervorgerufen durch Luftdruck- und Strömungsschwankungen.)

Zu den größten Leidtragenden zählten auch unaufhörlich **Seefahrt und Fischerei.** Die Zahl der Unglücke, die sich zu Zeiten der Segelschiffe ereigneten, ist Legion. Schon die Langboote der Wikinger gerieten auf dem sogenannten Legerwall der dänischen Aufwindküste in schwere Bedrängnis, Hansekoggen gesellten sich dazu, stolze Windjammer und später die Motorfahrzeuge der Neuzeit. Dicht an dicht liegen die Wracks entlang der Strände, von der See zur Unkenntlichkeit zerschlagen oder tief im Sand versunken – auf 40.000 wird ihre Gesamtzahl geschätzt. Eine Vorstellung gibt eine Karte aus dem 19. Jahrhundert, in der die Strandungen und Verluste vom 1.1.1858 bis zum 31.12.1882 ausgewiesen sind: Keine Stelle an der dänischen Küste, die nicht mit Wracks geradezu bepflastert wäre.

Kurioserweise haben viele **alte Bauernhöfe** entlang der See **sehr große Wohnzimmer,** fast schon „Empfangshallen". Es waren auch welche. Zur Aufnahme von überlebenden Schiffbrüchigen nämlich, die mitunter in ganzen Scharen an den Strand geschwemmt wurden und denen in den Höfen vorübergehendes Obdach gewährt wurde.

dnsk-078 ths

Ein Wort noch zum Wasser: Keineswegs soll das dänische Nordseenass hier prinzipiell schön- und anderes schlechtgeredet werden, doch es steht außer Frage, dass die in die südliche Nordsee mündenden Flüsse mit ihren enormen **Schadstofffrachten** primäre Verursacher der zahlreichen Krankheiten sind, an denen unser Hausmeer siecht. Und keineswegs liegen die dänischen Küsten von diesen Unratquellen unendlich weit entfernt. Im Gegenteil, die gegen den Uhrzeigersinn zirkulierende Oberflächenströmung der Nordsee trägt ein gut Teil der industriellen „Einträge" aus der Bundesrepublik, den Niederlanden und sogar aus Großbritannien die jütländische Westküste empor und deponiert sie letztlich im 700 Meter tiefen Skagerrak. Die Frage, ob das Skagerrak tatsächlich „Endlager" für die vielen Schadstoffe ist, bleibt offen; möglicherweise zirkuliert das Zeug auch weiterhin.

Wenn **Dänemarks Badewasser weitaus klarer** als jenes der weiter südlich gelegenen Nordseeküsten ist, so zeichnen dafür natürlich vor allem die überwiegend sandigen Gestade verantwortlich. Frei von Schadstoffen ist es indes nicht; Rhein, Maas, Elbe, Weser und Humber bringen Ferntransporte ein, auf die die Dänen wohl gern verzichten würden. Zwar macht auch hier die Dosis das Gift; das Jütlandwasser verdient eben bessere Noten als jenes anderer Nordseeanlieger, weil die in ihm enthaltenen Schadstoffe stärker verdünnt sind als sonstwo. Sie aber zum völligen Verschwinden zu bringen, sollte das erklärte Ziel all jener Menschen sein, die in der See den Ursprung irdischen Lebens und nicht dessen Ende in einem industriellen Nachttopf zu sehen vermögen.

Das Wattenmeer

Land und Leute

Zu Dänemark gehört nur ein relativ kleiner Teil des gewaltigen europäischen **Nationalparks Wattenmeer,** der sich fast 500 Kilometer weit von Blåvandshuk bei Esbjerg bis zum niederländischen Den Helder hinzieht und eine Fläche von ca. 900.000 Hektar umfasst. Watten sind Flächen aus Sand und Schlick, die im Rhythmus der Gezeiten überschwemmt werden und wieder trockenfallen, Mischzonen von Land und Meer. Wasserläufe (Priele) durchziehen sie, und vielfach trennen Inseln oder Inselketten diese urwüchsigen Areale von der offenen See; landseitig sind es Marschen oder Dünenküsten.

Öde wie es auf den ersten Blick erscheint, gilt das Watt als Kinderstube für einen großen Teil des Tierlebens der Nordsee. **Ebbe und Flut schaffen die Voraussetzungen für ein dynamisches Ökosystem** mit hoher biologischer Primärproduktion von mikroskopisch kleinen Pflanzen und Tieren, die wiederum die Nahrungsgrundlage für eine Bodenfauna von Würmern, Muscheln und Krebstieren bilden. Der Wattenboden wuselt von Kleinvieh dieser Art, das den Sockel der Nahrungspyramide bildet, deren Spitze Großlebewesen wie Wale, Seehunde und letztlich der Mensch einnehmen.

Die stark auf **Fischereierträge** angewiesenen Dänen wissen, wie wichtig dieses Biotop für den Proteinnachschub im Meer ist. Mit jedem Hochwasser kommt

◁ Sonnenuntergang bei Højer in Südwestjütland

7

es zu einer wahren Invasion von Seegetier und vor allem Fischbrut in die Speisekammer des Wattenmeeres. Ein durch menschliche Einwirkung – andere vergleichbar destruktive gibt es nicht – zerstörtes Watt ist gleichbedeutend mit bis auf Null reduzierten Fischbestand und ist somit das Ende der Versorgung mit einem der hochwertigsten Lebensmittel.

Dänemark erließ deshalb bereits **1939 erste Maßnahmen zum Schutz des Wattenmeeres,** die bis heute immer mehr verschärft wurden, um dem Gebiet seine Eigenart als dynamischer Naturraum von hoher landschaftlicher Bedeutung und unschätzbarem Wert für die Fischbestände der Nordsee und die Vogelwelt auf ihrer ostatlantischen Zugroute zu erhalten.

Besonders im Nordteil des Schutzgebietes gibt es eine Reihe von **Landschaftstypen,** die anschaulicher als anderswo das Wattenmeer charakterisieren. Das Profil von der Nordsee bis zur Insel Langli in der Ho-Bucht schließt sowohl Dünen und Sandstrände als auch Marschküste mit Schlickwatten und verzweigten Prielsystemen ein – größte topografische Vielfalt auf engem Raum. Im Oberteil der Bucht ist die Mündung der Varde Å von nicht eingedeichter Marsch und Strandwiesen eingefasst. Im

gesamten Wattenmeer ist dieser Bereich wohl der am wenigsten vom Menschen beeinflusste und stellt deshalb eine wahre Fundgrube für die ökologische Forschung dar. Weil hier vergleichende Studien getrieben werden können, wird das bereits 1982 unter Naturschutz gestellte und von jeglicher wirtschaftlichen Nutzung ausgeschlossene Areal als „Referenzgebiet" bezeichnet. Der öffentliche Zugang ist auf zwei Monate im Jahr beschränkt (s. Kasten unten). Seit 2014 gehört das dänische Wattenmeer dem **Weltnaturerbe der UNESCO** an.

Ein **Forschungs- und Überwachungsprogramm** zur Beobachtung der ökologischen Entwicklung wurde ebenfalls im Südteil des Schutzgebietes ins Leben gerufen. 1984 war außerhalb von Højer nach dem Bau eines vorgeschobenen Deiches ein Koog entstanden, der vor allem die Vogelwelt ihres natürlichen Biotops beraubte. Man legte deshalb einen Salzwassersee von 260 ha an, um zumindest auf dieser Fläche die ursprünglichen Verhältnisse wieder herzustellen, und der See ist seither Heim für üppige Vogelscharen.

⌄ Endlose Weiten im Wattenmeer Nationalpark

Schutzzonen

Die Wattengebiete Südwest-Dänemarks werden in folgende Zonen eingeteilt (siehe Karte):

■ **Schutzzone A:** Betreten grundsätzlich verboten. Das Betreten des „Referenzgebiets Langli" (R) ist vom 16.7. bis 15.9. erlaubt.
■ **Schutzzone B:** Betreten und Graben nach Wattwürmern (von Hand) erlaubt. Jagen ist verboten.
■ **Niedrignutzungsgebiet (N):** Wie B, außerdem Segeln mit weniger als 10 kn Geschwindigkeit und Jagd von Booten ohne Motor erlaubt.
■ In den **„allgemeinen Nutzungszonen" (AN)** sind die meisten Aktivitäten erlaubt. Windsurfen ist jedoch nirgendwo außerhalb der gekennzeichneten vier Areale zugelassen. Jet-Skis und Hobiecats sind überall verboten, ebenso Kfz-Verkehr außerhalb öffentlicher Straßen und Wege und einigen Strandgebieten an der Westseite von Fanø und Rømø. Hunde sind innerhalb des Schutzgebietes stets an der Leine zu führen.

Wenn man einen Seehund findet

Jedes Jahr werden an den dänischen Stränden wiederholt **Heuler (Jungtiere)** gefunden, die ihre Mutter verloren haben oder von ihr getrennt wurden. In dänischen Broschüren wird darum gebeten, in solchem Fall das nächste Naturzentrum oder Verkehrsamt bzw. die Polizei zu benachrichtigen.

Vielfach verbergen sich die Muttertiere, durch die Anwesenheit von Menschen scheu gemacht, jedoch lediglich im tiefen Wasser und warten darauf, dass der Störenfried verschwindet. Man tut den Kleinen also keinen Gefallen, wenn man sie etwa aufhebt, mit ihnen herumspielt oder, am schlimmsten, sie mitnimmt. Stattdessen mache man sich davon. Aus einiger Entfernung kann man dann die weitere Entwicklung verfolgen und entscheiden, ob eine **Benachrichtigung der Behörden** ratsam erscheint.

Die Möglichkeit besteht, dass **an den Strand getriebene Tiere krank** sind. Ein forciertes Wiederaussetzen kann die gesunden Bestände gefährden. Bei den großen Seehundsterben 1988 und 2002 beschlossen die dänischen Behörden, die Dinge ihren Gang gehen zu lassen und gar nichts zu tun. Das Verfahren bewährte sich. Die heutigen Bestände sind gesünder und widerstandsfähiger denn je. In Dänemark ist die Aufzucht und Pflege von Jungseehunden deshalb nach reiflicher Erwägung der Fakten eingestellt worden.

084dk rh

Wer mehr zum Thema **Weltnaturerbe Wattenmeer** erfahren möchte, erhält viele Informationen auf der Homepage **www.nordseetourismus.de.**

Auch die Website **nationalpark-wattenmeer.de** liefert hilfreiche Informationen.

Hinweise für Strand und Dünen

Strand

Weißer Sand, so weit das Auge reicht, Dünen von saharischen Ausmaßen. Dahinter Moore und Heiden, satte Auenlandschaften und grüne Kiefernwälder. Das alles kann sich sehen lassen.

Der **Sand** ist eiszeitlicher Abrieb von Gesteinen, die in die Mühle der Gletscher gerieten. Große Teile des Nordseebodens bestehen aus diesem Stoff, dessen Bewegungen in Wasser und Luft eine verblüffende Eigendynamik entwickeln. Nachschub an den Stränden ist ständig vorhanden; der Sand klettert im Wortsinn an die Küste und bildet neues Land. Nicht immer ist dieses Phänomen dem Menschen willkommen – mehr zu den verheerenden Sandtreiben Jütlands an anderer Stelle. Dem Badegast kann's aber nur recht sein. Denn der „Neusand" ist von der See gründlich gewaschen; alsbald zu blendendem Weiß getrocknet, erweist er sich als so blitzsauber, dass man früher die guten Stuben damit ausstreute.

Das **Strandbild** weicht vom deutschen etwas ab. Zwar sind an den Strän-

den bzw. ihren Rändern Autos zu entdecken, aber **keine Strandkörbe.** Die Dänen sehen in ihnen offenbar kleine häusliche Niederlassungen, und das läuft ihrem Prinzip zuwider, dass der Strand allen gehört. Verpönt, illegal sogar, ist auch das Absperren von Arealen, selbst vor dem eigenen Ferienhaus; ein schlaffes Tau genügt, um Ärgernis zu erregen.

Und wie verhält es sich mit dem **Bau von Sandburgen?** Er ist in Dänemark zwar nicht überall offiziell verboten, aber stellenweise schon und im Dünenbereich immer. Ein Grund mag sein, dass die Bauten wegen des niedrigen Tidenhubs auch bei Hochwasser noch tagelang erhalten bleiben und den Strand als Stolperfallen schmücken, nachdem der Erbauer schon längst abgereist ist. Auch machen sich die Dänen, ähnlich wie die Holländer, prinzipiell nichts aus dem Kult. Gegen Kinderbuddelei hat natürlich kein Mensch etwas einzuwenden. Gegen **Rauchen** vielleicht schon, aber es ist an den Stränden nicht verboten.

Dünen

Der gesamte Dünengürtel von Rømø bis Skagen steht unter besonderem **Naturschutz.** Zum Land hin ist dieser Bereich durch Pfähle mit einem **roten K und einer Krone darüber** gekennzeichnet:

dnsk-077 ths

Vom 1. März bis 31. Oktober ist das **Rauchen** (Feuermachen ganzjährig) in Dünen, Waldanpflanzungen und Heidegebieten strengstens verboten. Es sind Ranger unterwegs, die Zuwiderhandelnde an Ort und Stelle mit empfindlichen Geldbußen belegen. Falls tatsächlich einmal ein Feuer entstehen sollte, wird vom Verursacher erwartet, dass er Manns genug ist, einen beherzten Löschversuch zu unternehmen.

Amtlich wird davor gewarnt, **Löcher in Dünen oder Steilhänge** zu graben und in solche Höhlen gar hineinzukriechen – es droht Erstickungsgefahr!

Verboten sind im Dünenbereich: das Zerstören, Zertrampeln und Pflücken von Pflanzen; Reiten, Moped- und Autofahren außerhalb öffentlicher Wege; das Wegwerfen von Abfall; das Errichten von Gebäuden, Anlegen von Treppen, das Aufstellen von Bänken, Schildern und Fahnenmasten sowie das Campieren und das Parken von Campingwagen.

⌂ Unterwegs auf der Halbinsel Skallingen

Nordseewetter

Der „atlantische Tiefausläufer" ist jedermann ein Begriff, der sich die Wettervorhersage einmal aufmerksam angehört hat. Jütland liegt, wie der gesamte Nordseeraum, im Bereich der sogenannten **Westwinddrift,** einer Rinne vorwiegend westlicher Winde am Unterrand von **Tiefdruckgebieten,** die, vom Atlantik heranwirbelnd, zumeist über die Britischen Inseln und Skandinavien ostwärts ziehen. Da sich die Luftströmung,

grob gesehen, gegen den Uhrzeigersinn um ein Tiefdrucksystem dreht, ist bei Annäherung eines solchen an die jütländische Küste zunächst mit südwestlichen Winden zu rechnen. Man kann in diesem Fall seine eigene Wetterprognose stellen, denn man weiß jetzt, dass ein Tief im Anmarsch ist und eine Wetterverschlechterung eintreten wird. Bei weiterem Heranzug des Tiefdrucks werden sich alsbald die Frontensysteme an seiner Bauchseite bemerkbar machen, und zwar mit mehr oder minder dauerhaftem Regen, ausgelöst durch eine Warmfront, und später, nach einem

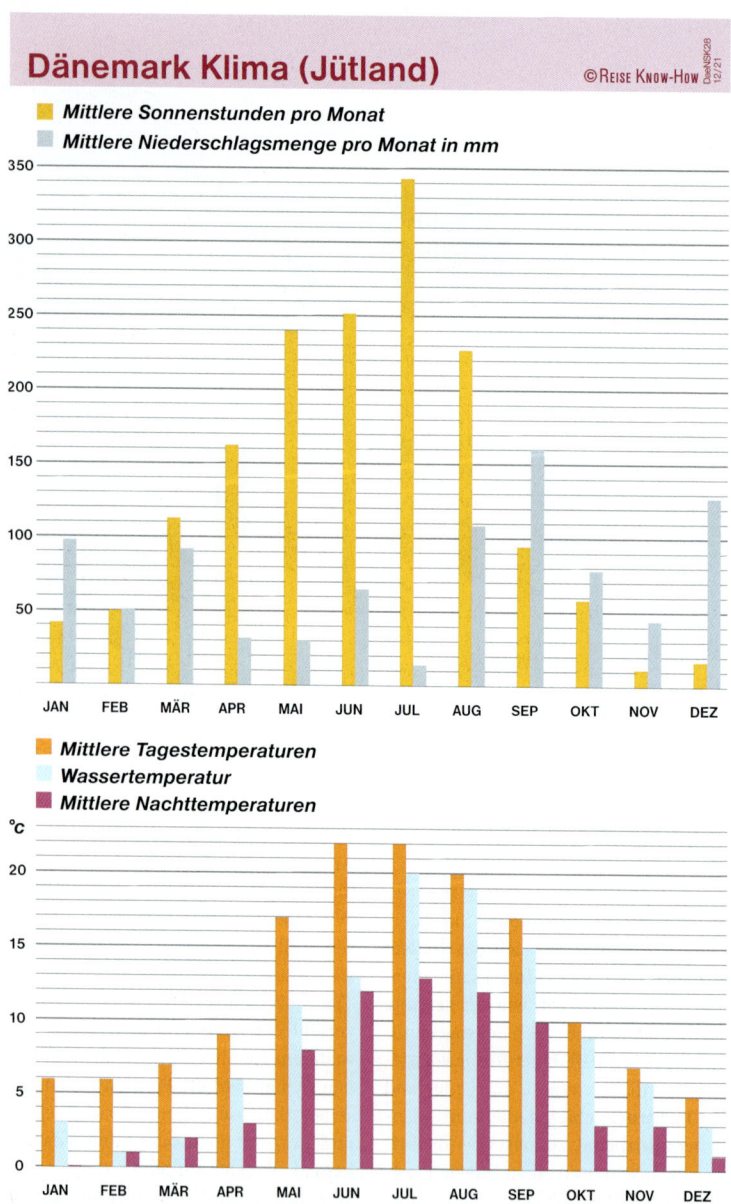

Windsprung auf West oder Nordwest, mit Schauertätigkeit. Gleichzeitig wird es dann klarer und kälter und „besser" – typisches Nordseewetter.

So ist jedenfalls der reguläre Gang der Dinge, auf die man mit Regenkleidung und dickem Pullover im Gepäck vorbereitet sein sollte. Es kann aber auch ganz anders kommen. In den letzten Jahren hat sich immer wieder ein sattes **Sommerhoch** über Nordeuropa aufgebaut und dem Nordseeraum gerade dann eitel Sonnenschein beschert, wenn man ihn am heißesten herbeisehnte. Feste Voraussagen von einem Jahr zum anderen lassen sich zwar nicht machen. Doch mit einigem Wunschdenken kann man gewisse Regelmäßigkeiten erkennen, die, womöglich im Gefolge einer allgemeinen Erderwärmung, dort zu immer schöneren Sommern führen, wo einst dauernd die Petersilie verhagelte.

Wettervorhersage

■ Unter der (deutschen) Telefonnummer 0190/116 053 gibt's von April bis Oktober das **Wassersportwetter;** die **normale Vorhersage** für Dänemark ist das ganze Jahr unter 0190/116 026 zu hören (beide kostenpflichtig).

■ Sowohl für Inhaber von Android-Geräten als auch für Apple-User wird in den entsprechenden Stores die **App „Wetter für Dänemark"** kostenlos angeboten.

■ **Internet:** www.wetterbote.de, www.wetteronline.de

Sonne und See

Das Seeklima bringt viele **günstige Voraussetzungen für Gesundheit und Wohlbefinden** mit sich und tut dem menschlichen Immunsystem über diverse Anregungen gut. Ein Kurwesen wie in Deutschland sucht man in Dänemark allerdings vergeblich.

Sonne, See und saubere Luft, alles gratis, lassen Allergiker aufatmen, von denen es allein in Deutschland 15 Millionen geben soll. **Ganzheitliches Wohlbefinden** wird durch das Zusammenwirken dieser Elemente erreicht, die manches Hormönchen aus der Reserve locken und somit eine allgemeine Anhebung der guten Laune und, nicht zuletzt, der Libido nach sich ziehen und dieserart eine Kettenreaktion in Gang setzen: Wer sich gut fühlt, hat schon mal viel für seine Gesundheit getan. Außerdem produziert das ultraviolette Licht der Sonne im Körper lebensnotwendiges Vitamin D, das vor Brust- und Dickdarmkrebs schützen soll. Andere Vitamine werden durch Sonnenlicht stabilisiert, mit erhöhter Leistungsfähigkeit des Menschen

078dk

> Schiffbruch an der Küste

342dk rh

im Gefolge. Die Strahlung unseres Zentralgestirns ist überdies ein höchst effektives Mittel gegen die Schuppenflechte *(Psoriasis),* an der Millionen von Betroffenen leiden.

Allzu viel ist indes ungesund. Zwar gibt es im Nordseeraum kein „Ozon-loch", das der Definition nach ohnehin erst existiert, wenn der Schild aus diesem Stoff zu mehr als seiner Hälfte zerfressen ist. Doch die aktuellen Messwerte geben keinen Anlass zu Sorglosigkeit auf diesem Sektor. Mehr **schädliche ultraviolette A-Strahlung** denn je erreicht

in unseren Breiten die Erdoberfläche und mithin die ungeschützte menschliche Haut. Die Folge sind tiefsitzende Zellschäden, die zerknitterte Greisengesichter entstehen lassen und eines Tages in Gestalt bösartiger Hauttumoren zum Ausbruch kommen können.

Besonders gefährdet sind **Kinder** wegen ihrer dünneren Haut. Je öfter ein Kind einen Sonnenbrand bekommt, desto höher ist die Wahrscheinlichkeit einer

⌃ Stürmische Nordsee

Sicherheit zu jeder Zeit

Jedes Jahr ereignen sich an der Nordsee **Badeunfälle.** Vielfach, weil Schwimmer ihre Kräfte überschätzen oder mit den Gegebenheiten vor Ort nicht vertraut sind. Das Wasser ist kalt, und es entzieht dem Körper ständig Wärme. Wer auf die offene See hinausgetragen wird, hat in Badekluft selbst im Hochsommer nur ein paar Stunden Überlebenschancen.

Lediglich an einer Handvoll dänischer Strände überwachen **Rettungsschwimmer** das Badegeschehen, und das auch **nur in der Hochsaison.** Auf einen „Bademeister" kann man sich ebenfalls nicht berufen; dieser Beruf – das Wort allein! – ist urdeutsch und gar nicht dänisch. Wer wollte auch 500 Kilometer Strand gegen Schwimmunfälle sichern? Stattdessen sieht man des Öfteren Schilder mit der Aufschrift **„Pas på" – pass' auf!** Auf dich selbst nämlich. Denn das ist in Dänemark viel öfter das Motto als in Deutschland, wo man die Verantwortung für ein Unglück gern bei anderen oder widrigen Umständen sucht.

An manchen Stränden, selbst mitten in der Einöde, stehen dreieckige Boxen mit **Rettungsringen** und **Schwimmwesten.** Man mache Gebrauch davon, wenn Not am Mann ist!

Nicht dort baden, wo Schilder (immer dreisprachig) ein ausdrückliches **Verbot** aussprechen oder wo ein **rotes Fähnchen** flattert!

Gefährliche Strömungen – ganz besonders tückisch an der Nordspitze von Skagen – können den Schwimmer auf Nimmerwiedersehen in tiefes Wasser entführen.

Keine Luftmatratzen, Aufblastiere und Gummibötchen benutzen! Sie segeln mit ablandigem Wind auf die hohe See hinaus und machen erst in England oder Norwegen wieder halt.

Brandungsbaden ist eine feine Sache, doch die Turbulenz einer Brechsee drückt den Ungeübten nach der Faustformel „Wellenhöhe in Meter durch drei = Minuten" immer wieder und zunehmend atemlos unter Wasser und lässt ihn womöglich knochenknirschend auf den Strandboden krachen.

Bei **Wadenkrampf** im kalten Wasser das betroffene Bein ausstrecken und die große Zehe nach oben ziehen.

Kontakte mit **Quallen** sind bei manchen Arten sehr schmerzhaft; allergische Reaktionen machen sie sogar gefährlich. Das Wasser schnellstens verlassen und eventuell anhaftende Tentakelreste mit spitzem Finger entfernen (nicht mit Sand oder Handtuch abreiben). Die beste Abhilfe schafft Essig – man sollte vielleicht immer ein Fläschchen im Sturmgepäck haben. Auch Urin wirkt lindernd – keine falsche Scham. Ein guter Schutz vorher ist Sonnenöl oder -lotion, dick aufgetragen.

Ein **unterkühlter,** bibbernder und blaugesichtiger Schwimmer gehört möglichst umgehend unter eine heiße Dusche. Nicht „Warmlaufen" – dabei gehen weitere Kalorien verloren –, sondern dick einpacken. **Auf keinen Fall Alkohol** in jeglicher Form verabreichen. Die Ansicht, dass der Stoff von innen her Wärme verbreite, hat sich längst als Mär erwiesen. Das Gegenteil ist der Fall: Alkohol erweitert die Poren und lässt verbliebene Körperwärme geradezu „verdampfen".

▷ Sicherheit wird an den Stränden Dänemarks groß geschrieben

Sturm und Wellen

Im Folgenden werden die Windstärken nach der **Beaufort-Skala** (1–12) mit den jeweils charakteristischen Bewegungen der See aufgelistet.

Bft	km/h	Wind	Zustand der See
0	< 1	Windstille	Spiegelglatt
1	1–5	Leichter Zug	Leichte Kräuselwellen
2	6–11	Leichte Brise	Kleine, kurze Wellen mit glasigen Kämmen
3	12–19	Schwache Brise	Kämme beginnen zu brechen; mitunter treten kleine, weiße Schaumköpfe auf
4	20–28	Mäßige Brise	Wellen werden länger und Schaumköpfe häufiger
5	29–38	Frische Brise	Wellen mäßiger Höhe, aber schon von ausgeprägter langer Form; überall weiße Schaumköpfe; vereinzelt etwas Gischt
6	39–49	Starker Wind	Wellen bauen sich auf; Kämme brechen und hinterlassen größere weiße Schaumflächen; etwas Gischt.
7	50–61	Steifer Wind	Die See beginnt sich zu türmen; der weiße Schaum der Brecher legt sich in Streifen zur Windrichtung
8	62–74	Stürmischer Wind	Mäßig hohe Wellenberge mit langen Kämmen; Gischt beginnt abzuwehen und die Luft zu füllen; ausgeprägte Schaumstreifen in Windrichtung
9	75–88	Sturm	Hohe, „rollende" Wellenberge mit dichten Schaumstreifen in Windrichtung; beginnende Sichtbeeinträchtigung durch Gischt
10	89–102	Schwerer Sturm	Sehr hohe Wellenberge mit langen, überbrechenden Kämmen; schweres, stoßartiges Rollen der See; Sichtbeeinträchtigung durch Gischt
11	103–117	Orkanartiger Sturm	Außergewöhnlich hohe Wellenberge, Wasser wird waagerecht weggeweht; durch Gischt herabgesetzte Sicht
12	118–133	Orkan	Luft mit Schaum und Gischt angefüllt; See völlig weiß; jede Fernsicht hört auf

dnsk-079 ths

späteren Erkrankung, die oftmals erst viel später zum Ausbruch kommt. Anteilig gilt dies natürlich auch für Erwachsene im Spätstadium.

Sonnenschutzmitteln wird eine Blockierung der schädlichen Strahlung zugeschrieben. Man möge sie dick auftragen; perfekte Immunisierung bieten sie nach Aussagen von Dermatologen jedoch nicht. Dieser kommt man eher nahe, wenn man sich zumindest während der intensivsten Strahlungsstunden (von 11 bis 15 Uhr) im Schatten aufhält, auch beim Baden ein T-Shirt trägt und öfters unter einem Sonnenschirm Zuflucht sucht. Auf diese Weise wird eine allmähliche Konditionierung erreicht, die den besten Schutz darstellt.

⌃ Der Leuchtturm von Lyngvig trotzt Wind und Wetter

Geschichte Dänemarks

Erste Besiedlung

Ausgrabungen geben Kunde, dass sich schon **vor über 20.000** Jahren menschliche Wesen in der späteren Mark der Dänen tummelten. Ein hominoider Neandertaler knackte wahrscheinlich sogar **vor 80.000 Jahren** einen Markknochen in Ostjütland. Doch das Eis des Nordens bedeckte immer noch Teile des Landes, und die frühen Siedler zog es wahrscheinlich in wärmere Gefilde. Erst **vor etwa 12.000 Jahren** machte sich der Mensch wieder auf dem Landzipfel zwischen Nord- und Ostsee bemerkbar. Zunächst als Sammler und Jäger, dann, ein paar tausend Jahre später, als sesshafter Ackerbauer. Dänemark wurde schon früh zur Gänze Agrarland; heute ist kaum ein brauchbarer Quadratmeter unbewirtschaftet.

Gleichzeitig bauten die frühen Dänen gewaltige **Megalithgräber,** die in großen Teilen des Landes zu finden sind und von einem hohen Organisationsniveau der damaligen Kultur zeugen. Man hat diese, u.a. anhand sog. *køkkenmøddinger* (Küchenabfallhaufen, riesige Muschel- und Knochenhalden), ziemlich eingehend erforschen und datieren können, doch von einer Gesellschaftsform, die über Dorf und Sippe hinausreichte, finden sich keinerlei Spuren.

Bronzezeit

Gegen **1800 v. Chr.** fand eine erstmalige Berührung mit Metall statt. Die Bronzezeit hielt Einzug und Fernhandel setzte ein, um das kostbare Material zu beschaffen. Die folgenden interkulturellen Beziehungen mit südlichen Völkern führten zur Herausbildung einer Oberschicht, die ein reiches Erbe an vorzüg-

☑ 10.000 Jahre alte Einritzungen auf Auerochsenknochen – die ältesten Spuren des Menschen in Dänemark

lich verarbeiteten Waffen und Schmuck hinterließ. Inspiriert wurde diese Entwicklung u.a. durch den kretisch-mykenischen Kulturkreis, nach damaligen Verhältnissen eine mondferne Welt.

Frühe Eisenzeit

Um **500 v. Chr.** begann in Skandinavien das Eisenzeitalter. Die Landwirtschaft expandierte, Behausungen wurden geräumiger und die Siedlungen größer. Mit den Geschehnissen im Innern des Kontinents, zumal der Ausdehnung des Römischen Reiches, kamen die Bewohner des am Rande Zentraleuropas gelegenen Landes aber kaum in Berührung. Und umgekehrt: Die Römer hatten eigenwillige Vorstellungen von den Wilden im Norden; man wähnte sie als Kreaturen „mit so großen Ohren, dass diese wie Kleidung den ganzen, ansonsten nackten Körper umhüllten".

Wikinger

In der **zweiten Hälfte des ersten Jahrtausends** traten erstmals die Wikinger auf den Plan. Man weiß weder, was das Wort bedeutet, noch gibt es einen Fingerzeig auf einen gemeinschaftlichen Ursprung dieses zusammengewürfelten Haufens von Bauern, Fischern und Händlern ohne Anspruch auf Bezeichnungen wie „Volk" oder „Stamm". *Karl der Große* versuchte gegen das Jahr 800, die Lande im Norden seinem Imperium anzugliedern; er gelangte jedoch nur bis zur Elbe.

Sozusagen losgetreten durch seine Offensive, obwohl er selbst nicht mehr mit ihnen in Berührung kam, wurden jedoch die gefürchteten **Raubzüge** der jetzt in Bewegung geratenden Wikinger. Mit ihren seetüchtigen Langbooten gingen die Nordmänner auf Tour, und bald waren sie überall zu finden: **Island und Grönland** wurden von ihnen **entdeckt und zum Teil besiedelt,** und sogar in **Nordamerika** hinterließen die kühnen Seefahrer ihre Spuren. Auch die **Normandie** und die **britische Insel** wurden erobert und der Grundstein für die heutige englische Sprache gelegt. Im Süden drangen die Abenteurer bis nach Nordafrika vor; arabische Münzen waren gängige Währung unter ihnen – über 80.000 wurden allein in Schweden gefunden.

Zwar betätigten sich die Weltreisenden an fernen Gestaden gern als **Händler** und machten bestimmt gute Geschäfte. Genauso gern aber zogen sie in den **Kampf,** der ihnen als (männliche) Bestimmung, Pflicht und Vergnügen gleichermaßen galt. Sie kannten weder Furcht noch Gnade; „die Strafe Gottes" nannte man sie, nicht zuletzt, weil sie dem Klerus besonders schwer zusetzten. In ihren ureigenen Gefilden – dem heutigen Dänemark und Südschweden – bauten sie indes eine Kultur auf, die nicht zuletzt für die Staatenbildung in Nordeuropa von großer Bedeutung war.

Dänisches Königreich

Entstehung

Doch schon bald **nach der ersten Jahrtausendwende** war die Wikingerära vorbei. Mit dem nordwärts vordringenden **Christentum** wurden die Rabauken zahm, änderten ihre Hierarchien nach kontinentalem Muster und gingen brav zur Kirche. Das dänische Königreich begann zu erblühen.

Blauzahn und Weicher Schleifstein

Bis 950 n. Chr. regierte *Gorm der Alte,* der erste König Dänemarks. Die Mehrzahl der **dänischen Herrscher** wurde mit recht poetischen, mitunter auch profanen Beinamen belegt. Diesem Brauch huldigte man ebenfalls in deutschen Landen *(Pippin der Kurze)*, aber die Namen der Dänen sind witziger.

Da gab es *Harald Blauzahn* und *Svend Gabelbart, Magnus den Guten* und *Harald den Weichen Schleifstein*. Knud der Große ließ angeblich seinen Thron am Meeresstrand aufstellen und befahl der Flut, nicht mehr zu steigen. „Knud mit den nassen Füßen" hätte er eigentlich heißen müssen, denn das Meer gehorchte ihm nicht. Knud dem Heiligen folgte *Oluf Hunger,* der wohl ständig Kohldampf hatte. *Eriks* gab's jede Menge: den allzeit Guten, den Denkwürdigen, den Kleinmütigen, das Geschorene Schaffell und den bei den Heiligen; der letzte war recht fantasielos der von Pommern.

1448 hörte man damit auf, den dänischen Königen und Königinnen Spitznamen zu verpassen. Seit 1972 regiert **Margrethe,** zweite dieses Namens und eine der populärsten Monarchinnen, die je einen europäischen Thron bestieg. Ihr im Februar 2018 verstorbener Prinzgemahl *Henrik* war ein einstiger französischer Diplomat, der *Margrethe* in einer echten Liebesheirat – die Königin: „Der ganze Horizont stand in Flammen!" – 1967 ehelichte.

Schon **König Blauzahn** schrieb sich unauslöschlich in das Buch der Geschichte ein, indem er auf dem Grabhügel seiner Eltern in Jelling (Ostjütland) einen Runenstein errichten ließ, dessen Inschrift den Regenten rühmte, „ganz Dänemark" vereint und die Dänen zu Christen gemacht zu haben. Diesem Stein, oft als „Taufschein des dänischen Reiches" bezeichnet, wird bis heute große nationale Ehrerbietung entgegengebracht.

Großmacht Dänemark

Unter der Regentschaft von **Königin Margrethe I. (1375–1412)** erreichte Dänemark seine größte Ausdehnung – Norwegen, Südschweden, Teile Norddeutschlands, Island, Grönland und die Färöer gehörten damals dazu. Zeitweilig konnte sich das Land zur führenden Großmacht Nordeuropas aufwerfen, vermochte diese Position aber nicht lange zu halten.

Niedergang

Die Deutsche Hanse ergriff bald die Initiative im Nord- und Ostseeraum, und von nun an pendelten die Interessen des Dänenreichs über Jahrhunderte zwischen Norwegen, Schweden und Deutschland hin und her. **König Christian IV.,** in der dänischen Nationalhymne als strahlender Kriegsheld besungen, verlor im **16. Jahrhundert** eine Schlacht nach der anderen. Trotzdem genießt der Potentat als begnadeter Bauherr bei den Dänen bis heute größte Beliebtheit.

Eine bittere **Auseinandersetzung mit Schweden** im **17. Jahrhundert** kostete Dänemark das ganze Territorium östlich des Öresundes (mit Ausnahme von Bornholm) und bildete das Fundament für eine lange Feindschaft mit dem mächtigen Nachbarn im Norden. In drei weiteren Auseinandersetzungen konnte sich Dänemark, zum Teil mit niederländischer Hilfe, zwar militärisch behaupten, doch die verlorenen Provinzen erhielt es nie wieder zurück.

Als die Französische Revolution 1789 losbrach, profitierte das neutrale Dänemark wegen seines lebhaften Überseehandels zunächst von den Ereignissen. Doch das Treiben missfiel den Engländern, und in zwei **Seeschlachten vor Kopenhagen (1801 und 1807)** wurden den Dänen ihre Grenzen aufgezeigt. Das Königreich lag am Boden. Jahre voller Armut und Dunkelheit folgten. Als 1814 das dänische Territorium Norwegen an Schweden fiel, stellte sich die Frage, ob das Land überhaupt als Nation Bestand haben würde. Doch die Dänen fielen letztlich auf beide Füße zurück und brachten sogar ein „Goldenes Zeitalter" in Gang.

Kriege mit Preußen

In der ersten Hälfte des 19. Jahrhunderts war Europa in Aufruhr, nationale und demokratische Bewegungen gewannen an Zulauf und Bedeutung. In diesem Kontext entzündete sich auch der schon länger brodelnde **schleswig-holsteinische Konflikt,** in dem eine Loslösung der Herzogtümer Schleswig (als dänisches Lehen) sowie Holstein und Lauenburg (als Mitgliedsstaaten des Deutschen Bundes) von Dänemark und ihre Angliederung an Preußen zur De-

batte stand. Staatsrechtlich war dies eine verzwickte Angelegenheit, wenn auch mit deutlicher Begünstigung der deutschen Seite, z.B aus sprachlich-kulturellen Gründen. Mit dem Scheitern der **Schleswig-Holsteinischen Erhebung von 1848 bis 1851** behielt jedoch zunächst die dänische Krone die Hoheit über die Herzogtümer. Das Problem war damit aber nicht aus der Welt geschafft. Der preußische Ministerpräsident *Bismarck* wollte auf seinem Weg der Schaffung eines deutschen Nationalstaates unbedingt in den Besitz der beiden Provinzen gelangen, und so kam es **1864** zum **Krieg,** der mit dem berühmten „**Sturm auf die Düppeler Schanzen"** am 18. April entschieden wurde – in der Folge verlor Dänemark fast ein Drittel seines Staatsgebiets. Die Zeiten territorialer Größe waren damit endgültig vorbei, obwohl im Jahre 1920 Nordschleswig (etwa zwischen Ribe und der heutigen Grenze gelegen), das an seiner dänischen Sprache und Gesinnung festgehalten hatte, durch eine Volksabstimmung wieder an das Mutterland zurückfiel und noch heute dazugehört.

Düppel-Schanze IV durch 59er und 55er erstürmt. 1864

[>] Historische Abbildung der Düppeler Schanzen

Deutsche Hinterlassenschaften

Schon im zweiten Kriegsjahr, 1940, sah die **deutsche Wehrmachtsführung** die Notwendigkeit, gegen eine etwaige alliierte Invasion ein Bollwerk zu errichten. Am sog. **Atlantikwall** wurde bis zum Ende des Kriegs gearbeitet; dann stand eine Kette von Befestigungsanlagen, die von der spanisch-französischen Grenze bis zum Nordkap reichte und in ihrer Ausdehnung von 5000 Kilometern fast schon mit der Großen Mauer Chinas vergleichbar ist.

Genützt hat diese Anhäufung abstoßend hässlicher Betonburgen nichts. Nach dem Krieg versuchte man die Schandmale zu tilgen – vergeblich. Spitzhacken und Sprengstoffe prallten an ihnen ab, und schließlich ließ man die Dinger stehen. Die Küsten Jütlands hatten die Deutschen besonders stark befestigt: **7000 Bunker** wurden hier an die Strände geklotzt, Bausand gab es ja genug.

Als alles vorbei war, tat sich die Frage auf, wer die Bunker beseitigen bzw. was mit ihnen geschehen sollte. Die Dänen kamen auf eine gute Idee: Sie verwandelten die Festungsanlagen in Museen. Und siehe da, wer kam zu Besuch? Die Deutschen. Eine gewisse morbide Faszination haftet den Betonmonstren ja auch an, also sind sie heute gut besucht. Die Dänen verdienen Geld damit, zudem schützen die Klötze die Küste gegen das Meer.

Zu „Bunkermuseen" ausgebaute deutsche Stellungen aus dem 2. Weltkrieg

■ **Rømø**	Radarstellung Robbe
■ **Esbjerg**	Mannschaftsunterstand
■ **Blåvand**	Batterie Tirpitz
■ **Rom**	Sanitätsunterstand
■ **Thyborøn**	Batterie Thyborøn und Radarstellung „Lama"
■ **Oddesund**	Flakbatterie
■ **Hanstholm**	Batterie Hanstholm 1 und 2
■ **Bulbjerg**	Leitstand und Mannschaftsunterstand
■ **Hirtshals**	Batterie Hirtshals West
■ **Frederikshavn**	Flakbatterie Frederikshavn Nord

dnsk-076 ths

1. und 2. Weltkrieg

Der **1. Weltkrieg** bescherte Dänemark durch seinen neutralen Status gewaltige Einnahmen durch Agrarexporte, führte jedoch auch zu politischen Wirren. Letzten Endes mündeten diese aber in eine sozialdemokratische Gesellschaftsstruktur und ebneten den Weg zum heutigen Wohlfahrtsstaat.

Bei Ausbruch des **2. Weltkriegs** gab Dänemark wiederum eine Neutralitätserklärung ab, doch sie half nichts: Im April 1940 marschierten die Deutschen ein; die Besatzung sollte bis zum 5. Mai 1945 dauern. Das dänische Staatsoberhaupt, König *Christian X.*, verblieb im Land, denn völkerrechtlich betrachtete sich Dänemark nicht im Krieg mit dem Deutschen Reich. Auch sonst war die **Besatzungszeit bis 1943** geprägt von einigen Besonderheiten: Da die Nazis die Dänen als „Arier" bzw. als „Germanen" betrachteten, verfolgten sie im Land keine ideologischen, sondern primär wirtschaftliche Ziele: Dänemark sollte vor allem Waren produzieren, die für Nazi-Deutschland von besonderem Interesse waren (Eisen- und Stahlindustrie) sowie Fleisch, Butter, Zucker und Fisch liefern. Die territoriale Integrität des Landes blieb unangetastet, auch konnte Dänemark diplomatische Beziehungen zu Drittstaaten aufrechterhalten.

Ende August **1943 änderte sich das Besatzungsregime:** Infolge zunehmender Streiks, Sabotageakte und Widerstand gegen die Staatsgewalt wurde die Regierung aufgelöst, das Standrecht eingeführt und der militärische Ausnahmezustand verhängt; das Parlament tagte nicht mehr.

Eine Ruhmestat des dänischen Widerstands fand im Herbst 1943 statt, als die für den 2. Oktober von den Deutschen geplante Deportation der dänischen **Juden** durch eine **einzigartige Rettungsaktion** mit Unterstützung großer Teile der Bevölkerung verhindert wurde; innerhalb weniger Tage konnten über 7000 Juden ins neutrale Schweden verbracht werden.

◁ Überall an der Küste findet man Bunkeranlagen aus dem 2. Weltkrieg

▷ Kunst am Strand von Blåvand

Nachkriegszeit

Nach Ende des Zweiten Weltkriegs und dem Tod von König Christian X. im Jahr 1947 folgte **Friedrich IX.** auf den Thron, der ihn bis 1972 innehatte. Zwischenzeitlich trat Dänemark im April 1949 der neu gegründeten **NATO** bei und änderte im Jahr 1953 mit knapper Zustimmung des Volkes das Staatsgrundgesetz; nun war unter anderem die weibliche Erbfolge möglich. Es entstand eine **parlamentarische Monarchie,** deren Königin seit 1972 **Margrethe II.** heißt. Im Januar 1973 trat das Königreich Dänemark der Europäischen Gemeinschaft bei, 1993 der **Europäischen Union** (Zustimmung zum Vertrag von Maastricht). Zum Königreich Dänemark gehören außerdem die sogenannten Außengebiete **Färöer** und **Grönland.** Sie gelten beide als gleichberichtigter Teil Dänemarks. Die Inselgruppe der Färöer liegt rund 600 km östlich von Island. Seit 1814 zählt man die 18 Inseln offiziell zu Dänemark. Nach dem Zweiten Weltkrieg ab 1948 besitzen die Färöer einen Autonomiestatus und ein eigenes Parlament. Auch Grönland besitzt ein eigenes Parlament und ist seit 1979 autonom. Jeweils zwei Abgeordnete der genannten Gebiete haben einen Sitz im dänischen Parlament.

Bei der Volksabstimmung im Jahr 2000 zu der Frage, ob Dänemark den Euro einführen soll, votierte die Bevölkerung dagegen. Somit gilt bis heute die Dänische Krone als offizielle Währung.

dnsk-073 ths

Dänemark heute

Der Staat Dänemark und seine Einwohner können als **wohlhabend** bezeichnet werden. Die 5,8 Millionen Einwohner (Stand 2019) verfügen über ein Jahresdurchschnittseinkommen von über 400.000 Kronen (ca. 53.000 Euro), in Deutschland lag es 2019 bei knapp 38.000 Euro. Das Bruttoinlandsprodukt (BIP) betrug im Jahr 2018 etwa 325 Milliarden Euro und die Arbeitslosenquote lag im Oktober 2019 bei 5,3 Prozent. Des Weiteren liegt Dänemark in puncto soziale Gerechtigkeit im Vergleich zu den anderen EU-Ländern weit vorne; im Jahr 2019 konnte Dänemark beim **Social Justice-Index** Platz 3 ergattern.

Architektur und Design

Dänemark steht für außergewöhnliche und **international angesehene Architekten** und **grandiose Bauwerke**. Bei einer Reise durch das Land stößt man oft auch in kleineren Ortschaften unvermittelt auf mit viel Esprit und Kreativität gestaltete Gebäude, ob nun als Wohnhaus, Konzerthalle oder Museum genutzt. Einer der bekanntesten dänischen Baumeister ist *Jørn Utzon*, dessen Werke man nicht nur in ganz Dänemark bewundern kann. Seiner kreativen Feder entstammt beispielsweise der geniale

Das „Hygge"-Phänomen

Die Dänen gehören zu den glücklichsten Menschen der Welt. Und „Hygge", ein Wort das heutzutage in aller Munde ist, drückt dieses wohlige Gefühl aus. Doch das Glück hat unendlich **viele Facetten und persönliche Nuancen**. Der Begriff „Hygge" steht für gemütliche Momente, z.B. für eine Auszeit am Kamin mit dicken Flauschsocken an den Füßen und einem guten Buch in der Hand, wenn es draußen dunkel und kalt ist und der Wind kräftig bläst. Im Sommer kann ein Picknick am Strand ein magischer Augenblick sein oder einfach ein Stück Kuchen mit Freunden auf der sonnigen Terrasse eines Cafés. Das sind nur zwei Beispiele, denn die Dänen (und Norweger) verstehen unter „hyggelig" noch viel mehr. Es sind nicht die spektakulären, die augenfälligen Momente und Erlebnisse, sondern das **Glück im Kleinen**, das entspannte Zusammentreffen mit der Familie oder auch nur die Ruhe bei Kerzenschein, die die Hygge-Lebensart der Dänen definieren und charakterisieren.

In dem von den Vereinten Nationen in Auftrag gegebenen **Weltglücksbericht 2020** *(World Happiness Report)* rangierte Dänemark auf Platz 2 hinter Finnland und vor der Schweiz, Deutschland kam auf Platz 17 von insgesamt 156 bewerteten Ländern.

◁ Kunst in Hjørring

Die Dänen ...

... sind geschäftstüchtig

In früheren Zeiten wurde für alle Schiffe, die den Öresund zwischen Dänemark und Schweden passierten, ein Wegezoll erhoben. Immerhin ließ man die Kapitäne den Wert ihrer Fracht selbst bestimmen. Nur einen Haken hatte die Sache: Der König konnte die Frachten zum deklarierten Wert jederzeit aufkaufen ...

... achten auf Sauberkeit und Umwelt

Öffentliche Verkehrsmittel, städtische Straßen und Anlagen, alles makellos. Auch der ökologische Sektor, vorbildlich. Das erste Umweltschutzministerium der Welt wurde 1971 in Dänemark ins Leben gerufen, und die Ökogesetze des Landes zählen heute zu den strengsten überhaupt. Gegen AKWs haben sich die Dänen mehrheitlich ausgesprochen; es gibt keine und wird auch keine geben. An deren Stelle arbeiten Windräder und -generatoren.

... sind Traditionalisten

Trachtenfeste, Oldtimertreffen, Paradenmärsche, Veteranenumzüge – das alles hegen und pflegen sie, und auf ihre Monarchie lassen selbst die Sozis nichts kommen.

... haben Nationalstolz

Voraussagbar flattert an Sonn- und Feiertagen vor fast jedem Häuschen der *Dannebrog* (dänische Flagge) mit seinen pittoresken rot-weißen Farben, die sich so schön gegen den blauen Himmel abheben. Die patriotische Denkweise der Dänen spiegelt sich auch im erheblichem Unmut über die EU-Mitgliedschaft wider. Zwar ist das Land bereits seit 1973 mit von der Partie, keineswegs aber mit der Zustimmung der großen Mehrheit der Bevölkerung. Der Maastrichter Vertrag war 1993 durch eine Volksabstimmung abgelehnt worden. Nur nach gewissen Garantien für Dänemark wurde das Papier dann doch in einem Referendum akzeptiert.

... sind gesellig

In allen Kreisen und querbeet durch die Gesellschaft duzt man sich mit größter Bereitwilligkeit und redet sich mit dem Vornamen an. Das ist Teil der skandinavischen Kultur. Im Übrigen: *De* (Sie) und *du* liegen phonetisch ohnehin so eng zusammen (und verwenden die gleichen Konjugationsformen), dass einem der Unterschied kaum bewusst wird.

Es gibt übrigens einen guten Grund, weshalb man den Vornamen dem Familiennamen vorzieht – zur besseren Unterscheidung. Zwei Drittel der dänischen Bevölkerung besitzt nämlich einen auf -sen endenden Namen. Die meisten heißen *Jensen* (das ist mithin auch „der typische Däne"), dicht darauf folgen *Nielsen* und *Hansen*, danach mit etwas Abstand *Pedersen, Andersen, Christensen, Larsen* und *Sørensen*, und erst ganz hinten tauchen erste Nachnamen ohne -sen auf, fast schon ein Adelsprädikat.

Ob das nun alles so stimmt oder nicht, sei dahingestellt. Doch ist ein Urlaub nicht auch dazu gut? Man lege Vorurteile und vermeintliche Gewissheiten ab, und begebe sich auf die Reise zu den Menschen – dann wird man schon feststellen, was Sache ist!

Entwurf der **Oper von Sydney.** An der Nordseeküste sollte man sich das von ihm entworfene **Musikhuset** in Esbjerg oder das **Skagen Oddee Naturcenter** anschauen. *Utzon* wurde im April 1918 in Kopenhagen geboren und verstarb im Jahr 2008. Man ehrte den weltberühmten Architekt 2003 mit dem **Pritzker-Preis** für sein außerordentliches Lebenswerk.

Ein anderer bekannter Architekt aus Dänemark ist beispielsweise *Jørgen Bo,* der 1999 verstarb und neben Bauwerken im eigenen Land unter anderem das **Kunstmuseum in Bochum** 1983 zusammen mit seinem Kollegen *Vilhelm Wohlert* durch einen herausragenden Gebäudeanbau erweiterte.

Doch nicht nur formvollendete Häuser erfreuen das Herz von Dänemarkbesuchern, sondern auch weit über die Landesgrenzen geschätzte und von weltweit geachteten Designern kreierte **Möbel** warten darauf, bestaunt und genutzt zu werden. Einer dieser kreativen Köpfe war der Möbelarchitekt *Hans J. Wegner,* der in Tønder 1914 das Licht der Welt erblickte. Er starb 2007 in Kopenhagen. Berühmt wurde er vor allem wegen seiner Stühle, die er vornehmlich aus Holz herstellte. Noch heute werden diese äußerst beliebten Sitzmöbel nach den Entwürfen von *Wegner* in Dänemark hergestellt. Manch eines seiner Werke ging auf große Reise und fand einen Platz in den Ausstellungsräumen weltbekannter Museen wie das **Centre Pompidou** in Paris. Wer *Wegners* Schmuckstücke an der dänischen Nordseeküste kennenlernen oder wiedersehen möchte, sollte sich auf den Weg nach **Tønder** machen und dem **Museum Sønderjylland** einen Besuch abstatten.

Die Kunstszene

Dänemark besitzt seit Jahrhunderten eine bedeutende und lebendige Kunstszene. Zwar liegt das heutige Epizentrum des landesweiten Kulturbetriebs in Kopenhagen mit einer außerordentlich hohen Dichte an Museen auf internationalem Niveau, doch auch in Provinznestern und kleineren Orten, auch an der Nordseeküste, überraschen Kunstmuseen mit großartigen Ausstellungen bekannter Maler, Bildhauer und anderen begabten Kreativen. Wobei moderne und zeitgenössische Kunst in der Gegenwart durchaus einen hohen Stellenwert einnimmt. Viele einzigartige Kunstwerke der verschiedenen Epochen zeigen sich auf einer Reise von Tønder bis Skagen. Vom **„Goldenen Zeitalter"** sprechen Kunstkenner, wenn sie die dänische Malerei aus der ersten Hälfte des 19. Jahrhunderts meinen. Prägend für diese Stilrichtung war beispielsweise der 1853 in Kopenhagen verstorbene Künstler *Christoffer Wilhelm Eckersberg,* den man als einen der bedeutendsten dänischen Maler des 19. Jahrhunderts bezeichnet. Zahlreiche Exponate dieser Epoche werden beispielsweise im **Kunstmuseum von Ribe** zur Schau gestellt.

Eine weitere wichtige und für die Kunstgeschichte Dänemarks einflussreiche Kunstbewegung formierte sich in Skagen ab ca. 1870. Künstler aus Dänemark, Norwegen und Schweden trafen sich in dieser bedeutendsten Künstlerkolonie des Landes. Treibende Kraft der **Skagener Malerschule** waren unter anderem das dänische Künstlerehepaar *Anna* und *Michael Ancher, Holger Drach-*

mann und *Karl Madsen.* Inspiriert durch die hier im äußersten Norden Jütlands einmaligen Lichtverhältnisse und Landschaften gelangen den Künstlern Gemälde von außergewöhnlicher Brillanz. Viele dieser eindrucksvollen Bilder finden sich im **Skagens Museum.**

Auch in der Modernen Kunst des 20. Jahrhunderts und der Zeitgenössischen Kunst der Gegenwart spielen dänische Künstler eine hochgeschätzte Rolle auf dem internationalen Kunstmarkt. Ein international bekannter dänischer Künstler aus dieser Zeit war der 1912 geborene und 1993 verstorbene *Robert Jacobsen,* dessen **Skulpturen** man u.a. im **Esbjerg Kunstmuseum** bewundert

kann. Andere dänische Kreative, die im 20. Jahrhundert ihre Leidenschaft für die Kunst auslebten, schlossen sich zur renommierten **Künstlergruppe COBRA** zusammen. Sie bestand von 1948 bis 1951 und diente zum Austausch avantgardistischer Ideen zwischen den aus verschiedenen Ländern kommenden Mitgliedern. Einer der Gründer war der 1914 in Jütland geborene und 1973 gestorbene *Asger Jorn,* dessen Gemälde u.a. im **Kunstmuseum Jorn** im zwischen Ringkøbing und Århus gelegenen **Silkeborg** ausgestellt werden. Zur Gruppe gehörten neben anderen ferner die dänischen Künstler *Else Alfelt* (1910–1974) sowie *Henry Heerup* (1907–1993). Wer-

dnsk-094 ths

ke des letztgenannten Kunstschaffenden sind im **Park Heerup Have in Esbjerg** zu sehen.

Auf Kunstwerke unter freiem Himmel aus der jüngeren Vergangenheit und der Gegenwart, vor allem Skulpturen, trifft man bei Spaziergängen durch Ortschaften an der dänischen Nordsee immer wieder. Ein Grund hierfür ist die umfangreiche staatliche Unterstützung von dänischer Kunst und Kultur. Sehenswerte Objekte stellen sich einem beispielsweise in **Holstebro, Esbjerg** und **Struer** in unaufdringlicher und angenehmer Weise in den Weg.

Der dänische Film

Der dänische Film kann auf eine lange und bewegte Geschichte zurückblicken. Zu Beginn des 20. Jahrhunderts hatte die dänische Filmproduktion, allen voran *Ole Olsen* mit seiner **Nordisk Film Kompagni,** großen Einfluss im internationalen Kinogeschäft und konkurrierte damals auf Augenhöhe mit den Studios in Hollywood. Doch schon um 1915 war es mit dieser goldenen Zeit des erzählenden Zelluloids vorbei. Dänemarks Filme verabschiedeten sich von der internationalen Bühne. Ins gleißende Rampenlicht gelangte der dänische Film erst wieder ab den 1990er Jahren, als der 1956 in Kopenhagen geborene und an der Dänischen Filmhochschule ausgebildete Regisseur *Lars von Trier* mit seinen unkonventionellen und neue Wege gehenden Werken für Aufsehen und gute Kritiken sorgte. Seine Filme wurden vielfach ausgezeichnet. **„Breaking the Waves"** aus

dem Jahr 1996 mit *Emily Watson* in der Hauptrolle erhielt bei den Internationalen **Filmfestspiele von Cannes** den begehrten „Großen Preis der Jury". Im Jahr 2000 belohnte man sein Können mit der **Goldenen Palme** der Internationalen Filmfestspiele von Cannes für sein Musical-Drama **„Dancer in the Dark"** mit der isländischen Musikerin *Björk* als Schlüsselfigur.

Ein ganz anderes Genre bediente *Erik Balling,* der hauptsächlich durch seine Krimikomödien rund um die fiktive **Olsenbande** Berühmtheit erlangte. Er konnte zwar nicht annähernd solche internationalen Erfolge feiern wie *Lars von Trier,* dafür kennt seine Filme fast jeder Däne, und auch in Deutschland waren seine Streifen immer für ein Schmunzeln gut. Auf das Konto des 2005 verstorbenen Drehbuchautors und Regisseurs gehen insgesamt 13 Filme in denen die Ganoven Egon Olsen, Benny Frandsen und Kjeld Jensen regelmäßig versuchten, auf schnelle Art und Weise an das große Geld zu kommen. Doch aufgrund oft skurriler Verwicklungen gelingt der geplante Coup nie und am Ende landet der Bandenchef Egon fast immer in einer nüchternen Gefängniszelle. Für Jütlandfans ist besonders der dritte Film der Reihe von Interesse, denn es verschlägt die drei Kriminellen nach **Jütland,** um in einem deutschen Wehrmachtsbunker einen Schatz voller Geld und Gold zu bergen. Dies gelingt zwar unter großen Anstrengungen, aber am Schluss der abenteuerlichen Geschichte ist ihnen das Glück, wie zu erwarten, nicht hold. Das gefundene Geld ist gefälscht und Egon fährt wieder ins Gefängnis ein.

◁ Das Musikhuset in Esbjerg

8
Anhang

Literaturhinweise

■ *Borchert, T.:* **Gebrauchsanweisung für Dänemark.** 2017, Piper, München/Berlin. Der Autor führt den Leser humorvoll und hintergründig in die teilweise grotesken Besonderheiten seiner Wahlheimat ein.

■ *Brøndsted, J.:* **The Vikings.** 1965, Penguin Books, Harmondsworth. Alles Wissenswerte über Wikinger.

■ *Buchwald, K.:* **Nordsee – Ein Lebensraum ohne Zukunft?** 1991, Verlag Die Werkstatt, Göttingen. Leitfaden für einen gründlichen Einblick in die ökologischen Verhältnisse des Nordseeraums.

■ *Lange, T.:* **Eventyrets Land.** 1988, Blåvandshuk Egnsmuseum, Varde. Neudruck einer Geschichte aus dem Märchenland. Erstausgabe von 1868.

■ *Meesenburg, H.:* **Rømø – Natur, Mensch und Landschaft.** 1978, Bygd, Esbjerg. Interessant vor allem wegen Vergleichen mit Sylt.

■ *Moll, M.:* **CityTrip Aarhus.** 2017, REISE KNOW-HOW Verlag, Bielefeld. Alles Wissenswerte zur Kulturhauptstadt des Jahres 2017 mit City-Faltplan und umfassenden praktischen Informationen. Der ideale Begleiter für einen Stadttrip.

■ *Moll, M.:* **Wohnmobil-Tourguide Dänemark.** 2019, REISE KNOW-HOW Verlag, Bielefeld. Die schönsten Routen durch Dänemark. Großformatiger Routenatlas, detaillierte Stadtpläne, stimmungsvolle Fotos, lesefreundlich durch große Schrift, Wörterliste Deutsch–Dänisch.

■ *Noer, Ch.:* **Dänisch Kochen.** 2009, Edition dià im Verlag Die Werkstatt, Göttingen. Die beliebtesten dänischen Gerichte.

■ *Normann, G.:* **Skibsvrag ved Vestkysten.** 1987, Bollerup Boghandels Forlag, Ringkøbing. Das Thema sind Strandungen und Schiffsuntergänge.

■ *Russel, H.:* **Hygg Hygg Hurra! Glücklich wie die Dänen.** 2017, Fischer Verlag, Frankfurt a.M. Auf der Suche nach den Gründen, warum die Dänen schon seit über 40 Jahren eines der glücklichsten Völker der Erde sind.

■ *Uhlemann, T.:* **Gekommen, um zu bleiben.** 2020, Lau Verlag, Reinbek. Begeisterte Schilderung der dänischen Identität aus Sicht eines Einwanderers.

■ *Scheu, T.:* **Dänemark – Ostseeküste und Fünen.** 2019, REISE KNOW-HOW Verlag, Bielefeld. Wer Dänemarks Ostseeküste individuell entdecken möchte, findet in diesem Reiseführer ausführliche Informationen zur Geschichte der Region und zu allen sehenswerten Orten.

■ *Schröder, T., Stock, Dr. M.:* **Wunderwelt Wattenmeer: Das Weltnaturerbe neu entdecken.** 2020, Delius Clasing Verlag, Bielefeld. Die Einzigartigkeit der Lebenswelt Wattenmeer wird von den Autoren kenntnisreich und spannend dargestellt und mit atemberaubenden Naturfotografien ergänzt.

■ *Werner, J.:* **Dänemark 1.** 2019, Delius Clasing Verlag, Bielefeld. Pflichtlektüre für Segler auf Jütlandtörn.

■ *Wiking, M.:* **Lykke – Der dänische Weg zum Glück.** 2017, Lübbe Verlag, Köln. Warum sind Dänen so glücklich? Versuch einer Anleitung, selber ein bisschen „dänischer" zu werden.

■ *world mapping project™:* **Landkarte Dänemark.** REISE KNOW-HOW Verlag, Bielefeld. Reiß- und wasserfest, beschreibbar, Umschlag aus Pappe (Karte kann herausgenommen und ohne Umschlag benutzt werden).

Anhang

Kleine Sprachhilfe Dansk (Dänisch)

Hier nur eine kleine Sprachhilfe, wer sich darüber hinaus für die dänische Sprache interessiert, dem bieten der **Kauderwelsch Sprachführer „Dänisch – Wort für Wort"** und der begleitende Aussprache Trainer als mp3-Download zusätzliche Informationen.

Verben haben für alle Personen die gleiche **Konjugationsform,** indem man dem Stammverb lediglich ein -r zufügt: *Jeg kommer* (ich komme), *du kommer* (du kommst), *vi kommer* (wir kommen). Die **Passivform** bildet man ebenfalls durch ein Anhängsel (-s): *tømme* = leeren, *tømmes* = wird geleert. **Artikel** gibt es nur zwei, männlich/weiblich und sächlich; sie werden dem Hauptwort angehängt: *hus* = Haus, *huset* = das Haus.

Aussprache

Ein großer Teil der dänischen Vokale und Konsonanten entspricht den deutschen, obwohl eine Menge davon „verschluckt" oder abgeschliffen wird und das Verständnis des Dänischen dadurch einige Erschwernis erfährt. Vom Deutschen weichen ab:

Die im Deutschen nicht vertretenen **Vokale Æ, Ø und Å** werden Ä, Ö und O (wie in Ort) ausgesprochen und kommen im dänischen Alphabet ganz zuletzt an die Reihe. Eine alte Schreibweise für Å ist Aa (z.B. Aalborg), auch am Schluss des ABCs zu suchen.

a tendiert vor allem in Jütland stark nach ä, wie im Englischen
d ungefähr wie das englische th in *the,* aber noch dotterweicher, Übungssache. Nach g, l und n und vor st ist das d stumm
eg, ej, ij wie „ei"
f in der Vorsilbe *af* wie „au", sonst wie im Deutschen
g wie u oder w nach o, u und å; generell wie j vor und nach allen anderen Vokalen
h am Wortanfang vor j und v stumm
s immer stimmlos wie ß
v wie w; nach Vokalen wie u
z (Fremdlaut), wie ß
øj, øy   wie „oi"

Zahlen

1	*en/et*
2	*to*
3	*tre*
4	*fire*
5	*fem*
6	*seks*
7	*syv*
8	*otte* („ode")
9	*ni*
10	*ti*
11	*elleve* („elwe")
12	*tolv* („toll")
13	*tretten*
14	*fjorten*
15	*femten*
16	*seksten* („saisten")
17	*sytten*
18	*atten*
19	*nitten*
20	*tyve* („tüwe")
21	*en og tyve*
30	*tredive* („tralwe")

8

40	*fyrre („för")*	immer	*altid*
50	*halvtreds („hälträs")*	nie	*aldrig*
60	*tres*	Stunde	*time*
70	*halvfjerds („hälfjärs")*	… Uhr	*klokken …*
80	*firs*	Tag	*dag*
90	*halvfems*	Woche	*uge*
100	*hundrede, et hundred*	Monat	*måned*
1000	*tusinde, et tusind*	Jahr	*år*
		voriges	*sidste*
		dieses	*denne/dette*

Fragewörter

		nächstes	*næste*
wann	*hvornår*	Montag	*mandag*
warum	*hvorfor*	Dienstag	*tirsdag*
was	*hvad*	Mittwoch	*onsdag*
was für ein	*hvad for en*	Donnerstag	*torsdag*
welches	*hvilken*	Freitag	*fredag*
wer	*hvem*	Sonnabend	*lørdag*
wie	*hvordan*	Sonntag	*søndag*
wie viele	*hvor mange*		
wie viel	*hvor meget*		
wo	*hvor*	## Richtungsangaben	
woher	*hvorfra*		
wohin	*hvorhen*	hier	*her*
womit	*hvormed*	dort	*der*

Zeitangaben

		nach links	*til venstre*
		nach rechts	*til højre*
		geradeaus	*lige ud*
		in Richtung auf	*mod*
heute	*i dag*	zurück	*tilbage*
gestern	*i går*	gegenüber	*overfor*
morgen	*i morgen*	weit	*langt*
übermorgen	*i overmorgen*	nah	*nær*
morgens	*om morgenen*	außerhalb	*udenfor*
mittags	*om middagen*	im Zentrum	*på centret*
nachmittags	*om eftermiddagen*	bei (Ding)	*ved*
abends	*om aftenen*	bei (Person)	*hos*
nachts	*om natten*	zwischen	*mellem*
täglich	*daglig*	vor	*for*
früh(er)	*tidlig(ere)*	vorne	*foran*
spät(er)	*sen(ere)*	hinten/-r	*bag*
jetzt	*nu*	über	*over*
bald	*snart*	unter	*under*

neben	ved siden af
außen	udenfor
innen	indenfor

Kulinarisches Vokabular

Elementares

Können wir die Speisekarte haben?	Må vi ha spisekortet?
Abendessen	aftensmad
Frühstück	morgenmad
Gericht, -e	ret, retter
Mahlzeit,	mad
warme	middag
(auch am Abend)	
Mittagessen	frokost
Brot	brød
Brötchen	rundstykke
Butter	smør
Ei, Eier	æg
gekocht	kogt æg
Spiegelei	stegt æg
Eis	is
Käse	ost
Pfeffer	peber
Salz	salt
Suppe	suppe
Zucker	sukker

Fisch/Seafood — fisk/seafood

Bückling	røget sild
Butt (Flunder)	rødspætte
Garnele, -n	rej, rejer
Hering	sild
Makrele	makrel
Miesmuscheln	(blå) muslinger

Fleisch — kød

Aufschnitt	pålæg
Beefsteak	steak
Frikadelle	burger

Hühnchen	kylling
Kotelett	kotelet
Leber	lever
Rindfleisch	bøf
Schinken	skinke
Schnitzel	schnitzel
Schweinefleisch	svinekød
Speck	spæk, bacon
Wurst	pølse

Obst/Gemüse — frugt/grønsager

Apfel	æble
Apfelsaft	æblesaft
Apfelsine	appelsin
Banane	banan
Birne	pære
Blumenkohl	blomkål
Bohnen	bønner
Erbsen	ærter
Erdbeeren	jordbær
Gurke	agurk
Karotten	gulerødder
Kartoffeln	kartofler
Kirschen	kirsebær
Knoblauch	hvidløg
Kohl	kål
Kopfsalat	hovedsalat
Lauch	løg
Pflaumen	blommer
Reis	ris
Spargel	asparges
Tomate	tomat
Weintrauben	vindruer
Zwiebel	løg

Getränke — drikker

Bier	øl
Buttermilch	kærnemælk
Kaffee	kaffe
Milch	mælk
Mineralwasser	mineralvand
mit/ohne	med/uden
Kohlensäure	kulsyr

Tee	*te*
Wasser	*vand*
Wein	*vin*

Im Notfall

Arzt	*læge*
krank	*syg*
Krankenhaus	*sygehus*
Zahnarzt	*tandlæge*
Hilfe!	*hjælp!*
Polizei	*politi*
Apotheke	*apotek*
Krankenwagen	*ambulance*
Schmerzen	*smerte*

Geografische Angaben

bredningen	die Haff- oder Binnensee
broen	die Brücke
bugten	die Bucht
fjorden	die Förde
fyret	das Leuchtfeuer
fyrtårnet	der Leuchtturm
floden	der Fluss
færgen	die Fähre
havet	die See
havnen	der Hafen
holmen	die Landenge, Halbinsel
klitten	die Düne
klitterne	die Dünen
kysten	die Küste
odden	die Landspitze
plantagen	das Küstenwaldgebiet
stranden	der Strand
sundet	die Meerenge
søen	der See
vigen	die Bucht
åen	die Au

øen	die Insel
øerne	die Inseln

Fragen

Was ist das?	*Hvad er det?*
Wo ist …?	*Hvor er …?*
Können Sie mir sagen?	*Kan De sige mig?*
Gibt es …?	*Er der …?*
Haben Sie …?	*Har De …?*
Wo finde ich …?	*Hvor finder jeg …?*
Können Sie mir … geben?	*Kan De give mig …?*
Wie viel kostet das?	*Hvor meget koster det?*
Wie komme ich nach …?	*Hvor kommer jeg til …?*
Was kostet die Fahrt nach …?	*Hvad koster turen til …?*
Wie lange dauert das?	*Hvor længe skal det vare?*
Wann schließen Sie?	*Hvornår skal De lukke?*

Weitere Vokabeln

■ **Dänische Begriffe in Fahrplänen,** S. 253
Hilfreiches Vokabular, um dänische Fahrpläne zu verstehen.

■ **Anglerlatein (bzw. -dänisch),** S. 276
Die wichtigsten Fischarten auf Dänisch.

▷ Fischstand am Strand von Skagen

Floskeln/Redewendungen

ja – nein	*ja – nej*
nicht	*ikke*
danke (dir)	*tak (skal du have)*
ja/nein danke	*ja/nej tak*
danke fürs Essen	*tak for mad*
bitte (Aufforderung)	*værs'god*
wie bitte?	*hvadbeha'r?*
keine Ursache	*ingen årsag; åh, jeg be'r*
Entschuldigung	*undskyld*
guten Morgen	*godmorgen*
guten Tag	*goddag*
Tag!	*dav!* oder *davs!*
guten Abend	*god aften*
gute Nacht	*godnat*
auf Wiedersehen	*farvel; på gensyn*
willkommen	*velkommen*
wie geht's dir?	*hvordan har du det?*
danke, gut!	*fint, tak!*
hallo/tschüss	*hej*
prost!	*skål!*
das gefällt mir gut	*jeg kan godt lide det*
das gefällt mir nicht	*jeg kan ikke lide det*
ich hätte gern …	*jeg vil gerne have …*
bis bald	*vi ses*

Nichts verstanden?

Wie heißt das auf Dänisch?
Hvad hedder det på dansk?
Was bedeutet das?
Hvad betyder det?
Ich verstehe kein Dänisch.
Jeg forstår ikke dansk.
Bitte noch mal.
En gang til.
Ich verstehe (nicht).
Jeg forstår (ikke).
Sprechen Sie bitte langsam und deutlich.
Vær venlig at tale langsomt og tydeligt.
Sprechen Sie Deutsch/Englisch?
Taler De tysk/engelsk?
Können Sie mir helfen?
Kan De hjælpe mig?

dnsk-145ths

....

....

....

....

....

....

....

....

....

....

....

....

....

....

....

....

....

....

....

....

....

....

....

....

....

....

Das ist
noch nicht alles!

Mehr Reise Know-How gibt es hier:

www.reise-know-how.de

REISE
KNOW-HOW

@ ReiseKnowHow

@ reiseknowhowverlag

@ Reise_KnowHow

auf **www.reise-know-how.de**
für den Newsletter anmelden

Zugspitze, Foto: Aneta Niemitz

Register

Die Autoren

Roland Hanewald wurde in Cuxhaven an der Nordsee geboren und wuchs an der Weser auf. Über 20 Jahre fuhr er als Offizier der Handelsmarine zur See; lange Zeit wohnte er auch im Inselstaat der Philippinen. Anfang der 1990er Jahre entdeckte der Autor seine Liebe zur heimischen Nordsee wieder neu und lebt seitdem im Kleinstädtchen Neuenburg in der Friesischen Wehde – wenn er nicht gerade in der Welt unterwegs ist. Außer Büchern, darunter einem Wattführer im Auftrag der UNESCO, verfasste der Autor Reisereportagen; über 1500 hat er bislang geschafft – und in 48 Ländern veröffentlicht. Dabei haben seine Ratschläge für den Strand Hand und Fuß: Er war im Alter von 13 Jahren (mit einer Ausnahmegenehmigung) Deutschlands jüngster Rettungsschwimmer. *Roland Hanewald* zeichnete für die 1. bis 9. Auflage dieses Buches verantwortlich.

Thilo Scheu entdeckte schon früh seine Leidenschaft fürs Reisen und Erkunden fremder Länder. Zwischen so mancher langweiliger Erdkundestunde und bestandener Abiturprüfung trampte oder fuhr er mit dem Zug und wenig Gepäck durch Europa, immer wieder fasziniert von der Freiheit und den Menschen und Kulturen aller Couleur. Auch vor, während und nach dem Studium der Geografie in Köln führte ihn das Fernweh in viele Länder der Welt. Nach ein paar Jahren als Autor für Quizsendungen von ZDF und RTL erfüllte sich der mit seiner Familie in Düsseldorf lebende Rheinländer einen lang gehegten Traum und machte sich als Reisejournalist und Buchautor selbstständig. Seitdem reist er erneut mit Begeisterung und offenen Augen durch die Welt, vom nahen Dänemark bis ins ferne Papua-Neuguinea. Seine Geschichten und Fotos erscheinen in Tageszeitungen, Magazinen und Onlineportalen und seine Bücher in verschiedenen Verlagen. *Thilo Scheu* hat ab der 10. Auflage diesen Reiseführer bearbeitet und aktualisiert.

☑ Links: Roland Hanewald, rechts: Thilo Scheu

■ www.reisejournalist-weltweit.de

Foto: Adobe Stock / EVERST

Schreiben Sie uns!

Wir hoffen, dass Ihnen dieser Reiseführer gefällt und er Ihnen ein guter Begleiter auf einer außergewöhnlichen und spannenden Reise ist.

Weil ein Reiseführer von Erfahrungen lebt, sind wir an Ihren Erlebnissen interessiert: Haben Sie in unserem Buch ein Restaurant entdeckt, das es nicht mehr gibt, eine Sehenswürdigkeit, die wir noch nicht aufgeführt haben, oder eine falsche Adresse? Dann schreiben Sie uns! **Wir nehmen jeden Hinweis und jede Kritik ernst und arbeiten kontinuierlich daran, die Bücher aktuell zu halten und immer weiter zu verbessern.** Jede Mail wird gelesen und beantwortet. Auch wenn wir nicht jeden Wunsch erfüllen können, machen wir uns immer Gedanken über Ihre Anmerkungen.

Schreiben Sie uns:
per Mail an info@reise-know-how.de oder an
Reise Know-How Verlag Peter Rump GmbH, Postfach 140666, 33626 Bielefeld

Wenn sich Ihre Infos direkt auf das Buch beziehen, würde uns die Angabe der Seitenzahl und der Auflagenzahl bzw. des Erscheinungsjahres Ihrer Ausgabe die Arbeit sehr erleichtern. Besonders hilfreiche Beiträge und Ergänzungen zu den Büchern belohnen wir mit einem Sprachführer Ihrer Wahl aus der über 240 Bände umfassenden „Kauderwelsch"-Reihe.

Herzlichen Dank und gute Reisen
Ihr Reise Know-How Verlag